헌법개정연구

A Study on Constitutional Amendment

사단법인 한국헌법학회 헌법개정연구위원회

Committee on Constitutional Amendment of Korean Association for Constitutional Law

박영사

머 리 말

헌법은 국가의 백년대계를 결정하는 국가의 최고법이면서 국가의 미래를 좌우하는 기본법입니다. 현행 헌법이 개정된 지 33년이나 되었습니다. 사회는 4차 산업혁명의 시대를 겪고 있을 정도로 지난 9차 개정 당시와는 시대와 상황이 많이 달라져 현행 헌법은 국가의 기본틀로서의 역할에 한계를 보이고 있습니다. 이러한 상황에서 대한민국의 지속가능한 발전을 이루기 위해서 헌법개정의 당위성과 중요성을 아무리 강조해도 지나치지 않습니다. 특히 몇 번에 걸쳐 정치권에서 개헌을 하려고 시도하였으나 정치적 이해관계에 함몰되어 합의를 못하여 좌절되기도 하였습니다. 이러한 안타까운 전례를 통하여 헌법개정을 정치권에만 맡긴다면 미래의 백년대계를 그르칠 수 있다는 역사적 책임감을 통감하고 제가 한국헌법학회 제24대 회장으로 당선되었을 때 헌법학 관련 최고 권위 있는 학회인 한국헌법학회 독자의 헌법개정안을 마련하여 국회와 정부 등 관계 기관에 제출하겠다는 취지의 당선 소감을 겸한 취임사를 발표한 바 있습니다. 위 당선 소감을 겸한 취임사가 주요 언론에 보도되어 2017년 12월 8일(금) 동아일보 송평인 논설위원과 개헌의 방향 등과 관련하여 인터뷰를 하게 되었습니다. 위 인터뷰기사가 2017년 12월 11일(월) 동아일보 한 면(A32면) 전체에 대서특필되자 경향각지에서 엄청난 반향이 일어나서 새삼 한국헌법학회의 높아진 위상을 절감하였습니다. 그 후 2017년 12월 14일(목) 한국헌법학회 고문단회의를 개최하여 당선소감을 겸한 취임사에서 밝힌 저의 구상을 고문님들께 보고 드렸습니다. 그러자 모든 고문님들이 만장일치로 헌법개정안 제시는 실사구시의 차원에서 한국헌법학회가 당연히 해야 할 역사적 책무이므로 여·야 정치권의 눈치를 보지 말고 학자적 양심을 가지고 중립적이고 객관적인 입장에서 역사에 길이 남을 모범적인 개헌안을 마련하도록 의견을 모아주셨습니다. 이에 2017년 12월 22일(금) 숭실대학교 조만식기념관 530호 회의실에서 가칭 '헌법개정특별위원회' 제1차 전원회의를 개최하게 되었습니다. 그 후 2018년 12월 28일(목) 서울지방변호사회 변호사회관 회의실(5층 정의실)에서 전원회의를 개최하여 가칭 '헌법개정특별위원회'의 명칭을 '헌법개정연구위원회'로 최종 확정하였습니다.

경향 각지의 학회 회원들로 구성된 '헌법개정연구위원회'는 전체 회원 800여 명 중 헌법학계의 권위있는 학자들을 포함하여 90여 명의 회원들이 자발적으로 참여하여 전문·총강분과[위원장: 민병로 교수님(전남대학교 법학전문대학원)], 정당·선거분과[위원장: 윤재만 교수님(대구대학교 법과대학)], 기본권분과[위원장: 허종렬 교수님(서울교육대학교 사회과교육과)], 정부형태분과[위원장: 김학성 교수님(강원대학교 법학전문대학원)], 재정·경제분과[위원장: 한상희 교수님(건국대학교 법학전문대학원)], 지방분권분과[위원장: 이기우 교수님(인하대학교 법학전문대학원)], 사법제도분과[위원장: 임지봉 교수님(서강대학교 법학전문대학원)] 등 7개의 분과로 구성되었습니다. 3차에 걸친 전원회의, 각 분과별로 수차에 걸친 분과회의, 8차에 걸친 분과위원장회의 등을 거쳐 드디어 한국헌법학회의 역사에 길이 남을 한국헌법학회의 집단지성을 담은 독자적인 헌법개정안을 마련하게 된 것을 무척 기쁘게 생각합니다. 이렇게 지난한 과정을 거쳐 마련한 한국헌법학회 산하 헌법개정연구위원회 헌법개정안을 2018년 3월 22일(목) 오후 2시 존경하는 더불어민주당 정성호 국회의원의 소개로 국회 정론관에서 발표를 한 후 존경하는 정세균 국회의장(현 국무총리), 김성곤 국회사무총장 등에게 전달하였습니다.

2006년에도 한국헌법학회에서 헌법개정안의 방향을 제시한 데 이어 이번 헌법개정안에서는 구체적인 조문까지 자세히 제시함으로써 한국헌법학회의 정신적 유산을 계승·발전시키는 의의를 가지게 되었습니다.

저는 제10차 헌법개정을 위하여 2017년 2월에 발족한 국회 헌법개정특별위원회(이하 '개헌특위') 총강·기본권분과의 자문위원으로 참여한 바 있습니다. 그런데 국회 개헌특위가 가동되었지만 정부형태와 지방분권 등의 쟁점을 둘러싸고 여·야간에 입장차가 워낙 커서 2018년 3월까지 합의된 제10차 개헌특위 헌법개정안을 도출하지 못한 채 개헌특위활동이 안타깝게 종료되었습니다. 이러한 와중에도 국회 개헌특위자문위원회는 역대 국회개헌특위자문위원회의 관행대로 자문위원회 보고서를 통하여 개헌안을 2018년 1월 제시하였습니다. 이번에 간행하는 한국헌법학회 헌법개정연구위원회의 헌법개정안은 국회 개헌특위자문위원회 개헌안, 문재인 대통령 개헌안, 국가인권위원회 기본권보장 강화 헌법개정안 및 국민주권회의 개헌안 등을 최대한 많이 반영하려고 노력한 것이어서 헌법개정안의 총체적 결정판이라고 자부할 수 있습니다. 20대 국회에서 매듭을 짓지 못한 헌법개정을 21대 국회에서 마무리할 필요가 있고, 향후 21대 국회의 개헌 논의시 참고자료로 활용될 수 있도록 하고 더 나아가 개헌 정국에서 전국민들에게 헌법 개정에 대한 친절한 안내자로서의 역할을 할 수 있도록 하기 위하여 유명한 법학도서 전문출판사인 박영사에서 발간하기에 이르렀습니다. 이번에 간행하는 「헌법개정연구」에서는 단순히 한국헌법학회 헌법개정연구위원회의 최종성과물인 헌법개정안을 제시한 것을 넘어 집단지성을 도출하기 위한 생생한 과정을 담으려고 회의록과 관련 사진을 수록하게 되었습니다.

헌법개정안 연구를 위한 예산과 재정이 충분하지 못하여 어려운 상황이었음에도 불구하고,

본 헌법개정연구의 간행을 위하여 물심양면으로 도와주신 김문현 이화여대 명예교수님을 비롯한 한국헌법학회 헌법개정연구위원회 위원 여러분들의 아름다운 수고를 결코 잊을 수 없습니다. 학자분들과 실무가분들이 한국헌법학회 헌법개정연구위원회 위원으로서 치열하게 고민하고 이성적 토론을 거치며 합의하는 과정을 이끌어 주셨기에 비로소 가능한 일이었습니다. 참여하신 학자분들과 실무가분들의 이름과 소속을 본문 내용과 중요 부분에 표시를 하여 존경과 감사의 마음을 전하고자 합니다. 상당한 액수의 출연 등을 통하여 흔쾌히 도와주신 이찬희 대한변호사협회 협회장님, 정태화 위드켐 대표이사님, 엄재열 진원피앤씨주식회사 대표이사님, 서동원 김앤장 법률사무소 고문님, 박진호 청해솔(주) 경주생약 대표이사님 등께 무어라 감사의 뜻을 표할지 모를 지경입니다. 특히 한국헌법학회 헌법개정연구위원회의 헌법개정안을 최종 논의하는 학술대회에 참가하셔서 기조연설을 해주신 대만의 진신민(陳新民) 前 대법관님께 깊이 감사드립니다.

어려운 출판환경 속에서도 본 도서의 중요성을 공감하시고 도서간행에 전폭적인 도움을 주신 박영사 안종만 회장님, 안상준 대표님, 조성호 이사님, 정성혁 대리님과 세심하게 교정 및 편집을 해주신 우석진 편집위원님 등께 진심으로 감사드립니다.

마지막으로 한국헌법학회의 헌법개정안이 마련될 수 있도록 실무를 완벽하게 지원해 주신 국민대학교 정 철 교수님(한국헌법학회 총무이사), 서경대학교 성봉근 교수님(한국헌법학회 총무이사), 한반도통일지도자총연합 통일지도자아카데미 박종범 부원장님(한국헌법학회 재무이사), 숭실대학교 법학연구소 유태신 연구원님(한국헌법학회 섭외이사), 고려대학교 법학연구원 김희정 전임연구원님(한국헌법학회 총무간사), 고려대학교 법학연구원 김효연 전임연구원님(한국헌법학회 총무간사), 숙명여자대학교 이승은 겸임교수님(한국헌법학회 홍보이사), 한국법학원 김주미 대외협력연구원님(한국헌법학회 홍보간사) 등을 비롯한 제24대 한국헌법학회 집행부 임원들께도 고마워하는 마음을 전합니다.

헌법이 개정된 지 33년 만에 헌법개정의 골든타임을 맞이한 시기에 이번에 간행하는 한국헌법학회 산하 헌법개정연구위원회의 「헌법개정연구」가 향후에 여·야 정치권에 타산지석으로 활용되어 대한민국의 미래의 백년대계를 설계하는데 크게 기여할 수 있게 되기를 간절히 희구합니다.

감사합니다.

2020년 8월

사단법인 한국헌법학회

제24대 회장 고문현

차　　례

부 록 / 235

서 장

지금 현행 헌법의 개정에 관한 논의가 국회를 중심으로 여야 간에 본격적으로 진행 중에 있다. 대통령 역시 국민헌법자문특별위원회가 제출한 개헌안을 보고 받은 후 국무회의 심의를 거쳐 2018년 3월 24일에 개헌안을 발의하여 대통령의 개헌안은 현재 국회의 의결절차를 기다리고 있는 상황이다. 1987년 헌법개정의 필요성은 그동안 꾸준히 제기되어 왔고 우리 학회 역시 그간 지속적으로 개헌의 필요성에 대해 피력해 왔다. 헌법개정은 최종적으로 국민의 판단에 맡겨져 있다는 점에서 헌법학연구의 전통과 권위를 가지고 헌법학계를 대표하는 우리 한국헌법학회가 헌법개정의 쟁점과 방향을 국민 앞에 제시하는 것은 시대의 소명이자 헌법학자로서 당연한 사회참여의 요청이라고 생각한다.

한국헌법학회는 그동안 쌓아온 연구성과와 헌법안 작성실무경험을 토대로 21세기 대한민국의 발전을 이끌 최상의 헌법개정안을 마련하여 국민에게 제시하고자 한국헌법학회 산하에 헌법개정연구위원회(이하 '위원회'라 약칭)를 지난 2017년 12월 22일 구성하여 지금까지 3차례의 전원회의와 8차례의 분과위원장 회의를 진행하며 그 활동을 지속하여 왔다. 위원회는 일정한 연구지침을 수립하여 이 지침에 따라 위원회의 연구활동을 진행하기로 하여 지난 제1차 분과위원장 회의에서 헌법개정안의 연구지침을 마련하여 이를 기준으로 헌법개정안 연구를 진행하여 왔다.

그 연구지침의 내용은 다음과 같다.

첫째, 우리 위원회는 한국의 헌법현실을 반영하는 헌법개정안을 만들기로 하였다. 즉 오늘을 사는 대한민국 국민의 헌법적 경험과 한국 사회의 헌법현실을 헌법개정안에 담아내기 위하여 노력하였다.

둘째, 위원회의 모든 위원들은 개인의 정치적 성향이나 이해관계를 배제한 채, 헌법학자로서의 양심에 기초해서 객관적이고 중립적인 입장에서 바람직한 헌법개정안을 모색하기로 하였다.

셋째, 위원회의 헌법연구안은 장래의 정권 교체에도 불구하고 지속가능한 헌법개정안을 모색하고자 하였다. 이를 위해서는 검토 대상 사안 중 무엇이 '헌법적 가치'가 있는 중요한 사안으로서 정권과 시대를 뛰어넘어 보편타당한 내용인지를 검토하고자 하였다. 이에 따라 입법으로 해결될 사안을 헌법개정안에 포함하는 것은 부적절하다는 점에서 그 인식을 공유하였다.

넷째, 위원회의 헌법연구안은 실제로 운용이 가능한 안을 모색하고자 하였다. 헌법개정이 실제로 이루어지는 경우, 개정 헌법에 담긴 내용들이 대한민국 사회에서 원활히 작동될 수 있는지 여부를 면밀히 검토하여 안을 마련하도록 노력하고 새로운 헌법규정이 학문적 실험의 대상이 되어서는 아니 된다는 점을 강조하였다. 그리하여 위원들 간에 의견대립이 첨예한 경우에는 현행 제도를 유지하는 방향으로 정리하였다. 수도규정과 근로3권 그리고 경제민주화와 토지공개념 등이 이런 원칙에 따라 현행 헌법의 규정 형태를 유지하는 쪽으로 위원회의 의견이 모아졌다.

다섯째, 우리 위원회는 모든 참여자들이 어떠한 형태의 위계질서에도 구애받지 않고 자유로이 각자의 의견을 개진하고 교환할 수 있도록 열린 마음으로 헌법개정안 마련 작업에 임함으로써, 헌법학자들의 집단지성이 최대한 발휘될 수 있도록 하였다.

이러한 연구지침에 따라 우리 위원회는 정치적 이해관계에 함몰되지 않고 객관적이고 중립적이며 공정한 입장에서 헌법개정에 대한 최종적인 판단자인 국민에게 최상의 헌법개정안을 제시하고자 겨울 내내 쉬지 않고 노력하여 오늘 그 결과물을 국민 앞에 내놓게 되었다. 돌아보면 열악한 재정상태와 한정된 시간제약 속에서 연구자로서의 소신과 열정으로 이어온 시간들이었다. 우리 위원회가 이러한 열악함을 이겨내고 오늘 그 결과물을 국민 앞에 제출할 수 있게 되었다는 것이 오히려 자랑스럽고 떳떳하다.

끝으로 오늘 우리가 제시하는 헌법개정안은 우리 위원회가 지금까지 연구한 결과물일 뿐이 헌법개정안의 모든 내용들이 이번 헌법개정에서 모두 반영되어야 한다고 우리는 주장하지는 않는다는 점을 분명히 밝힌다. 어느 부분들은 단계적으로 실현할 필요도 있고 다음 개정으로 미루어도 되는 부분도 있을 것이다. 그리고 이런 취사선택은 국회와 국민들의 선택에 맡겨져 있다. 또한 동시에 오늘 우리가 내놓은 헌법개정안이 우리 학회의 최종적인 의견이 아니라는 점도 동시에 밝힌다. 한국헌법학회 산하 2018년 헌법개정연구위원회의 연구결과물일 뿐이고 우리 위원회를 포함하여 학회 전체는 앞으로도 헌법개정안을 지속적으로 연구하여 오늘의 결과물들을 주기적으로 업데이트 할 계획임을 밝혀 둔다. 물론 이 작업은 미래 학회원들의 과제이고 그들이 결정할 사안이지만 오늘 우리가 2006년의 헌법개정안을 이어서 만든 이 결과물들이 그 기초가 되어 장래에도 우리 학회의 유구한 전통으로 이어지기를 기원해 본다.

우리 헌법개정연구위원회 헌법개정안의 주요 내용을 우리 헌법개정연구위원회의 7개 분과, 즉 전문·총강분과, 기본권분과, 정부형태분과, 선거·정당분과, 지방분권분과, 사법제도분과, 재정·경제분과 등의 순으로 연구성과를 요약하여 정리하면 다음과 같다.

헌법전문·총강분과를 보면, 전문의 경우 현행 전문의 틀을 유지하면서 새로운 헌법가치를 추가로 기술하고, 시대상황에 맞지 않는 표현은 삭제하기로 하였다. 그리하여 현행 전문의 체계와 문장을 그대로 유지하면서 독재와 불의에 항거한 사건으로 '4·19'이외에 '5·18민주화운동', '6월항쟁'을 추가하여 명시하기로 하였다. 또한 전문에 대한민국이 추구하는 미래지향적 목표에 '지속가능한 발전'을 추가하였다. 그리고 제1조 제3항에 '대한민국은 분권형 국가를 지향한다.'고 신설하여 수평적 권력분산(이른바 분산형 대통령제) 및 수직적 권력분산(지방분권의 강화)을 통한 '분권형 국가 지향'이라는 국가의 기본원리를 이번 헌법개정의 주된 방향임을 제시하고자 하였다.

기본권 분과의 개헌안을 살펴보면 다음과 같다.

첫째, 기본권의 향유주체를 국민에서 사람으로 확대하고자 하였다.

둘째, 새로운 헌법현실에 부합하게 여러 기본권을 명문화하였다.

먼저 생명권은 인간존엄의 기초이며 모든 기본권의 전체가 되는 기본권 중의 기본권이라는 점에서 이를 명문화하였다. 그리고 위험 사회에서 재난과 재해 등을 개인의 문제로 치부하기 보다는 사회연대 의식과 공동체 의식을 가지고 국가 전체의 문제로 보는 관점의 전환을 하여 안전권을 신설하였다. 특히 재난을 당한 국민에게 법률에 따라 구조 및 보호받을 권리까지 규정하였다. 평등권 규정에서도 평등의 일반적 원칙을 선언하면서 국가의 차별제거 의무를 규정하였다. 또한 신체의 자유에서 적법한 절차를 심문·처벌 등에는 물론 체포·구속·수색에도 공통적으로 적용하게 하였고 검사의 영장신청권 조항을 헌법조문에서 삭제하였다. 국가의 난민보호의무도 새로이 신설하였다. 또한 정보기본권을 신설하여 알권리와 개인정보자기결정권을 규정함과 동시에 국가의 정보격차 해소의무를 규정하였다. 한편 언론·출판·집회·결사의 자유와 관련하여 언론매체의 자유와 다원성을 보장하고, 반론권을 보장하기 위하여 다양성 보장 규정도 추가하였다. 재산권도 의무를 수반한다는 규정을 통하여 공공복리를 위한 재산권행사에 대한 제한뿐만 아니라 부동산투기규제, 가상화폐, 외환투기 등 금융에 대한 규제 등의 헌법적 정당성을 마련하고자 하였다. 그리고 재산권에 대한 공용침해시 보상규정이 없는 경우에도 보상할 의무를 규정하고 그 기준을 제시하여 재산권 보장을 더 강화하였다. 청원권과 관련해서도 청원수단을 문서로 제한하고 있는 현 청원규정을 삭제하여 법률에 규정하게 함으로써 청원 당시의 모든 사용가능한 정보통신매체를 활용할 수 있도록 하였다. 재판을 받을 권리에서 불구속수사의 원칙 등을 신설하고, 수사와 재판에 대한 부당한 지시나 간섭을 금지하였다. 특히 국가배상청구권에서 군인·군무원·경찰공무원 등에 대한 이중배상금지규정을 삭제하여 차별적 취급을 시정하였다. 범죄피해자 구조청구권의 범위를 "생명·신체에 대한 피해'에서 '생명·신체 및 정신적 피해"로 확대하였다. 그리고 교육을 받을 권리에서도 제4차 산업혁명 시대의 도래로 미래세대를 위하여 '교육으로부터 학습으로의 패러다임 전환'이 필요하므로 학습권을 명시적으로 보장하고 교육자치제도를 헌법에 보장하였다. 근로의 권리와 관련하여 의사자의 유가족도 우선적으로 근로의 기회를 부여받을 수 있는 대상으로 포함시켰다. 공무원인 근로자의 경우에는 근로3권을 법률로 제한할 수 있도록 함으로써 현행 헌법의 규정을 유지하였다. 또한 어린이와 청소년, 노인, 장애인의 권리 규정을 신설하여 이들의 권리를 기본권으로 보장하였다. 환경권의 주체도 국민으로 국한하지 않고 사람으로 확대하면서, 환경권에서 생태계와 기후변화, 에너지의 수급 등 자연적 생활기반 보호의무를 부과하고, 미래세대에 대한 환경책임을 인정하고 환경에 대한 지속가능한 보전의무를 규정하였다. 혼인과 가족영역에서도 임신, 출산, 양육에 의한 차별을 배제하는 조항을 둠으로써 실질적인 모성 보호라는 헌법적 가치를 천명하고, 아동에 대한 돌봄과 교육이 부모의 1차적인 책임과 권리라는 점을 명시하였다. 그리고 소비자의 권리를 새로이 헌법상 기본권으로 보장하고, 소비자 피해의 예방과 구제 규정을 신설하였다.

국민들의 관심이 집중되는 정부형태를 살펴보면, 국회의 구성과 관련하여 양원제 대신 단원제를 유지하였다. 대통령의 권력분산과 관련하여 4년 중임 대통령제에 머물지 않고 분산형 대통령제를 도입하고 감사원을 헌법상 독립기관으로 하는 형태를 제안하였다. 대통령이 보유하는 법률안거부권, 국가긴급권, 국군통수권은 모두 대통령의 권한으로 유지하였다. 대통령 권한대행에 관한 분쟁을 해결하기 위해 국무총리가 헌법재판소에 요청하는 방법을 도입했다. 국무총리제도를 유지하면서 현행 헌법과 같이 대통령이 총리를 국회의 동의를 받아 임명하게 했고, 대신 국무총리에 대한 불신임을 재적 3분의 1의 발의와 재적 과반수의 찬성으로 가능하게 하였다. 임명시 통제(국회동의)와 더불어 임명 후 견제(불신임제도)를 강화하여 실질적으로 국회의 통제를 실현하였다. 국무총리는 독자적으로 법률안을 제출할 수 있고, 총리령안을 국무회의 심의사항으로 했으며, 총리에 대한 불신임이 있으면 대통령이 독자적으로 임명한 국무위원을 제외한 모든 국무위원이 국회에 대하여 연대책임을 지도록 하여 책임정치를 실현하고자 하였다. 더욱이 국무회의를 지금처럼 심의기관이 아닌 의결기관으로 하여 행정부의 중요한 업무가 여기서 실질적으로 논의되고 결정되도록 하여 정부 내 최고의사결정기관으로 격상시켰다. 그리고 그동안 그 소속이 문제되었던 감사원을 대통령이나 국회가 아닌 헌법상 독립기구로 하였고, 지방자치단체를 감사대상에 포함하였다. 또한 국회의 권한과 관련해서는 국정조사권만을 유지하고 그 동안 논란이 되었던 국정감사제도를 폐지하였다. 제도의 중복으로 인한 행정력의 낭비를 시정하고 국회의 국정조사권의 효율성을 제고하였다.

선거·정당과 관련하여서는 정당의 민주성 강화가 선거제도의 개혁 및 권력구조개혁의 전제조건으로서 불가결의 요소라는 점을 인식하면서 이번 개헌안은 정당의 후보추천에서 민주성과 국가보조금 사용에 있어서 투명성을 헌법에 직접 규정하였다. 또한 헌법의 체계정당성과 명확한 기준의 제시를 위하여 위헌정당해산의 사유를 '자유민주적 기본질서 위배'로 명확히 규정하였다. 선거제도와 관련하여 다수대표선거제도는 인위적인 양당제를 강요함으로써 소수자·약자를 대표하는 정당이나 의원의 출현을 인위적으로 어렵게 한다는 점을 고려하여 선거에 있어서 적정한 비례성을 강조함으로써 합리적인 정부형태를 위한 전제조건을 마련하였다. 또한 대통령선거에 있어서 결선투표제를 도입하였다. 대통령선거에서 대통령후보 단일화가 이루어지지 않을 경우 후보의 난립으로 소수의 지지를 받는 후보자가 당선될 가능성이 있는데, 대통령결선투표는 대통령선거의 민주적 정당성을 제고하고 동시에 선거연합의 가능성을 열어둘 수 있다.

지방자치와 관련하여 지방분권을 강화함으로써 수직적 권력분립을 통한 분권형 국가라는 새로운 국가모습을 제시하고자 하였다. 종래의 대통령과 국회를 중심으로 한 중앙집권적 단일통치체제를 완화함으로써 지방 고유의 다양한 특색과 민의가 더욱 적극적으로 반영될 수 있는 시대를 열어가야 한다는 입장에서 지역 주민들의 요구가 더욱 효율적으로 충족되며, 주민의 생활 복리와 관련된 사안에 대하여 주민 스스로가 숙의하고 결정해 나가는 진정한 주민자치, 주민주권이 실현될 수 있도록 헌법적 토대를 강화할 필요가 있다고 보았다. 이를 통해 국가와 지방자치단체 상호간의 정책 경쟁과 행정서비스 경쟁을 촉진하고, 아래로부터의 혁신을 통하여 국가 전체의 유기적 효율성을 높임으로써 경제적·사회적 발전의 동력으로 승화되어 가는 미래 국가발전의 모델을 제시하고자 하였다. 이를 위해 첫째, 민주공화국 구현을 뒷받침하는 중요한 구현 원리로서 지방분권 지향의 원리를 헌법 총강에 선언하고, 보충성의 원칙을 명시하였다. 둘째, 지방입법권과 관련하여 주민의 권리제한이나 의무부과를 법률뿐만 아니라 자치법률로도 제한할 수 있도록 함으로써 지방자치단체의 입법권을 강화하였다. 특히 국가와 지방자치단체간의 입법권의 배분을 헌법에 직접 규정하였다. 셋째, 지방자치단체의 재정권을 강화하였는데 법률의 위임이 없이도 자치법률로 지방세를 부과할 수 있도록 하였다. 그리고 지방간 재정격차를 극복하기 위한 수평적·수직적 재정조정제도를 헌법에 규정하였다. 넷째, 지방자치단체의 지방조직권을 강화하여 지방조직을 지방자치단체의 자치법률로 제정하여 다양한 지방제도의 혁신 가능성을 부여하고자 하였다. 지방자치단체의 입법기관 역시 자치법률을 통해 지방의회 또는 주민총회로 다양화하고 지방 집행기관 역시 독임제 또는 합의제 기관 등 다양한 형태로 선택할 수 있도록 하였다.

사법제도와 관련하여 보다 더 성숙한 법치국가의 실현을 위해 사법권의 독립과 민주성의 확보를 강화하고자 하였다. 종래 헌법재판소와 법원의 병렬적 존치를 지양하고 헌법재판소를 사법부의 일부로 포섭하고 사법권을 헌법재판소와 법원이 행사하는 것으로 하여 사법부라는 단일한 구성으로 양 기관을 편제하였다. 나아가 헌법재판소의 9인의 재판관은 국회에서 선출한 자로 하고 헌법재판소장은 호선하도록 하였다. 대법원의 구성과 관련하여 대법관의 임명을 대법관인사위원회에서 하고 대법원장 역시 호선하도록 하였다. 헌법재판관과 대법관의 임기를 모두 9년으로 하고 연임이나 중임을 할 수 없도록 개정하였다. 헌법재판권의 관할과 관련하여 법원의 재판에 대한 헌법소원을 새로이 추가하였고 명령·규칙에 대한 위헌심사권과 선거 및 국민투표의 유·무효 소송 역시 헌법재판소의 관할로 이전하여 일원적인 헌법재판구조를 지향하였다. 사법의 지방분권화도 실현하여 대법원장 아래의 단일한 구성을 탈피할 수 있도록 하였다. 고등법원 소속 판사의 인사는 해당 고등법원 관할지역의 광역지방자치단체 지방의회가 선출한 위원들로 구성되는 고등법원판사 인사위원회에서 결정하도록 하였다. 지방분권을 사법영역에서도 실현하여 사법권의 독립을 더 한층 강화할 수 있을 것으로 보고 있다. 또한 헌법재판소와 대법원에 각자의 독자적인 예산편성권을 부여하였다.

재정·경제분과를 살펴보면 먼저 재정의 장을 신설하여 재정의 장에 제1절 국가의 재정과 회계, 제2절 독립기관인 감사원을 규정하였다. 이번 헌법개정안에서 재정의 장의 핵심은 재정민주주의의 확보와 재정책임성의 강화에 있다. 이러한 입장에서 헌법개정안은 감사원을 대통령이나 국회로부터 독립한 기관으로 구성하였고 감사원의 구성은 추천위원회의 추천 후 국회가 선출하도록 하였다. 국민의 입장에서 재정제도를 확립하기 위해 예산법률주의를 도입하였고 예산편성권은 정부에 두었으며 증액동의권은 현행과 같이 존치하는 것으로 하였다. 경제조항은 현재까지 확립된 “헌법 질서를 최대한 존중하는 방향”으로 역대 헌법에서 규정하여 온 연혁, 취지 등을 존중하여 최대한 현행 규정대로 유지하면서, 변화된 헌법 현실에 맞추어 자원, 농업·해양수산자원·산림자원 등의 공익적 기능, 과학기술 조항 등을 일부 수정하였다.

끝으로 직접민주주의의 도입을 통해 대의제도의 약점을 보완함으로써 대의제도가 민주적으로 작동할 수 있도록 하고자 하였다. 이를 위해 국민발안, 국민투표, 국민소환의 권리를 규정하였다. 국민발안을 위한 최소한의 요건을 헌법에 규정하고 세부적인 내용은 법률에 위임하였고 국민투표 역시 기본적인 요건을 헌법에 규정하고 세부적인 절차는 법률에 위임하였다. 국민소환과 관련해서는 국회의원 소환제도를 이번 개헌안에 도입하는 것으로 하였다. 더불어 헌법개정에서도 헌법개정의 제안권자로 대통령과 국회 이외에 일정한 요건을 갖춘 경우에 국민발안을 인정하였다.

제 1 장

한국헌법학회 헌법개정연구 위원회 헌법개정안

제 1 장 한국헌법학회 헌법개정연구위원회 헌법개정안

현행 헌법	헌법개정연구위원회 헌법개정안	비 고
헌법전문		
유구한 역사와 전통에 빛나는 우리 대한국민은 3·1운동으로 건립된 대한민국임시정부의 법통과 불의에 항거한 4·19민주이념을 계승하고, 조국의 민주개혁과 평화적 통일의 사명에 입각하여 정의·인도와 동포애로써 민족의 단결을 공고히 하고, 모든 사회적 폐습과 불의를 타파하며, 자율과 조화를 바탕으로 자유민주적 기본질서를 더욱 확고히 하여 정치·경제·사회·문화의 모든 영역에 있어서 각인의 기회를 균등히 하고, 능력을 최고도로 발휘하게 하며, 자유와 권리에 따르는 책임과 의무를 완수하게 하여, 안으로는 국민생활의 균등한 향상을 기하고 밖으로는 항구적인 세계평화와 인류공영에 이바지함으로써 우리들과 우리들의 자손의 안전과 자유와 행복을 영원히 확보할 것을 다짐하면서 1948년 7월 12일에 제정되고 8차에 걸쳐 개정된 헌법을 이제 국회의 의결을 거쳐 국민투표에 의하여 개정한다.	유구한 역사와 전통에 빛나는 우리 대한국민은 3·1운동으로 건립된 대한민국임시정부의 법통과 불의에 항거한 4·19혁명, 5·18민주화운동, 6월항쟁의 민주이념을 계승하고, 조국의 민주개혁과 평화적 통일의 사명에 입각하여 정의·인도와 동포애로써 민족의 단결을 공고히 하고, 모든 사회적 폐습과 불의를 타파하며, 자율과 조화를 바탕으로 자유민주적 기본질서를 더욱 확고히 하여 정치·경제·사회·문화의 모든 영역에 있어서 각인의 기회를 균등히 하고, 다양성을 존중하여 능력을 최고도로 발휘하게 하며, 자유와 권리에 따르는 책임과 의무를 완수하게 하여, 안으로는 국민생활의 균등한 향상을 기하고 밖으로는 항구적인 세계평화와 인류공영에 기여하고, 모든 분야에서 지속가능한 발전을 추구함으로써 우리와 미래세대의 안전과 자유와 행복을 영원히 확보할 것을 다짐하면서 1948년 7월 12일에 제정되고 9차에 걸쳐 개정된 헌법을 이제 국회의 의결을 거쳐 국민투표에 의하여 개정한다. *<수정>*	‘부마항쟁’도 추가해야 한다는 분과 소수의견이 있었음[소수의견(최양근 위원)]

제1조 ①대한민국은 민주공화국이다. ②대한민국의 주권은 국민에게 있고 모든 권력은 국민으로부터 나온다.	제1조 ①대한민국은 민주공화국이다. ②대한민국의 주권은 국민에게 있고, 모든 권력은 국민으로부터 나오며, 국민을 위하여 행사된다. *<수정>* ③[지방분권분과] 대한민국은 분권형 국가를 지향한다. *<신설>*	
제2조 ①대한민국의 국민이 되는 요건은 법률로 정한다. ②국가는 법률이 정하는 바에 의하여 재외국민을 보호할 의무를 진다.	제2조 ①대한민국의 국민이 되는 요건은 법률로 정한다. ②국가는 법률이 정하는 바에 의하여 재외국민을 보호할 의무를 진다.	
제3조 대한민국의 영토는 한반도와 그 부속도서로 한다.	제3조 대한민국의 영역은 한반도와 그 부속도서를 포함하는 영토, 영해, 영공으로 한다. *<수정>*	대한민국의 영역은 법률로 정하는 영토, 영해, 영공으로 한다. [소수의견(이부하 위원)]
제4조 대한민국은 통일을 지향하며, 자유민주적 기본질서에 입각한 평화적 통일정책을 수립하고 이를 추진한다.	제4조 대한민국은 평화공존통일을 지향하며, 자유민주적 기본질서에 입각한 통일정책을 수립하고 이를 추진한다. *<수정>*	대한민국은 평화공존통일을 지향하며, 자유롭고 평등한 민주적 기본질서에 입각한 통일정책을 수립하고 이를 추진한다. [소수의견(최양근 위원)]
제5조(평화유지, 국국중립의무) ①대한민국은 국제평화의 유지에 노력하고 침략적 전쟁을 부인한다. ②국군은 국가의 안전보장과 국토방위의 신성한 의무를 수행함을 사명으로 하며, 그 정치적 중립성은 준수된다.	제5조(평화유지, 국군중립의무) ①대한민국은 국제평화의 유지에 노력하고 침략적 전쟁을 부인한다. ②국군은 국가의 안전보장과 국토방위의 신성한 의무를 수행함을 사명으로 하며, 그 정치적 중립성은 준수된다.	
제6조(조약, 외국인) ①헌법에 의하여 체결·공포된 조약과 일반적으로 승인된 국제법규는 국내법과 같은 효력을 가진다. ②외국인은 국제법과 조약이 정하는	제6조(조약, 외국인) ①헌법에 의하여 체결·공포된 조약과 일반적으로 승인된 국제법규는 국내법과 같은 효력을 가진다. ②외국인은 국제법과 조약이 정하는 바	

바에 의하여 그 지위가 보장된다.	에 의하여 그 지위가 보장된다.	
제7조(공무원 규정) ①공무원은 국민전체에 대한 봉사자이며, 국민에 대하여 책임을 진다. ②공무원의 신분과 정치적 중립성은 법률이 정하는 바에 의하여 보장된다.	제7조(공무원 규정) ①공무원은 국민전체에 대한 봉사자이며, 국민에 대하여 책임을 진다. ②공무원의 신분과 정치적 중립성은 법률이 정하는 바에 의하여 보장된다.	
제8조 ①정당의 설립은 자유이며, 복수정당제는 보장된다. ②정당은 그 목적·조직과 활동이 민주적이어야 하며, 국민의 정치적 의사형성에 참여하는데 필요한 조직을 가져야 한다. ③정당은 법률이 정하는 바에 의하여 국가의 보호를 받으며, 국가는 법률이 정하는 바에 의하여 정당운영에 필요한 자금을 보조할 수 있다. ④정당의 목적이나 활동이 민주적 기본질서에 위배될 때에는 정부는 헌법재판소에 그 해산을 제소할 수 있고, 정당은 헌법재판소의 심판에 의하여 해산된다	제8조 ①정당의 설립·존속은 자유이며, 정당 간 기회균등을 바탕으로 복수정당제는 보장하되, 구체적 사항은 법률로 정한다. *<수정>* ②정당은 국민의 정치적 의사형성 과정에 참여한다. 정당의 목적·조직 및 공직선거후보자 선출 등 당내선거를 포함한 활동은 민주적이어야 하며, 구체적 내용은 법률로 정한다. *<수정>* ③국가는 법률이 정하는 바에 의하여 정당운영에 필요한 자금을 보조할 수 있다. 정당은 법률이 정하는 바에 의하여 자금의 출처와 사용, 재산상황을 공개하여야 한다. *<수정>* ④정당의 목적이나 활동이 자유민주적 기본질서에 위배될 때에는 정부는 헌법재판소에 그 해산을 제소할 수 있고, 정당은 헌법재판소의 심판에 의하여 해산된다. *<수정>*	
제9조 국가는 전통문화의 계승·발전과 민족문화의 창달에 노력하여야 한다.	제9조 국가는 전통문화의 계승·발전과 문화의 창조·진흥 및 문화다양성 보호와 증진을 위하여 노력하여야 한다. *<수정>*	
제10조 모든 국민은 인간으로서의 존엄과 가치를 가지며 행복을 추구할 권리를 가진다. 국가는 개인이 가지는 불가침의 인권을 확인하고 이를 보장할 의무를 진다.	제10조 모든 사람은 인간으로서의 존엄과 가치를 가지며 행복을 추구할 권리를 가진다. 국가는 개인이 가지는 불가침의 인권을 확인하고 이를 보장할 의무를 진다. *<수정>*	
제11조 ①모든 국민은 법 앞에 평등하	제13조 ①모든 사람은 법 앞에 평등하다.	

다. 누구든지 성별·종교 또는 사회적 신분에 의하여 정치적·경제적·사회적·문화적 생활의 모든 영역에 있어서 차별을 받지 아니한다. ②사회적 특수계급의 제도는 인정되지 아니하며, 어떠한 형태로도 이를 창설할 수 없다. ③훈장등의 영전은 이를 받은 자에게만 효력이 있고, 어떠한 특권도 이에 따르지 아니한다.	②국가는 정치적·경제적·사회적·문화적 생활의 모든 영역에 있어서 성별, 종교, 연소, 노령, 장애, 사회적 신분 등에 따른 차별을 제거하고 실질적 평등을 실현할 의무를 진다. ②*(삭제)* ③*(삭제)* *<조문변경, 수정, 삭제>*	
<신설>	제11조 모든 사람은 생명권을 가진다. *<신설>*	
<신설>	제12조 ①모든 사람은 위험으로부터 안전할 권리가 있다. ②국가는 재난이나 재해 및 모든 형태의 폭력 등에 대한 위험을 제어하고 피해를 최소화하며 그 위험으로부터 사람을 보호할 책임을 진다. ③모든 사람은 국가에게 법률에 따라 구조 및 보호받을 권리가 있다. *<신설>*	
제12조 ①모든 국민은 신체의 자유를 가진다. 누구든지 법률에 의하지 아니하고는 체포·구속·압수·수색 또는 심문을 받지 아니하며, 법률과 적법한 절차에 의하지 아니하고는 처벌·보안처분 또는 강제노역을 받지 아니한다. ②모든 국민은 고문을 받지 아니하며, 형사상 자기에게 불리한 진술을 강요당하지 아니한다. ③체포·구속·압수 또는 수색을 할 때에는 적법한 절차에 따라 검사의 신청에 의하여 법관이 발부한 영장을 제시하여야 한다. 다만, 현행범인인 경우와 장기 3년 이상의 형에 해당하는 죄를 범하고 도피 또는 증거인멸의 염려가	제14조 ①모든 사람은 신체의 자유를 가진다. ②모든 사람은 법률과 적법한 절차에 따르지 아니하고는 체포·구속·압수·수색 또는 심문·처벌·보안처분·노역장유치·강제 보호 등 불이익한 처분을 당하지 아니한다. ③모든 사람은 고문을 받지 아니하며, 형사상 자기에게 불리한 진술을 강요당하지 아니한다. ④체포·구속·압수 또는 수색을 할 때에는 적법한 절차에 따라 법관이 발부한 영장을 제시하여야 한다. 다만, 현행범인인 경우와 장기 3년 이상의 형에 해당하는 죄를 범하고 도피 또는 증거	

있을 때에는 사후에 영장을 청구할 수 있다. ④누구든지 체포 또는 구속을 당한 때에는 즉시 변호인의 조력을 받을 권리를 가진다. 다만, 형사피고인이 스스로 변호인을 구할 수 없을 때에는 법률이 정하는 바에 의하여 국가가 변호인을 붙인다.	인멸의 염려가 있을 때에는 사후에 영장을 발부받을 수 있다. ⑤모든 사람은 사법절차에서 변호인의 도움을 받을 권리를 가진다. 체포 또는 구속을 당한 경우에는 즉시 변호인의 도움을 받도록 하여야 한다. 국가는 형사피의자 또는 피고인이 스스로 변호인을 구할 수 없을 때에는 법률로 정하는	
⑤누구든지 체포 또는 구속의 이유와 변호인의 조력을 받을 권리가 있음을 고지받지 아니하고는 체포 또는 구속을 당하지 아니한다. 체포 또는 구속을 당한 자의 가족등 법률이 정하는 자에게는 그 이유와 일시·장소가 지체 없이 통지되어야 한다. ⑥누구든지 체포 또는 구속을 당한 때에는 적부의 심사를 법원에 청구할 권리를 가진다. ⑦피고인의 자백이 고문·폭행·협박·구속의 부당한 장기화 또는 기망 기타의 방법에 의하여 자의로 진술된 것이 아니라고 인정될 때 또는 정식재판에 있어서 피고인의 자백이 그에게 불리한 유일한 증거일 때에는 이를 유죄의 증거로 삼거나 이를 이유로 처벌할 수 없다.	바에 따라 변호인을 선임하여 변호를 받도록 하여야 한다. ⑥모든 사람은 체포 또는 구속의 이유와 변호인의 도움을 받을 권리가 있음을 고지 받지 아니하고는 체포 또는 구속을 당하지 아니한다. 체포 또는 구속을 당한 사람의 가족 등 법률로 정하는 사람에게는 그 이유와 일시·장소가 지체 없이 통지되어야 한다. ⑦모든 사람은 체포 또는 구속을 당한 때에는 적부의 심사를 법원에 청구할 권리를 가진다. ⑧피고인의 자백이 고문·폭행·협박·구속의 부당한 장기화 또는 기망 그 밖의 방법에 따라 자의로 진술된 것이 아니라고 인정될 때 또는 정식재판에 있어서 피고인의 자백이 그에게 불리한 유일한 증거일 때에는 이를 유죄의 증거로 삼거나 이를 이유로 처벌할 수 없다. *<조문변경, 수정>*	
제13조 ①모든 국민은 행위시의 법률에 의하여 범죄를 구성하지 아니하는 행위로 소추되지 아니하며, 동일한 범죄에 대하여 거듭 처벌받지 아니한다. ②모든 국민은 소급입법에 의하여 참정권의 제한을 받거나 재산권을 박탈당하지 아니한다. ③모든 국민은 자기의 행위가 아닌 친족의 행위로 인하여 불이익한 처우를	제15조 ①모든 사람은 행위시의 법률 또는 자치법률에 의하여 범죄를 구성하지 아니하는 행위로 소추되지 아니하며, 동일한 범죄에 대하여 거듭 처벌받지 아니한다. ②*<삭제>* ②모든 사람은 자기의 행위가 아닌 친족 등의 행위로 불이익한 처우를 받지 아니한다.	

받지 아니한다.	*<조문변경, 수정, 삭제>*	
제14조 모든 국민은 거주·이전의 자유를 가진다.	제16조 ①모든 국민은 거주·이전의 자유가 있다. ②국가는 국제법과 법률이 정하는 바에 따라 난민을 보호한다. *<신설>* *<조문변경, 신설>*	국가인권위원회 기본권보장 강화 헌법개정안 참조
제15조 모든 국민은 직업선택의 자유를 가진다.	제17조 모든 국민은 직업의 자유를 가진다. *<조문변경, 수정>*	
제16조 모든 국민은 주거의 자유를 침해받지 아니한다. 주거에 대한 압수나 수색을 할 때에는 검사의 신청에 의하여 법관이 발부한 영장을 제시하여야 한다.	제18조 모든 사람은 주거의 자유를 침해받지 아니한다. 주거에 대한 압수나 수색을 할 때에는 법관이 발부한 영장을 제시하여야 한다. *<조문변경, 수정>*	
제17조 모든 국민은 사생활의 비밀과 자유를 침해받지 아니한다. 제18조 모든 국민은 통신의 비밀을 침해받지 아니한다.	제19조 ①모든 사람은 사생활의 자유가 있으며 그 비밀을 침해받지 않는다. ②모든 사람은 통신의 자유가 있으며 그 비밀을 침해받지 않는다. *<조문변경, 수정>*	사생활의 자유로 통합하여 규정
<신설>	제20조 ①모든 사람은 자유로이 정보에 대한 알 권리가 있다. ②모든 사람은 자신의 정보가 타인에게 알려지고 이용되는지를 스스로 결정할 권리가 있다. ③국가는 개인별·지역별 정보격차를 해소하여야 한다. *<신설>*	-정보기본권 신설 -4차 산업혁명시대에서 IT 기본권을 인정하여 추가(성봉근, 정필운 소수의견) ③모든 사람은 비밀이 유지되고 결함이 없으며 신뢰할 수 있는 정보시스템과 정보통신망을 이용할 권리를 가진다.
제19조 모든 국민은 양심의 자유를 가진다.	제21조 모든 사람은 사상과 양심의 자유를 가진다. *<조문변경, 수정>*	

제20조 ①모든 국민은 종교의 자유를 가진다. ②국교는 인정되지 아니하며, 종교와 정치는 분리된다.	제22조 ①모든 사람은 종교의 자유를 가진다. ②국교는 인정되지 아니하며, 종교와 정치는 분리된다. *<조문변경, 수정>*	
제21조 ①모든 국민은 언론·출판의 자유와 집회·결사의 자유를 가진다. ②언론·출판에 대한 허가나 검열과 집회·결사에 대한 허가는 인정되지 아니한다. ③통신·방송의 시설기준과 신문의 기능을 보장하기 위하여 필요한 사항은 법률로 정한다. ④언론·출판은 타인의 명예나 권리 또는 공중도덕이나 사회윤리를 침해하여서는 아니된다. 언론·출판이 타인의 명예나 권리를 침해한 때에는 피해자는 이에 대한 피해의 배상을 청구할 수 있다.	제23조 ①모든 사람은 언론·출판의 자유와 집회·결사의 자유를 가진다. ②언론매체의 자유와 다원성 및 다양성은 존중된다. *<신설>* ③통신·방송의 시설기준과 신문의 기능을 보장하기 위하여 필요한 사항은 법률로 정한다. ④언론·출판은 타인의 명예나 권리 또는 공중도덕이나 사회윤리를 침해하여서는 아니된다. 언론·출판이 타인의 명예나 권리를 침해한 때에는 피해자는 이에 대한 피해의 배상을 청구할 수 있다. *<조문변경, 수정, 신설>*	
제22조 ①모든 국민은 학문과 예술의 자유를 가진다. ②저작자·발명가·과학기술자와 예술가의 권리는 법률로써 보호한다.	제24조 ①모든 사람은 학문과 예술의 자유를 가진다. ②대학의 자치는 보장된다. *<신설>* ③저작자·발명가·과학기술자와 예술가의 권리는 법률로 보호한다. *<조문변경, 수정, 신설>*	
제23조 ①모든 국민의 재산권은 보장된다. 그 내용과 한계는 법률로 정한다. ②재산권의 행사는 공공복리에 적합하도록 하여야 한다. ③공공필요에 의한 재산권의 수용·사용 또는 제한 및 그에 대한 보상은 법률로써 하되, 정당한 보상을 지급하여야 한다.	제25조 ①모든 국민의 재산권은 보장된다. 그 내용과 한계는 법률로 정한다. ②재산권은 의무를 수반한다. 재산권의 행사는 공공복리에 적합하도록 하여야 한다. ③공공필요에 의한 재산권의 수용·사용 또는 제한 및 그에 대한 보상은 법률로 정하되, 정당한 보상을 지급하여야 한다. 그러나 비례의 원칙에 위반되는 경우에는 법률이 없는 경우에도 정당한 보상을 지급하여야 한다. *<신설>* ④모든 국민의 재산권은 소급입법으로	

	부당하게 제한되지 않는다. <신설> <조문변경, 수정, 신설> <소급입법금지의 원칙은 재산권은 재산권 조항에, 참정권은 참정권 조항으로 이동>	
제24조 모든 국민은 법률이 정하는 바에 의하여 선거권을 가진다. 제25조 모든 국민은 법률이 정하는 바에 의하여 공무담임권을 가진다.	제26조 ①모든 국민은 법률로 정하는 바에 따라 선거권을 가진다. ②모든 국민은 법률로 정하는 바에 따라 공무담임권을 가진다. ③모든 국민의 참정권은 소급입법으로 부당하게 제한되지 않는다. <신설> <조문변경, 수정, 신설>	[기본권분과안] 제25조 모든 국민은 법률로 정하는 바에 따라 선거권을 가진다. 제26조 모든 국민은 법률로 정하는 바에 따라 공무담임권을 가진다. 제27조 ①모든 국민은 국민발안, 국민투표의 권리를 가진다. ②모든 국민은 일정수 이상의 서명으로 선출직 공무원의 임기가 만료되기 전에 그 사유를 적시하여 소환할 것을 청구할 수 있다.
제26조 ①모든 국민은 법률이 정하는 바에 의하여 국가기관에 문서로 청원할 권리를 가진다. ②국가는 청원에 대하여 심사할 의무를 진다.	제27조 ①모든 사람은 국가기관에 청원할 권리를 가진다. 청원에 관한 구체적인 사항은 법률로 정한다. ②국가는 청원에 대하여 심사 후 청원인에게 통지하여야 한다. <조문변경, 수정>	
제27조 ①모든 국민은 헌법과 법률이 정한 법관에 의하여 법률에 의한 재판을 받을 권리를 가진다.	제28조 ①모든 사람은 헌법과 법률에 따라 공정하고 신속한 재판을 받을 권리를 가진다.	

②군인 또는 군무원이 아닌 국민은 대한민국의 영역 안에서는 중대한 군사상 기밀·초병·초소·유독음식물공급·포로·군용물에 관한 죄중 법률이 정한 경우와 비상계엄이 선포된 경우를 제외하고는 군사법원의 재판을 받지 아니한다. ③모든 국민은 신속한 재판을 받을 권리를 가진다. 형사피고인은 상당한 이유가 없는 한 지체 없이 공개재판을 받을 권리를 가진다. ④형사피고인은 유죄의 판결이 확정될 때 까지는 무죄로 추정된다. ⑤형사피해자는 법률이 정하는 바에 의하여 당해 사건의 재판절차에서 진술할 수 있다.	②수사와 재판은 불구속을 원칙으로 하며, 수사와 재판에 관한 부당한 지시나 간섭 등은 금지된다. ③군인 또는 군무원이 아닌 국민은 군사법원의 재판을 받지 아니한다. 다만, 전시 또는 비상계엄이 선포된 때 내란·외환·중대한 군사상 기밀·초병·초소·유독음식물공급·포로·군용물에 관한 죄중 법률로 정한 경우에는 그러하지 아니하다. ④형사피고인은 상당한 이유가 없는 한 지체 없이 공개재판을 받을 권리를 가지며, 유죄의 판결이 확정될 때까지는 무죄로 추정된다. ⑤형사피해자는 법률로 정하는 바에 따라 재판절차진술권을 가진다. *<조문변경, 수정>*	
제28조 형사피의자 또는 형사피고인으로서 구금되었던 자가 법률이 정하는 불기소처분을 받거나 무죄판결을 받은 때에는 법률이 정하는 바에 의하여 국가에 정당한 보상을 청구할 수 있다.	제29조 형사피의자 또는 형사피고인으로 구금되었던 사람이 법률로 정하는 불기소처분을 받거나 무죄판결을 받은 경우에는 법률로 정하는 바에 따라 국가에 정당한 보상을 청구할 수 있다. *<조문변경, 수정>*	
제29조 ①공무원의 직무상 불법행위로 손해를 받은 국민은 법률이 정하는 바에 의하여 국가 또는 공공단체에 정당한 배상을 청구할 수 있다. 이 경우 공무원 자신의 책임은 면제되지 아니한다. ②군인·군무원·경찰공무원 기타 법률이 정하는 자가 전투·훈련 등 직무집행과 관련하여 받은 손해에 대하여는 법률이 정하는 보상외에 국가 또는 공공단체에 공무원의 직무상 불법행위로 인한 배상은 청구할 수 없다.	제30조 ①공무원의 직무상 불법행위로 손해를 받은 국민은 법률로 정하는 바에 따라 국가 또는 공공단체에 정당한 배상을 청구할 수 있다. 이 경우 공무원 자신의 책임은 면제되지 아니한다. ②*<삭제>* *<조문변경, 수정, 삭제>*	
제30조 타인의 범죄행위로 인하여 생명·신체에 대한 피해를 받은 국민은	제31조 타인의 범죄행위로 인하여 생명·신체 및 정신적 피해를 받은 국민은	

법률이 정하는 바에 의하여 국가로부터 구조를 받을 수 있다.	법률로 정하는 바에 따라 국가로부터 구조 및 보호를 받을 권리를 가진다. *<조문변경, 수정>*	
제31조 ①모든 국민은 능력에 따라 균등하게 교육을 받을 권리를 가진다. ②모든 국민은 그 보호하는 자녀에게 적어도 초등교육과 법률이 정하는 교육을 받게 할 의무를 진다. ③의무교육은 무상으로 한다. ④교육의 자주성·전문성·정치적 중립성 및 대학의 자율성은 법률이 정하는 바에 의하여 보장된다. ⑤국가는 평생교육을 진흥하여야 한다. ⑥학교교육 및 평생교육을 포함한 교육제도와 그 운영, 교육재정 및 교원의 지위에 관한 기본적인 사항은 법률로 정한다.	제32조 ①모든 국민은 평생에 걸쳐 학습하고, 적성과 능력에 따라 균등한 교육을 받을 권리를 가진다. ②모든 국민은 그 보호하는 자녀에게 적어도 초등교육과 법률이 정하는 교육을 받게 할 의무를 진다. ③국가는 의무교육을 무상으로 실시하며, 무상의 범위와 내용은 법률로 정한다. ④국가는 교육의 자주성·전문성·정치적 중립성을 보장한다. 국가는 국가교육위원회의 설치를 포함한 교육자치제도를 시행하며, 구체적인 내용은 법률로 정한다. ⑤국가는 평생교육과 시민교육, 직업교육을 진흥하여야 한다. ⑥국가는 사립학교의 특수성에 비추어 그 다양성을 보장하고 공공성과 투명성을 확보함으로써 사립학교의 건전한 발달을 도모한다. *<신설>* ⑦학교교육 및 평생교육을 포함한 교육제도와 그 운영, 교육과정, 교육재정, 교원의 지위에 관한 기본적인 사항은 법률로 정한다. *<조문변경, 수정, 신설>*	(소수의견) 사학관련 조문 신설 제OO조 ①사람들이 사립학교를 설립하고 운영할 자유, 사립학교를 선택할 권리는 보장된다. ②국가는 사립학교의 특수성에 비추어 그 자주성을 확보하고 공공성을 앙양함으로써 사립학교의 건전한 발달을 도모한다. * 사학의 자유를 삭제함 * 대학의 자율성 부분은 22조 학문의 자유 조항으로 이관함. * 지방분권 분과에서는 제32조 7항과 관련하여 '법률 또는 자치법률'로 정한다는 입장임
제32조 ①모든 국민은 근로의 권리를 가진다. 국가는 사회적·경제적 방법으로 근로자의 고용의 증진과 적정임금	제33조 ①모든 국민은 근로의 권리가 있으며, 국가는 근로자의 고용을 증진하여야 한다.	

의 보장에 노력하여야 하며, 법률이 정하는 바에 의하여 최저임금제를 시행하여야 한다. ②모든 국민은 근로의 의무를 진다. 국가는 근로의 의무의 내용과 조건을 민주주의원칙에 따라 법률로 정한다. ③근로조건의 기준은 인간의 존엄성을 보장하도록 법률로 정한다. ④여자의 근로는 특별한 보호를 받으며, 고용·임금 및 근로조건에 있어서 부당한 차별을 받지 아니한다. ⑤연소자의 근로는 특별한 보호를 받는다. ⑥국가유공자·상이군경 및 전몰군경의 유가족은 법률이 정하는 바에 의하여 우선적으로 근로의 기회를 부여받는다.	②국가는 최저임금제를 시행하고, 적정임금을 보장하여야 하며, 그 구체적인 사항은 법률로 정한다. ③근로조건의 기준은 인간의 존엄성을 보장하도록 법률로 정한다. ④여성의 근로는 고용·임금 및 근로조건에서 부당한 차별을 받지 않으며, 국가는 생리적·신체적 특성에 따라 여성의 근로를 특별히 보호하여야 한다. ⑤청소년의 근로는 특별한 보호를 받는다. ⑥국가는 국가유공자, 상이군경, 전몰군경, 의사자(義死者)의 유가족에게 법률로 정하는 바에 따라 우선적으로 근로의 기회를 주어야 한다. *<조문변경, 수정>*	
제33조 ①근로자는 근로조건의 향상을 위하여 자주적인 단결권·단체교섭권 및 단체행동권을 가진다. ②공무원인 근로자는 법률이 정하는 자에 한하여 단결권·단체교섭권 및 단체행동권을 가진다. ③법률이 정하는 주요방위산업체에 종사하는 근로자의 단체행동권은 법률이 정하는 바에 의하여 이를 제한하거나 인정하지 아니할 수 있다.	제34조 ①근로자는 근로조건의 향상을 위한 자주적인 단결권·단체교섭권 및 단체행동권이 있다. ②공무원인 근로자는 법률이 정하는 자에 한하여 단결권·단체교섭권 및 단체행동권을 가진다. ③법률이 정하는 공무원, 주요 방위산업체와 필수공익 기관에 종사하는 근로자의 단체행동권은 필요한 경우에 한하여 법률이 정하는 바에 따라 제한하거나 인정하지 않을 수 있다. *<조문변경, 수정>*	
제34조 ①모든 국민은 인간다운 생활을 할 권리를 가진다. ②국가는 사회보장·사회복지의 증진에 노력할 의무를 진다. ③국가는 여자의 복지와 권익의 향상을 위하여 노력하여야 한다. ④국가는 노인과 청소년의 복지향상을	제35조 ①모든 국민은 인간다운 생활을 할 권리를 가진다. ②국가는 사회보장·사회복지를 증진하여야 한다. ③국가는 여성의 복지와 권익을 향상시키기 위한 정책을 수립하고 추진하여야 한다.	

위한 정책을 실시할 의무를 진다. ⑤신체장애자 및 질병·노령 기타의 사유로 생활능력이 없는 국민은 법률이 정하는 바에 의하여 국가의 보호를 받는다. ⑥국가는 재해를 예방하고 그 위험으로부터 국민을 보호하기 위하여 노력하여야 한다.	④장애·질병·노령 또는 그 밖의 사유로 생활능력이 없는 국민은 법률로 정하는 바에 따라 국가의 보호를 받는다. ⑤국가는 법률로 정하는 바에 따라 주거생활의 안정을 위한 적정한 주거정책 등을 시행하여야 한다. ⑥모든 국민은 건강하게 살 권리를 가진다. 국가는 질병의 예방과 보건의료제도의 향상을 위한 정책을 시행하여야 하고, 구체적인 내용은 법률로 정한다. *<조문변경, 수정>*	
<신설>	제36조 ①어린이와 청소년은 자신의 행복을 위하여 보호와 배려를 받으며 독립된 인격 주체로서 존중받을 권리가 있다. ②노인은 존엄하고 자립적인 삶을 영위할 권리와 사회적·문화적 생활에 참여할 권리가 있다. ③장애인은 존엄하고 자립적인 삶을 영위할 권리와 공동체 생활에 참여할 권리가 있으며, 모든 영역에서 부당한 차별을 받지 않는다. *<신설>*	
제35조 ①모든 국민은 건강하고 쾌적한 환경에서 생활할 권리를 가지며, 국가와 국민은 환경보전을 위하여 노력하여야 한다. ②환경권의 내용과 행사에 관하여는 법률로 정한다. ③국가는 주택개발정책 등을 통하여 모든 국민이 쾌적한 주거생활을 할 수 있도록 노력하여야 한다.	제37조 ①모든 사람은 건강하고 쾌적한 환경을 함께 누릴 권리를 가진다. ②국가는 동물을 포함하여 모든 생명체를 법률이 정하는 바에 따라 보호하여야 한다. *<신설>* ③국가는 생태계와 기후변화, 에너지의 수급 등 자연적 생활기반을 법률이 정하는 바에 따라 보호하여야 한다. *<신설>* ④국가는 미래세대에 대한 책임을 지며, 환경을 지속가능하게 보전하여야 한다. *<신설>* *<수정, 삭제, 신설>* <현행 헌법 제35조 제2항은 삭제> <현행 헌법 제35조 제3항은 이를 수정	

	하여 인간다운 생활을 할 권리인 개정안 제34조 제5항으로 이동>	
제36조 ①혼인과 가족생활은 개인의 존엄과 양성의 평등을 기초로 성립되고 유지되어야 하며, 국가는 이를 보장한다. ②국가는 모성의 보호를 위하여 노력하여야 한다. ③모든 국민은 보건에 관하여 국가의 보호를 받는다.	제38조 ①혼인과 가족생활은 개인의 존엄과 양성의 평등을 기초로 성립되고 유지되어야 하며, 국가는 이를 보장한다. ②누구든지 임신, 출산, 양육을 이유로 불이익한 처우를 받지 아니하며, 국가는 모성을 보호하여야 한다. *<신설>* ③아동에 대한 돌봄과 교육은 부모의 천부적인 권리이며 우선적으로 부모에게 지워진 의무이다. *<신설>* ④아동이 방치될 위험에 처하게 되는 경우 등의 자녀의 복리를 위해 필요한 경우에 한해서 법률로 부모의 권리를 제한할 수 있다. *<신설>* <현행 헌법 제35조 제3항은 이를 수정하여 인간다운 생활을 할 권리인 개정안 제34조 제5항으로 이동>	
제124조 국가는 건전한 소비행위를 계도하고 생산품의 품질향상을 촉구하기 위한 소비자보호운동을 법률이 정하는 바에 의하여 보장한다.	제39조 ①모든 사람은 소비자의 권리가 있다. *<신설>* ②국가는 소비자 피해의 예방과 구제에 필요한 사항을 법률로 정하여야 한다. *<수정, 신설>*	제9장 경제장에 있던 소비자조항을 기본권장으로 옮김
제37조 ①국민의 자유와 권리는 헌법에 열거되지 아니한 이유로 경시되지 아니한다. ②국민의 모든 자유와 권리는 국가안전보장·질서유지 또는 공공복리를 위하여 필요한 경우에 한하여 법률로써 제한할 수 있으며, 제한하는 경우에도 자유와 권리의 본질적인 내용을 침해할 수 없다.	제40조 ①모든 사람의 자유와 권리는 헌법에 열거되지 아니한 이유로 경시되지 아니한다. *<수정>* ②모든 사람의 자유와 권리는 국가안전보장 질서유지 또는 공공복리를 위하여 필요한 경우에 한하여 법률로 제한할 수 있으며, 제한하는 경우에도 자유와 권리의 본질적인 내용을 침해할 수 없다. *<수정>*	
제38조 모든 국민은 법률이 정하는 바에 의하여 납세의 의무를 진다.	제41조 모든 국민은 법률이 정하는 바에 따라 납세의 의무를 진다.	

제39조 ①모든 국민은 법률이 정하는 바에 의하여 국방의 의무를 진다. ②누구든지 병역의무의 이행으로 인하여 불이익한 처우를 받지 아니한다.	제42조 ①모든 국민은 법률로 정하는 바에 따라 국방의 의무를 진다. ②누구든지 병역의무 이행을 이유로 불이익을 받지 아니한다.	
제40조 입법권은 국회에 속한다.	**[지방분권분과안]** 제40조 입법권은 헌법과 법률, 자치법률이 정하는 바에 따라 국민이 직접 행사하거나 지방의회와 국회를 통하여 행사한다. *<수정>*	지방자치단체의 지방법률도 입법권으로 규정함
<신설>	제41조 [조문번호 미정] *<신설>* **[지방분권분과안]** ①모든 국민은 국민발안, 국민투표, 국민소환의 권리를 가진다. 이에 관하여 필요한 구체적인 절차는 법률로 정하되, 국민투표와 국민소환의 결과는 지체 없이 공개하여야 한다. ②국민은 국회의원선거권자 100분의 1 이상 서명으로 법률안을 발의할 수 있다. 국회는 국민이 발의한 법률안을 6개월 이내에 원안대로 의결하거나 대안이나 의견을 제시할 수 있다. ③국회가 국민이 발의한 법률안을 원안대로 의결하지 아니할 경우에는 국민이 발의한 날부터 6개월 이내에 그 안을 국민투표에 부친다. 이 경우 국회의원선거권자 5분의 1 이상이 투표하여 투표자 과반수의 찬성을 얻으면 의결된다. 국회가 대안을 제시하는 경우, 원안과 대안을 모두 국민투표에 부친다. 원안과 대안이 모두 국민투표에서 가결된 경우에는 찬성이 많은 안으로 확정되며, 찬성이 동수인 경우에는 원안대로 가결한다. ④국민은 국회의원선거권자 100분의 1 이상의 서명으로 국회가 의결한 법률안에 대하여 90일 이내에 국민투표에 붙	

	일 것을 청구할 수 있다. 국민투표에서 국회의원선거권자 5분의 1 이상의 투표와 투표자 과반수의 찬성을 얻지 못하면 국회의 의결은 효력을 상실한다. ⑤국회의원선거권자 100분의 5 이상은 국회의원의 임기가 만료되기 전에 그 사유를 적시하여 소환할 것을 청구할 수 있다. 이 경우 국회의원의 소환은 국회의원선거권자 5분의 1 이상의 투표와 투표자 과반수의 찬성을 얻어야 하며, 소환이 결정되면 해당 국회의원은 파면된다.	
제41조 ①국회는 국민의 보통·평등·직접·비밀선거에 의하여 선출된 국회의원으로 구성한다. ②국회의원의 수는 법률로 정하되, 200인 이상으로 한다. ③국회의원의 선거구와 비례대표제 기타 선거에 관한 사항은 법률로 정한다.	**[선거정당분과안]** 제41조 ①국회는 국민의 보통·평등·직접·비밀·자유선거에 의하여 선출된 국회의원으로 구성한다. ②국회의원의 수는 법률로 정하되, 400명 이상으로 한다. ③국회의원 선거구 등 선거에 관한 사항은 법률로 정하되, 전체 국회의원의 석이 각 정당의 득표수에 비례하여 배분되도록 하여야 한다. *<수정>* **[정부형태분과안]** 제41조 ①국회는 국민의 보통·평등·직접·비밀·자유선거에 의하여 선출된 국회의원으로 구성한다. ②국회의원의 수는 법률로 정하되, 200명 이상으로 한다. ③국회의원의 선거구와 비례대표제 기타 선거에 관한 사항은 법률로 정한다.	
제42조 국회의원의 임기는 4년으로 한다.	제42조 국회의원의 임기는 4년으로 한다.	
제43조 국회의원은 법률이 정하는 직을 겸할 수 없다.	제43조 국회의원은 법률이 정하는 직을 겸할 수 없다.	
제44조 ①국회의원은 현행범인인 경우를 제외하고는 회기중 국회의 동의없	제44조 ①국회의원은 현행범인인 경우를 제외하고는 회기 중 국회의 동의 없	

이 체포 또는 구금되지 아니한다. ②국회의원이 회기전에 체포 또는 구금된 때에는 현행범인이 아닌 한 국회의 요구가 있으면 회기중 석방된다.	이 체포되거나 구금되지 아니한다. ②국회의원이 회기 전에 체포되거나 구금된 때에는 현행범인이 아닌 경우에는 국회의 요구가 있으면 회기 중 석방된다.	
제45조 국회의원은 국회에서 직무상 행한 발언과 표결에 관하여 국회외에서 책임을 지지 아니한다.	제45조 국회의원은 국회에서 직무상 행한 발언과 표결에 관하여 국회 외에서 책임을 지지 아니한다.	
제46조 ①국회의원은 청렴의 의무가 있다. ②국회의원은 국가이익을 우선하여 양심에 따라 직무를 행한다. ③국회의원은 그 지위를 남용하여 국가·공공단체 또는 기업체와의 계약이나 그 처분에 의하여 재산상의 권리·이익 또는 직위를 취득하거나 타인을 위하여 그 취득을 알선할 수 없다.	제46조 ①국회의원은 청렴의 의무가 있다. ②국회의원은 국가이익을 우선하여 양심에 따라 직무를 행한다. ③국회의원은 그 지위를 남용하여 국가·공공단체 또는 기업체와의 계약이나 그 처분에 의하여 재산상의 권리·이익 또는 직위를 취득하거나 타인을 위하여 그 취득을 알선할 수 없다.	
제47조 ①국회의 정기회는 법률이 정하는 바에 의하여 매년 1회 집회되며, 국회의 임시회는 대통령 또는 국회재적의원 4분의 1 이상의 요구에 의하여 집회된다. ②정기회의 회기는 100일을, 임시회의 회기는 30일을 초과할 수 없다. ③대통령이 임시회의 집회를 요구할 때에는 기간과 집회요구의 이유를 명시하여야 한다.	제47조 ①국회의 회기는 1년으로 하고 하고, 휴회기간은 연간 60일을 초과할 수 없다. ②국회는 휴회기간 중이라도 대통령, 국무총리 또는 각 원 재적의원 4분의 1 이상의 요구가 있으면 집회한다. ③대통령 또는 국무총리가 집회를 요구할 때에는 집회일과 집회요구의 이유를 밝혀야 한다. *<수정, 신설>*	
제48조 국회는 의장 1인과 부의장 2인을 선출한다.	제48조 국회는 의장 1명과 부의장 2명을 선출한다.	
제49조 국회는 헌법 또는 법률에 특별한 규정이 없는 한 재적의원 과반수의 출석과 출석의원 과반수의 찬성으로 의결한다. 가부동수인 때에는 부결된 것으로 본다.	제49조 국회는 헌법 또는 법률에 특별한 규정이 없으면 재적의원 과반수의 출석과 출석의원 과반수의 찬성으로 의결한다. 가부동수인 때에는 부결된 것으로 본다.	
제50조 ①국회의 회의는 공개한다. 다만, 출석의원 과반수의 찬성이 있거나	제50조 ①국회의 회의는 공개한다. 다만, 출석의원 과반수의 찬성이 있거나	

의장이 국가의 안전보장을 위하여 필요하다고 인정할 때에는 공개하지 아니할 수 있다. ②공개하지 아니한 회의내용의 공표에 관하여는 법률이 정하는 바에 의한다.	의장이 국가의 안전보장을 위하여 필요하다고 인정할 때에는 공개하지 아니할 수 있다. ②공개하지 아니한 회의내용의 공표에 관하여는 법률이 정하는 바에 의한다.	
제51조 국회에 제출된 법률안 기타의 의안은 회기중에 의결되지 못한 이유로 폐기되지 아니한다. 다만, 국회의원의 임기가 만료된 때에는 그러하지 아니하다.	제51조 국회에 제출된 법률안과 <u>그 밖</u>의 의안은 회기 중에 의결되지 못한 이유로 폐기되지 아니한다. 다만, 국회의원의 임기가 만료된 때에는 그러하지 아니하다.	
제52조 국회의원과 정부는 법률안을 제출할 수 있다.	제52조 ①국회의원은 법률안을 제출할 수 있다. *<수정>* ②<u>대통령과 국무총리는 그 소관사무에 관하여 법률안을 제출할 수 있다.</u> *<신설>*	
제53조 ①국회에서 의결된 법률안은 정부에 이송되어 15일 이내에 대통령이 공포한다. ②법률안에 이의가 있을 때에는 대통령은 제1항의 기간내에 이의서를 붙여 국회로 환부하고, 그 재의를 요구할 수 있다. 국회의 폐회중에도 또한 같다. ③대통령은 법률안의 일부에 대하여 또는 법률안을 수정하여 재의를 요구할 수 없다. ④재의의 요구가 있을 때에는 국회는 재의에 붙이고, 재적의원과반수의 출석과 출석의원 3분의 2 이상의 찬성으로 전과 같은 의결을 하면 그 법률안은 법률로서 확정된다. ⑤대통령이 제1항의 기간내에 공포나 재의의 요구를 하지 아니한 때에도 그 법률안은 법률로서 확정된다.	제53조 ①국회에서 의결된 법률안은 정부에 이송되어 15일 이내에 대통령이 공포한다. ②법률안에 이의가 있을 때에는 대통령은 제1항의 기간 내에 이의서를 붙여 국회로 환부하고, 그 재의를 요구할 수 있다. 국회의 폐회 중에도 또한 같다. ③<u>국무총리는 그 소관 법률안에 대하여 이의가 있을 때에는 대통령에게 제2항의 재의를 요구할 것을 요청할 수 있다.</u> *<신설>* ④대통령은 법률안의 일부에 대하여 또는 법률안을 수정하여 재의를 요구할 수 없다. ⑤재의의 요구가 있을 때에는 국회는 재의에 붙이고, 재적의원과반수의 출석과 출석의원 3분의 2 이상의 찬성으로 전과 같은 의결을 하면 그 법률안은 법률로서 확정된다. ⑥대통령이 제1항의 기간 내에 공포나 재의의 요구를 하지 아니한 때에도 그 법률안은 법률로서 확정된다.	

현행		개정안		비고
⑥대통령은 제4항과 제5항의 규정에 의하여 확정된 법률을 지체없이 공포하여야 한다. 제5항에 의하여 법률이 확정된 후 또는 제4항에 의한 확정법률이 정부에 이송된 후 5일 이내에 대통령이 공포하지 아니할 때에는 국회의장이 이를 공포한다. ⑦법률은 특별한 규정이 없는 한 공포한 날로부터 20일을 경과함으로써 효력을 발생한다.		⑦대통령은 제5항과 제6항에 따라 확정된 법률을 지체 없이 공포하여야 한다. 다만, 제6항에 따라 법률이 확정된 후 5일 이내 또는 제5항에 따른 확정법률이 정부에 이송된 후 5일 이내에 대통령이 공포하지 아니할 때에는 국회의장이 이를 공포한다. *<수정>* ⑧법률은 특별한 규정이 없으면 공포한 날부터 20일을 경과함으로써 효력을 발생한다.		
제3장 국회 제54조~제59조 (생략) 제97조 ~ 제100조 (생략)		**제 0 장 재정** 제1절 국가의 재정과 회계 제2절 감사원		
		<신설> *제00조*	재정의 장을 신설 제00장 재정 제1절 국가의 재정과 회계 *<신설>* 모든 세입과 세출은 예산에 포함되어야 하며, 세입과 세출은 균형을 이루어야 한다.	1. 수지균형의 원칙을 헌법에 명시
제54조	①국회는 국가의 예산안을 심의·확정한다. ②정부는 회계연도마다 예산안을 편성하여 회계연도 개시 90일전까지 국회에 제출하고, 국회는 회계연도 개시 30일전까지 이를 의결하여야 한다.	제00조	정부는 회계연도마다 예산법률안을 편성하여 회계연도 개시 90일전까지 국회에 제출하고, 국회는 회계연도 개시 30일전까지 이를 의결하여야 한다. *<삭제, 수정>*	1. 예산법률주의 도입 2. 행정부의 예산편성권 유지
	③새로운 회계연도가 개시될 때까지 예산안이 의결되지 못한 때에는 정부는 국회에서 예산안이 의결될 때까지 다음의 목적을 위한 경비는 전년도 예산에 준하여 집행할 수 있다. 1. 헌법이나 법률에 의하여 설치된 기관 또는 시설의 유		[1안] *<현행 유지>* [2안] *<삭제>*	

지·운영 2. 법률상 지출의무의 이행 3. 이미 예산으로 승인된 사업의 계속			
第55조 ①한 회계연도를 넘어 계속하여 지출할 필요가 있을 때에는 정부는 연한을 정하여 계속비로서 국회의 의결을 얻어야 한다. ②예비비는 총액으로 국회의 의결을 얻어야 한다. 예비비의 지출은 차기국회의 승인을 얻어야 한다.	제4조	**[1안]** ①*<현행유지>* ②예비비는 총액으로 국회의 의결을 얻어야 한다. 예비비의 지출은 차년도 국회의 승인을 받아야 한다. **[2안]** *<삭제>* : 국가재정법에 상세규정 필요 *<수정>*	1. 현행유지 차기국회: 차년도 2. 국가재정법 규정 삭제
第56조 정부는 예산에 변경을 가할 필요가 있을 때에는 추가경정예산안을 편성하여 국회에 제출할 수 있다.	제00조	**[1안]** 정부는 예산법률에 변경을 가할 필요가 있을 때에는 추가경정예산법률안을 국회에 제출할 수 있다. **[2안]** *<삭제>* *<수정>*	1. 추가경정예산법률 2. 국회의 수정예산
第57조 국회는 정부의 동의없이 정부가 제출한 지출예산 각항의 금액을 증가하거나 새 비목을 설치할 수 없다.	제6조	**[1안]** *<현행 유지>* **[2안]** 국회는 정부가 제출한 지출예산안의 총액을 증가시킬 경우 정부의 동의를 받아야 한다. *<수정>*	1. 예산법률안의 부당한 수정의 제한-증액동의권의 존치 여부
第58조 국채를 모집하거나 예산외에 국가의 부담이 될 계약을 체결하려 할 때에는 정부는 미리 국회의 의결을 얻어야 한다.	제7조	국채를 모집하거나 예산 외에 국가의 부담이 될 계약을 체결하려고 할 때에는 정부는 미리 국회의 의결을 얻어야 한다. *<현행유지>*	
第59조 조세의 종목과 세율은 법률로 정한다.	조세의 종목과 세율은 법률 또는 자치법률로 정한다. *<현행유지, 조문변경>*		1. 조문이동 2. 양입규정이 먼저 나와야 함

第61조 ①국회는 국정을 감사하거나 특정한 국정사안에 대하여 조사할 수 있으며, 이에 필요한 서류의 제출 또는 증인의 출석과 증언이나 의견의 진술을 요구할 수 있다. ②국정감사 및 조사에 관한 절차 기타 필요한 사항은 법률로 정한다.	第61조 ①국회는 특정한 국정사안에 대하여 조사할 수 있으며, 이에 필요한 서류의 제출 또는 증인의 출석과 증언이나 의견의 진술을 요구할 수 있다. *<수정>* ②국정조사에 관한 절차와 그 밖에 필요한 사항은 법률로 정한다. *<수정>*	국정감사 삭제
第63조 ①국회는 국무총리 또는 국무위원의 해임을 대통령에게 건의할 수 있다. ②제1항의 해임건의는 국회재적의원 3분의 1 이상의 발의에 의하여 국회재적의원 과반수의 찬성이 있어야 한다.	第63조 ①국회는 재적의원 3분의 1 이상의 발의와 재적의원 과반수의 찬성으로 국무총리에 대한 불신임을 의결할 수 있다. 다만, 국무총리가 임명된 후 1년 이내에는 불신임을 발의·의결할 수 없다. ②국회는 재적의원 4분의 1 이상의 발의와 출석의원 과반수의 찬성으로 국무위원에 대한 불신임을 의결할 수 있다. *<신설>* *<수정, 신설>*	
第66조 ①대통령은 국가의 원수이며, 외국에 대하여 국가를 대표한다. ②대통령은 국가의 독립·영토의 보전·국가의 계속성과 헌법을 수호할 책무를 진다. ③대통령은 조국의 평화적 통일을 위한 성실한 의무를 진다. ④행정권은 대통령을 수반으로 하는 정부에 속한다.	第66조 ①대통령은 국가의 원수이며, 외국에 대하여 국가를 대표한다. ②대통령은 국가의 독립, 영토의 보전, 국가의 계속성과 헌법을 수호할 책무를 진다. ③대통령은 조국의 평화적 통일과 국민통합을 위하여 성실히 노력할 의무를 진다. ④대통령은 통일, 외교, 국방에 관한 권한을 행사하며, 그 밖의 국정에 관한 권한은 국무총리를 수반으로 하는 행정부에 속한다. *<수정>* ⑤제4항에 따른 대통령과 행정부의 구체적 직무범위에 대해서는 법률로 정한다. *<신설>* *<수정, 신설>*	
第67조 ①대통령은 국민의 보통·평등·직접·비밀선거에 의하여 선출한다.	**[선거정당분과안]** 第67조 ①대통령은 국민의 보통·평등	

②제1항의 선거에 있어서 최고득표자가 2인 이상인 때에는 국회의 재적의원 과반수가 출석한 공개회의에서 다수표를 얻은 자를 당선자로 한다. ③대통령후보자가 1인일 때에는 그 득표수가 선거권자 총수의 3분의 1 이상이 아니면 대통령으로 당선될 수 없다. ④대통령으로 선거될 수 있는 자는 국회의원의 피선거권이 있고 선거일 현재 40세에 달하여야 한다. ⑤대통령의 선거에 관한 사항은 법률로 정한다.	· 직접 · 비밀 · 자유선거에 의하여 선출한다. ②제1항의 선거에서 투표자 과반수의 득표를 얻은 자를 대통령 당선자로 한다. ③제2항의 득표자가 없는 때에는, 최고득표자가 1인이면 최고득표자와 차점자에 대하여, 최고득표자가 2인 이상이면 최고득표자에 대하여, 결선투표를 함으로써 다수득표자를 대통령 당선자로 한다. 결선투표에서 최고득표자가 2명인 때에는 국회 재적의원 과반수가 출석한 공개회의[합동공개회의]에서 다수표를 얻은 자를 당선자로 한다. *<신설>* ④대통령후보자가 1인일 때에는 그 득표수가 선거권자총수의 3분의 1 이상이 아니면 대통령으로 당선될 수 없다. ⑤대통령으로 선거될 수 있는 자는 국회의원의 피선거권이 있어야 한다. ⑥대통령 선거에 관한 사항은 법률로 정한다. *<수정, 신설>* **[정부형태분과안]** 제67조 ①대통령은 국민의 보통 · 평등 · 직접 · 비밀 · 자유선거에 의하여 선출한다. ②제1항의 선거에서 투표자 과반수의 득표를 얻은 자를 대통령 당선자로 한다. ③제2항의 당선자가 없을 경우 상위 득표자 2명을 대상으로 결선투표를 실시하여 다수득표자를 대통령 당선자로 한다. 이 경우 결선투표의 대상이 되는 상위득표자가 2명을 초과하는 경우에는 그 전부에 대해 결선투표를 실시한다. *<신설>* ④제3항의 다수득표자가 복수인 경우에는 국회가 재적의원 3분의 2 이상이 출석하는 회의에서 다수표를 얻은 자를	

	대통령 당선자로 선출한다. *<신설>* ⑤대통령 후보자가 1명인 때에는 그 득표수가 선거권자 총수의 3분의 1 이상이 아니면 대통령으로 당선될 수 없다. ⑥대통령으로 선거될 수 있는 자는 국회의원의 피선거권이 있고 선거일 현재 40세에 달하여야 한다. ⑦대통령의 선거에 관한 사항은 법률로 정한다. *<수정, 신설>*	
제70조 대통령의 임기는 5년으로 하며, 중임할 수 없다.	제70조 대통령의 임기는 4년으로 하며, 1차에 한하여 중임할 수 있다. *<수정>*	
제71조 대통령이 궐위되거나 사고로 인하여 직무를 수행할 수 없을 때에는 국무총리, 법률이 정한 국무위원의 순서로 그 권한을 대행한다.	제71조 ①대통령이 궐위되거나 사고로 인하여 직무를 수행할 수 없을 때에는 국회의장, 국무총리, 법률이 정한 국무위원의 순서로 그 권한을 대행한다. ②대통령이 질병·사고로 인하여 직무를 수행하는 것이 불가능한지에 대한 최종적 판단은 국무총리의 신청에 의하여 헌법재판소가 결정한다. *<신설>* ③대통령 권한대행에 관하여 필요한 사항은 법률로 정한다. *<신설>* *<수정, 신설>*	
제72조 대통령은 필요하다고 인정할 때에는 외교·국방·통일 기타 국가안위에 관한 중요정책을 국민투표에 붙일 수 있다.	*<삭제>*	
제79조 ①대통령은 법률이 정하는 바에 의하여 사면·감형 또는 복권을 명할 수 있다. ②일반사면을 명하려면 국회의 동의를 얻어야 한다. ③사면·감형 및 복권에 관한 사항은 법률로 정한다.	제79조 ①대통령은 법률이 정하는 바에 따라 사면·감형 또는 복권을 명할 수 있다. ②대통령이 일반사면을 명하려면 국회의 동의를 받아야 하며, 특별사면을 명하려면 사면위원회의 의결을 거쳐야 한다. *<수정>* ③사면·감형 및 복권의 절차, 사면위원회의 구성과 역할 등에 관한 사항은	

	법률로 정한다. *<수정>*	
第86조 ①국무총리는 국회의 동의를 얻어 대통령이 임명한다. ②국무총리는 대통령을 보좌하며, 행정에 관하여 대통령의 명을 받아 행정각부를 통할한다. ③군인은 현역을 면한 후가 아니면 국무총리로 임명될 수 없다.	第86조 ①국무총리는 국회의 동의를 받아 대통령이 임명한다. ②국회의원은 국무총리로 임명될 수 없다. *<신설>* ③군인은 현역을 면한 후가 아니면 국무총리로 임명될 수 없다. *<수정, 신설>*	
第87조 ①국무위원은 국무총리의 제청으로 대통령이 임명한다. ②국무위원은 국정에 관하여 대통령을 보좌하며, 국무회의의 구성원으로서 국정을 심의한다. ③국무총리는 국무위원의 해임을 대통령에게 건의할 수 있다. ④군인은 현역을 면한 후가 아니면 국무위원으로 임명될 수 없다.	第87조 ①국무위원은 국무총리의 제청으로 대통령이 임명한다. 다만, 통일·외교·국방 등 대통령의 권한과 관련된 부처의 장관인 국무위원은 대통령이 임명한다. *<수정, 신설>* ②국회의원은 국무위원으로 임명될 수 없다. *<수정>* ③군인은 현역을 면한 후가 아니면 국무위원으로 임명될 수 없다. *<수정, 신설>*	
<신설>	제○조 ①국회가 국무총리를 불신임한 때에는 국무총리와 국무위원은 전원 사직한다. 다만, 대통령이 단독으로 임명한 국무위원의 경우에는 그러하지 아니하다. ②국회가 국무위원을 불신임한 때에는 해당 국무위원은 사직한다.	
	제○조 국무총리가 직무를 수행할 수 없을 때에는 법률이 정한 국무위원의 순서로 그 권한을 대행한다.	
	제○조 국무총리의 권한행사는 문서로 하며 이 문서에는 관계 국무위원이 부서(副署)한다.	
	제○조 국무총리는 법률에서 구체적으	

		로 범위를 정하여 위임받은 사항과 법률을 집행하기 위하여 필요한 사항에 관하여 국무총리령을 발할 수 있다.	
	제○조	국무총리는 대통령에게 국무위원의 해임을 요청할 수 있다.	
제88조 ①국무회의는 정부의 권한에 속하는 중요한 정책을 심의한다. ②국무회의는 대통령·국무총리와 15인 이상 30인 이하의 국무위원으로 구성한다. ③대통령은 국무회의의 의장이 되고, 국무총리는 부의장이 된다.	제88조 ①국무회의는 대통령과 행정부의 권한에 속하는 중요한 정책을 심의·의결한다. *<수정>* ②국무회의는 대통령, 국무총리와 30명 이내의 국무위원으로 구성한다. *<수정>* ③대통령은 국무회의의 의장이 되고, 국무총리는 부의장이 된다. *<수정>*		
제89조 다음 사항은 국무회의의 심의를 거쳐야 한다. 1. 국정의 기본계획과 정부의 일반정책 2. 선전·강화 기타 중요한 대외정책 3. 헌법개정안·국민투표안·조약안·법률안 및 대통령령안 4. 예산안·결산·국유재산처분의 기본계획·국가의 부담이 될 계약 기타 재정에 관한 중요사항 5. 대통령의 긴급명령·긴급재정경제처분 및 명령 또는 계엄과 그 해제 6. 군사에 관한 중요사항 7. 국회의 임시회 집회의 요구 8. 영전수여 9. 사면·감형과 복권 10. 행정각부간의 권한의 획정 11. 정부안의 권한의 위임 또는 배정에 관한 기본계획 12. 국정처리상황의 평가·분석 13. 행정각부의 중요한 정책의 수립과 조정 14. 정당해산의 제소 15. 정부에 제출 또는 회부된 정부의	제89조 다음 사항은 국무회의의 심의·의결을 거쳐야 한다. 1. 국정의 기본계획과 정부의 일반정책 2. 선전·강화와 그 밖의 중요한 대외정책 3. 헌법개정안·국민투표안·조약안·법률안 및 대통령령안과 국무총리령안 *<수정>* 4. 예산안·결산·국유재산처분의 기본계획·국가의 부담이 될 계약과 그 밖의 재정에 관한 중요 사항 5. 대통령의 긴급명령·긴급재정경제처분 및 명령 또는 계엄과 그 해제 6. 군사에 관한 중요 사항 7. 국회의 임시회 집회의 요구 8. 영전수여 9. 사면·감형과 복권 10. 행정각부 간의 권한의 획정 11. 정부안의 권한의 위임 또는 배정에 관한 기본계획 12. 국정 처리 상황의 평가·분석 13. 행정각부의 중요한 정책의 수립과 조정		

정책에 관계되는 청원의 심사 16. 검찰총장·합동참모의장·각군참모총장·국립대학교총장·대사 기타 법률이 정한 공무원과 국영기업체관리자의 임명 17. 기타 대통령·국무총리 또는 국무위원이 제출한 사항	14. 정당해산의 제소 15. 정부에 제출 또는 회부된 정부의 정책에 관계되는 청원의 심사 16. 법률로 정한 공무원의 임명과 정부의 권한에 속하는 인사(人事)에 관한 중요사항 <수정> 17. 그 밖에 대통령·국무총리 또는 국무위원이 제출한 사항 <수정>		
	제00장 재정 **[2안 재정경제분과안]** 제1절 국가의 재정과 회계 제2절 감사원		
제97조 국가의 세입·세출의 결산, 국가 및 법률이 정한 단체의 회계검사와 행정기관 및 공무원의 직무에 관한 감찰을 하기 위하여 대통령 소속하에 감사원을 둔다.	제00조	①항-감사원의 소속 **[1안]** 국가 및 지방자치단체의 세입·세출의 결산을 검사하고, 국가 및 법률이 정한 단체의 회계검사를 하기 위하여 독립기관으로서 감사원을 둔다. **[2안]** 국가 및 지방자치단체의 세입·세출의 결산, 국가 및 법률이 정한 단체의 회계검사와 행정기관 및 공무원의 직무에 관한 감찰을 하기 위하여 독립기관으로서 감사원을 둔다.	
제98조 ①감사원은 원장을 포함한 5인 이상 11인 이하의 감사위원으로 구성한다. ②원장은 국회의 동의를 얻어 대통령이 임명하고, 그 임기는 4년으로 하며, 1차에 한하여 중임할 수 있다. ③감사위원은 원장의 제청으로 대통령이 임명하고, 그 임기는 4년으로 하며, 1차에 한하여 중임할 수 있다.	제2조	**[1안]** 제00조 ①감사원은 원장을 포함한 9인의 감사위원으로 구성한다. ②감사위원은 법률이 정하는 독립적인 감사위원후보자추천위원회의 추천으로 국회에서 선출한다. ③감사원장은 감사위원 중에서 국회에서 선출한 자를 대통령이 임명한다.	감사원의 독립기관화에 따른 구성: 감사원의 장 및 감사위원

			④감사위원의 임기는 6년으로 한다. [2안] ④감사위원의 임기는 6년으로 하고 중임할 수 없다.	
제99조	감사원은 세입·세출의 결산을 매년 검사하여 대통령과 차년도 국회에 그 결과를 보고하여야 한다.	제00조	감사원은 세입·세출의 결산을 매년 검사하여 차년도 국회와 정부에 그 결과를 보고하여야 한다. <현행 규정 그대로 ‘재정’의 장으로 이동>	‘재정’의 장에 정부의 의회에 대한 결산보고와 연계하여 규정 보고대상으로 차년도 국회를 먼저 규정하고, 대통령은 정부로 변경
제100조	감사원의 조직·직무범위·감사위원의 자격·감사대상공무원의 범위 기타 필요한 사항은 법률로 정한다.	제00조 *<신설>* 규칙 제정권	①감사원은 법률에 저촉되지 아니하는 범위 안에서 결산검사, 재정운영 등에 대한 감사, 공공정책의 평가 및 그와 관련된 직무에 대한 감사 그리고 그 밖의 내부규율에 관한 규칙을 제정할 수 있다. ②감사원의 조직, 직무범위, 감사위원의 자격, 감사 대상 공무원의 범위와 그 밖에 필요한 사항은 법률로 정한다.	
제5장 법원 **제6장 헌법재판소**		***제5장 사법부*** 제1절 헌법재판소 제2절 법원 *<수정>*		
제111조	①헌법재판소는 다음 사항을 관장한다. 1. 법원의 제청에 의한 법률의 위헌여부 심판 2. 탄핵의 심판 3. 정당의 해산 심판 4. 국가기관 상호간, 국가기관과 지방자치단체간 및 지방자	제101조	①헌법재판소는 다음 사항을 관장한다. 1. 법원의 제청에 의한 법률·조약·명령·규칙의 위헌 여부 심판 *<수정>* 2. 재판소원을 포함한 법률이 정하는 헌법소원에 관한 심판 *<신설>*	

	치단체 상호간의 권한쟁의에 관한 심판 5. 법률이 정하는 헌법소원에 관한 심판		3. 탄핵의 심판 4. 정당의 해산 심판 5. 국가기관 상호간, 국가기관과 지방자치단체 간 및 지방자치단체 상호간의 권한쟁의에 관한 심판 6. 선거와 국민투표의 유효·무효를 다투는 소송의 심판 *<신설>* 7. 대통령 직무수행 불능 여부와 권한대행의 지정에 관한 심판 *<신설>*	
	②헌법재판소는 법관의 자격을 가진 9인의 재판관으로 구성하며, 재판관은 대통령이 임명한다. ③제2항의 재판관중 3인은 국회에서 선출하는 자를, 3인은 대법원장이 지명하는 자를 임명한다. ④헌법재판소의 장은 국회의 동의를 얻어 재판관 중에서 대통령이 임명한다.		**[1안]** ②헌법재판소는 9명의 재판관으로 구성한다. *<수정>* ③재판관은 국회에서 재적의원 5분의 3 이상의 찬성으로 선출한 자로 한다. *<수정>* ④헌법재판소의 장은 재판관 중에서 호선한다. *<수정>* ⑤재판관의 자격 및 선출에 관한 구체적 사항은 법률로 정한다. *<신설>* **[2안]** ②헌법재판소는 15명의 재판관으로 구성한다. *<수정>* ③<위 제1안의 제3항과 동일> ③의1. 제1항 각 호의 심판은 9명의 재판관으로 구성된 헌법재판소 대재판부에서 한다. 다만, 헌법재판소에 5명의 재판관으로 구성된 3개의 소재판부를 두고 헌법소원 사건 등의 사전심사를 담당하게 할 수 있다. 이 경우 사전심사에서 각하 또는 기각 결정을 하기 위해서는 관여 재판관 전원일치	

	의 의견이 필요하다. ③의2. 헌법재판관은 대재판부에 상시적으로 소속한 대재판부 정규구성원(이하 "정규구성원"이라 한다)과 정규구성원이 퇴임, 질병, 제척·회피·기피 등의 사유가 있을 때 예비적으로 대재판부에 충원되는 대재판부 예비구성원(이하 "예비구성원"이라 한다)으로 나뉜다. 신규 선출된 재판관은 예비구성원으로서 직무를 시작한다. 이 경우 정규구성원은 2년마다 3명씩, 헌법재판소 재판관 경력이 2년을 넘은 예비구성원 중에서 최선임자 순, 만약 재판관 취임일이 같은 경우에는 연장자 순으로 대통령에 의하여 임명되며, 임기는 6년으로 한다. *<신설>* ④<위 제1안의 제④항과 동일> ⑤<위 제1안의 제⑤항과 동일>	
제112조 ①헌법재판소 재판관의 임기는 6년으로 하며, 법률이 정하는 바에 의하여 연임할 수 있다. ②헌법재판소 재판관은 정당에 가입하거나 정치에 관여할 수 없다. ③헌법재판소 재판관은 탄핵 또는 금고 이상의 형의 선고에 의하지 아니하고는 파면되지 아니한다.	제102조 ①재판관의 임기는 9년 단임으로 한다. *<수정>* ②재판관은 임기 만료 후라도 후임 재판관이 임명될 때까지 직무를 수행한다. *<신설>* ③헌법재판소 재판관은 정당에 가입하거나 정치에 관여할 수 없다. ③의1. 재판관은 헌법과 법률에 의하여 양심에 따라 독립하여 심판한다. *<신설>* ④헌법재판소 재판관은 탄핵 또는 금고 이상의 형의 선고에 의하지 아니하고는 파면되지 아니한다. ⑤퇴직 헌법재판소 재판관의 변호사 업무 및 공직과 그 밖의 공기업에의 취업	

	등에 관하여는 법률로 제한할 수 있다. <신설>	
제113조 ①헌법재판소에서 법률의 위헌결정, 탄핵의 결정, 정당해산의 결정 또는 헌법소원에 관한 인용결정을 할 때에는 재판관 6인 이상의 찬성이 있어야 한다. ②헌법재판소는 법률에 저촉되지 아니하는 범위 안에서 심판에 관한 절차, 내부규율과 사무처리에 관한 규칙을 제정할 수 있다. ③헌법재판소의 조직과 운영 기타 필요한 사항은 법률로 정한다.	제103조 ①헌법재판소에서 법률 · 조약 · 명령 · 규칙의 위헌결정, 탄핵의 결정, 정당해산의 결정, 헌법소원에 관한 인용결정, 대통령선거 및 국민투표의 무효 결정 또는 대통령의 직무수행 불능 판정 및 권한대행 지정에 관한 결정을 할 때에는 재판관 6명 이상의 찬성이 있어야 한다. <수정> ②헌법재판소는 법률에 저촉되지 아니하는 범위에서 심판에 관한 절차, 내부규율과 사무처리에 관한 규칙을 제정할 수 있다. ③헌법재판소의 조직과 운영과 그 밖에 필요한 사항은 법률로 정한다. ④헌법재판소는 독자적으로 예산을 편성 · 제출하며, 그 절차와 방법에 관한 사항은 법률로 정할 수 있다. <신설>	
제101조 ①사법권은 법관으로 구성된 법원에 속한다. ②법원은 최고법원인 대법원과 각급법원으로 조직된다. ③법관의 자격은 법률로 정한다.	제104조 ①사법권은 제101조 제1항에 열거된 사항 외에는 법원이 행사한다. <수정> ②법원은 법관으로 구성하며, 법률이 정하는 바에 따라 배심이나 그 밖의 방법으로 국민이 참여할 수 있다. <신설> ③법원은 대법원과 각급법원으로 조직된다. ④법관의 자격은 법률로 정한다.	
제102조 ①대법원에 부를 둘 수 있다. ②대법원에 대법관을 둔다. 다만, 법률이 정하는 바에 의하여 대법관이 아닌 법관을 둘 수 있다. ③대법원과 각급법원의 조직은 법률로 정한다.	**[1안]** 제105조 ①대법원에 부를 둘 수 있다. ②대법원에 (24명 이상의) 대법관을 둔다. 다만, 법률이 정하는 바에 의하여 대법관이 아닌 법관을 둘 수 있다. <수정> ③대법원과 각급법원의 조직은 법률로 정한다.	

	[2안] 제105조 ①대법원에는 법률이 정하는 바에 따라 민사·형사·행정을 포함하여 3개 이상의 전문재판부를 둔다. *<수정>* ②전문재판부 내에 지정재판부를 설치할 수 있다. 각 지정재판부는 대법관과 대법원판사로 구성된다. *<신설>* ②의1. 대법원 전문재판부에 계류 중인 사건과 관련하여 지정재판부들 사이에 법적 견해가 다른 때에는 전문재판부합의체에 해당 사건을 회부하여 재판한다. 전문재판부합의체 판결을 변경할 필요가 있는 경우에도 동일하다. *<신설>* ②의2. 대법원에 계류 중인 사건과 관련하여 전문재판부들 사이에 법적 견해가 다른 때에는 대법원 대합의체에 해당 사건을 회부하여 재판한다. 대법원 대합의체 판결을 변경할 필요가 있는 경우에도 동일하다. *<신설>* ③<위 제1안 제3항과 동일>	
제103조 법관은 헌법과 법률에 의하여 그 양심에 따라 독립하여 심판한다.	제106조 법관은 헌법과 법률에 의하여 그 양심에 따라 독립하여 심판한다.	
제104조 ①대법원장은 국회의 동의를 얻어 대통령이 임명한다. ②대법관은 대법원장의 제청으로 국회의 동의를 얻어 대통령이 임명한다. ③대법원장과 대법관이 아닌 법관은 대법관회의의 동의를 얻어 대법원장이 임명한다.	[1안] 제107조 ①대법관의 인사는 국회와 변호사·시민단체가 각각 같은 비율로 선출한 위원들로 구성되는 대법관인사위원회에서 정한다. *<수정, 신설>* ②대법원장은 대법관 중에서 호선한다. *<수정, 신설>* ③대법원판사는 대법관회의에서 제청하고 대법관인사위원회에서 의결한 자로 한다. 대법원판사는 임기가 3년이고, 그 임기를 마친 경우 특별한 사정이 없으면 원래의 소속법원으로 복귀한다. *<신설>* [제107조의2]*<신설>*	

	①고등법원 소속 판사의 인사는 해당 고등법원 관할 지역의 광역지방자치단체 지방의회가 각 법률로 정한 비율에 따라 선출한 위원들로 구성되는 고등법원판사 인사위원회에서 정한다. ②지방법원 소속 판사의 인사는 해당 지방법원 관할 지역의 기초지방자치단체 지방의회가 각 법률로 정한 비율에 따라 선출한 위원들로 구성되는 지방법원판사 인사위원회에서 정한다. **[2안]** 제107조 ①대법관은 사법행정위원회의 제청으로 국회의 동의를 받은 자로 한다. ②(위 제1안의 제2항과 동일) ③대법원장과 대법관이 아닌 법관은 사법행정위원회의 제청으로 대법원장이 임명한다.	
제105조 ①대법원장의 임기는 6년으로 하며, 중임할 수 없다. ②대법관의 임기는 6년으로 하며, 법률이 정하는 바에 의하여 연임할 수 있다. ③대법원장과 대법관이 아닌 법관의 임기는 10년으로 하며, 법률이 정하는 바에 의하여 연임할 수 있다. ④법관의 정년은 법률로 정한다.	제108조 ①대법관의 임기는 9년으로 하며, 중임할 수 없다. ②법관의 정년은 법률로 정한다. *<수정, 삭제>*	
제106조 ①법관은 탄핵 또는 금고 이상의 형의 선고에 의하지 아니하고는 파면되지 아니하며, 징계처분에 의하지 아니하고는 정직·감봉 기타 불리한 처분을 받지 아니한다. ②법관이 중대한 심신상의 장해로 직무를 수행할 수 없을 때에는 법률이 정하는 바에 의하여 퇴직하게 할 수 있다.	제109조 ①법관은 탄핵 또는 금고 이상의 형의 선고에 의하지 아니하고는 파면되지 아니하며, 징계처분에 의하지 아니하고는 정직·감봉이나 그 밖의 불리한 처분을 받지 아니한다. ②법관이 중대한 심신상의 장해로 직무를 수행할 수 없을 때에는 법률이 정하는 바에 따라 퇴직하게 할 수 있다.	
제107조 ①법률이 헌법에 위반되는 여	제110조 ①법률·조약·명령·규칙이	

부가 재판의 전제가 된 경우에는 법원은 헌법재판소에 제청하여 그 심판에 의하여 재판한다. ②명령·규칙 또는 처분이 헌법이나 법률에 위반되는 여부가 재판의 전제가 된 경우에는 대법원은 이를 최종적으로 심사할 권한을 가진다. ③재판의 전심절차로서 행정심판을 할 수 있다. 행정심판의 절차는 법률로 정하되, 사법절차가 준용되어야 한다.	헌법에 위반되는 여부가 재판의 전제가 된 경우에는 법원은 헌법재판소에 제청하여 그 심판에 따라 재판한다. *<수정>* ②명령·규칙 또는 처분이 법률에 위반되는 여부가 재판의 전제가 된 경우에는 대법원은 이를 최종적으로 심사할 권한을 가진다. ③재판의 전심절차로서 행정심판을 할 수 있다. 행정심판의 절차는 법률로 정하되, 사법절차가 준용되어야 한다.	
제108조 대법원은 법률에서 저촉되지 아니하는 범위 안에서 소송에 관한 절차, 법원의 내부규율과 사무처리에 관한 규칙을 제정할 수 있다.	[1안] 제111조 ①대법원은 법률에 저촉되지 아니하는 범위에서 소송에 관한 절차, 대법원의 내부규율과 사무처리에 관한 규칙을 제정할 수 있다. ②대법원은 독자적으로 예산을 편성·제출한다. *<신설>* [2안] 제111조 ①법원의 인사 및 예산, 사법행정정책 등 법률이 정하는 사법행정사무를 처리하기 위하여 사법행정위원회를 둔다. *<신설>* ②사법행정위원회는 법률에 저촉되지 아니하는 범위 안에서 소송에 관한 절차, 법원의 내부규율과 사무처리에 관한 규칙을 제정할 수 있다. *<수정>* ③사법행정위원회는 국회가 재적의원 5분의 3 이상의 찬성으로 선출하는 6명과 법률이 정하는 법관회의에서 선출하는 6명으로 구성한다. 위원장은 위원 중에서 호선한다. *<신설>* ④위원의 임기는 6년으로 하며 중임할 수 없다. *<신설>* ⑤위원은 법관을 겸직할 수 없고 정당에 가입하거나 정치와 재판에 관여할 수 없으며, 퇴임 후 대법관이 될 수 없	

	다. <신설> ⑥사법행정위원회의 조직·운영과 그 밖에 필요한 사항은 법률로 정한다. <신설> <수정, 신설> **[2-1안]** 위 제2안 제111조 제5항 중 '법관을 겸직할 수 없고' 부분만 삭제하고, 그 외 나머지는 제2안과 같음.	
제109조 재판의 심리와 판결은 공개한다. 다만, 심리는 국가의 안전보장 또는 안녕질서를 방해하거나 선량한 풍속을 해할 염려가 있을 때에는 법원의 결정으로 공개하지 아니할 수 있다.	제112조 재판의 심리와 판결은 공개한다. 다만, 심리는 국가의 안전보장 또는 안녕질서를 방해하거나 선량한 풍속을 해할 염려가 있을 때에는 법원의 결정으로 공개하지 아니할 수 있다.	
제110조 ①군사재판을 관할하기 위하여 특별법원으로서 군사법원을 둘 수 있다. ②군사법원의 상고심은 대법원에서 관할한다. ③군사법원의 조직·권한 및 재판관의 자격은 법률로 정한다. ④비상계엄하의 군사재판은 군인·군무원의 범죄나 군사에 관한 간첩죄의 경우와 초병·초소·유독음식물공급·포로에 관한 죄 중 법률이 정한 경우에 한하여 단심으로 할 수 있다. 다만, 사형을 선고한 경우에는 그러하지 아니하다.	제113조 ①군사재판에 관한 특별법원으로서 군사법원을 둘 수 있다. <수정> ②군사법원의 상소심은 대법원과 고등법원에서 관할한다. <수정>	
제114조 ①선거와 국민투표의 공정한 관리 및 정당에 관한 사무를 처리하기 위하여 선거관리위원회를 둔다. ②중앙선거관리위원회는 대통령이 임명하는 3인, 국회에서 선출하는 3인과 대법원장이 지명하는 3인의 위원으로 구성한다. 위원장은 위원 중에서 호선한다.	제114조 ①선거와 국민투표의 공정한 관리 및 정당에 관한 사무를 처리하기 위하여 선거관리위원회를 둔다. ②중앙선거관리위원회는 대통령이 임명하는 3인, 국회에서 선출하는 3인과 대법원장이 지명하는 3인의 위원으로 구성한다. 위원장은 위원 중에서 호선한다.	* 선거관리위원회의 사무와 관련하여 선거관리위원회의 명칭을 선거위원회로 변경하면서 선거사무를 구체적으로 열거하고 그 밖에

③위원의 임기는 6년으로 한다. ④위원은 정당에 가입하거나 정치에 관여할 수 없다. ⑤위원은 탄핵 또는 금고이상의 형의 선고에 의하지 아니하고는 파면되지 않는다. ⑥중앙선거관리위원회는 법령의 범위안에서 선거관리·국민투표관리 또는 정당사무에 관한 규칙을 제정할 수 있으며, 법률에 저촉되지 아니하는 범위안에서 내부규율에 관한 규칙을 제정할 수 있다. ⑦각급 선거관리위원회의 조직·직무범위 기타 필요한 사항은 법률로 정한다.	③위원의 임기는 6년으로 한다. ④위원은 정당에 가입하거나 정치에 관여할 수 없다. ⑤위원은 탄핵 또는 금고이상의 형의 선고에 의하지 아니하고는 파면되지 않는다. ⑥중앙선거관리위원회는 법령의 범위안에서 선거관리·국민투표관리 또는 정당사무에 관한 규칙을 제정할 수 있으며, 법률에 저촉되지 아니하는 범위안에서 내부규율에 관한 규칙을 제정할 수 있다. ⑦각급 선거관리위원회의 조직·직무범위 기타 필요한 사항은 법률로 정한다.	민주주의 가치확산에 관한 사무와 그 밖에 법률이 정하는 사무로 확장하자는 소수의견(조원용위원) * 중앙선거관리위원회의 각급 선거관리위원회에 대한 통할권한을 명문화하자는 소수의견(조원용위원) * 중앙선거관리위원회의 내부규칙 제정권의 범위를 '종전 법령의 범위 안'에서 '법률에 저촉되지 아니하는 범위'로 변경하자는 소수의견(조원용 위원)
제115조 ①각급 선거관리위원회는 선거명부의 작성 등 선거사무와 국민투표사무에 관하여 관계 행정기관에 필요한 지시를 할 수 있다. ②제1항의 지시를 받은 당해 행정기관은 이에 응하여야 한다.	제115조 ①각급 선거관리위원회는 선거명부의 작성 등 선거사무와 국민투표사무에 관하여 관계 행정기관에 필요한 지시를 할 수 있다. ②제1항의 지시를 받은 당해 행정기관은 이에 응하여야 한다.	
제116조 ①선거운동은 각급 선거관리위원회의 관리하에 법률이 정하는 범위안에서 하되, 균등한 기회가 보장되어야 한다. ②선거에 관한 경비는 법률이 정하는 경우를 제외하고는 정당 또는 후보자에게 부담시킬 수 없다.	제116조 ①선거운동의 균등한 기회는 법률에 따라 보장된다. *<수정>* ②선거에 관한 경비는 법률이 정하는 경우를 제외하고는 정당 또는 후보자에게 부담시킬 수 없다.	* 선거운동과 관련하여 일반적으로 선거운동의 자유를 헌법에 직접 규정하면서 이를 법률로 제한하는 경우로 정당·후보자 간 공정한 기회를 보장하기

		위한 경우를 명시하자는 소수의견(조원용위원)
제8장 지방자치		
제117조 ②지방자치단체의 종류는 법률로 정한다.	제117조 ①주민은 그 지방사무에 관하여 자치권을 가진다. 주민은 자치권을 직접 또는 지방자치단체의 기관을 통하여 행사한다. 주민발안, 주민투표, 주민소환에 관하여 필요한 사항은 법률로 정한다. *<신설>* ②지방자치단체의 종류와 구역 및 특별지방자치단체에 관하여는 법률로 정한다. 다만 이를 변경하고자 하는 경우에는 주민투표를 거쳐야 한다. *<수정>* ③국가와 지방자치단체간, 지방자치단체간의 역할과 사무 분배에 관하여는 보충성의 원칙에 따른다. *<신설>* *<수정, 신설>*	
제117조 ①지방자치단체는 주민의 복리에 관한 사무를 처리하고 재산을 관리하며, 법령의 범위안에서 자치에 관한 규정을 제정할 수 있다.	제118조 ①외교, 국방 등 국가존립에 필요한 사항과 전국적 통일성을 요하거나 전국적 규모의 사업에 대해서는 국가가 입법권을 갖는다. *<수정, 신설>* ②제1항에 해당하지 아니하는 사항에 대해서는 국가와 지방자치단체가 각각 입법권을 갖는다. *<신설>* ③지방자치단체는 제2항의 사항에 대하여 자치법률을 제정할 수 있다. 지방자치단체의 자치법률은 해당 구역에서 효력을 가진다. *<신설>* ④국가의 법률은 지방자치단체의 자치법률보다 우선하는 효력을 가진다. 다만, 지방자치단체는 지역의 특성을 반영하기 위하여 필요한 경우에는 자치조직, 지방세, 주민복리와 관련한 주택, 교육, 환경, 경찰, 소방 등에 대해서 국가의 법률과 달리 정할 수 있다. *<신설>*	

	⑤지방자치단체는 해당 입법기관이 제정한 법률을 자치사무로 수행하고, 국가 또는 다른 지방자치단체에서 위임한 사무를 수행한다. 위임사무를 처리하는 데에 드는 비용은 위임한 국가 또는 지방자치단체에서 부담한다. *<신설>* <수정, 신설>	
<신설>	제119조 ①지방자치단체의 재정 건전성과 자기 책임성은 보장된다. ②지방자치단체는 지방세의 종류와 세율 및 징수 방법을 법률로 정한다. ③지방자치단체 상호간의 재정의 평등은 보장된다. ④국가와 지방자치단체 간, 지방자치단체 상호간에 재정조정 제도를 시행한다. *<수정, 신설>*	
제118조 ①지방자치단체에 의회를 둔다. ②지방의회의 조직·권한·의원선거와 지방자치단체장의 선임방법 기타 지방자치단체의 조직과 운영에 관한 사항은 법률로 정한다.	**[지방분권분과안]** 제120조 ①지방자치단체에는 지방의회 또는 주민총회 등 입법기관과 집행기관을 둔다. *<수정>* ②지방자치단체의 입법기관과 집행기관의 구성과 운영에 관한 사항은 지방자치단체의 자치법률로 정한다. *<수정>* **[선거정당분과안]** 제118조 ①지방자치단체에 의회를 둔다. *<현행 유지>* ②지방의회의 조직·권한·의원선거, 지방자치단체의 장의 선거 방법 기타 지방자치단체의 조직과 운영에 관한 사항은 법률 또는 자치법률로 정한다.	* 정부형태 분과의 경우 현행 헌법 제118조 제2항의 사항은 "법률"로만 규정할 수 있다는 입장임
제119조 ①대한민국의 경제질서는 개인과 기업의 경제상의 자유와 창의를 존중함을 기본으로 한다.	제119조 ①대한민국의 경제질서는 개인과 기업의 경제상의 자유와 창의를 존중함을 기본으로 한다.	

②국가는 균형있는 국민경제의 성장 및 안정과 적정한 소득의 분배를 유지하고, 시장의 지배와 경제력의 남용을 방지하며, 경제주체간의 조화를 통한 경제민주화를 위하여 경제에 관한 규제와 조정을 할 수 있다.	[1안] ②국가는 균형 있는 국민경제의 성장 및 안정과 적정한 소득의 분배를 유지하고, 시장의 지배와 경제력의 남용을 방지하며, 경제 주체간의 조화를 통한 경제민주화를 위하여 경제에 관한 규제와 조정을 할 수 있다. *<현행 유지>* [2안] ②국가는 경제의 민주화를 위하여 균형 잡힌 경제의 발전과 적정한 소득의 분배를 유지하고, 경제력의 집중과 남용을 방지하며, 여러 경제주체의 참여, 상생 및 협력 및 조화가 이루어지도록 경제에 관한 규제와 조정을 할 수 있다. *<수정>* [3안] ②국가는 경제의 민주화를 위하여 균형 있는 국민경제의 성장 및 안정과 적정한 소득의 분배를 유지하고, 시장의 지배와 경제력의 남용을 방지하며, 경제주체의 조화가 이루어지도록 경제에 관한 규제와 조정을 할 수 있다. *<수정>*	
제120조 ①광물 기타 중요한 지하자원 · 수산자원 · 수력과 경제상 이용할 수 있는 자연력은 법률이 정하는 바에 의하여 일정한 기간 그 채취 · 개발 또는 이용을 특허할 수 있다. ②국토와 자원은 국가의 보호를 받으며, 국가는 그 균형있는 개발과 이용을 위하여 필요한 계획을 수립한다.	[1안] ①광물 기타 중요한 지하자원 · 해양수산자원 · 산림자원 · 수력과 경제상 이용할 수 있는 자연력은 법률이 정하는 바에 의하여 일정한 기간 그 채취 · 개발 또는 이용을 특허할 수 있다. *<수정>* ②국토와 자원은 국가의 보호를 받으며, 국가는 그 균형 있는 개발과 이용을 위하여 필요한 계획을 수립한다. *<현행 유지>* [2안] ②국토와 자원은 세대 간 연대의 정신에 기반하여 생태적 · 사회적 · 경제적으로 지속가능한 발전을 위하여 국가의 보호를 받으며, 국가는 그 균형 있는	

	개발과 이용을 위하여 필요한 계획을 수립하여야 한다. *<수정>*	
제121조 ①국가는 농지에 관하여 경자유전의 원칙이 달성될 수 있도록 노력하여야 하며, 농지의 소작제도는 금지된다. ②농업생산성의 제고와 농지의 합리적인 이용을 위하거나 불가피한 사정으로 발생하는 농지의 임대차와 위탁경영은 법률이 정하는 바에 의하여 인정된다.	제121조 **[1안]** *<현행유지>* ①국가는 농지에 관하여 경자유전의 원칙이 달성될 수 있도록 노력하여야 하며, 농지의 소작제도는 금지된다. ②농업생산성의 제고와 농지의 합리적인 이용을 위하거나 불가피한 사정으로 발생하는 농지의 임대차와 위탁경영은 법률이 정하는 바에 따라 인정된다. **[2안]** ②농지의 임대차와 위탁경영은 농민과 농촌의 생활상의 이익을 증진하기 위한 범위 내에서 법률이 정하는 바에 따라 인정된다. *<수정>*	
제122조 국가는 국민 모두의 생산 및 생활의 기반이 되는 국토의 효율적이고 균형있는 이용·개발과 보전을 위하여 법률이 정하는 바에 의하여 그에 관한 필요한 제한과 의무를 과할 수 있다.	**[1안]** *<현행유지>* 제122조 국가는 국민 모두의 생산 및 생활의 기반이 되는 국토의 효율적이고 균형 있는 이용·개발과 보전을 위하여 법률이 정하는 바에 의하여 그에 관한 필요한 제한과 의무를 과할 수 있다. **[2안]** 국가는 국민 모두의 생산 및 생활의 기반이 되는 국토의 효율적이고 균형 있는 이용·개발·보전을 도모하고, 토지투기로 인한 경제왜곡과 불평등을 방지하기 위하여 법률이 정하는 바에 의하여 필요한 제한과 의무를 과한다. *<수정>*	
제123조 ①국가는 농업 및 어업을 보호·육성하기 위하여 농·어촌종합개발과 그 지원등 필요한 계획을 수립·시행하여야 한다. ②국가는 지역간의 균형있는 발전을 위하여 지역경제를 육성할 의무를 진다. ③국가는 중소기업을 보호·육성하여	제123조 **[1안]** ①국가는 농·임·어업 및 농·산·어·촌의 공익적 기능을 인정하고 농·임·어업 및 농·산·어·촌을 지원하며 그 보호와 발전을 위하여 필요한 정책을 수립·시행하여야 한다. *<수정>*	

야 한다. ④국가는 농수산물의 수급균형과 유통구조의 개선에 노력하여 가격안정을 도모함으로써 농·어민의 이익을 보호한다. ⑤국가는 농·어민과 중소기업의 자조조직을 육성하여야 하며, 그 자율적 활동과 발전을 보장한다.	**[2안]** *<현행유지>* ①국가는 농업 및 어업을 보호·육성하기 위하여 농·어촌종합개발과 그 지원 등 필요한 계획을 수립·시행하여야 한다. ②국가는 지역 간의 균형 있는 발전을 위하여 지역경제를 육성할 의무를 진다. ③국가는 중소기업을 보호·육성하여야 한다. ④국가는 농수산물의 수급균형과 유통구조의 개선에 노력하여 가격안정을 도모함으로써 농·어민의 이익을 보호한다. ⑤국가는 농·어민과 중소기업의 자조조직을 육성하여야 하며, 그 자율적 활동과 발전을 보장한다.	
제124조 국가는 건전한 소비행위를 계도하고 생산품의 품질향상을 촉구하기 위한 소비자보호운동을 법률이 정하는 바에 의하여 보장한다.	*<삭제>* *<조문 이동 및 소비자의 권리로 변경>*	
제125조 국가는 대외무역을 육성하며, 이를 규제·조정할 수 있다.	**[1안]** *<현행유지>* 제125조 국가는 대외무역을 육성하며, 이를 규제·조정할 수 있다. **[2안]** 제125조 국가는 대외무역을 <u>규제·조정할 수 있다.</u> *<수정>*	
제126조 국방상 또는 국민경제상 긴절한 필요로 인하여 법률이 정하는 경우를 제외하고는, 사영기업을 국유 또는 공유로 이전하거나 그 경영을 통제 또는 관리할 수 없다.	제126조 국방상 또는 국민경제상 긴절한 필요로 인하여 법률이 정하는 경우를 제외하고는, 사영기업을 국유 또는 공유로 이전하거나 그 경영을 통제 또는 관리할 수 없다. *<현행유지>*	
제127조 ①국가는 과학기술의 혁신과 정보 및 인력의 개발을 통하여 국민경제의 발전에 노력하여야 한다. ②국가는 국가표준제도를 확립한다. ③대통령은 제1항의 목적을 달성하기 위하여 필요한 자문기구를 둘 수 있다.	**[1안]** *<3항 삭제>* 제127조 ①국가는 과학기술의 혁신과 정보 및 인력의 개발을 통하여 국민경제의 발전에 노력하여야 한다. ②국가는 국가표준제도를 확립한다. **[2안]** *<현행유지>* 제127조 ①국가는 과학기술의 혁신과	

	정보 및 인력의 개발을 통하여 국민경제의 발전에 노력하여야 한다. ②국가는 국가표준제도를 확립한다. ③대통령은 제1항의 목적을 달성하기 위하여 필요한 자문기구를 둘 수 있다. **[3안]** ①국가는 인력 양성과 생태계 조성을 통하여 연구개발과 성과 확산을 촉진하고, 국민이 그 경제적, 사회적 이익을 고르게 누리도록 노력하여야 한다. *<수정>*	
제128조 ①헌법개정은 국회재적의원 과반수 또는 대통령의 발의로 제안된다. ②대통령의 임기연장 또는 중임변경을 위한 헌법개정은 그 헌법개정 제안 당시의 대통령에 대하여는 효력이 없다.	제128조 ①헌법개정은 국회 재적의원 과반수, 대통령, 국회의원 선거권자 1백만 명 이상의 발의로 제안된다. *<수정>* ②대통령의 임기 연장 또는 중임변경을 위한 헌법개정은 그 헌법개정 제안 당시의 대통령에 대해서는 효력이 없다.	
제129조 제안된 헌법개정안은 대통령이 20일 이상의 기간 이를 공고하여야 한다.	제129조 제안된 헌법개정안은 대통령이 30일 이상의 기간 이를 공고하여야 한다. *<수정>*	
제130조 ①국회는 헌법개정안이 공고된 날로부터 60일 이내에 의결하여야 하며, 국회의 의결은 재적의원 3분의 2 이상의 찬성을 얻어야 한다. ②헌법개정안은 국회가 의결한 후 30일 이내에 국민투표에 붙여 국회의원 선거권자 과반수의 투표와 투표자 과반수의 찬성을 얻어야 한다. ③헌법개정안이 제2항의 찬성을 얻은 때에는 헌법개정은 확정되며, 대통령은 즉시 이를 공포하여야 한다.	제130조 ①국회는 헌법개정안이 공고된 날부터 60일 이내에 의결하여야 하며, 국회의 의결은 재적의원 3분의 2 이상의 찬성을 얻어야 한다. ②헌법개정안은 국회가 의결한 후 30일 이내에 국민투표에 붙여 국회의원선거권자 과반수의 투표와 투표자 과반수의 찬성을 얻어야 한다. ③헌법개정안이 제2항의 찬성을 얻은 때에는 헌법개정은 확정되며, 대통령은 즉시 이를 공포하여야 한다.	국민이 제안한 헌법개정안에 대해서는 국회의결 절차 없이 바로 국민투표에 부쳐져야 한다는 의견제시가 있었음(고문현, 이기우, 장용근, 정 철 위원)

제 2 장

각 분과별 초안 작성 취지 및 회의록

제 2 장 각 분과별 초안 작성 취지 및 회의록

제1절 헌법 전문·총강분과

I. 헌법 전문

1. 헌법 전문(민병로 위원장 등 다수의견)

▣ 현행 헌법

전문: 유구한 역사와 전통에 빛나는 우리 대한국민은 3·1운동으로 건립된 대한민국임시정부의 법통과 불의에 항거한 4·19민주이념을 계승하고, 조국의 민주개혁과 평화적 통일의 사명에 입각하여 정의·인도와 동포애로써 민족의 단결을 공고히 하고, 모든 사회적 폐습과 불의를 타파하며, 자율과 조화를 바탕으로 자유민주적 기본질서를 더욱 확고히 하여 정치·경제·사회·문화의 모든 영역에 있어서 각인의 기회를 균등히 하고, 능력을 최고도로 발휘하게 하며, 자유와 권리에 따르는 책임과 의무를 완수하게 하여, 안으로는 국민생활의 균등한 향상을 기하고 밖으로는 항구적인 세계평화와 인류공영에 이바지함으로써 우리들과 우리들의 자손의 안전과 자유와 행복을 영원히 확보할 것을 다짐하면서 1948년 7월 12일에 제정되고 8차에 걸쳐 개정된 헌법을 이제 국회의 의결을 거쳐 국민투표에 의하여 개정한다.

▣ 개정안

전문: 유구한 역사와 전통에 빛나는 우리 대한국민은 3·1운동으로 건립된 대한민국임시정부의 법통과 불의에 항거한 4·19혁명, 5·18민주화운동, 6월항쟁의 민주이념을 계승하고, 조국의 민주개혁과 평화적 통일의 사명에 입각하여 정의·인도와 동포애로써 민족의 단결을 공고히 하고, 모든 사회적 폐습과 불의를 타파하며, 자율과 조화를 바탕으로 자유민주적 기본질서를 더욱 확고히 하여 정치·경제·사회·문화의 모든 영역에 있어서 각인의 기회를 균등히 하고, 다양성을 존중하여 능력을 최고도로 발휘하게 하며, 자유와 권리에 따르는 책임과 의무를 완수하게 하여, 안으로는 국민생활의 균등한 향상을 기하고 밖으로는 항구적인 세계평화와 인류공영에 기여하고,

모든 분야에서 지속가능한 발전을 추구함으로써 우리와 미래세대의 안전과 자유와 행복을 영원히 확보할 것을 다짐하면서 1948년 7월 12일에 제정되고 9차에 걸쳐 개정된 헌법을 이제 국회의 의결을 거쳐 국민투표에 의하여 개정한다.

가. 1987년 헌법 전문의 분석

- 일반적으로 헌법 전문에는 헌법제정의 역사적 의미와 제정과정, 헌법제정의 목적과 제정권자, 헌법의 지도 이념과 기본적 가치질서 등이 기술되어 있음[1)]
- 헌법 전문의 내용: 헌법의 성립유래와 국민주권주의, 대한민국임시정부의 법통계승, 인민민주의를 배척하는 자유민주주의, 민족적 민주주의를 통한 조국의 평화통일, 국민의 자유와 권리의 보장, 인류공영에 기초한 국제평화주의[2)]

나. 헌법 전문과 민주이념

- 4 · 19정신이 헌법 전문에 처음 반영된 것은 1962년 제5차 헌법개정 때임. 즉 제3공화국이 4 · 19의거와 5 · 16혁명의 이념에 입각하여 새로운 공화국이 탄생한 것으로 천명한 것임
- 4 · 19민주이념은 1980년 헌법개정 때 삭제되었다가 1987년 제9차 헌법개정 때 부활함. '불의에 항거한 4 · 19민주이념을 계승하고'
- 민주이념과 관련한 헌법 전문 개정시안 비교

더민주당 [2018]	정의당 [2018]	국회개헌특위 [2017]	대화아카데미 [2010]	국민주권회의 [2017]
4·19혁명, 부마항쟁, 5·18민주화운동, 6월항쟁, 촛불혁명	4·19민주이념, 5·18민주화운동, 6월항쟁, 촛불시민혁명을 계승하고,	4·19혁명과 6.10항쟁의 민주이념을 계승하고,	4월 혁명 및 6월항쟁의 민주이념을 계승하고,	4·19혁명 및 6월항쟁의 민주이념을 계승하고,

다. 헌법 전문의 조문시안

□ 조문시안

◆ 현행 전문의 틀을 유지하면서 새로운 헌법가치를 추가로 기술하고, 시대상황에 맞지 않는 표현은 삭제함

1) 권영성, 『헌법학원론』, 법문사, 2010, 126－130면.
2) 성낙인, 『헌법학』, 법문사, 2019, 123－124면; 헌법 전문에 관하여 자세한 것은 강경선, 『헌법전문주해』, 한국방송통신대학교출판문화원, 2017, 23－295면 참조.

◆ 현행 전문의 체계와 문장을 그대로 유지하고, 독재와 불의에 항거한 사건으로 '4 · 19' 이외에 '5 · 18민주화운동', '6월항쟁'을 추가하여 명시함

– 프랑스헌법에서는 1789년 권리선언인 '인간 및 시민의 권리와 자유'가, 미국헌법에서는 1776년 독립선언의 '자유'가, 일본헌법에서는 '평화'의 이념이 그 나라의 역사적 경험과 관련하여 숭고한 이념이자 가치로서 헌법 전문에 명시되어 있듯이, 우리 헌정사에서 '독립운동'과 '민주주의'는 진보와 보수를 떠나 대단히 소중한 정신적 자산임

– 4 · 19민주이념만으로는 우리 헌정사에서 장기간의 폭압적인 독재와 군사정권 하에서도 굴하지 않고 '민주주의'를 쟁취하기 위해 희생한 수많은 분들의 숭고한 정신을 제대로 담보하지 못함

– 4 · 19는 이승만 대통령의 하야를 가져왔고 제2공화국 시대를 열었으며, 6월항쟁은 제6공화국과 민주주의의 시대를 연 헌정사적 의미가 큼

– 5 · 18항쟁은 6월항쟁의 모태가 되었으며, 5 · 18 이후 학생 · 노동운동을 포함한 모든 민주화운동의 원천이며 원동력이 됨. 즉, 5 · 18항쟁은 전두환 정권의 정통성 부정과 5공 청산의 당위성을 제공함으로써 전국민적 연대투쟁을 가능하게 하여 6월항쟁의 촉발과 승리의 디딤돌이 됨

– 4 · 19와 6월항쟁만으로는 5 · 18항쟁이 지니고 있는 국헌문란세력에 항거한 '저항의 정신'을 제대로 담아내지 못함. 즉 5 · 18항쟁은 우리 헌정사에서 불법적인 국가권력에 대한 저항과 민주화운동을 동시에 상징적이며 함축적으로 내포하고 있음

– 헌법 전문에 표기하는 방법으로는 4 · 19민주이념과 구별하여 별도로 '국헌문란세력에 항거한 5 · 18정신'으로 명시하는 것이 바람직하지만, 국민적 정서 등을 고려하여 4 · 19, 6월항쟁과 함께 법률용어인 '5 · 18민주화운동'을 병렬적으로 명시하는 것이 바람직함

◆ 5 · 18항쟁에 대한 평가

– 대법원은 "5 · 18내란 행위자들이 비상계엄을 전국으로 확대하는 등 헌법기관인 대통령, 국무위원들에 대하여 강압을 가하고 있는 상태에서, 이에 항의하기 위하여 일어난 광주시민들의 시위는 국헌을 문란하게 하는 내란행위가 아니라 헌정질서를 수호하기 위한 정당한 행위"였다고 평가함[3)]

– 정부는 5 · 18을 1997년에 법률에 의해 국가기념일로 지정하였으며, 2002년에는 법률을 제정하여 민주주의와 인권의 발전에 기여한 5 · 18민주화운동과 관련하여 희생하거나 공헌한 자들을 5 · 18민주유공자로 예우하고 있음

– 5 · 18은 4 · 19의거와 부마항쟁, YH여공사건, 사북탄광사건 등 6, 70년대 민주화운동의

3) 국헌문란(형법 제91조)이란 '헌법에 의하여 설치된 국가기관을 강압에 의하여 전복 또는 그 권능행사를 불가능하게 하는 것'을 말함

연속선상에서 신군부세력의 정권찬탈 음모에 대한 '저항'의 형태로 나타난 것이지, 광주만의 어떤 특수문제를 내걸고 광주지역에 한정해서 일어난 것이 아님

– 5·18항쟁이 전국적으로 확산되지 못한 것은 신군부가 12·12로 군권을 장악한 후 정권장악을 위한 치밀한 준비 하에 비상계엄 전국확대를 선포하기 직전에 주동자급 학생들과 거물급 정치인들을 대대적으로 예비검속하고 주요 대학 캠퍼스에 군부대를 배치하였으며, 시위에 대한 무자비한 진압뿐만 아니라 광주의 외곽지역을 공수부대를 비롯한 계엄군들이 차단하고, 언론과 통신, 전화선까지 차단하여 시위의 전국 확산을 철저하게 저지하였기 때문임

◆ 5·18항쟁의 헌정사적 의미

– 6, 70년대 산업화시대를 거치면서 성숙하고 자각적인 주권의식을 형성한 민중들이 주체가 되어 불법세력의 정권 찬탈 행위에 항거하여 주권적 권리의 회복과 민주주의 쟁취를 위한 '주권혁명'이었음

– 5·18항쟁은 이후 모든 민주화운동과 통일운동의 원동력이 됨. 즉 5·18항쟁은 80년대 반미반독재 투쟁으로 계승됨으로써 80년 5월 이후의 한국사회에 민족통일과 민주화에 대한 열망을 고조시켰으며, 결국에는 6월항쟁의 촉발과 승리의 초석이 됨

◆ 5·18항쟁의 헌법적 가치

– 저항권의 행사이었음. 공수부대까지 동원하여 국가 권력을 찬탈하려고 기도한 전두환과 신군부세력에 항거하여 민주주의를 쟁취하고자 한 시민항쟁이었음. 대법원도 국헌문란세력에 항거하여 헌정질서를 수호하기 위한 정당한 행위로 평가하고 있음

– 헌법의 이념적 지표라 할 수 있는 '인간의 존엄성' 회복을 위한 투쟁이었음. 즉 시민들이 공수부대와 맞서서 목숨을 건 싸움에 참가한 것은 인간의 존엄성을 그 뿌리에서부터 총체적으로 짓밟는 공수부대의 비인간적이고 야수적인 만행에 분노했기 때문임

– 5·18항쟁은 산업화 시대 정치적·경제적으로 극단적인 억압과 소외 속에 살아 온 민중들이 인간답게 살기 위해 몸부림치던 과정 속에서 자율적인 존재로서의 주체성을 쟁취하기 위해 전개한 투쟁이었음

- 대한민국이 추구하는 미래지향적 목표에 '지속가능한 발전' 추가 (고문현 위원 등이 주장하여 2018년 국회헌법개정특별위원회 자문위원회 보고서 내용 반영)
- '자손'이라는 표현을 '미래세대'라는 개념으로 대체 (고문현 위원 등이 주장하여 2018년 국회헌법개정특별위원회 자문위원회 보고서 내용 반영)

2. (현행) 전문_전지수 위원(소수의견)

현행	개정안
유구한 역사와 전통에 빛나는 우리 대한국민은 3·1운동으로 건립된 대한민국임시정부의 법통과 불의에 항거한 4·19민주이념을 계승하고, 조국의 민주개혁과 평화적 통일의 사명에 입각하여 정의·인도와 동포애로써 민족의 단결을 공고히 하고, 모든 사회적 폐습과 불의를 타파하며, 자율과 조화를 바탕으로 자유민주적 기본질서를 더욱 확고히 하여 정치·경제·사회·문화의 모든 영역에 있어서 각인의 기회를 균등히 하고, 능력을 최고도로 발휘하게 하며, 자유와 권리에 따르는 책임과 의무를 완수하게 하여, 안으로는 국민생활의 균등한 향상을 기하고 밖으로는 항구적인 세계평화와 인류공영에 이바지함으로써 우리들과 우리들의 자손의 안전과 자유와 행복을 영원히 확보할 것을 다짐하면서 1948년 7월 12일에 제정되고 8차에 걸쳐 개정된 헌법을 이제 국회의 의결을 거쳐 국민투표에 의하여 개정한다.	유구한 역사와 전통에 빛나는 우리 대한국민은 3·1운동으로 건립된 대한민국임시정부의 법통과 불의에 항거한 4·19민주이념을 계승하고, 조국의 민주개혁과 평화적 통일의 사명에 입각하여 정의·인도와 동포애로써 민족의 단결을 공고히 하고, 모든 사회적 폐습과 불의를 타파하며, 자율과 조화를 바탕으로 자유민주적 기본질서를 더욱 확고히 하여 정치·경제·사회·문화의 모든 영역에 있어서 각인의 기회를 균등히 하고, 다양성을 존중하여 능력을 최고도로 발휘하게 하며, 자유와 권리에 따르는 책임과 의무를 완수하게 하여, 안으로는 국민생활의 균등한 향상을 기하고 밖으로는 항구적인 세계평화와 인류공영에 이바지함으로써 우리들과 우리들의 자손의 안전과 자유와 행복을 영원히 확보할 것을 다짐하면서 1948년 7월 12일에 제정되고 8차에 걸쳐 개정된 헌법을 이제 국회의 의결을 거쳐 국민투표에 의하여 개정한다.

□ 헌법이 추구하는 이념적 지표는 국민의 자유와 권리의 보장에 있음. 시대정신이 교차하는 중요한 기로에서 현 시대의 다양성을 헌법상 반영하는 것은 국민의 자유와 권리의 보장을 위한 측면에서 긴요한 사안임

□ 자유민주주의에서 다양성을 존중하지 않는 것은 모순된 것임. 그러므로 소수자 및 사회적 약자도 그들의 능력을 헌법질서 아래 최고도로 발휘하게 함에 있어서 보다 권리를 공고히 확보하고 균등한 헌법적 지위의 마련을 도모하기 위해서는 "다양성을 존중하여 능력을 최고도로 발휘하게 하며"를 명문으로 두는 것이 요구됨

□ 외국의 사례 및 개정시안 비교

유럽연합기본권헌장 제22조	유럽연합은 문화, 종교, 언어의 다양성을 존중한다.
국가인권위원회 개정안 제26조 제2항	언론·출판매체의 다원성과 다양성은 존중된다.

상기와 같이 외국 및 개정시안은 전문 차원에서 접근한 것이 아니라는 점에서 차이가

있고, 특히 본 개정안은 주권자를 주체로 하는 다양성의 존중이라는 점에서 다름

- □ 다양성의 존중은 주권자 개개인의 정체성을 존중하는 것임. 이는 상대주의적 가치에 바탕을 두고 있는 민주주의원리에 입각하여 다수집단과 소수집단 상호간의 공존과 관용을 전제로 하는 것으로서 민주주의 실현을 위한 핵심내용이라 할 수 있음. 즉, 개인의 자율적 이성을 신뢰하고 모든 국민들은 상대적 진리성과 합리성을 지닌 것을 전제로 한 다원적 세계관에 입각하여 다수를 존중하면서도 소수를 배려하는 것을 기본원리로 하는 차원에서 다양성의 존중인 것임. 예컨대 다양성의 존중을 위한 노력은 국제협약(문화적 표현의 다양성 보호와 증진에 관한 협약)과 법률(다문화가족지원법) 등을 통해 구현되고 있음
- □ 하지만 상기의 협약과 법률상 다양성의 경우에는 문화적 측면만 강조하여 그 한계가 있으므로, 전문의 차원에서 정치·경제·사회·문화의 모든 영역에 있어서 다양성을 조화롭게 포용할 수 있는 여지를 마련하는 것이 마땅함
- □ 다만, 다양성의 추구가 무조건적인 관용의 의미로 접근해서는 아니 될 것이므로, 헌법이 추구하는 자유민주적 기본질서의 한계가 수반되는 다양성이어야 하는 것이 다양성 존중이 갖는 헌법적 함의임과 동시에 한계라 할 것임. 즉, 헌법 전문에서 다양성을 존중하는 것을 명문으로 하되, 다양성의 존중이 극단적인 가치 상대주의로 편향되지 않는 범위 내에서의 다양성을 존중하는 것이어야 하는 것이고, 이에 대한 한계와 제한에 대하여는 헌법 제37조 제2항이 적용될 것이지만 합리적인 범위 내에서의 제한일 것임
- □ 문화에 대한 자율성과 다양성에 대한 국가의 지나친 간섭과 개입은 헌법상 문화국가의 원리에도 반하는 것이므로, 헌법이 추구하는 방향과 이념을 제시하는 차원에서 헌법 전문에서 보다 넓은 함축적 의미인 “다양성의 존중”은 헌법이 추구하는 법체계의 통일성과 정합성의 차원에서도 무리가 없어 보임
- □ 따라서 다양성의 존중은 개인의 안전과 복지를 국가가 전적으로 책임지는 것과 동시에 개인의 생활을 스스로 설계하고 형성하도록 존중하여 스스로 책임지는 자유의 범위를 확대하는 것을 의미하는 것으로서 각인의 기회를 균등히 하고 그 능력을 최고도로 발휘하기 위해서는 무엇보다도 다양성의 존중이 전제되어야 할 것인바, “정치·경제·사회·문화의 모든 영역에 있어서 각인의 기회를 균등히 하고, 다양성을 존중하여 능력을 최고도로 발휘하게 하며”로 개정하는 것은 결과적으로 다양한 국민의 주권적 의지가 보다 실질적으로 투영될 수 있는 문구라 할 수 있고, 국민의 자유와 평등의 실질적 보장을 추구하는 사회복지국가원리에도 부합하다고 할 것임

Ⅱ. 총강

1. 제1조

현행	개정안
제1조 ①대한민국은 민주공화국이다. ②대한민국의 주권은 국민에게 있고, 모든 권력은 국민으로부터 나온다.	제1조 ①대한민국은 민주공화국이다. ②대한민국의 주권은 국민에게 있고, 모든 권력은 국민으로부터 나오며, 국민을 위하여 행사된다. ③[지방분권분과] 대한민국은 분권형 국가를 지향한다.

'대한민국은 분권형 국가를 지향한다.'라고 신설. 우리 사회에서 권력의 집중이 수평적(소위 제왕적 대통령제) 및 수직적(수도권 중심)으로 이루어졌으므로 '분권형 국가 지향'을 국가의 기본원리로 제시함(2018년 국회헌법개정특별위원회 자문위원회 보고서 내용반영)

2. 제3조_최용전 위원(다수의견)

현행	개정안
대한민국의 영토는 한반도와 그 부속도서로 한다.	*대한민국의 영역은 한반도와 그 부속도서를 포함하는 영토, 영해, 영공으로 한다.*

- □ 최근 개정하는 헌법은 단순히 '영토'만을 선언하는 것이 아니라, 영해, 영공, 대륙붕, 해저자원, 접속수역, 배타적 경제수역까지 상세하게 조문화하는 경향을 보이고 있음
- □ 세계 190여 개국 중에서 영해·영공·대륙붕 등 적극적 규정을 둔 국가는 러시아, 필리핀, 베트남 등 15개국임

[표 1] 영해 관련 헌법조문 예

국가	헌법조문
러시아	제3장 연방의 구성 제71조 러시아연방 정부는 다음 사항을 관할한다. m) 러시아연방의 국경, 영해, 영공, 배타적 경제수역 및 대륙붕의 획정과 보호

필리핀	제1장(국가 영토) 국가 영토는 영해, 해저, 하층토, 대륙붕, 기타 해저지역을 포함한 육지, 하천 및 공중영역으로 구성된 필리핀 군도의 모든 섬과 바다 그리고 필리핀의 주권이나 관할권이 미치는 그 밖의 모든 영토로 구성한다. 군도의 섬들 주위, 그 사이 및 이를 연결하는 바다는, 그 폭과 크기에 상관없이, 필리핀 내해의 일부를 구성한다. 제12장 '국가경제와 국가재산' 제2조 … 국가는 국가의 다도해 해상, 해역 및 배타적 경제구역 내 해양자원을 보호하고 그 사용과 향유를 배타적으로 필리핀 국민에 대해서만 유지한다. 의회는 법률에 따라 강, 호수, 만, 석호 내 생계형 어민과 어업노동자를 우대하면서 필리핀 국민과 기업형 어업 양식장의 소규모 천연자원 사용을 허가할 수 있다. … 제13장 '사회정의와 인권' '농지 및 천연자원의 개혁' 제7조 국가는 자급자족 어민, 특히 지방공동체의 어민의 내륙 및 해안의 공동 해양 및 어업자원의 우선적 사용권리를 보호한다. …

□ 우리나라는 한반도로서 3면이 바다이며, 과학기술의 발달로 해양의 자원으로서의 가치가 증대되고 있으며, 1982년 해양법협약의 발효로 국제적으로 해양주권에 대한 국제적 합의가 이루어졌다고 하지만, 여전히 200해리 해양영토의 주장이 존재하고 있음

□ 영토의 의미에 영해, 영공을 포함하는 것으로 해석하기도 하며, 해양주권의 범위를 영해, 접속수역, 배타적 경제수역 및 대륙붕으로 나누어 강약의 정도를 설명하고 있다. 그리고 국제법적으로 영해에 관한 한 주권의 효력을 인정하고 있으며, 나머지에 대해서는 주권적 관할권을 인정하고 있음

□ 헌법 제6조 국제법존중주의와 제120조 해양자원의 국가적 관리를 영토조항과 결부시켜 볼 때, 최소한 해양주권이 미치는 영역으로서 '영해'를 헌법에 명문화할 필요가 있으며, 이는 국제해양법에서도 인정되는 규범적 의미를 가짐

3. (현행) 제4조 이부하 부위원장(소수의견)

현행	개정안
대한민국은 통일을 지향하며, 자유민주적 기본질서에 입각한 평화적 통일정책을 수립하고 이를 추진한다.	대한민국의 영역은 법률로 정하는 영토, 영해, 영공으로 한다.

□ 통일영토조항을 설명하는 중요한 개념은 '한반도'임. 영토조항에 사용된 '한반도'라는 용어는 '식민사관'(植民史觀)에 의해 형성되어 잘못 사용된 용어이고, 법적 개념도 아니며, 대한민국의 구체적 영역에 대한 특정도 불가능함

□ 러시아 헌법과 같이 영토에 영해, 영공을 규정함이 타당함. '통일'이라는 단어는 대등한 양 당사자 간의 합의에 의해 결과를 도출한다는 의미임. 따라서 대한민국이 한반도에서 유일한 국가라면, 통일의 대상은 존재하지 않게 되고 통일을 위한 대화나 협력은 불필요한 것임. 대한민국의 통치권이 북한 지역에 미치지 못하는 상황에서, 현행 영토조항은 북한과 평화적으로 통일한다는 헌법 제4조와 논리적으로 모순됨

□ 중국과의 영토 문제가 발생 가능함. 이에 대비하여 간도나 만주에 대한 영토권을 주장함에 있어서 현행 헌법 제3조를 그대로 두면, 우리나라 영토는 한반도로 국한되기 때문에 간도나 만주에 대한 영토권 포기로 해석됨

□ 헌법 제2조의 국민이 되는 자격은 법률로 위임하여 국적법에서 규율하는 것과 마찬가지로, 헌법 전체적인 통일성과 체계정당성에 비추어 영토조항은 법률 위임의 형식이 적절함

3.1 (현행) 제4조 최양근 위원

현행	개정안
대한민국은 통일을 지향하며, 자유민주적 기본질서에 입각한 평화적 통일정책을 수립하고 이를 추진한다.	대한민국은 <u>평화공존통일</u>을 지향하며, 자유민주적 기본질서에 입각한 통일정책을 수립하고 이를 추진한다.

□ 통일조항은 1987년 6·10항쟁의 이념을 반영한 6공화국 헌법에서 신설된 조항으로 평화를 견인하는데 절대적 역할을 할 수 있음

□ 다수의 학자들은 통일의 방법으로 무력통일, 흡수통일, 평화통일로 구분되고 있지만, 흡수통일과 평화통일을 같이 보는 시각이 존재하여 독일통일을 평화통일로 주장하는 일부 학자들이 있음

□ 독일은 "합의에 의한 흡수통일"로 보는 연구가 다수설임, 위와 같은 개념 갈등 해소방법으로 '통일'을 '평화공존통일'로 변경하여 한반도 평화를 수호하는데 긍정적 역할의 필요성이 있음

□ 그리하여 남북한 불필요한 갈등을 해소하고 평화를 정착하면서 통일을 추구하는데 기여할 수 있는 평화공존통일 개념이 필요함. 즉, 완전한 통일이 되기 전까지 남북한 상호 체재를 인정하면서, 남북협력과 통일을 추구할 필요가 있음

□ 촛불정신은 민주이념의 확대를 요구하고 있음. 즉, 절차적 민주주의뿐만 아니라 실질적 민주주의를 실현하고자 함. 또한, 촛불정신은 통일담론 확대를 요구함. 그래서 한반도

통일의 방법으로 흡수통일을 지양하고 평화공존통일을 원하는 경향으로 여론이 확대되고 있음

□ 한국 상황에서 자유민주주의를 사회민주주의를 포함하고 있다고 해석하는 것이 학설과 국민 대다수임

□ 만약 다수견해를 지속시키려면 적폐청산과 공정성 확보, 복지국가 확대, 빈부격차 해소에 대한 요구를 종북좌파라고 주장하면서 자기들만이 자유민주주의를 수호하고 있는 적장자인양 하는 일부 학자와 국민들을 설득할 과제가 남음

□ 현재 우리의 당면문제는 한반도에서 전쟁을 막고, 평화를 지키면서, 한민족 통일을 추구해야 할 상황임. 나아가 내부적으로는 적폐청산을 통한 공정성, 투명성 확보와 복지국가를 통한 빈부격차의 해소임

□ 현실적으로는 자유민주적 기본질서 속에 사회민주주의(복지국가, 빈부해소, 공정성 확보 등)가 배제된 것으로 해석하는 연구자들과 상당수의 국민들이 존재함. 이와 같은 혼란을 해소하기 위해서는 민주적 기본질서로 헌법 제4조는 "대한민국은 평화공존통일을 지향하며, 자유롭고 평등한 민주적 기본질서에 입각한 통일정책을 수립하고 이를 추진한다."고 개정할 필요성이 있다고 판단함(소수의견)

4. (현행) 제6조 최용전 위원

현행	개정안
①헌법에 의하여 체결·공포된 조약과 일반적으로 승인된 국제법규는 국내법과 같은 효력을 가진다. ②외국인은 국제법과 조약이 정하는 바에 의하여 그 지위가 보장된다.	현행 조항 유지

□ 다수의견: 현행 조항 유지

□ 현행 헌법 조항 중 조약과 관련된 제6조(조약과 국제법규의 효력), 제60조(조약에 대한 국회 동의권) 및 제73조(대통령의 조약 체결·비준)의 경우, 지난 수십 년 간 동 조항에 따라 조약체결에 대한 관행이 상당히 축적된 점을 감안하여 현행 조항 유지가 바람직 함

□ 헌법 전문과 제60조 국회 동의권 조항에 대한 의견: 헌법 전문의 "동포애로써 민족의 단결을 공고히 하고"를 다문화사회와 글로벌화의 시대적 상황을 반영하여 삭제하고자 하는 의견이 있었음

□ 제60조에서 나열된 국회 동의를 요하는 조약의 종류 중에서 "중요한 국제조직에 관한

조약"을 "중요한 국제기구에 관한 조약"으로 수정하고, "우호통상항해조약"은 오늘날 사용하지 않는 용어이므로 삭제하자는 의견이 있었음

5. (현행) 제9조 최용전 위원

현행	개정안
국가는 전통문화의 계승 발전과 민족문화의 창달에 노력하여야 한다.	국가는 전통문화의 계승·발전과 문화의 창조·진흥 및 문화다양성 보호와 증진을 위하여 노력하여야 한다.

- ☐ 헌법 제9조에 민족문화창달의 규정이 신설된 것은 바이마르헌법규정을 모델로 하여, 전통문화가 파괴되는 사회문화적 배경, 민족중흥과 민족문화중흥이라는 정치적 배경 등에 따라 구체적인 논의 없이 이루어졌다. 이러한 헌법 제9조 규정의 한계 및 개정 필요성은 다음과 같이 요약할 수 있음
- ☐ 민족문화창달이라는 협소한 국가목적규정이다. 헌법은 시대에 따라 탄력적으로 해석되는 것이므로 민족문화는 국가사회의 문화라고 해석하는 것이 다수설이지만, 국제적 규범인 문화다양성 및 전반적인 문화진흥에 대한 관점이 미흡함
- ☐ 문화국가원리와 문화기본권간의 관계 및 규범성 미흡이다. 국가의 문화진흥에 대한 개입은 이에 따른 논란과 부작용을 가져오는데, 문화정책에 대한 명확한 이념을 제시하지 못하고 있다. 또한 국가의 의무만을 제시하여 문화기본권 규정을 제시하지 못하고 있음
- ☐ 문화활동의 다양한 주체들의 역할과 가치의 반영이 미흡하다. 지방분권과 연계한 관점, 문화의 생산자(창조자)·매개자·소비자(향유자)의 균형적인 관점이 미흡함
- ☐ 문화의 하위영역인 전통문화 중심의 진흥의무이다. 전통문화가 중요하기는 하지만, 실제 국가의 문화정책영역에 적합하도록 문화진흥의 범주를 확대할 필요가 있음
- ☐ 명시적인 문화국가 규정이 미흡하다. 문화국가원리가 학설과 헌법재판소 결정으로 인정되고 있지만, 명시적 규정이 없어 우선순위에서 뒤처지게 됨
- ☐ 국가목적규정으로 문화민주주의의 실현과 문화기본권 규정연계강화가 필요하다. 현행 문화기본권은 주로 문화의 민주화 과정에서 자유권 및 평등권 중심으로 접근하고 있다. 국가목적규정으로 문화민주주의를 정립하게 되면, 사람과 국민이 주체적 참여와 자기결정권을 가지는 한 단계 더 높은 문화국가원리를 정립하는 것임
- ☐ 시대 변화에 맞게 문화 창조·다양성 등을 반영한 조문의 개정이 필요함

제 2 절 기본권 분과

1. (현행) 제10조(인간의 존엄과 가치)

현행	개정안
제10조 모든 국민은 인간으로서의 존엄과 가치를 가지며 행복을 추구할 권리를 가진다. 국가는 개인이 가지는 불가침의 인권을 확인하고 이를 보장할 의무를 진다.	제10조 모든 사람은 인간으로서의 존엄과 가치를 가지며 행복을 추구할 권리를 가진다. 국가는 개인이 가지는 불가침의 인권을 확인하고 이를 보장할 의무를 진다.

※ 제안 취지

□ 기본적 인권의 향유 주체를 국민에서 사람으로 확대함. 이것은 기본적 인권은 인류 보편적 권리임을 인식하여 국내외의 모든 사람에게 보장되어야 함을 선언하는 의미를 가짐. 특별히 대한민국 국적을 가진 국민에게 한정할 필요가 있을 시에는 이를 따로 국민으로 표시함. 이 점은 이후의 다른 기본권에도 공통적으로 적용됨

□ 헌법이 국가와 국민과의 관계를 규율한 법으로서 대한민국 국민이 아닌 외국인, 난민 등의 경우에도 국제법과 헌법 해석 및 헌법재판소 판례 등에 따라 인류 보편적 권리를 인정받고 있으므로 굳이 국민을 사람으로 개정할 필요가 없고 기본권의 주체로서 국민으로 그대로 두어야 한다는 반대의견도 있으나, 헌법개정연구위원회의 전체 회의 결과 다수의견에 따라 인류 보편적 천부인권적 성격을 가진 기본권에는 국민을 사람으로 개정하기로 함

2. (신설) 생명권

현행	개정안
(신설)	제11조 모든 사람은 생명권을 가진다.

※ 제안 취지

□ 생명권은 인간존엄의 기초이며 모든 기본권의 전제가 되는 기본권 중의 기본권으로서 이견 없이 인정되는 기본권임

□ 현행 헌법 제10조 등을 근거로 생명권을 도출하고 있으나 가장 근본적인 기본권이므로

명문화할 필요가 있음

□ 인간의 존엄과 가치, 행복추구권은 기본권 질서의 근본이자 지향점이며 폿대가 되고, 그 이하의 조항들은 구체적이고 개별적인 기본권임. 따라서 기본권의 명확성 강화와 체계의 논리성을 갖추도록 하기 위하여 생명권을 별개의 조항으로 신설함

□ 생명권의 기본권 체계 내의 중요성과 위치를 감안하여 인간으로서의 존엄과 가치 조항 바로 다음에 규정함

3. (신설) 안전의 권리

현행	개정안
	제12조 ①모든 사람은 위험으로부터 안전할 권리가 있다. ②국가는 재난이나 재해 및 모든 형태의 폭력 등에 대한 위험을 제어하고 피해를 최소화하며 그 위험으로부터 사람을 보호할 책임을 진다. ③모든 사람은 국가에게 법률에 따라 구조 및 보호받을 권리가 있다.

※ 제안 취지

□ 리스크 사회에서 재난과 재해 등을 개인의 문제로 치부하기보다는 국가에게 책임과 의무를 부여하고자 함

□ 재난을 개인의 문제로 치부할 것이 아니라 사회 연대의식과 공동체의식을 가지고 국가 전체의 문제로 보는 관점의 전환이 필요

□ 각종 위험과 재난에 대비하고 위험을 최소화하며 제어하는 것이 국가의 가장 중요한 의무임

□ 재난은 피해를 최소화시키거나 확산을 방지하여야 한다는 점에서 인재가 아닌 경우가 드묾

□ 재난을 당한 국민에게 법률에 따라 구조 및 보호받을 권리를 인정함

4. (현행) 제11조(평등권)

현행	개정안
제11조 ①모든 국민은 법 앞에 평등하다. 누구든지 성별·종교 또는 사회적 신분에 의하여 정치적·경제적·사회적·문화적 생활의 모든 영역에 있어서 차별을 받지 아니한다. ②사회적 특수계급의 제도는 인정되지 아니하며, 어떠한 형태로도 이를 창설할 수 없다. ③훈장 등의 영전은 이를 받은 자에게만 효력이 있고, 어떠한 특권도 이에 따르지 아니한다.	제13조 ①모든 사람은 법 앞에 평등하다. ②국가는 정치적·경제적·사회적·문화적 생활의 모든 영역에 있어서 성별, 종교, 연소, 노령, 장애, 사회적 신분 등에 따른 차별을 제거하고 실질적 평등을 실현할 의무를 진다. ②*(삭제)* ③*(삭제)*

※ 제안 취지

☐ 평등권에 대한 일반적 원칙을 선언함

☐ 국가의 차별제거 의무를 규정함

☐ 평등권의 구체적 실현은 국가작용에 의해서 가장 효율적으로 이루어지므로 이를 국가의 의무로 명시하여 평등권이 실질적이고 구체적으로 실현될 수 있도록 함. 이를 명확하게 하기 위하여 별도의 항으로 규정함

☐ 현행 제2항은 현재 인정되는 사회적 특수계급 제도는 존재하지 않는다는 점과 (안) 제1항과 제2항과의 관계에서 특별한 의미를 갖지 못하여 삭제함

☐ 현행 제3항의 영전일대원칙은 시의적 적절성이 없으므로 삭제함. 영전일대의 원칙은 평등권과 직접적인 관련이 없고, 법률정책적 문제에 해당하며, 평등권 조항에 대한 해석상 당연히 인정되고 시의적 적절성을 상실하였으므로 삭제하는 것이 바람직함

☐ 위 개정안이 정치적·경제적·사회적·문화적 생활의 모든 영역에 있어 광범위하게 절대적 무조건적 평등으로 보장하는 것으로 해석될 수 있어 정당하지 아니하므로 그 이론적 근거와 이유가 명확해야 한다는 반대의견이 있으나, 헌법개정연구위원회 회의 결과 다수의견으로 위 개정안을 제안함

5. (현행) 제12조(신체의 자유)

현행	개정안
제12조 ①모든 국민은 신체의 자유를 가진다. 누구든지 법률에 의하지 아니하고는 체포·구속·압수·수색 또는 심문을 받지 아니하며, 법률과 적법한 절차에 의하지 아니하고는 처벌·보안처분 또는 강제노역을 받지 아니한다.	제14조 ①모든 사람은 신체의 자유를 가진다. ②모든 사람은 법률과 적법한 절차에 따르지 아니하고는 체포·구속·압수·수색 또는 심문·처벌·보안처분·노역장유치·강제 보호 등 불이익한 처분을 당하지 아니한다.
제12조 ②모든 국민은 고문을 받지 아니하며, 형사상 자기에게 불리한 진술을 강요당하지 아니한다.	③모든 사람은 고문을 받지 아니하며, 형사상 자기에게 불리한 진술을 강요당하지 아니한다.
③체포·구속·압수 또는 수색을 할 때에는 적법한 절차에 따라 검사의 신청에 의하여 법관이 발부한 영장을 제시하여야 한다. 다만, 현행범인인 경우와 장기 3년 이상의 형에 해당하는 죄를 범하고 도피 또는 증거인멸 염려가 있을 때에는 사후에 영장을 청구할 수 있다.	④체포·구속·압수 또는 수색을 할 때에는 적법한 절차에 따라 법관이 발부한 영장을 제시하여야 한다. 다만, 현행범인인 경우와 장기 3년 이상의 형에 해당하는 죄를 범하고 도피 또는 증거인멸의 염려가 있을 때에는 사후에 영장을 발부받을 수 있다.
④누구든지 체포 또는 구속을 당한 때에는 즉시 변호인의 조력을 받을 권리를 가진다. 다만, 형사피고인이 스스로 변호인을 구할 수 없을 때에는 법률이 정하는 바에 의하여 국가가 변호인을 붙인다.	⑤모든 사람은 사법절차에서 변호인의 도움을 받을 권리를 가진다. 체포 또는 구속을 당한 경우에는 즉시 변호인의 도움을 받도록 하여야 한다. 국가는 형사피의자 또는 피고인이 스스로 변호인을 구할 수 없을 때에는 법률로 정하는 바에 따라 변호인을 선임하여 변호를 받도록 하여야 한다.
⑤누구든지 체포 또는 구속의 이유와 변호인의 조력을 받을 권리가 있음을 고지받지 아니하고는 체포 또는 구속을 당하지 아니한다. 체포 또는 구속을 당한 자의 가족등 법률이 정하는 자에게는 그 이유와 일시·장소가 지체 없이 통지되어야 한다.	⑥모든 사람은 체포 또는 구속의 이유와 변호인의 도움을 받을 권리가 있음을 고지받지 아니하고는 체포 또는 구속을 당하지 아니한다. 체포 또는 구속을 당한 사람의 가족 등 법률로 정하는 사람에게는 그 이유와 일시·장소가 지체 없이 통지되어야 한다.
⑥누구든지 체포 또는 구속을 당한 때에는 적부의 심사를 법원에 청구할 권리를 가진다.	⑦모든 사람은 체포 또는 구속을 당한 때에는 적부의 심사를 법원에 청구할 권리를 가진다.
⑦피고인의 자백이 고문·폭행·협박·구속의 부당한 장기화 또는 기망 기타의 방법에 의하여 자	⑧ 피고인의 자백이 고문·폭행·협박·구속의 부당한 장기화 또는 기망 그 밖의 방법에 따라

의로 진술된 것이 아니라고 인정될 때 또는 정식 재판에 있어서 피고인의 자백이 그에게 불리한 유일한 증거일 때에는 이를 유죄의 증거로 삼거나 이를 이유로 처벌할 수 없다.	… (이하생략)

※ 제안 취지

▶ 제1항과 2항

☐ 일반적인 사항과 구체적 절차 관련 사항의 분리 필요성을 반영함

☐ 법률 외 적법한 절차는 심문·처벌 등에는 물론 체포·구속·수색에도 공통적으로 적용되어야 함

▶ 제3항

☐ 검사의 독점적 영장청구권 조항을 헌법에서 삭제함으로써 공정한 형사사법제도의 구축을 도모함

▶ 제4항

☐ 변호인의 도움을 받을 권리는 모든 사법절차에서 보장되어야 하므로 피고인과 피의자의 구분을 인정할 수 없음

▶ 제5항, 6항과 7항

☐ 일본식 한자어를 우리말로 바꿈 : 기타 → 그 밖의, 의하여 → 따라 (법제처 정비기준 참조)

6. (현행) 제13조(형벌불소급의 원칙 등)

현행	개정안
제13조 ①모든 국민은 행위시의 법률에 의하여 범죄를 구성하지 아니하는 행위로 소추되지 아니하며, 동일한 범죄에 대하여 거듭 처벌받지 아니한다. ②모든 국민은 소급입법에 의하여 참정권의 제한을 받거나 재산권을 박탈당하지 아니한다. ③모든 국민은 자기의 행위가 아닌 친족의 행위로 인하여 불이익한 처우를 받지 아니한다.	제15조 ①모든 사람은 행위시의 법률에 따라 … (이하 생략) ②(삭제) ②모든 사람은 자기의 행위가 아닌 친족 등의 행위로 불이익한 처우를 받지 아니한다.

※ 제안 취지

□ 2항을 여기에서 삭제하고, 참정권은 그 해당 조문에서, 재산권은 그 해당 조문에서 각각 규정함

□ 일본식 한자어를 우리말로 바꿈: 법률에 의하여 → 법률에 따라 (법제처 정비기준 참조)

7. (현행) 제14조(거주 · 이전의 자유)

현행	개정안
제14조 모든 국민은 거주·이전의 자유를 가진다. ②(신설)	제16조 ①모든 국민은 거주·이전의 자유가 있다. ②국가는 국제법과 법률이 정하는 바에 따라 난민을 보호한다.

※ 제안 취지

□ 거주·이전의 자유의 주체는 현행과 같이 그대로 국민으로 함. 거주지를 설정하고 이전할 자유는 우리나라 경제 및 사회질서에 매우 중요한 기초가 되기 때문에 주체를 외국인으로까지 확장하지 않음. 외국인의 거주·이전의 자유가 법률로 보장되는 것을 부인하는 것은 아님

□ 세계화에 따라 난민이 증가하고 있으며, 이에 대한 각국의 인도적 대응이 요청됨

□ 이에 부응하고 우리나라의 국제적 위상을 강화하고자 국가의 난민 보호 의무를 신설함

8. (현행) 제15조(직업선택의 자유)

현행	개정안
제15조 모든 국민은 직업선택의 자유를 가진다.	제17조 모든 국민은 직업의 자유를 가진다.

※ 제안 취지

□ '직업의 자유'의 주체를 현행 규정, 통상 등 경제 관련 문제 등에 관한 그동안의 관련 논의, 「독일 기본법」 등 주요 국가의 사례 등을 고려하여, "대한민국 국민"으로 한정함

□ 현행 헌법상 '직업선택의 자유'도 직업수행의 자유 내지 영업 활동의 자유를 포함하는 것으로 이해되고 해석되므로, 현실적인 개념 이해와 법적 해석에 맞게 정확하게 하기

위해서 '직업의 자유'로 수정함

□ 대법원과 헌법재판소 판례에서의 판단 등을 존중하여, '기업의 자유'를 별도로 명시하지 않음

- ○ 대법원과 헌법재판소에서는 '기업의 자유'를 기업의 설립과 경영의 자유를 의미하는 것으로 보고 있음
- ○ 모든 기업은 그가 선택한 사업 또는 영업을 자유롭게 경영하고 이를 위한 의사결정의 자유를 가지며, 사업 또는 영업을 변경(확장·축소·전환)하거나 처분(폐지·양도)할 수 있는 자유(경영권)을 가진다는 것임
- ○ '직업의 자유'를 기업활동의 관점에서 볼 때 '기업의 자유(경영권)'으로 표현할 수 있는데, '직업의 자유'의 내용을 부연하거나 강조하여 기술하는 형태로 하는 경우 '기업의 자유'를 별도로 규정할 수도 있겠으나, 중복되는 측면이 있고 이에 대해서는 근로권과 관련한 논란도 없지 않으며, 기업의 자유에 해당되는 많은 내용은 기업의 자율과 창의의 존중을 원칙화하는 경제 관련 규정에서 충분히 보완될 수 있다고 보아 '직업의 자유' 조문에서는 이를 별도로 규정하지 않았음

□ 경제적 자유라는 점에서 그 성격상 거주이전의 자유 규정과의 통합을 주장할 수 있으나, 그 법적 성격을 고려하여 분리해서 규정함

- ○ 즉, 거주이전의 자유는 경제적 자유, 인신의 자유 또는 정신적 활동의 자유로 파악할 수도 있는데, 경제적 자유의 성격을 갖고 있어서 직업의 자유와 밀접한 관련성을 가진다고 볼 수도 있음
- ○ 하지만, 거주이전의 자유는 경제적 자유 외에도 인격의 형성과 실현의 자유, 표현의 자유, 인신의 자유 등의 성격도 가지므로, 별도로 규정하는 것이 체계적으로나 내용적으로 보다 타당할 것으로 판단함

□ 우리 헌법의 기본원리를 강조하기 위해 개별적인 법률 유보 규정은 두지 않음

- ○ 「독일 기본법」 등에서 직업의 행사에 대해서 법률에 의해서 제한할 수 있다는 규정을 직업의 자유 조문에 함께 규정하는 경우도 있으나, 우리 헌법이 자유민주주의와 자유시장경제질서를 근간으로 하고 있고, 창의적인 기업활동을 토대로 한 자유시장경제가 정착될 수 있도록 하기 위해서 '직업의 자유'(특히, '직업의 행사')와 관련된 제한은 공공복리 등을 위해 법률로써 제한(현행 헌법 제37조 제2항)하는 일반적 법률 유보 규정을 두는 정도로만 규정하는 것이 필요할 것으로 봄

9. (현행) 제16조(주거의 자유)

현행	개정안
제16조 모든 국민은 주거의 자유를 침해받지 아니한다. 주거에 대한 압수나 수색을 할 때에는 검사의 신청에 의하여 법관이 발부한 영장을 제시하여야 한다.	제18조 모든 사람은 주거의 자유를 침해받지 아니한다. 주거에 대한 압수나 수색을 할 때에는 법관이 발부한 영장을 제시하여야 한다.

※ 제안 취지

□ 사적 공간의 불법적 침해로부터 개인을 보호하기 위한 주거 자유는 인간 존엄 유지를 위하여 반드시 필요한 기본권임

□ 개별 기본권의 주체를 국민·사람으로 세분하는 개정안을 전제로 주거 자유는 국민이 아닌 사람의 권리라고 판단되므로 위와 같이 제안함

10. (현행) 제17조(사생활의 비밀과 자유), 제18조(통신의 비밀)

현행	개정안
제17조 모든 국민은 사생활의 비밀과 자유를 침해받지 아니한다. 제18조 모든 국민은 통신의 비밀을 침해받지 아니한다.	제19조 ①모든 사람은 사생활의 자유가 있으며 그 비밀을 침해받지 않는다. ②모든 사람은 통신의 자유가 있으며 그 비밀을 침해받지 않는다.

※ 제안 취지

□ 넓은 의미의 사생활보호(프라이버시)에 관한 기본권은 주거의 자유, 사생활의 자유와 비밀, 통신의 자유와 비밀 등을 포괄하는 개념임

□ 주거의 자유와 달리 사생활의 비밀과 자유 및 통신의 비밀과 자유는 사적 영역에 속하는 사회구성원 상호간 의사소통을 사생활의 일부로 보장함으로써 의사와 정보 교환이 원활히 이루어질 수 있도록 촉진하는 의미가 있으며, 현대 과학기술의 발달과 직접 관련되어 최근 중요성이 요청되는 기본권으로 하나의 조문으로 구성될 필요가 있음

□ 사생활의 자유와 비밀, 통신의 자유와 비밀은 모두 인간의 존엄성에 기초하고 있으므로 그 주체는 내·외국인을 불문하고 인정되는 것이므로 국민에서 사람으로 확대함

□ 자유를 비밀에 우선하여 규정하여 자유권임을 명확하게 강조함

□ 통신의 자유를 명시하여 통신의 비밀 불가침에서 확대하여 국가와 사인에 대하여 통신의 자유를 적극적으로 보장하고자 함

11. (신설) 정보기본권

현행	개정안
(신설)	제20조 ①모든 사람은 자유로이 정보에 대한 알 권리가 있다. ②모든 사람은 자신의 정보가 타인에게 알려지고 이용되는지를 스스로 결정할 권리가 있다. ③국가는 개인별·지역별 정보격차를 해소하여야 한다.

※ 제안 취지

□ 현행 헌법의 해석상으로도 정보기본권은 인정되고 있으나 현대 정보사회에서 정보는 생활의 필수 요소이자 중요한 자원이기 때문에 인간이 정보를 생산하고 유통하며 관리하는 것은 자유의 중요한 내용이 되었으며, 이러한 정보에 관한 권리 강화의 필요성이 인정되므로 명시적으로 신설함

□ 정보기본권은 인간의 존엄성에 기초하고 있으므로 그 주체를 내·외국인을 불문하고 인정되는 것이므로 국민에서 사람으로 확대함

□ 일반적으로 접근 가능한 정보원에의 접근을 방해받지 아니할 권리와 정부가 보유·관리하는 정보에 대한 공개청구권을 포괄하여 정보에 대한 알권리로 명시함(헌재 2009. 9. 24. 2007헌바107)

□ 정보기술의 발달로 자기 정보에 대한 침해 위험성이 증가되고 있어서 개인이 자기의 정보를 관리하고 통제할 수 있는 권리 강화의 필요성이 높아짐에 따라 정보주체 스스로 자신의 정보를 열람·정정·삭제할 수 있는 권리인 개인정보자기결정권을 명시함(헌재 2005.5.26., 99헌마513)

□ 정보 기술 및 정보 자원에 대한 접근기회 부족은 지식정보의 결핍뿐만 아니라 정치적·경제적·사회적 참여의 박탈을 의미하므로 정보격차의 해소를 국가목표규정을 설정함

□ 알권리는 일반적으로 자유롭게 정보에 접근하고 수집·처리함에 있어서 국가권력의 방해를 받지 아니할 소극적 자유(정보접근권)임과 동시에 국가기관 등에 대하여 정보의 공개를 적극적으로 청구할 수 있는 청구권(정보공개청구권)으로서의 성격을 동시에 보

유하고 있으므로 '정보접근권'을 별도로 명시하지 아니함

□ 정보문화향유권은 국가가 사회경제적 약자의 정보문화향유를 지원할 수 있는 헌법적 근거가 필요하다는 신설 찬성 의견과 과학적·문화적 창작물에 대해 지적재산권을 강하게 보장하는 것이 더 필요하다는 신설 반대의견이 대립하는 형성 과정에 있는 권리로서, 개념이나 범위에 대한 논의가 이제 시작되는 시점에서 헌법에 섣불리 규정하기에 시기상조이므로 신설하지 아니하기로 함

□ 알권리와 개인정보자기결정권을 포괄하여 '정보의 자유'로 명료하게 규정하자는 소수의견이 있음

● 정보기본권 추가 조항 별개의견[4)]

□ 4차 산업혁명시대에 요구되는 IT 기본권을 인정하여 다음과 같이 3항에서 정보기본권으로서 내용을 추가하고자 함

③모든 사람은 비밀이 유지되고 결함이 없으며 신뢰할 수 있는 정보시스템과 정보통신망을 이용할 권리를 가진다.

□ ①항과 ②항의 내용은 이미 수십 년 전에 밝혀진 정보기본권에 불과하여 기술이 발전된 4차 산업혁명시대에서 이제는 최신의 IT 기본권이 규정되어야 함. 최근 이를 규정하기 시작하는 헌법들이 등장하고 있음

□ 최근 독일 연방헌법재판소는 국민들에게 '기밀성'과 '무결성'(無缺性; Integrität, Integrity) 등이 기본권으로서 보장된다고 선언함. 이는 법률상의 권리에 불과한 것이 아니라 헌법상의 기본권으로 규정하는 것이 성격상 타당하기 때문임. 정보 자체에 대한 기본권과 정보를 둘러싼 시스템에 대한 기본권을 모두 인정하는 것이 앞으로 4차 산업혁명에 대비하는 것임

□ '기밀성'은 정보가 권한 있는 사람에게만 접근되고 제공될 수 있어서 정보기술시스템상의 보안이 유지되어야 한다는 것이고, '무결성'은 정보의 내용이 변경되지 않아야 한다는 것임. 4차 산업혁명시대에서 인터넷을 이용하는 국민으로서 익명성 또는 암호화에 대한 권리로 함께 묶여지는 법적 지위를 보장받아야 함. 정보자기결정권으로는 포섭되지 않기 때문에 이를 이른바 'IT 기본권'으로 별도의 새로운 기본권으로 인정하여야 함(각주 삭제)

4) 성봉근, 정필운 위원.

12. 현행 제19조 양심의 자유

현행	개정안
제19조 모든 국민은 양심의 자유를 가진다.	제21조 모든 사람은 사상과 양심의 자유를 가진다.

※ 제안 취지

□ 사상의 자유는 헌법 기본원리인 민주주의의 관점에서 매우 중요한 개념이지만 현행 헌법이 별도로 이를 보장하지 않고 있고, 논리적 차원의 정신적 판단을 의미하는 사상(思想)은 윤리적 차원의 정신적 판단을 의미하는 양심과 구별되는 개념이므로 그 법적 근거에 대한 해석론적 논란이 있어 이를 명문으로 보장함

□ 개별 기본권의 주체를 국민·사람으로 세분하는 개정안을 전제로 사상과 양심 자유는 국민이 아닌 사람의 권리라고 판단되므로 위와 같이 제안함

13. 현행 제20조 종교의 자유

현행	개정안
제20조 ①모든 국민은 종교의 자유를 가진다. ②국교는 인정되지 아니하며, 종교와 정치는 분리된다.	제22조 ①모든 사람은 종교의 자유를 가진다. ②국교는 인정되지 아니하며, 종교와 정치는 분리된다.

※ 제안 취지

□ 개별 기본권의 주체를 국민·사람으로 세분하는 개정안을 전제로 종교의 자유는 국민이 아닌 사람의 권리라고 판단되므로 위와 같이 제안함

□ 신앙 자유를 명시하는 것에 대한 논란이 있음(2018년 국회 헌법개정특별위원회 자문위원회 보고서)

- (찬성 입장): 종교의 자유에는 신앙의 자유, 종교적 행사의 자유, 종교적 집회·결사의 자유, 선교의 자유 등이 포함되나, 종교적 행사의 자유 등은 외부에 나타나는 행위라는 점에서 헌법유보나 법률에 따라 제한될 수 있는 상대적 자유권인 반면, 신앙의 자유는 인간의 내심의 작용에 따른 절대적 자유권이라는 점에서 차이가 있으므로 신앙의 자유를 명시해야 함
- (반대 입장): 신앙과 종교의 구분에 대한 합리적인 설명이 가능한지 회의적이고, 종교의 자유 속에 포함되므로 별도로 규정할 필요 없음

14. 현행 21조(언론·출판·집회·결사의 자유)

현행	개정안
제21조 ①모든 국민은 언론·출판의 자유와 집회·결사의 자유를 가진다. ②언론·출판에 대한 허가나 검열과 집회·결사에 대한 허가는 인정되지 아니한다. ③통신·방송의 시설기준과 신문의 기능을 보장하기 위하여 필요한 사항은 법률로 정한다. ④언론·출판은 타인의 명예나 권리 또는 공중도덕이나 사회윤리를 침해하여서는 아니된다. 언론·출판이 타인의 명예나 권리를 침해한 때에는 피해자는 이에 대한 피해의 배상을 청구할 수 있다.	제23조 ①모든 사람은 언론·출판의 자유와 집회·결사의 자유를 가진다. ②(신설) 언론매체의 자유와 다원성 및 다양성은 존중된다. ③(좌동) ④(좌동) ⑤(좌동)

※ 제안 취지

□ 개별 기본권의 주체를 국민·사람으로 세분하는 개정안을 전제로 언론·출판 등의 자유는 국민이 아닌 사람의 권리라고 판단되므로 위와 같이 제안함

□ 이제는 각종 인터넷 방송 등 다양한 매체가 출현하고 있어서 기존의 표현방식에 국한되는 것은 바람직하지 않다는 시각에 찬동함. 2014년 국회 헌법개정특별위원회 자문위원회의 의견을 고려하여 언론매체의 자유와 다원성을 보장하고, 반론권을 보장하기 위하여 다양성 보장 규정도 추가하는 것이 타당함

15. 현행 제22조 학문의 자유

현행	개정안
제22조 ①모든 국민은 학문과 예술의 자유를 가진다. ②(신설) ③저작자·발명가·과학기술자와 예술가의 권리는 법률로써 보호한다.	제24조 ①모든 사람은 학문과 예술의 자유를 가진다. ②대학의 자치는 보장된다. ③저작자·발명가·과학기술자와 예술가의 권리는 법률로 보호한다.

※ 제안 취지

□ 개별 기본권의 주체를 국민·사람으로 세분하는 개정안을 전제로 학문·예술 자유는 국

민이 아닌 사람의 권리라고 판단되므로 위와 같이 제안함

□ 현행 헌법의 '대학의 자율성'이라는 표현이 갖는 모호성을 제거하고, 주요 선진국 헌법 이론에서 지속적으로 사용되어 왔던 '대학의 자치'라는 명확한 표현을 사용하여 법률이나 명령 등으로 이를 폐지할 수 없도록 함

□ 3항의 '법률로써'는 '법률로' 순화하는 것이 타당함

16. 현행 제23조

현행	개정안
제23조 ①모든 국민의 재산권은 보장된다. 그 내용과 한계는 법률로 정한다. ②재산권의 행사는 공공복리에 적합하도록 하여야 한다. ③공공필요에 의한 재산권의 수용·사용 또는 제한 및 그에 대한 보상은 법률로써 하되, 정당한 보상을 지급하여야 한다.	제25조 ①모든 국민의 재산권은 보장된다. 그 내용과 한계는 법률로 정한다. ②(신설) 재산권은 의무를 수반한다. 재산권의 행사는 공공복리에 적합하도록 하여야 한다. ③공공필요에 의한 재산권의 수용·사용 또는 제한 및 그에 대한 보상은 법률로 정하되, 정당한 보상을 지급하여야 한다. (신설) 그러나 비례의 원칙에 위반되는 경우에는 법률이 없는 경우에도 정당한 보상을 지급하여야 한다. ④(신설) 모든 국민의 재산권은 소급입법으로 부당하게 제한되지 않는다. <소급입법금지의 원칙은 재산권은 재산권 조항에, 참정권은 참정권 조항으로 이동>

※ 제안 취지

□ 재산권도 의무를 수반한다는 규정을 통하여 공공복리를 위한 재산권행사에 대한 제한뿐만 아니라 토지공개념, 부동산투기규제, 가상화폐, 외환투기 등 금융에 대한 규제 등의 헌법적 정당성을 마련함

□ 보상규정이 없는 경우에도 보상할 의무를 규정하고 그 기준을 제시함으로써 보상 여부와 보상요건에 대한 소모적인 논란을 불식시킬 수 있음

□ 재산권에 대한 현행 제13조의 소급입법금지의 원칙을 재산권 조항으로 이전함으로써 재산권 침해에 대한 법적 불안정성을 제거

17. (현행) 제24조(선거권), 제25조(공무담임권)

현행	개정안
제24조 모든 국민은 법률이 정하는 바에 의하여 선거권을 가진다. 제25조 모든 국민은 법률이 정하는 바에 의하여 공무담임권을 가진다.	제26조 ①모든 국민은 법률로 정하는 바에 따라 선거권을 가진다. ②모든 국민은 법률로 정하는 바에 따라 공무담임권을 가진다. ③(신설) 모든 국민의 참정권은 소급입법으로 부당하게 제한되지 않는다.

※ 제안 취지

□ 두 가지 기본권이 모두 국민의 참정권을 규정한 것이어서 이것을 한 조문으로 통합하고, 여기에 현행 제13조의 참정권의 소급입법에 의한 금지를 옮겨와서 신설하여 규정함

□ 조문의 일부 표현 수정함

18. (현행) 제26조(청원권)

현행	개정안
제26조 ①모든 국민은 법률이 정하는 바에 의하여 국가기관에 문서로 청원할 권리를 가진다. ②국가는 청원에 대하여 심사할 의무를 진다.	제27조 ①모든 사람은 국가기관에 청원할 권리를 가진다. 청원에 관한 구체적인 사항은 법률로 정한다. ②국가는 청원에 대하여 심사 후 청원인에게 통지하여야 한다.

※ 제안 취지

□ 청원권의 주체를 '국민'에서 '모든 사람'으로 확대하고, 청원수단을 문서로 제한하고 있는 현 청원제도를 삭제하여 법률에 규정하게 함으로써 청원 당시의 모든 사용 가능한 정보통신매체를 활용할 수 있도록 함. 문서로만 청원을 할 수 있도록 하는 것은 시대의 발전에 부응하지 못함

□ 청원 수리기관을 국가기관으로 하고, 국가의 청원에 대한 통지의무를 규정함

□ 청원에 대한 법률유보형식을 의회의 제한적 입법 형성적 법률유보가 아니라, 제도 형성적 법률유보 형식으로 변경하여 규정함으로써, 헌법규정의 형식과 성격을 개방적이고 순화된 의미를 갖도록 함

□ 청원 수리기관을 관할 국가기관으로 명시하여 청원인이 피청원 관련 국가기관을 명확하게 결정할 수 있게 하고, 제1항에서 청원대상기관을 국가기관으로 명시하였으므로 제2항에서도 국가기관이 청원에 대한 통지의무를 지는 것이 균형상 맞는 것이라고 판단됨. 그러나 다음과 같은 이견이 있어 이를 수렴하여 위와 같이 규정함

※ 기본권분과위원회 연구안에 대한 토론과정에서, "관할이라는 용어를 사용하여 담당기관을 표시할 필요가 있는가, 당해 관할 국가기관이 아닌 다른 국가기관으로 이전하여 문제를 해결하는 경우도 있는바, 굳이 관할 국가기관이라고 할 필요가 있는가"라는 이견이 있음

※ 기본권의 대국가적 방어권으로서의 성격상 관할 국가기관이 아니라 국가가 청원에 대한 통지의무를 지는 것이 타당하다는 이견이 있음

□ 이에 더하여 법률이 정하는 기간 내에 결과를 심사하여 통지하여 주도록 규정함으로써 신속하고 적절한 청원결과를 청원인이 받아볼 수 있도록 함이 필요함. 이 사항은 법률에 규정하여 정하도록 함

19. (현행) 제27조(재판을 받을 권리)

현행	개정안
제27조 ①모든 국민은 헌법과 법률이 정한 법관에 의하여 법률에 의한 재판을 받을 권리를 가진다. ②군인 또는 군무원이 아닌 국민은 대한민국의 영역 안에서는 중대한 군사상 기밀 · 초병 · 초소 · 유독음식물공급 · 포로 · 군용물에 관한 죄 중 법률이 정한 경우와 비상계엄이 선포된 경우를 제외하고는 군사법원의 재판을 받지 아니한다. ③모든 국민은 신속한 재판을 받을 권리를 가진다. 형사피고인은 상당한 이유가 없는 한 지체없이 공개재판을 받을 권리를 가진다. ④형사피고인은 유죄의 판결이 확정될 때까지는 무죄로 추정된다. ⑤형사피해자는 법률이 정하는 바에 의하여 당해 사건의 재판절차에서 진술할 수 있다.	제28조 ①모든 사람은 헌법과 법률에 따라 공정하고 신속한 재판을 받을 권리를 가진다. ②수사와 재판은 불구속을 원칙으로 하며, 수사와 재판에 관한 부당한 지시나 간섭 등은 금지된다. ③군인 또는 군무원이 아닌 국민은 군사법원의 재판을 받지 아니한다. 다만, 전시 또는 비상계엄이 선포된 때 내란 · 외환 · 중대한 군사상 기밀 · 초병 · 초소 · 유독음식물공급 · 포로 · 군용물에 관한 죄중 법률로 정한 경우에는 그러하지 아니하다. ④형사피고인은 상당한 이유가 없는 한 지체 없이 공개재판을 받을 권리를 가지며, 유죄의 판결이 확정될 때까지는 무죄로 추정된다. ⑤형사피해자는 법률로 정하는 바에 따라 재판절차진술권을 가진다.

※ 제안 취지

▶ 제1항

□ 헌법상 재판을 받을 권리의 의미는 '헌법과 법률에 따라 신속하고 공정한 재판을 받을 권리'라고 하는 것을 헌법에 명시하여 기본원칙으로서의 성격을 나타냄

□ 적용대상자를 '모든 국민'에서 '모든 사람'으로 확대함. 본 조의 성격상 재판을 받을 권리의 주체를 국민이 아니라 사람의 권리로 규정하는 것이 타당하다고 판단함

□ 재판을 담당할 법관에 대해서는 헌법 제101조 이하 제106조에서 규정하고 있는바, 본 조에서 중복하여 규정할 필요가 없어 삭제함. 아울러 '헌법과 법률에 따라' 재판을 받는다는 규정으로서, 당연히 헌법과 법률에서 자격이 정해진 법관에 의하여 재판이 이루진다는 점이 포함될 수 있음

□ 헌법재판소에서도 결정으로 확인하고 있는 바와 같이(헌법재판소 1994.4.28. 선고 93헌바26 결정) 재판청구권에는 형사피고인의 공정한 재판을 받을 권리를 포함하고 있음. 동 의미의 규정내용을 반복 규정할 필요가 있느냐는 의문이 제기될 수 있으나 공정한 재판을 받을 권리를 강조하고 기본권으로 자리매김하기 위해 규정함

□ 위 헌재결정문에서는 "공정한 재판이란 헌법과 법률이 정한 자격이 있고, 헌법 제104조 내지 제106조에 정한 절차에 의하여 임명되고, 신분이 보장되어 독립하여 심판하는 법관으로부터 헌법과 법률에 의하여 그 양심에 따라 적법절차에 의하여 이루어지는 재판을 의미한다."라고 설명하고 있음

□ 배심제 또는 참심제를 도입 시행함을 염두에 두어 '법률이 정한 법관'을 삭제한다는 일부 개정시안이 있으나 이 문제는 법률로 정할 수 있는 사항으로 판단하여 제안취지 또는 그 논거로 거론하지 않음

□ 현 제27조 제3항의 '신속한 재판'을 받을 권리 부분을 개정안 제1조로 통합 규정함

▶ 불구속 수사의 원칙 등 신설

□ 인신의 자유에 대한 제한을 최소화 또는 방지하기 위해 수사와 재판은 원칙적으로 불구속으로 진행하도록 하고, 수사과정과 재판절차상 외부의 영향을 받지 않고 수사와 재판이 이루어질 수 있도록, 헌법에서 수사와 재판에 대한 부당한 지시나 간섭을 금지하는 규정을 명문화 함

▶ 제2항

□ 일반 국민이 군사재판을 받지 않는다는 것을 기본원칙으로 하여 규정하되, 전시 또는 국가비상사태시 비상계엄이 선포된 경우 특수한 범죄, 즉 헌법과 법률에서 규정하고 있는 위 본 항에서 규정하고 있는 범죄행위에 대해서는 예외적으로 군사법원에서 재판권

을 행사할 수 있도록 하는 것이 필요함

※ 군사법원의 존치 및 재판권에 대하여 부정적인 견해를 가지고 있는 위원이 있음

□ 모든 경우에 일반 국민(군인 또는 군무원이 아닌 국민)은 군사재판을 받지 않는다고 한다면 본 항에서 규정하고 있는 범죄행위에 대해서까지도 군사법원의 재판관할권이 사라지게 됨

□ 우리 헌정사상 비상계엄 선포의 오남용과 함께 비상계엄 하의 군사재판이 오남용 되어 국민의 기본권이 침해되었고 앞으로도 침해될 소지가 있다고 하는 우려를 근거로 현행 조항을 삭제하여야 한다는 주장이 있으나, 헌법규범상의 요건과 그러한 요건이 헌법현실에서 오남용되는 것은 구별하여야 함

□ 우리의 안보상황과 극한적 대치현실을 고려할 때 헌법요건을 충족하는 비상계엄이 선포된 경우에는 예외적으로 "군인 또는 군무원이 아닌 국민"에 대한 군사재판 관할권을 인정할 필요성이 큼

□ 이와 관련하여 "군사법원을 전시와 평시를 구분하지 않고 완전히 폐지하여야 한다는 주장" 또는 "평시에 폐지하고 전시에는 일반법원에 군사범죄 전담 특수부를 두면 된다는 주장"에 대해서도 문제가 있다고 봄. 평시에 군사법원을 두고 군사범죄에 대한 재판권을 인정하는 것은 전시 또는 국가비상사태 발발로 비상계엄이 선포된 경우, 특히 전장에서의 군사범죄행위에 대한 재판에서 간단없이 재판업무를 수행할 수 있도록 함에 있으며, 예고 없는 전시도래와 전쟁수행 간의 긴급한 이동에 따라 동행 재판을 수행하여야 한다는 불가피성에서 그 존치의 필요성이 있음

□ 군사법원의 존치문제는 현 제5장 법원 제110조와 관련된 문제로서 담당분과의 연구결과에 따라 결정될 수 있음

▶ 제3항

□ 형사피고인에 대해서 '상당한 이유가 없는 한' 지체 없이 공개재판을 받을 수 있도록 함. 상당한 이유에 대해서는 법률에서 규정할 사항으로 유보할 수 있음

□ '재판을 받을 권리' 규정 내용 중 일반원칙규정으로서의 '공개재판원칙'을 제1항에 규정할 수 있으나, 공개재판은 실제 형사피고인으로서 재판을 받아야 하는 상황에서 요구되는 내용으로 보아 본 항에서 규정함

▶ 제4항

□ 형사피해자 재판절차진술권 규정은 검사의 불기소처분에 의하여 피해자가 재판정에서 진술할 기회가 박탈되는 것을 방지하여 형사사법의 절차적 적정성을 확보하고, 단순히 심리의 대상에 그쳤던 형사피해자의 정당한 권리를 보장하기 위해 헌법에 규정한 것으로서 현 규정대로 규정함이 바람직함

20. (현행) 제28조(형사보상청구권)

현행	개정안
제28조 형사피의자 또는 형사피고인으로서 구금되었던 자가 법률이 정하는 불기소처분을 받거나 무죄판결을 받은 때에는 법률이 정하는 바에 의하여 국가에 정당한 보상을 청구할 수 있다.	제29조 형사피의자 또는 형사피고인으로서 구금되었던 사람이 법률로 정하는 불기소처분을 받거나 무죄판결을 받은 경우에는 법률로 정하는 바에 따라 국가에 정당한 보상을 청구할 수 있다.

※ 제안 취지

□ 권위적인 어형으로서 자(者)를 '사람'으로 변경하고, '법률이 정하는 바에 의하여'를 '법률로 정하는 바에 따라'라고 자구를 수정하여 규정함. 내용은 그대로 유지함

21. (현행) 제29조(국가배상청구권)

현행	개정안
제29조 ①공무원의 직무상 불법행위로 손해를 받은 국민은 법률이 정하는 바에 의하여 국가 또는 공공단체에 정당한 배상을 청구할 수 있다. 이 경우 공무원 자신의 책임은 면제되지 아니한다. ②군인·군무원·경찰공무원 기타 법률이 정하는 자가 전투·훈련 등 직무집행과 관련하여 받은 손해에 대하여는 법률이 정하는 보상외에 국가 또는 공공단체에 공무원의 직무상 불법행위로 인한 배상은 청구할 수 없다.	제30조 공무원의 직무상 불법행위로 손해를 받은 국민은 법률로 정하는 바에 따라 국가 또는 공공단체에 정당한 배상을 청구할 수 있다. 이 경우 공무원 자신의 책임은 면제되지 아니한다. ②(삭제)

※ 제안 취지

□ 국가배상청구권의 주체는 '국민'으로 하고, '법률이 정하는 바에 의하여'를 '법률로 정하는 바에 따라'로 자구 수정을 함

□ 군인·경찰공무원 등에 대한 국가배상청구권 행사 배제규정은 원래 국가배상법의 단서조항에서 규정되었던 것이었으나, 이 규정은 1972년 대법원에 의하여 위헌판결이 선고되었고, 이 판결에 찬성한 대법관들에 대한 처벌 등이 원인이 되어 사법파동이 발생하였음

□ 이 법조항에 대한 위헌 문제를 근본적으로 해결하기 위한 방편으로 유신헌법에서 현행 규정과 같이 규정하게 됨

□ 유신헌법에서 군인 등에 대한 국가배상청구권을 배제한 배경과 이유로서 국가재건5개년 계획 등을 시행함에 있어서 국가예산이 막대하게 소요됨으로써 배상을 해줄 수 없다는 이유, 즉 예산상 부족 문제를 중요한 이유로 들고 있었음. 군인 등은 보상도 받고 배상을 받게 되면 이중배상이 된다는 논리로 배상금지를 규정하였으나 법적 성격상 배상과 보상은 구별되어야 함. 보상금은 사회보장적 성격을 가지는 반면, 국가배상법에 의한 배상금은 국가의 불법행위에 대한 손해배상의 성격을 가지게 됨. 따라서 이중배상이라고 할 수 없음

□ 그동안 군인 등이 받은 보상액은 일반국민이 국가배상으로 받은 배상액과 비교하여 현저한 차이가 있음. 보상액은 배상액의 1/10 수준에 불과함

□ 군인 등에 대해서만 국가배상청구권을 배제하는 것은 다른 공무원과의 관계에서 뿐만 아니라 일반 국민과의 관계에서도 평등권과 인간존엄권에 위배되는 위헌적 규정임

□ 그동안 현행 국가배상법 제2조 1항 단서 규정에 대하여 헌법재판소에 위헌심사가 제기되었지만, 헌법조항에 국가배상청구권 행사 배제가 규정되어 있기 때문에 규범통제절차를 통하여 위헌결정을 할 수 없다는 이유와 함께, 헌법 제29조 제2항이 평등권과 인간의 존엄권에 위배되지 않는가 하는 문제와 관련해서도 헌법재판소는 개별헌법규정 상호간에는 효력의 우위를 인정할 수 없다는 결정이유를 밝히고 있음. 결국 형식적 합헌이 됨

□ 헌법재판소가 헌법개별규정에 대하여 위헌심사를 할 수 없다고 하면서 "헌법은 그 전체로서 주권자인 국민의 결단 내지 합의의 결과"라고 입장(헌법재판소 1995.1.28. 선고 95헌바3 결정)을 밝히고 있음. 이에 따라 헌법 제29조 제2항은 헌법개정을 통하여 삭제하는 것이 문제해결의 유일한 수단임. 현재까지의 헌법개정연구안에서 모두 헌법 제29조 제2항을 삭제하도록 제안하고 있음

22. (현행) 제30조(범죄피해자 구조청구권)

현행	개정안
제30조 타인의 범죄행위로 인하여 생명·신체에 대한 피해를 받은 국민은 법률이 정하는 바에 의하여 국가로부터 구조를 받을 수 있다.	제31조 타인의 범죄행위로 인하여 생명·신체 <u>및 정신적 피해</u>를 받은 국민은 법률<u>로</u> 정하는 바에 <u>따라</u> 국가로부터 구조 <u>및 보호</u>를 받을 <u>권리를 가진다</u>.

※ 제안 취지

□ 범죄피해자 구조청구권은 피해자가 국가에 대하여 적극적으로 보호를 요청할 수 있는 권리로서 청구권적 기본권으로서의 성격과 생존권적 기본권으로서의 성격을 가지고 있음(헌법재판소 1989.4.17. 선고 88헌마3 결정)

□ 따라서 범죄피해자 구조청구권은 피해자가 국가에 대하여 적극적으로 보호를 요청할 수 있는 권리가 포함되는 것으로 보아야 함

□ 이러한 취지와 이유에 따라 범죄피해자 구조청구권의 범위를 '생명 · 신체에 대한 피해'에서 '생명 · 신체 및 정신적 피해'로 확대할 필요성이 있음

※ 재산피해를 포함시키는 안에 대해서는 국가재정상태를 고려하여 유보하는 것으로 결정함

□ 범죄피해자구조청구권에 관한 법률은 피해자의 인권을 존중할 수 있도록 방향성과 목적을 명시할 필요성이 있으나, 분과위원회 토론시 삭제의견이 다수 있어 삭제하는 것으로 결정함

23. 현행 제31조(교육을 받을 권리 등)

현행	개정안
제31조 ①모든 국민은 능력에 따라 균등하게 교육을 받을 권리를 가진다.	제32조 ①모든 국민은 평생에 걸쳐 학습하고, 적성과 능력에 따라 균등한 교육을 받을 권리를 가진다.
②모든 국민은 그 보호하는 자녀에게 적어도 초등교육과 법률이 정하는 교육을 받게 할 의무를 진다.	②<*좌동*>
③의무교육은 무상으로 한다.	③국가는 의무교육을 무상으로 실시하며, 무상의 범위와 내용은 법률로 정한다.
④교육의 자주성 · 전문성 · 정치적 중립성 및 대학의 자율성은 법률이 정하는 바에 의하여 보장된다.	④국가는 교육의 자주성 · 전문성 · 정치적 중립성을 보장한다. 국가는 국가교육위원회의 설치를 포함한 교육자치제도를 시행하며, 구체적인 내용은 법률로 정한다. * 대학의 자율성 부분은 22조 학문의 자유 조항으로 이관함
⑤국가는 평생교육을 진흥하여야 한다.	⑤국가는 평생교육과 시민교육, 직업교육을 진흥하여야 한다.

(신설)	⑥국가는 사립학교의 특수성에 비추어 그 다양성을 보장하고 공공성과 투명성을 확보함으로써 사립학교의 건전한 발달을 도모한다.
⑥학교교육 및 평생교육을 포함한 교육제도와 그 운영, 교육재정 및 교원의 지위에 관한 기본적인 사항은 법률로 정한다.	⑦학교교육 및 평생교육을 포함한 교육제도와 그 운영, 교육과정, 교육재정, 교원의 지위 등에 관한 기본적인 사항은 법률로 정한다.

※ 제안 취지

▶ 제1항

□ 개헌의 필요성

- 제4차 산업혁명 시대의 도래로 미래세대를 위하여 '교육으로부터 학습으로의 패러다임 전환'이 필요함
- 제9차 개정헌법 이후 30여 년간 현행 헌법을 적용하는 과정에서 헌법재판소를 중심으로 새롭게 확인된 헌법적 가치들의 헌법 수용 차원에서 학습권을 명시적으로 규정하여 보장함

□ 학습권은 생존권적 차원, 시민권적 차원, 자유권적 차원의 성격을 다 가지고 있음. 학습권은 교육을 받을 권리를 포괄하는 보다 상위의 기본적인 인권임. 교육을 받을 권리는 교육공급자가 전제되는 반면에, 학습권은 주체가 교육수요자임

□ 지금은 평생학습시대로서 생존권적 차원의 수동적인 교육을 받을 권리를 넘어 자유권과 시민권, 생존권을 모두 아우르는 보다 능동적인 학습권 보장이 필요함

□ 교육을 받을 권리도 그 실질적 보장을 위하여 종래 '능력'에 따른 기회균등을 보장하는 데에서 더 나아가 교육의 다양성을 지향하여 '적성'을 새롭게 추가하여 '적성'에 따른 기회균등까지 보장하도록 함

▶ 제3항

□ 종래 의무무상교육의 범위와 내용에 관해서 의견이 갈리는데, 이에 관해서는 현실의 재정적 여건에 맞추어 법률로 정하도록 위임 규정을 두어 입법적으로 해결하도록 함

▶ 제4항

□ 31조 4항의 개정은 교육의 자주성·전문성·정치적 중립성과 이를 뒷받침하는 제도로써 교육자치제도를 보장하자는 것임

□ 교육자치제도는 특히 교육의 자주성·전문성·정치적 중립성을 보장하기 위한 제도로서 국가와 지방자치단체에 일반행정기관과 분리된 독립적 기구 또는 특별자치기관을 둘

것을 예정한 것으로, 헌법재판소의 지방교육자치제도의 합헌 결정에 기초한 것임

□ 본 개정안에서는 그 정신이 국가차원에서부터 관철이 되어야 한다고 봄. 그 구체적인 표현이 국가교육위원회의 설치임. 교육의 자주성과 전문성, 정치적 중립성을 보장하기 위하여 국회에서 법률로 국가교육위원회를 설치할 필요가 있음

□ 이러한 자치제도의 보장은 정권교체기마다 교육정책을 바꾸는 우를 거듭함으로써 국민들이 홍역을 치르고 있는 점을 더 이상 간과할 수 없기 때문임

□ 교육의 자주성·전문성·정치적 중립성이 보장되어야 한다는 점에 선행 개헌안들에서도 이견이 없음. 교육계에서도 이러한 교육원리들의 제도적 보장을 위해 일반 자치로부터도 분리된 지방교육자치를 강하게 요청하고 있음

□ 대학의 자율성 부분은 제22조 학문의 자유 조항으로 이관하여, '대학의 자치'로 수정하여 규정함.

▶ 제5항

□ 현행의 국가의 평생교육 진흥 의무 외에 이 시대에 요구되는 시민교육, 직업교육을 추가하여 규정함

□ 현행 헌법은 교육의 목표를 제시하기보다는 국가가 특별히 진흥하여야 할 교육영역으로 평생교육을 특정함. 개헌에 관한 여러 가지 방안(선행 개헌안)들은 여기에 나름대로 필요한 영역을 추가하고 있음. 공통적인 것들로는 사회교육, 민주시민교육, 직업교육이 있음. 이에 여기에서도 위의 두 가지 영역을 추가함

(신설) 사학 운영에 관한 헌법 원리

□ 우리나라에서 사학이 차지하는 비중이 중학교의 20%, 고등학교의 50%, 전문대학의 90%, 대학의 70%가 넘음에도 불구하고, 항상 사학의 비리 문제로 사학계가 몸살을 앓고 있음. 사학에 대한 규제와 이에 대한 사학의 저항은 늘 헌법재판의 쟁점으로 비화하고 있음. 차제에 사학에 대한 헌법상 지도 원리를 규정할 필요가 있음

□ 현행 사립학교법 제1조의 목적 조항은 "국가는 사립학교의 특수성에 비추어 그 자주성을 확보하고 공공성을 앙양함으로써 사립학교의 건전한 발달을 도모하는 것을 목적으로 한다."고 규정하고 있음. 이 조항은 사실상 사학에 대한 국가의 지도 원리를 규정한 것으로서 그 성격상 헌법에 규정할 만한 중요한 의미를 지니고 있음

□ 이에 위의 사립학교법 제1조를 부분적으로 수정·보완하여 "국가는 사립학교의 특수성에 비추어 그 다양성을 보장하고 투명성과 공공성을 확보함으로써 사립학교의 건전한 발달을 도모한다."라는 조항의 신설을 제안함. 여기에서 다양성을 규정한 것은 특수성의 구체적인 구현 개념인 동시에 사학의 자주성을 현실적으로 표현한 개념으로 국가가

이를 적극적으로 보장하기 위한 것이며, 공공성 외에 투명성을 추가한 것은 사학의 비리 근절에 대한 국가의 엄중한 의지를 헌법적으로 표명하기 위한 것임

▶ 제6항

□ 교육 법정주의의 내용에 학교교육과 사회교육을 포함한 교육제도와 그 운영, 교육재정 및 교원의 지위 외에 교육과정도 포함시키는 것은 교육의 정치적 중립성을 조금이라도 보장하기 위한 또 다른 대책임. 즉 교육과정의 목적과 내용, 방법과 평가에 관한 기본적인 사항을 법률로 정하도록 함으로써 정권교체기마다 교육과정을 급격하게 전환하여 교육수요자인 학생과 학부모, 학교현장의 교원들이 겪고 있는 혼란을 줄여주고자 하는 것임

□ 이 개정안은 대한교육법학회에서의 개정안을 하나의 선행 연구안으로 참고한 것으로 정권이 교체될 때마다 겪는 교육과정 정책상의 혼란을 줄이기 위해 국회 내 여당과 야당의 협치에 의한 입법을 통해 국가교육과정을 법률로 정하도록 함

24. (현행) 제32조(근로의 권리·의무 등, 국가유공자의 기회 우선)

현행	개정안
제32조 ①모든 국민은 근로의 권리를 가진다. 국가는 사회적·경제적 방법으로 근로자의 고용의 증진과 적정임금의 보장에 노력하여야 하며, 법률이 정하는 바에 의하여 최저임금제를 시행하여야 한다. ②모든 국민은 근로의 의무를 진다. 국가는 근로의 의무의 내용과 조건을 민주주의원칙에 따라 법률로 정한다. ③근로조건의 기준은 인간의 존엄성을 보장하도록 법률로 정한다. ④여자의 근로는 특별한 보호를 받으며, 고용·임금 및 근로조건에 있어서 부당한 차별을 받지 아니한다. ⑤연소자의 근로는 특별한 보호를 받는다. ⑥국가유공자·상이군경 및 전몰군경의 유가족은 법률이 정하는 바에 의하여 우선적으로 근로의 기회를 부여받는다.	제33조 ①모든 국민은 근로의 권리가 있으며, 국가는 근로자의 고용을 증진하여야 한다. ②국가는 최저임금제를 시행하고, 적정임금을 보장하여야 하며, 그 구체적인 사항은 법률로 정한다. ③근로조건의 기준은 인간의 존엄성을 보장하도록 법률로 정한다. ④여성의 근로는 고용·임금 및 근로조건에서 부당한 차별을 받지 않으며, 국가는 생리적·신체적 특성에 따라 여성의 근로를 특별히 보호하여야 한다. ⑤청소년의 근로는 특별한 보호를 받는다. ⑥국가는 국가유공자, 상이군경, 전몰군경, 의사자(義死者)의 유가족에게 법률로 정하는 바에 따라 우선적으로 근로의 기회를 주어야 한다.

※ 제안 취지

☐ 근로의무는 공동체 유지를 위한 도덕적 의무로 봐야 하고, 헌법적 의무로 규정하는 것은 강제근로금지 원칙에 반할 소지가 있음. 모든 국민이 일할 수 있도록 일자리를 제공하는 것은 국가의 의무이지 국민의 의무로 강제하는 것은 바람직하지 않음

☐ 현행 제32조 제1항 후단 중 "사회적·경제적 방법으로"라는 표현은 근로자의 고용증진과 적정임금 보장을 위한 국가의 노력수단을 한정할 우려가 있으므로 삭제함

☐ 최저임금제 시행을 명시함으로써 임금보장의 최저한 보장을 전제하되, 국가가 적정임금 보장의 의무를 지고 있음을 분명히 함으로써 국가의 적극적 책무를 인정함

☐ 여성 근로자의 경우 부당하게 차별을 받지 않음은 물론 국가가 적극적으로 여성의 생리적·신체적 특성에 따라 특별한 보호를 하도록 의무화함(제4항 신설)

☐ 전몰군경의 유가족뿐 아니라 의사자의 유가족도 우선적으로 근로의 기회를 부여받을 수 있는 대상으로 포함하여 보호범위를 확대함

25. (현행) 제33조(근로3권)

현행	개정안
제33조 ①근로자는 근로조건의 향상을 위하여 자주적인 단결권·단체교섭권 및 단체행동권을 가진다. ②공무원인 근로자는 법률이 정하는 자에 한하여 단결권·단체교섭권 및 단체행동권을 가진다. ③법률이 정하는 주요방위산업체에 종사하는 근로자의 단체행동권은 법률이 정하는 바에 의하여 이를 제한하거나 인정하지 아니할 수 있다.	제34조 ①근로자는 근로조건의 향상을 위한 자주적인 단결권, 단체교섭권과 단체행동권이 있다. ②공무원인 근로자는 법률이 정하는 자에 한하여 단결권·단체교섭권 및 단체행동권을 가진다. ③법률이 정하는 공무원, 주요 방위산업체와 필수공익 기관에 종사하는 근로자의 단체행동권은 필요한 경우에 한하여 법률이 정하는 바에 따라 제한하거나 인정하지 아니할 수 있다.

※ 제안 취지

☐ 공무원의 경우 단체행동권을 제한 또는 인정하지 않을 수 있지만, 필요한 경우에 한하도록 제한함

☐ 업무의 정지 또는 폐지가 국민의 일상생활을 현저히 위태롭게 하거나 국민경제를 저해할 수 있는 필수공익기관의 경우 단체행동권을 제약할 필요성이 주요 방위산업체와 유사한 수준으로 인정하는 측면이 있지만, 필요한 경우에 한하도록 제한함

☐ 현행 헌법은 공무원인 근로자에 대하여는 법률에 의한 제한을 예정하고 있는바, 이는 공무원의 국민 전체에 대한 봉사자로서의 지위 및 그 직무상의 공공성을 고려하여 합리

적인 공무원제도의 보장과 이와 관련된 주권자의 권익을 공공복리의 목적 아래 통합 조정하려는 것임. 그러므로 국회는 헌법 제33조 제2항에 따라 공무원인 근로자에게 단결권·단체교섭권·단체행동권을 인정할 것인가의 여부, 어떤 형태의 행위를 어느 범위에서 인정할 것인가 등에 대하여 광범위한 입법형성의 자유를 가지고 있음(헌재 2007.8.30. 2003헌바51, 헌재 2008.12.26. 2006헌마518 등)

공무원을 근로3권의 주체라고 예정하면서 단체행동권만 법률로 제한할 수 있는 형태로 규정하고자 하는 의견이 있었으나, 기본권의 수호자이자 봉사자로서의 공무원의 지위를 고려해야 한다는 점과 군인, 경찰공무원 등 국민의 안전과 국방을 수호하며 질서유지에 필수적인 공무원까지 단체행동권을 부여할 가능성이 있어 국가안보와 존립에 중대한 위해가 될 수 있다는 점, 현재까지 헌법재판소 판례로 형성된 공무원의 근로3권의 입법형성에도 혼란을 가중할 수 있다는 점 등을 고려하여 현행 헌법과 같이 공무원인 근로자의 근로3권을 법률로 제한할 수 있도록 함

26. 현행 제34조(인간다운 생활을 할 권리·사회보장 등)

현행	개정안
제34조 ①모든 국민은 인간다운 생활을 할 권리를 가진다. ②국가는 사회보장·사회복지의 증진에 노력할 의무를 진다. ③국가는 여자의 복지와 권익의 향상을 위하여 노력하여야 한다. ④국가는 노인과 청소년의 복지향상을 위한 정책을 실시할 의무를 진다. ⑤신체장애자 및 질병·노령 기타의 사유로 생활능력이 없는 국민은 법률이 정하는 바에 의하여 국가의 보호를 받는다. ⑥국가는 재해를 예방하고 그 위험으로부터 국민을 보호하기 위하여 노력하여야 한다.	제35조 ①모든 국민은 인간다운 생활을 할 권리를 가진다. ②국가는 사회보장·사회복지를 증진하여야 한다. ③국가는 여성의 복지와 권익을 향상시키기 위한 정책을 수립하고 추진하여야 한다. ④장애·질병·노령 또는 그 밖의 사유로 생활능력이 없는 국민은 법률로 정하는 바에 따라 국가의 보호를 받는다. ⑤국가는 법률로 정하는 바에 따라 주거생활의 안정을 위한 적정한 주거정책 등을 시행하여야 한다. ⑥모든 국민은 건강하게 살 권리를 가진다. 국가는 질병의 예방과 보건의료 제도의 향상을 위한 정책을 시행하여야 하고, 그 구체적인 내용은 법률로 정한다. <현행 제36조 제3항은 수정하여 개정안 제35조 제6항으로 이동>

※ 제안 취지

□ 전체적 입장

○ 현행 헌법상의 상세한 규정들을 삭제하고 국가목적조항으로 규정하는 방향에 대하여는 부정적인 의견이 많으므로 현재의 규정방식을 따름. 기본권 전체 체계에서 사회권 조항에 대한 현행 헌법의 조문위치에 대해 여러 주장이 있으나, 현행 규정을 그대로 유지함

○ 현행 헌법 제34조 제1항의 인간다운 생활을 할 권리를 사회권의 총칙규정으로 규정하고 나머지 사회권을 규정하려는 주장도 있으나, 현행 조문 배열 순서를 그대로 따름

○ 현행 헌법 제34조에서 인간다운 생활을 할 권리를 보장하고 있으나 대부분의 경우 국가의 노력의무만을 규정하고 있음

○ 사회국가 원칙하에서 인간다운 생활의 실현을 위한 조문으로서는 한계가 있으므로 국가의 노력의무를 국가의 의무조항으로 개정하며, 개별 조항의 내용을 '권리' 중심으로 규정함과 더불어, 조문을 체계적으로 구성하려는 취지임

□ 조문체계에 맞지 않는 현행 제6항 국가의 재해예방 및 국민보호의무조항은 현행 헌법 제10조와 제11조 중간에 위치한 신설 개정안으로서 안전권 부분에 포함시킴

□ 현행 제3항 여자의 복지향상을 위한 국가의 노력의무는 노력의무만을 규정하고 있어 실효성 적으며, 생물학적 성에 따른 '여자'라고 표현하고 있어 시대에 맞지 않아 개정할 필요가 있음

○ 동 규정을 삭제하자는 의견이 있으나, 여성을 위한 복지가 필요한 현실을 고려하여 존치시키되 국가가 여성의 복지와 권익을 향상시키기 위한 정책수립 및 추진의무를 지도록 개정함

□ 제2항 국가의 사회보장·사회복지증진 노력의무를 증진의무로 개정함

○ "사회보장", "사회복지"를 구분하는 표현에 대해 사회보장법에서는 양자를 구분하고 있음

○ 사회보장은 사회취약계층에 대해 구체적인 공적 부조 등에 의한 기초수급 등 의료보장을 말함

○ 사회복지는 전체 국민을 대상으로 복지정책을 시행하는 차이가 있음. 현대에서는 양자가 서로 중첩되는 부분이 많아졌지만 연혁적으로 서로 다름. 사회복지를 위해서는 기본적으로 기초적인 것부터 보장하면서 출발하여 확대하는 것이 필요함

□ 현행 제3항 여자의 복지향상을 위한 국가의 노력의무를 개정하여 국가가 여성의 복지와 권익을 향상시키기 위한 정책수립 및 추진의무를 지도록 함

□ 현행 제4항은 개정안 제34조에서는 삭제하고 개정안 제35조에서 규정함

□ 현행 제35조 3항의 주택개발정책 관련 조항을 수정하여 본 조문에 제5항을 신설하여 주거생활의 안정을 위하여 국가가 안정적인 주거정책을 실시할 수 있는 근거를 마련함

27. (신설) 어린이와 청소년, 노인, 장애인의 권리

현행	개정안
(신설)	제36조 ①어린이와 청소년은 자신의 행복을 위하여 보호와 배려를 받으며 독립된 인격 주체로서 존중받을 권리가 있다. ②노인은 존엄하고 자립적인 삶을 영위할 권리와 사회적·문화적 생활에 참여할 권리가 있다. ③장애인은 존엄하고 자립적인 삶을 영위할 권리와 공동체 생활에 참여할 권리가 있으며, 모든 영역에서 부당한 차별을 받지 아니한다.

※ 제안 취지

□ 제1항을 신설하여 어린이와 청소년이 인격주체로서 배려와 존중받을 권리를 보장함

- 어린이와 청소년은 정신적·신체적 성숙도 및 그 발전정도에 맞추어 한계와 자율을 가지는 존재. 미래세대의 주역으로서 인격권의 주체가 되어 배려와 존중을 받을 권리 명문화가 필요

□ 제2항을 신설하여 노인의 자립생활영위에 대한 권리 및 사회·문화적 참여에 대한 권리를 보장할 필요가 있음

- 고령화 사회에서 현재 노인빈곤의 문제가 심각함. 국가가 노인들의 생활을 안정을 위한 정책을 시행하여 경제적으로 자립하게 되면 노인들의 질병, 빈곤, 고독 등의 문제에도 긍정적으로 영향을 미칠 수 있을 것임
- 또한 사회와 단절된 채 살고 있는 독거노인들의 고독사가 자주 나타나고 있음. 사회·문화적 참여의 기회를 국가가 적극적으로 형성할 필요가 있음

□ 장애인의 존엄한 자립생활을 할 권리와 공동체 참여권과 차별금지 규정이 필요함

- 장애인도 사회 안에서 함께 살아가야 할 권리가 있으며, 장애로 인한 차별은 엄격히 금지 되어야 함
- 명시적 장애차별금지를 규정하는 이유는 헌법재판소의 차별금지심사 때문임. 즉 헌법재판소는 헌법에서 특별히 차별을 금지하고 있지 않으면 차별심사에서 엄격심사기준을 적용하지 않고 합리성 심사기준을 적용하고 있음. 장애차별은 엄격심사대상

이 될 필요가 있음

28. (현행) 제35조(환경권)

현행	개정안
제35조 ①모든 국민은 건강하고 쾌적한 환경에서 생활할 권리를 가지며, 국가와 국민은 환경보전을 위하여 노력하여야 한다. ②환경권의 내용과 행사에 관하여는 법률로 정한다. ③국가는 주택개발정책 등을 통하여 모든 국민이 쾌적한 주거생활을 할 수 있도록 노력하여야 한다.	제37조 ①모든 사람은 건강하고 쾌적한 환경을 함께 누릴 권리를 가진다.
②(신설)	②(신설) 국가는 동물을 포함하여 모든 생명체를 법률이 정하는 바에 따라 보호하여야 한다.
③(신설)	③(신설) 국가는 생태계와 기후변화, 에너지의 수급 등 자연적 생활기반을 법률이 정하는 바에 따라 보호하여야 한다.
④(신설)	④(신설) 국가는 미래세대에 대한 책임을 지며, 환경을 지속가능하게 보전하여야 한다.

※ 제안 취지

☐ 환경권의 주체도 국민으로 국한하지 않고 사람으로 확대함

☐ 환경권에 대하여 국가의 의무와 책임을 규정함

☐ 환경권의 주체의 범위를 사람뿐만 아니라 동물을 포함한 모든 생명체로 확대함

☐ 자연적 생활기반 보호의무를 부과함

☐ 미래세대에 대한 책임을 인정함

☐ 환경에 대한 지속가능한 보전을 규정함

☐ 현행 헌법 제35조 제2항은 삭제함

☐ 주거환경에 대한 것은 인간다운 생활을 할 권리로 이동함

- ○ 현행 헌법 제35조 제3항은 이를 수정하여 인간다운 생활을 할 권리인 개정안 제34조 제5항으로 이동함

29. 현행 제36조(혼인과 가족생활의 성립과 보장 등)

현행	개정안
제36조 ①혼인과 가족생활은 개인의 존엄과 양성의 평등을 기초로 성립되고 유지되어야 하며, 국가는 이를 보장한다. ②국가는 모성의 보호를 위하여 노력하여야 한다. ③모든 국민은 보건에 관하여 국가의 보호를 받는다. ④(신설)	제38조 ①현행 유지 ②누구든지 임신, 출산, 양육을 이유로 불이익한 처우를 받지 아니하며, 국가는 모성을 보호하여야 한다. ③아동에 대한 돌봄과 교육은 부모의 천부적인 권리이며 우선적으로 부모에게 지워진 의무이다. ④아동이 방치될 위험에 처하게 되는 경우 등의 자녀의 복리를 위해 필요한 경우에 한해서 법률로 부모의 권리를 제한할 수 있다. <현행 헌법 제36조 제3항은 이를 수정하여 인간다운 생활을 할 권리를 규정한 개정안 제35조 제6항으로 이동>

※ 제안 취지

□ 혼인은 사회적으로 인정되고 법규정을 통하여 인정된 남자와 여자 사이의 생활공동체를 말하며 사회를 구성하는 공동체의 최소단위로서 사회 유지 존속을 위해 국가의 특별한 보장을 받아야 함

□ 인간의 존엄과 양성평등이라는 가치는 혼인과 가족제도의 근간이 되는 최고 규범가치임

□ 임신, 출산, 양육이 사회의 기초단위인 가정의 중요한 기능이고, 국가와 사회가 협력해야 할 문제이므로 헌법 조항으로 규정하여 모성보호의 의미를 명문화 함

□ 임신, 출산, 양육에 의한 차별을 배제하는 조항을 둠으로써 실질적인 모성 보호라는 헌법적 가치를 천명하고, 아동에 대한 돌봄과 교육이 부모의 1차적인 책임과 권리라는 점을 명시함

□ 보건에 관하여 국가의 보호를 받는다는 현행 제36조 제3항 규정을 인간다운 생활을 권리·사회보장 등을 규정한 개정안 제35조 제6항으로 이동하여 '건강권'으로 명시함으로써 기본권임을 명확히 하고, 국가의 건강보호의무로서 질병의 예방과 보건의료제도의 향상을 명시함으로써 자유권이자 동시에 사회권적인 성격을 가지는 건강권의 성격을 분명히 함

□ 국민건강에 관한 권리에 관하여는 "국가가 국민이 자신의 건강을 유지하는데 필요한 국가적 급부와 배려를 요구할 수 있는 권리를 의미하는 것으로서, 국가가 국민의 건강을 소극적으로 침해하여서는 아니 될 의무를 부담하는 것에서 한 걸음 더 나아가 적극적으로 국민의 보건을 위한 정책을 수립하고 시행하여야 할 의무를 부담한다."고 헌법재판소가 판시한 바 있음(헌재 1995.4.20. 91헌바11 등)

30. (현행) 제124조(소비자 보호운동 등)

현행	개정안
제124조 국가는 건전한 소비행위를 계도하고 생산품의 품질향상을 촉구하기 위한 소비자보호운동을 법률이 정하는 바에 의하여 보장한다.	제39조 ①모든 사람은 소비자의 권리가 있다. ②국가는 소비자 피해의 예방과 구제에 필요한 사항을 법률로 정하여야 한다.

※ 제안 취지

□ 현행 헌법 제124조는 소비자'보호'와 그 '운동'만을 규정하여 보장 범위가 너무 협소하고, 소비자의 권리 인정 여부나 근거에 대한 혼란을 초래하여 이를 해결하고자 함

□ 현대 시장경제질서에서 소비자의 피해는 과거의 개인간 상품거래에 의하여 발생하는 품질·가격 등의 개인적 문제가 아니라 사업자와 소비자 사이의 불평등한 지위의 심화라는 사회 구조적 현상으로 나타나 인간다운 생활을 지향하는 현대 사회에 있어서 심각한 사회문제가 되어 소비자의 권리를 헌법상 기본권으로 보장할 필요가 있음

□ 소비자 권리의 내용을 구체적으로 나열할 필요가 있다는 견해와 굳이 헌법에 이를 나열할 필요는 없다는 견해로 갈리나 소비자 권리의 구체적 내용은 소비자기본법에 열거된 소비자의 기본적 권리가 될 것(①안전할 권리, ②알 권리, ③선택할 권리, ④의견을 반영할 권리, ⑤보상을 받을 권리, ⑥교육을 받을 권리, ⑦소비자 단체 조직 및 활동할 수 있는 권리, ⑧건강한 환경에서 소비할 권리)으로 간명하게 명시하는 것이 헌법의 개방성 측면에서 바람직함

□ 대량생산·대량소비의 현대사회에서 소비자의 생명·신체에 대한 위해가 발생할 경우 피해의 내용 입증에 전문직 지식과 기술이 요구되는 경우가 증가되어 적극적인 국가의 공권력 개입이 요청됨에 따라 국가가 소비자의 피해구제에 필요한 사항을 법률로 정하도록 국가목표규정 신설이 필요함

□ 소비자보호운동에 대한 헌법규정은 소비자권익 보호에 대한 법제도와 인식이 마련되지 못한 초기에 효과적이었으나, 소비자기본법 등 법제도와 인식이 자리를 잡은 현대에 있

어서 법률에 따른 소비자운동의 유형화, 방법과 절차의 명시가 사실상 어렵고 소비자 권리의 하나로 해석상 대체가능함

□ 오히려 국가가 다양한 유형의 소비자 피해의 예방과 구제에 필요한 절차를 마련하여 소송 이외에 신속하고 집단적인 분쟁해결을 위한 소비자 피해구제를 도모하는 것이 현대 소비자문제를 해결하는데 효과적이므로 국가의 소비자 피해의 예방과 구제 방안 마련을 국가목표규정으로 신설함

31. (현행) 제37조(열거되지 아니한 자유와 권리 등)

현행	개정안
제37조 ①국민의 자유와 권리는 헌법에 열거되지 아니한 이유로 경시되지 아니한다. ②국민의 모든 자유와 권리는 국가안전보장·질서유지 또는 공공복리를 위하여 필요한 경우에 한하여 법률로써 제한할 수 있으며, 제한하는 경우에도 자유와 권리의 본질적인 내용을 침해할 수 없다.	제40조 ①모든 사람의 자유와 권리는 헌법에 열거되지 아니한 이유로 경시되지 아니한다. ②모든 사람의 자유와 권리는 국가안전보장 질서유지 또는 공공복리를 위하여 필요한 경우에 한하여 법률로 제한할 수 있으며, 제한하는 경우에도 자유와 권리의 본질적인 내용을 침해할 수 없다.

※ 제안 취지

□ 열거되지 아니하였다는 이유로 경시되어서는 안 되는 자유와 권리의 주체를 모든 국민에서 모든 사람으로 확대함. 이 조항은 자유와 권리를 열거함으로써 나타날 수 있는 기본권보장의 불충분성을 방지하는 조항으로서 의미가 있음

□ 기본권 제한 및 제한의 한계에 관한 일반조항으로 기능하는 조항으로서 현행 조문을 그대로 유지함

□ 국가안전보장은 질서유지에 포함되는 개념이므로 삭제하자는 견해가 있었으나 기본권 제한 사유로서 국가안전보장이라는 개념을 명확히 한다는 점에서, 그리고 이미 학설이나 헌법재판소 판례에서 기본권 제한 사유로서 인정되고 있는 현실에 따라 현행 조문을 그대로 유지

□ 비례성의 원칙의 기본권 제한 규정에의 추가 필요성도 있으나 일단 현행 조문을 그대로 유지하기로 함

32. (현행) 제38조(납세의 의무)

현행	개정안
第38조 모든 국민은 법률이 정하는 바에 의하여 납세의 의무를 진다.	제41조 모든 국민은 법률로 정하는 바에 따라 납세의 의무를 진다.

※ 제안 취지

□ '법률이 정하는 바에 의하여'를 '법률로 정하는 바에 따라'로 자구 수정함

33. (현행) 제39조(국방의 의무)

현행	개정안
第39조 ①모든 국민은 법률이 정하는 바에 의하여 국방의 의무를 진다. ②누구든지 병역의무의 이행으로 인하여 불이익한 처우를 받지 아니한다.	제42조 ①모든 국민은 법률로 정하는 바에 따라 국방의 의무를 진다. ②누구든지 병역의무 이행을 이유로 불이익을 받지 아니한다.

※ 제안 취지

□ 국방의 의무는 외부 적대세력의 직·간접적인 침략행위로부터 국가의 독립을 유지하고 영토를 보전하기 위한 의무임

□ 헌법상의 의무는 해당 국가의 국적을 보유한 국민만이 부담하는 것으로서, 국방의무의 주체는 대한민국의 국적을 가지고 있는 국민만이 주체가 됨

□ 모든 국민이 국방의 의무를 진다는 것은 남성과 여성 모두 국방의무의 주체가 됨을 의미함. 현재 여성이 병역의무를 지지 않고 있는 것은 인력구조상 병역에 소집할 필요가 없기 때문임(직접적 병력형성의무 없음). 국가가 필요한 경우에는 언제라도 병역에 소집할 수 있음. 병역의무에는 직접적 병력형성의무, 간접적 병력형성의무, 병력형성 이후 군 작전명령에 복종하고 협력할 의무가 포함됨[5)]

□ 국방의무는 헌법상의 의무이므로 기본권을 근거로 이를 부정하거나 거부할 수 없음. 개인적인 주관적 신념이나 사상의 자유, 종교의 자유, 양심의 자유, 신체활동의 자유, 가사형편, 건강권 등을 이유로 국방의무를 거부할 수 없음

5) 김철수, 『헌법학신론』, 박영사, 2010, 1118면; 헌법재판소 1995.12.28. 선고 91헌마80 결정; 헌법재판소 2002.11.28. 선고 2002헌바45; 헌법재판소 2003.6.26. 선고 2002헌마484.

□ 양심상 이유로 집총병역을 거부하고 대체복무를 요구하는 것도 남북이 대치되어 있는 현 국가안보상황에서는 적절하지 않으며, 대체복무 여부는 헌법규정 사항이 아니라 입법정책 사항임. 따라서 헌법에 규정하는 것은 적합하지 않음

□ '병역의무의 이행으로 인한 불이익한 처우'란 병역의무의 이행 중에 받은 불이익을 의미하는 것이 아니고, 병역의무의 이행으로 인하여 입게 된 불이익한 처우를 말함.[6] 병역의무를 이유로 취업, 공직에의 취임, 학업, 사회진출 등에 불이익을 받게 되는 경우를 말함

□ 본 규정에서의 불이익은 단순한 사실상의 이익, 경제상의 불이익을 모두 포함하는 것이 아니라 법적인 불이익을 의미함.[7] '병역의무의 이행으로 인하여'를 '병역의무 이행을 이유로'라고 자구수정을 함

[기본권분과 개헌안 작성 원칙 및 현행 헌법 조문별 집필위원 명단]

□ 기본권분과의 개헌안에 관해서는 각 조문별 내용의 독자성으로 인하여 기본적으로 이를 작성한 개별 위원들의 전문적 판단을 존중하였음

□ 따라서 각 조문별 개헌안에 관해서는 이를 작성한 위원들이 책임을 지고 최종적인 집필을 한 것임을 밝혀둠

□ 헌법상의 기본권 조문별 개헌안 작성 위원들은 다음과 같음 :

10조 - 신설 생명권 - 엄주희 위원, 신설 안전권 - 성봉근 위원

11조 - 최윤철 위원

12조와 13조(신체의 자유) - 박성용 위원

14조 - 정필운 위원

15조 - 한상우 위원

16조 - 정필운 위원

17조와 18조 - 김현철 위원, 신설 정보기본권 - 김현철 위원(대표), 도경화 위원과 권헌영 위원

19조, 20조 - 정필운 위원

21조 - 성봉근 위원

22조 - 정필운 위원과 허종렬 위원

23조 - 성봉근 위원

6) 헌법재판소 1999.2.25. 선고 97헌바3 결정; 헌법재판소 1995.12.28. 선고 91헌마80.

7) 헌법재판소 1999.12.23. 선고 98헌바33 결정; 헌법재판소 1999.12.23. 선고 98헌마363.

24조와 25조 - 기현석 위원
26조~30조 - 이상철 위원
31조 - 허종렬 위원과 정필운 위원
32조~34조 - 신설 어린이와 청소년, 노인, 장애인의 권리 - 권순현 위원
35조 - 성봉근 위원(대표), 전경운 위원, 한상우 위원
36조 - 엄주희 위원
37조 - 박진완 위원
39조 - 국방의 의무, 병역의무 - 이상철 위원
38조 - (납세의 의무)는 위원회 위원 공동
124조 - 김현철 위원

제 3 절 선거정당분과

1. 현행 제8조

제8조 ①정당의 설립은 자유이며, 복수정당제는 보장된다.
②정당은 그 목적·조직과 활동이 민주적이어야 하며, 국민의 정치적 의사형성에 참여하는데 필요한 조직을 가져야 한다.
③정당은 법률이 정하는 바에 의하여 국가의 보호를 받으며, 국가는 법률이 정하는 바에 의하여 정당운영에 필요한 자금을 보조할 수 있다.
④정당의 목적이나 활동이 민주적 기본질서에 위배될 때에는 정부는 헌법재판소에 그 해산을 제소할 수 있고, 정당은 헌법재판소의 심판에 의하여 해산된다.

가. 개정시안의 주요내용

□ 정당의 설립과 복수정당제를 보장하고 있는 현행 헌법규정 외에 이를 포함한 정당의 설립뿐만 아니라 존속 여부에 대한 자유 및 정당 간 기회균등도 보장되도록 함
□ 정당의 민주성 강화
□ 정당의 자금의 출처와 사용, 재산상황을 공개하도록 함으로써 재정투명성 강화
□ 국가의 정당운영자금지원제도 유지

□ 정당의 자금출처와 사용, 재산상황 공개 등 정당의 재정투명성 제고
□ 정당해산의 사유로서의 자유민주적 기본질서 위배를 명확히 함

현행	개정안
제8조 ①정당의 설립은 자유이며, 복수정당제는 보장된다. ②정당은 그 목적·조직과 활동이 민주적이어야 하며, 국민의 정치적 의사형성에 참여하는데 필요한 조직을 가져야 한다. ③정당은 법률이 정하는 바에 의하여 국가의 보호를 받으며, 국가는 법률이 정하는 바에 의하여 정당운영에 필요한 자금을 보조할 수 있다. ④정당의 목적이나 활동이 민주적 기본질서에 위배될 때에는 정부는 헌법재판소에 그 해산을 제소할 수 있고, 정당은 헌법재판소의 심판에 의하여 해산된다.	제8조 ①정당의 설립·존속은 자유이며, 정당 간 기회균등을 바탕으로 복수정당제는 보장하되, 구체적 사항은 법률로 정한다. ②정당은 국민의 정치적 의사형성 과정에 참여한다. 정당의 목적·조직 및 공직선거후보자 선출 등 당내선거를 포함한 활동은 민주적이어야 하며, 구체적 내용은 법률로 정한다. ③국가는 법률이 정하는 바에 따라 정당운영에 필요한 자금을 보조할 수 있다. 정당은 법률이 정하는 바에 따라 자금의 출처와 사용, 재산상황을 공개하여야 한다. ④정당의 목적이나 활동이 자유민주적 기본질서에 위배될 때에는 정부는 헌법재판소에 그 해산을 제소할 수 있고, 정당은 헌법재판소의 심판에 의하여 해산된다.

나. 제안 취지 및 논거

〈제1항 "정당의 설립·존속은 자유이며, 정당 간 기회균등을 바탕으로 복수정당제는 보장하되, 구체적 사항은 법률로 정한다."〉

□ 현행 헌법은 정당은 그 목적·조직과 활동이 민주적이어야 하며, 국민의 정치적 의사형성에 참여하는 데 필요한 조직을 가져야 한다고 규정함으로써 일정 규모 이상의 정당만을 인정, 설립 등에 있어서의 정당의 자유를 과잉제한하는 근거가 되고 있음

〈제2항 "정당은 국민의 정치적 의사형성 과정에 참여한다. 정당의 목적·조직 및 공직선거후보자 선출 등 당내선거를 포함한 활동은 민주적이어야 하며, 구체적 내용은 법률로 정한다. 정당의 목적·조직 및 공직선거후보자 선출 등 당내선거를 포함한 활동은 민주적이어야 하며, 구체적 내용은 법률로 정한다."〉

□ 정당은 국민의 정치적 의사형성과정에 참여하여야 한다는 규정이 필요함에도 불구하고 현행 헌법처럼 오히려 정당설립의 자유를 제한하는 근거로 작용하지 못하도록 규정할 필요 있음

□ 정당의 민주성 강화는 선거제도의 개혁 및 권력구조개혁의 전제조건으로서 불가결의 요소

□ 정당의 공직후보자선출을 위한 당내선거(예비선거) 및 당대표 등 당대표기관을 선출하는 당내선거 등이 민주적으로 이루어지도록 법정화할 필요 있음

□ 정당은 목적·조직 및 활동이 민주적이어야 한다는 현행 헌법의 규정에도 불구하고 특히 공직선거후보자의 선출을 위한 당내선거나 당대표 등 당대표기관 선출을 위한 당내선거 등이 – 정당의 자율성이라는 이름 아래 – 평등·비밀·자유선거 등 민주적 선거원칙에 따라 이루지지 않음으로써 정치 자체의 민주적 정당성을 떨어뜨리기 때문에, 독일 등 외국의 경우와 같이 당내선거의 민주적 절차 등을 법률로 규정하고 준수하게 할 것이 요청됨

〈제3항 "국가는 법률이 정하는 바에 의하여 정당운영에 필요한 자금을 보조할 수 있다. 정당은 법률이 정하는 바에 의하여 자금의 출처와 사용, 재산상황을 공개하여야 한다."〉

□ 정치후원금이 부족한 야당의 보호를 위하여 국가의 정당운영자금지원제도 유지 필요

□ 정당이 자유민주적 기본질서 파괴적 목적으로 자금을 사용하지 않도록 하기 위하여, 그리고 반자유민주적 단체나 세력으로부터 자금지원을 받지 않도록 하기 위하여 정당의 자금출처와 사용, 재산상황 공개 등 정당의 재정투명성 제고 필요

〈제4항 "정당의 목적이나 활동이 자유민주적 기본질서에 위배될 때에는 정부는 헌법재판소에 그 해산을 제소할 수 있고, 정당은 헌법재판소의 심판에 의하여 해산된다."〉

□ 헌법의 체계정당성과 명확한 기준의 제시를 위하여 정당해산의 사유를 자유민주적 기본질서 위배로 명확히 할 필요 있음

□ 자유민주적 기본질서에는 헌법에 의해 보장되는 기본권, 국민주권, 권력분립, 정부의 책임성, 법치행정, 법관의 독립성, 복수정당제, 정당의 기회균등, 야당의 권리, 공정한 선거제도, 평화적 정권교체, 폭력이나 인의 지배가 배제된 법치주의, 의회주의, 공권력의 의회적 통제 등 반드시 없어서는 안 될 불가결의 기본적 법익과 국가의 존립을 들 수 있음

□ 이러한 다수결 등에 의하여 상대화될 수 없는 민주주의 핵심적 가치인 자유민주적 기본질서가 훼손되지 않도록 하기 위하여 현행 헌법의 정당해산 사유로서의 민주적 기본질서위배를 자유민주적 기본질서위배로 개정하는 개헌시안을 마련할 필요성이 제기됨

□ 헌법의 체계정당성 차원에서도 정당해산 사유로서의 민주적 기본질서위배를 자유민주적 기본질서위배로 개정할 필요성이 있음

□ 자유민주적 기본질서 방어논리는 민주적 법질서에 의하여 주어진 자유나 다수결 등 민주적 제도를 오·남용하여 민주적 법질서를 제거하려는 행위는 모순이라는 데에 근거

□ 예컨대 – 정확한 의미내용을 확정할 수 없다고 하더라도 – 프롤레타리아 일당독재를 유형 혹은 무형의 힘을 사용하여 공격적으로 추구하거나[8] 개인의 자유보다 국가공동체의 이익을 공격적으로 추구하는 정당은 위헌정당임[9]

□ 외국 입법례

독일 기본법 제21조(Art. 21 GG)

제1항: “정당은 국민의 정치적 의사형성에 참여한다. 정당의 설립은 자유이다. 정당의 내부질서는 민주적 원칙들에 부합하여야 한다. 정당은 자금의 출처와 사용 및 재산상황을 공개하여야 한다.”(제3문 규정은 1984.1.1. 발효, 제1, 2문은 1949.5.24. 발효)

제2항: “목표나 지지자들의 태도가 자유민주적 기본질서를 해치거나 제거하거나 독일연방공화국의 존립을 위태롭게 하려고 공격적인(darauf ausgehen) 정당은 위헌정당이다.”(이 제2항은 위헌정당 해산규정임[1949.5.24. 발효])

제3항: “목표나 지지자들의 태도가 자유민주적 기본질서를 해치거나 제거하거나 독일연방공화국의 존립을 위태롭게 하려는 적대적 방향을 지향하는(darauf ausgerichtet) 정당에게는 국가적 재정지원이 배제된다. 재정지원배제가 확정된 정당들에게는 세제나 후원혜택도 주어지지 않는다.”(이 제3항은 정당국가재정지원배제 규정임[2017.6.20. 개정])

제4항: “제2항의 정당의 위헌성과 제3항의 국가적 재정지원배제에 대해서는 연방헌법재판소가 결정한다.”

제5항: “자세한 것은 연방법률로 정한다.”

§ 17 ParteiG, § 21Ⅲ BWahlG, Art. 38 GG(공직선거후보자 선출을 위한 당내선거의 비밀·평등 등 민주적 선거원칙을 규정한 독일정당법, 연방선거법, 기본법)

□ 외국 헌법재판소 판례

BVerfGE/독일연방헌재결정 2, 1(1952년의 독일 사회주의제국당[SRP] 해산결정)

BVerfGE 5, 85(1956년의 독일공산당[KPD] 해산결정)

BVerfG, Beschluss vom 17. Januar 2017, 2 BvB 1/13; NJW 2017, 611)[10]

HambVerfG DVBl 1993, 1072(당원인 국민들의 공직선거후보 선출권을 침해하고 당내

---

8) Christoph Degenhart, Staatsrecht Ⅰ, RdNr. 61.

9) Vgl. BVerwG DVBl 1986, 947.

10) 2017년 독일국가민주당[NPD]에 대하여 자유민주적 기본질서에 적대적이기는 하지만 자유민주적 기본질서를 해칠 힘이 없어서 공격적이지는 않다는 이유로 위헌정당해산결정을 내리지 않았지만 국가의 정당에 대한 재정지원배제는 가능하다는 독일연방헌재결정에 따라 정당국가재정지원배제 규정인 독일 기본법 제21조 제3항이 신설됨

민주주의를 훼손한 공직선거를 위헌무효화한 독일 함부르크 헌법재판소 결정)

2. 현행 제41조

제41조 ①국회는 국민의 보통·평등·직접·비밀선거에 의하여 선출된 국회의원으로 구성한다. ②국회의원의 수는 법률로 정하되, 200인 이상으로 한다. ③국회의원의 선거구와 비례대표제 기타 선거에 관한 사항은 법률로 정한다.

가. 개정시안의 주요내용

☐ 민주적 선거원칙으로서의 자유선거원칙 선언

☐ 국회의원의 정수 증원

☐ 비례대표선거제도 도입

현행	개정안
제41조 ①국회는 국민의 보통·평등·직접·비밀선거에 의하여 선출된 국회의원으로 구성한다. ②국회의원의 수는 법률로 정하되, 200인 이상으로 한다. ③국회의원의 선거구와 비례대표제 기타 선거에 관한 사항은 법률로 정한다.	제41조 ①국회는 국민의 보통·평등·직접·비밀·<u>자유</u>선거에 의하여 선출된 국회의원으로 구성한다. ②국회의원의 수는 법률로 정하되, <u>400명</u> 이상으로 한다. ③국회의원 선거구 <u>등</u> 선거에 관한 사항은 법률로 정<u>하되, 전체 국회의원의석이 각 정당의 득표수에 비례하여 배분되도록 하여야 한다.</u>

나. 제안 취지 및 논거

〈제1항 "국회는 국민의 보통·평등·직접·비밀·자유선거에 의하여 선출된 국회의원으로 구성한다."〉

☐ 자유선거의 원칙은 정당 내의 예비선거과정을 포함하여 선거권이나 피선거권의 행사의 자유는 물론, 투표의 자유, 선거운동의 자유 등 선거의 모든 과정에서 자유를 의미함

☐ 자유선거원칙은 비록 우리 헌법에 명시되지는 아니하였지만 민주국가의 선거제도에 내재하는 법원리로서 국민주권의 원리, 의회민주주의의 원리 및 정치적 기본권에서 그 근거를 찾을 수 있음

☐ 자유선거원칙은 이미 학문적으로도 보통·평등·직접·비밀선거원칙 외에 인정되어 있

고 예컨대 독일 기본법(제38조) 등에서도 기존의 4대 선거원칙 외의 민주적 선거원칙으로 규정되어 있음

□ 외국 입법례
독일 기본법 제38조(Art. 38 GG) 자유선거의 원칙

〈제2항 “국회의원의 수는 법률로 정하되, 400인 이상으로 한다.”〉

□ 미국의 경우에는 예외이지만, 영국, 프랑스, 독일 등 서구유렵국가들과 비교할 때 현행 300 국회의원의석은 인구를 고려할 경우 과소한 편임

□ 연동형 등 비례대표선거제의 경우 평등선거원칙에 부합하는 표의 등가성, 민의가 왜곡됨이 없이 의석이 민의에 비례하여 배분됨으로써 민주적 정당성을 제고해주지만, 초과의석이 발생할 수 있음

□ 비례대표선거제에서 지역구의석을 두는 한, 즉 연동형 비례대표제에서는 초과의석을 전혀 발생시키지 않는 ‘묘수’는 없어 보임

□ 초과의석을 보상하는 제도를 두지 않을 경우 초과의석을 얻지 못한 정당은 득표가 많음에도 불구하고 오히려 더 적은 의석을 얻게 되어 불리하게 되어 민주적 정당성 문제를 초래함

□ 이러한 민주적 정당성 문제를 해소하기 위하여 초과의석비율에 따른 초과의석보상제도를 취할 경우, 지역선거구의 수가 작을수록 과잉한 초과의석비율이 발생할 가능성이 높아짐으로써 보상의석의 수가 증가하게 됨

□ 또한, 초과의석보상제도를 둘 경우, 현행 253 지역선거구의 수를 지나치게 축소하는 것도 현실적으로 쉽지 않을 수 있기 때문에, 국회 전체의 의석을 현행 300석보다 늘여야 하는 어려움이 있음. 제1투표선출의원수와 제2투표선출의원수를 각각 200석 정도하고 의원총수를 400석 정도로 늘리는 방안을 마련해볼 필요가 있음

□ 따라서 전체 국회의원에게 지출되는 예산규모의 증대를 가져오지 않도록 하면서 국회의원 전체의석규모의 확대를 강구할 필요성이 제기됨

□ 위에서 언급한 바와 같이, 지역구의원의 수가 작을수록 과잉한 초과의석비율이 발생할 수 있으므로, 초과의석보상제도를 둘 경우 지역구의원의 수가 과소해서는 안 되지만, 반대로 초과의석보상제도를 두지 않을 경우에는 많은 수의 초과의석이 발생하지 않도록 지역구의원의 수를 가능한 한 작게 할 필요가 있음

□ 따라서 초과의석을 보상하지 않는 제도를 취할 경우, 지역구의원수를 예컨대 100인 이하로 최소화하고, 비례대표의원수를 200인 이상으로 할 수 있다면 지지율과 의석 간의 비례성의 훼손의 최소화와 함께 발생하는 초과의석의 수를 최소화하게 됨

□ 그리고 초과의석을 보상하지 않는 제도를 취할 경우, 지역구의원수를 최소화고, 초과의

석을 공제한 의석을 초과의석을 얻지 않은 정당들에게 자신들의 득표수에 비례하여 배분할 경우 국회의원정수를 늘리지 않고 현행대로 300인으로 유지할 수 있음. 그러나 이 경우에는 단지 초과의석보상제를 두지 않는 경우보다 더욱 정당의 득표수와 배분의석 간의 비례성이 훼손되게 되어 비례대표선거제의 본래 취지로부터 멀어지게 되는 단점이 있음. 그 외에 지역구의석의 축소에 따른 국회의원들의 거부감과 증가하는 대중들의 정치에의 무관심과 소외감도 문제임

〈제3항 "국회의원 선거구 등 선거에 관한 사항은 법률로 정하되, 전체 국회의원의석이 각 정당의 득표수에 비례하여 배분되도록 하여야 한다."〉

□ 영국, 미국을 제외한 대부분의 정치선진국들이 비례대표선거제도 채택

□ 미국, 영국 등의 다수대표선거제도는 인위적인 양당제를 강요함으로써 소수자·약자를 대표하는 정당이나 의원의 출현을 인위적으로 어렵게 함

□ 아무리 내각제 등 합리적인 정부형태를 취한다고 하더라도 영국이나 일본 등의 예에서처럼 극단적 승패를 강요하는 승자독식의 (혼합형) 다수대표선거제도의 결과 반목과 대립의 파벌정치를 야기하는 측면이 있음

□ 우리나라의 경우에도 내각제를 취한 제2공화국에서도 다수대표선거제도의 결과 패권쟁탈의 파벌정치로 악화됨

□ 따라서 (연동형) 비례대표선거제도는 합리적인 정부형태를 위한 전제조건이라고 할 수 있음

□ 현행 국회의원선거제도인 승자독식의 다수대표선거제도는 일반대중을 정치에 소외되지 않도록 하는 등 어느 정도의 장점이 있음

□ 미국, 영국 등의 다수대표선거제도는 인위적인 양당제를 강요함으로써 소수자·약자의 정치적 의사형성을 가로막는 측면이 있음

□ 다수대표선거제도는 국민의 지지와 의석수 사이의 비례성을 왜곡시킴으로써 선거결과가 우연에 의해 지배되고, 어떤 정당이 박빙으로 당선자를 많이 낼 경우 전국적으로 과반의 득표율을 얻지 못하여도 전체의석수에 있어서는 과반을 차지하여 입법권과 – 대통령제 이외의 – 권력구조에서는 집행권도 차지할 수 있음(예컨대 2004년 17대 총선에서 열린우리당은 38.3%의 정당득표율로 152/299=50.8%의 의석점유율을, 2008년 18대 총선에서는 한나라당은 37.48%의 정당득표율로 153/299=51.2%의 의석점유율을, 2012년 제19대 총선에서 새누리당은 42.80%의 정당득표율로 152/300=50.7%의 의석점유율을, 2016년 제20대 총선에서 더불어민주당은 25.54%의 정당득표율로 41.0%의 의석점유율을 차지하였고, 현재 아베정권도 지역구 다수대표선거에서 49.3%대의 득표를 하였으나 의석은 226/289=78.2%를 차지함)

□ 선거에서 소수의지지, 낮은 지지율을 얻고도 우연에 의하여 입법권이나 집행권을 차지하게 되는 결과를 초래하는 다수대표선거제는 민주주의원칙과 부합하지 않는, 반민주주의적 결과를 초래

□ 다수대표선거제도는 동일한 1표이지만 사표에 해당하는 쪽에 투표한 표는 결과에 전혀 반영되지 못하기 때문에 엄밀한 의미에서 평등선거의 원칙에 부합하지 않는 결과를 초래

□ 비례대표선거제에서는 정당의 지지율을 높이기 위해서는 어느 특정지역에서 당선자를 내는 것보다 낙선되더라도 받는 득표수가 중요한 의미를 갖게 되지만, 다수대표선거제에서는 낙선되는 지역에서 얻는 득표수는 아무런 의미가 없음. 그 결과 정당 자신의 후보자가 많이 당선되는 소위 텃밭이 되는 지역의 편협한 민심에 충실할 수밖에 없게 되므로 다수대표선거제는 지역 간의 대결구도를 심화시키고 민족정신을 오염시키는 요인으로 작용함

□ 다수대표선거제는 특정 정당의 소위 텃밭이 되는 지역민심이 비민주적이거나, 정의롭지 못하거나, 편협한 지역이기주의에 급급한 민심이라고 하더라도 당선되기 위해서는 텃밭 지역민심에 충실하기만 하면 되기 때문에, 정당 간의 정책대결 자체가 무의미하게 되고, 따라서 정책정당의 장애요소로서 작용하게 됨

□ 다수대표선거제에서는 지역구선거에서 낙선하면 소속정당의 의석이 그만큼 줄어들기 때문에, 지역구선거에서 반드시 이기기 위하여 전략공천이 필요하게 되고 그로 인하여 여러 잡음이 발생하게 됨

□ 비례대표선거의 경우 – 독일의 경우처럼 초과의석보상제도를 취한다면 – 지역구선거에서의 당선이나 낙선과 아무 상관없이 각 정당의 의석수는 각 정당의 득표수에 비례하여 배분됨. 따라서 각 정당은 지역구선거의 당선에 연연할 필요가 없기 때문에, 전략공천을 둘러싼 여러 문제들도 해소될 수 있음

□ 비례대표선거제는 여러 장점에도 불구하고 대중들에게 정치에 무관심하고 소외감을 초래하는 반면, 다수대표선거제는 이러한 여러 단점에도 불구하고 일반 대중의 정치에의 무관심과 소외감을 해소할 수 있는 장점을 가졌기 때문에, 전체적으로 비례대표선거제이면서도 부분적으로 다수대표선거제를 취하고 있는 연동형 비례대표선거제에 의하여 대중의 정치에의 무관심과 소외감 등의 문제가 해소될 수 있음

□ 연동형 비례대표선거제가 다수대표선거제의 여러 단점을 해소하고 그 장점을 살릴 수 있는 선거제도라고 하더라도 정당이 민주화되지 못하여 부패하여 지역구 다수대표선거 후보자와 비례대표선거후보자의 공천이 비민주적으로 이루어진다면 연동형 비례선거제도 실패하고 말 것이므로 정당민주화는 연동형 등 비례대표선거제의 전제조건임

□ 사회의 계층·지역적 이익의 분화로 인한 다당제의 대두와 소수도 대표할 선거제도의

필요성 대두됨

□ 민주적 선거제도 없이는 어떠한 정부형태도 무의미하기 때문에, 정부형태의 논의의 전제로서 민주적 선거제도의 논의가 필수적임

□ 만약 이원정부제를 도입하면서 연동형 비례대표제가 아닌 현재의 국회의원을 선출하는 선거제도로서 다수대표선거제도를 유지한다면 '분권과 협치'라는 개헌 취지에 부합한다고 볼 수 없음

□ 연동형 비례대표제에 대한 대표적인 우려는 소수당의 난립과 잦은 정권에 대한 불신임으로 인한 정국의 불안정을 지적하는 주장들이 있지만, 전자는 일정한, 예컨대 5% 정당득표율 이하의 정당에 대해서는 의석을 배분하지 않는 5% 저지조항을 통해서, 후자는 독일식의 건설적 불신임제를 통하여 해결할 수 있음

□ 본 분과위가 제안한 개헌시안의 문언은 연동형을 포함한 비례대표선거제가 가능할 뿐만 아니라 법률로 비례대표제의 선거구를 광역지방자치단체 등으로 규정할 경우 권역별 비례대표선거제도 가능

□ 외국 입법례

§§ 1~7, 2, 6, 7, 1Ⅱ, 27Ⅰ1 BWahlG/독일연방선거법(연동형 비례대표선거제)

§ 6Ⅵ BWahlG(5%-Sperrklausel)

□ 외국 헌법재판소 판례

BVerfGE 1, 208 (248); 6, 84 (92); 7, 63 (70); 16, 130 (139); 82, 322 (338); 95, 335 (352)(독일의 인물화 된 비례대표선거제도/연동형비례대표선거제도 관련 결정)

BVerfGE 121, 266(이로 인하여 독일연방하원의 원내에서 교섭단체를 이루는 녹색연합, 기민/기사연합, 사민당연합 등의 동의를 얻어 보상의석제를 도입하는 내용으로 독일연방선거법 개정안을 2013.5.9. 개정)

BVerfGE 95, 335 (353); 95, 408 (417)(표의 등가성과 비례대표선거제 관련 결정)

3. 현행 제67조

제67조 ①대통령은 국민의 보통·평등·직접·비밀선거에 의하여 선출한다.

②제1항의 선거에 있어서 최고득표자가 2인 이상인 때에는 국회의 재적의원 과반수가 출석한 공개회의에서 다수표를 얻은 자를 당선자로 한다.

③대통령후보자가 1인일 때에는 그 득표수가 선거권자 총수의 3분의 1 이상이 아니면 대통령으로 당선될 수 없다.

④대통령으로 선거될 수 있는 자는 국회의원의 피선거권이 있고 선거일 현재 40세에 달하여야 한다.
⑤대통령의 선거에 관한 사항은 법률로 정한다.

가. 개정시안의 주요내용

☐ 대통령선거 원칙

☐ 대통령선거 결선투표제 도입

현행	개정안
第67조 ①대통령은 국민의 보통·평등·직접·비밀선거에 의하여 선출한다. ②제1항의 선거에 있어서 최고득표자가 2인 이상인 때에는 국회의 재적의원 과반수가 출석한 공개회의에서 다수표를 얻은 자를 당선자로 한다. ③대통령후보자가 1인일 때에는 그 득표수가 선거권자 총수의 3분의 1 이상이 아니면 대통령으로 당선될 수 없다. ④대통령으로 선거될 수 있는 자는 국회의원의 피선거권이 있고 선거일 현재 40세에 달하여야 한다. ⑤대통령의 선거에 관한 사항은 법률로 정한다.	第67조 ①대통령은 국민의 보통·평등·직접·비밀·자유선거에 의하여 선출한다. ②제1항의 선거에서 투표자 과반수의 득표를 얻은 자를 대통령 당선자로 한다. ③제2항의 득표자가 없는 때에는, 최고득표자가 1인이면 최고득표자와 차점자에 대하여, 최고득표자가 2인 이상이면 최고득표자에 대하여, 결선투표를 함으로써 다수득표자를 대통령 당선자로 한다. 결선투표에서 최고득표자가 2인인 때에는 국회[양원] 재적의원 과반수가 출석한 공개회의[합동공개회의]에서 다수표를 얻은 자를 당선자로 한다. ④대통령후보자가 1인일 때에는 그 득표수가 선거권자총수의 3분의 1 이상이 아니면 대통령으로 당선될 수 없다. ⑤대통령으로 선거될 수 있는 자는 국회의원[민의원]의 피선거권이 있어야 한다. ⑥대통령 선거에 관한 사항은 법률로 정한다.

나. 제안 취지 및 논거

〈제1항 "대통령은 국민의 보통·평등·직접·비밀·자유선거에 의하여 선출한다."〉

☐ 자유선거원칙을 선언하게 된 취지 및 논거에 대해서는 언급한 개헌시안 제41조 제1항의 제안 취지 및 논거 참조

〈제2항 "제1항의 선거에서 투표자 과반수의 득표를 얻은 자를 대통령 당선자로 한다."〉

〈제3항 “제2항의 득표자가 없는 때에는, 최고득표자가 1인이면 최고득표자와 차점자에 대하여, 최고득표자가 2인 이상이면 최고득표자에 대하여, 결선투표를 함으로써 다수득표자를 대통령 당선자로 한다. 결선투표에서 최고득표자가 2인인 때에는 국회[양원] 재적의원 과반수가 출석한 공개회의[합동공개회의]에서 다수표를 얻은 자를 당선자로 한다.”〉

〈제4항 “대통령후보자가 1인일 때에는 그 득표수가 선거권자총수의 3분의 1 이상이 아니면 대통령으로 당선될 수 없다.”〉

〈제5항 “대통령으로 선거될 수 있는 자는 국회의원[민의원]의 피선거권이 있어야 한다.”〉

〈제6항 “대통령 선거에 관한 사항은 법률로 정한다.”〉

□ 본 선거정당분과위도 국회개헌특위 자문위와 마찬가지로 대통령선거에서 과반수의 득표자가 없을 경우 최고득표자 2인에 대하여, 최고득표자가 2인 이상일 경우 최고득표자에 대하여 실시하는 결선투표제도를 도입하는 개헌시안을 제안함
□ 국회개헌특위 자문위에서도 논의된 바와 같이, 대통령결선투표제는 ‘미국, 중남미, 동유럽, 아프리카 결선투표의 사례 등에서와 같이 본질적으로 매우 비민주적이고 조작적인 정치제도이기 때문에 신생민주주의 국가들이 투표제도를 선택할 때 고려하지 말아야 할 제도’라는 주장이 있음
□ 그러나 대통령결선투표제는 대통령선거를 앞두고 인위적인 후보단일화시도를 제도적으로 흡수하는 장점이 있음
□ 대통령후보 단일화가 이루어지지 않을 경우 후보의 난립으로 소수의 지지를 받는 후보자가 당선될 가능성이 있는데, 대통령결선투표는 이러한 가능성을 차단함으로써 대통령선거의 민주적 정당성을 제고하는 효과가 있음
□ 두 번의 선거로 인한 국력 손실의 단점이 있음
□ 광역단체장 선거에 적용가능

4. 현행 제116조

제116조 ①선거운동은 각급 선거관리위원회의 관리하에 법률이 정하는 범위안에서 하되, 균등한 기회가 보장되어야 한다.
②선거에 관한 경비는 법률이 정하는 경우를 제외하고는 정당 또는 후보자에게 부담시킬 수 없다.

가. 주요내용

□ 원칙적 선거운동의 자유 보장과 예외적 제한 및 기회균등

현행	개정안
제116조 ①선거운동은 각급 선거관리위원회의 관리하에 법률이 정하는 범위안에서 하되, 균등한 기회가 보장되어야 한다. ②선거에 관한 경비는 법률이 정하는 경우를 제외하고는 정당 또는 후보자에게 부담시킬 수 없다.	제116조 ①선거운동의 균등한 기회는 법률에 의하여 보장된다. ②(현행유지)

나. 제안 취지 및 논거

〈제1항 "선거운동의 균등한 기회는 법률에 의하여 보장된다."〉

□ 현행 헌법의 규정은 선거운동의 자유가 '원칙'이고 '예외'적으로 제한이 가해지는 형식이 아니라 오히려 선거운동의 자유가 선거관리위원회의 관리라는 한계 내에서 예외적으로 허용되고 있는 형태로 오해될 수 있기 때문에, 기본권인 선거운동의 자유가 원칙이고 이에 대한 제한은 법률이 정하는 경우 예외적으로 가능하도록 개헌시안을 제안

5. 현행 제118조

> 제118조 ①지방자치단체에 의회를 둔다.
> ②지방의회의 조직·권한·의원선거와 지방자치단체의 장의 선임방법 기타 지방자치단체의 조직과 운영에 관한 사항은 법률로 정한다.

가. 개정시안의 주요내용

□ 지방자치단체장은 민주적으로 선출되어야 한다는 원칙의 확인

현행	개정안
제118조 ①지방자치단체에 의회를 둔다. ②지방의회의 조직·권한·의원선거와 지방자치단체의 장의 선임방법 기타 지방자치단체의 조직과 운영에 관한 사항은 법률로 정한다.	제118조 ①(현행 유지) ②지방의회의 조직·권한·의원선거와 지방자치단체의 장의 선거방법 기타 지방자치단체의 조직과 운영에 관한 사항은 법률로 정한다.

나. 제안 취지 및 논거

〈제2항 "지방의회의 조직·권한·의원선거와 지방자치단체의 장의 선거방법 기타 지방자치단체의 조직과 운영에 관한 사항은 법률로 정한다."〉

□ 현행 헌법의 "지방자치단체의 장의 선임방법 … 에 관한 사항은 법률로 정한다."는 규정에 의하면 지방자치단체장이 지방자치권이 보충성의 원칙에 반하여 과도하게 제한되어 국가에 의하여 임명될 수도 있기 때문에, "선임방법"을 "선거방법"으로 개정하는 시안을 제안함(참고로, 이 개헌시안의 제안은 지방자치단체장은 선출되어야 한다는 원칙의 제안을 의미하며, 그 이상의 국가와 지방자치단체 간의 권한배분 등에 관한 개헌시안까지의 제안을 의미하는 것은 아님)

□ 지방자치단체의 정부형태는 현재처럼 지방자치법이 모든 지방자치단체에게 동일한 형태인 수장제 등을 강제해서는 안 되고, 지방자치단체의 정부형태는 지방주민이 선택할 수 있어야 하고 이에 따라 지방자치단체의 장이 지방자치단체의 지방총리 아닌 지방수장을 의미하는지, 아니면 지방총리를 의미하는지가 달라지게 됨

□ 지방자치단체가 수장제나 이원정부제를 취할 경우에는 지방자치단체의 장으로서의 지방수장은 주민에 의해 직선될 수 있음

□ 지방자치단체가 내각책임제를 취할 경우에는 지방자치단체의 장으로서의 지방총리는 국가의 정부형태처럼 지방의회에 의하여 선출됨

□ 따라서 본 선거정당분과의 소관이 아니기 때문에 더욱 구체적인 지방자치단체의 장의 선거방법에 대한 개헌시안을 마련하지 않았지만, 지방자치단체장의 선출에 관한 사항은 중앙법률이 아니라 지방헌법·지방법률로 정할 사항임

제 4 절 정부형태분과

1. (현행) 제41조

현행	개정안
제41조 ①국회는 국민의 보통·평등·직접·비밀선거에 의하여 선출된 국회의원으로 구성한다. ②국회의원의 수는 법률로 정하되, 200인 이상으로 한다. ③국회의원의 선거구와 비례대표제 기타 선거에	제41조 ① 국회는 국민의 보통·평등·직접·비밀·<u>자유</u>선거에 의하여 선출된 국회의원으로 구성한다. ②국회의원의 수는 법률로 정하되, 200인 이상으로 한다.

관한 사항은 법률로 정한다.	③국회의원의 선거구와 비례대표제 기타 선거에 관한 사항은 법률로 정한다.

※ 제안 취지

☐ 단원제 국회 유지

☐ '자유'선거원칙 추가

2. (현행) 제52조

현행	개정안
제52조 국회의원과 정부는 법률안을 제출할 수 있다.	제52조 ①국회의원은 법률안을 제출할 수 있다. ②대통령과 국무총리는 그 소관사무에 관하여 법률안을 제출할 수 있다.

※ 제안 취지

☐ 국회의원에게는 물론 국가원수인 대통령과 행정부 수반인 총리에게도 법률안제출권을 인정

3. (현행) 제53조

현행	개정안
제53조 ①국회에서 의결된 법률안은 정부에 이송되어 15일 이내에 대통령이 공포한다. ②법률안에 이의가 있을 때에는 대통령은 제1항의 기간내에 이의서를 붙여 국회로 환부하고, 그 재의를 요구할 수 있다. 국회의 폐회중에도 또한 같다. ③대통령은 법률안의 일부에 대하여 또는 법률안을 수정하여 재의를 요구할 수 없다. ④재의의 요구가 있을 때에는 국회는 재의에 붙이고, 재적의원과반수의 출석과 출석의원 3분의 2 이상의 찬성으로 전과 같은 의결을 하면 그 법률안은 법률로서 확정된다.	제53조 ①국회에서 의결된 법률안은 정부에 이송되어 15일 이내에 대통령이 공포한다. ②법률안에 이의가 있을 때에는 대통령은 제1항의 기간 내에 이의서를 붙여 국회로 환부하고, 그 재의를 요구할 수 있다. 국회의 폐회중에도 또한 같다. ③국무총리는 그 소관 법률안에 대하여 이의가 있을 때에는 대통령에게 제2항의 재의를 요구할 것을 요청할 수 있다. ④대통령은 법률안의 일부에 대하여 또는 법률안을 수정하여 재의를 요구할 수 없다. ⑤재의의 요구가 있을 때에는 국회는 재의에 붙

⑤대통령이 제1항의 기간내에 공포나 재의의 요구를 하지 아니한 때에도 그 법률안은 법률로서 확정된다. ⑥대통령은 제4항과 제5항의 규정에 의하여 확정된 법률을 지체없이 공포하여야 한다. 제5항에 의하여 법률이 확정된 후 또는 제4항에 의한 확정법률이 정부에 이송된 후 5일 이내에 대통령이 공포하지 아니할 때에는 국회의장이 이를 공포한다. ⑦법률은 특별한 규정이 없는 한 공포한 날로부터 20일을 경과함으로써 효력을 발생한다.	이고, 재적의원과반수의 출석과 출석의원 3분의 2 이상의 찬성으로 전과 같은 의결을 하면 그 법률안은 법률로서 확정된다. ⑥대통령이 제1항의 기간 내에 공포나 재의의 요구를 하지 아니한 때에도 그 법률안은 법률로서 확정된다. ⑦대통령은 제5항과 제6항의 규정에 의하여 확정된 법률을 지체 없이 공포하여야 한다. 제6항에 의하여 법률이 확정된 후 5일 이내 또는 제5항에 의한 확정법률이 정부에 이송된 후 5일 이내에 대통령이 공포하지 아니할 때에는 국회의장이 이를 공포한다. ⑧법률은 특별한 규정이 없는 한 공포한 날로부터 20일을 경과함으로써 효력을 발생한다.

※ 제안 취지

□ 법률안제출권의 경우 대통령과 국무총리에게 모두 인정하되, 법률안거부권 행사는 대통령으로 일원화함

□ 국무총리가 법률안에 대해 이의가 있는 경우 대통령에게 재의요구권 발동을 요청하도록 함

4. (현행) 제61조

현행	개정안
제61조 ①국회는 국정을 감사하거나 특정한 국정사안에 대하여 조사할 수 있으며, 이에 필요한 서류의 제출 또는 증인의 출석과 증언이나 의견의 진술을 요구할 수 있다. ②국정감사 및 조사에 관한 절차 기타 필요한 사항은 법률로 정한다.	제61조 ①국회는 특정한 국정사안에 대하여 조사할 수 있으며, 이에 필요한 서류의 제출 또는 증인의 출석과 증언이나 의견의 진술을 요구할 수 있다. ②국정조사에 관한 절차 기타 필요한 사항은 법률로 정한다.

※ 제안 취지

□ 낭비적인 현재의 국정감사권을 폐지하고, 국회에 국정조사권만을 부여

5. (현행) 제63조

현행	개정안
제63조 ①국회는 국무총리 또는 국무위원의 해임을 대통령에게 건의할 수 있다. ②제1항의 해임건의는 국회재적의원 3분의 1 이상의 발의에 의하여 국회재적의원 과반수의 찬성이 있어야 한다.	제63조 ①국회는 재적의원 3분의 1 이상의 발의와 재적의원 과반수의 찬성으로 국무총리에 대한 불신임을 의결할 수 있다. 다만, 국무총리가 임명된 후 1년 이내에는 불신임을 발의·의결할 수 없다. ②국회는 재적의원 4분의 1 이상의 발의와 출석의원 과반수의 찬성으로 국무위원에 대한 불신임을 의결할 수 있다.

※ 제안 취지

□ 현재의 해임건의권을 해임의결권으로 격상함으로써 국회의 권한을 대폭 강화하고자 함

□ 국무총리와 국무위원에 대한 불신임 의결정족수를 비교적 낮게 설정(국무총리: 재적과반수, 국무위원: 출석의원 과반수)한 것은 국회의 국무총리 및 국무위원에 대한 견제권을 강화함으로써 분권형 대통령제의 실효성을 제고하기 위한 것임

6. (현행) 제66조

현행	개정안
제66조 ①대통령은 국가의 원수이며, 외국에 대하여 국가를 대표한다. ②대통령은 국가의 독립·영토의 보전·국가의 계속성과 헌법을 수호할 책무를 진다. ③대통령은 조국의 평화적 통일을 위한 성실한 의무를 진다. ④행정권은 대통령을 수반으로 하는 정부에 속한다.	제66조 ①대통령은 국가의 원수이며, 외국에 대하여 국가를 대표한다. ②대통령은 국가의 독립, 영토의 보전, 국가의 계속성과 헌법을 수호할 책무를 진다. ③대통령은 조국의 평화적 통일과 국민통합을 위하여 성실히 노력할 의무를 진다. ④대통령은 통일, 외교, 국방에 관한 권한을 행사하며, 그 밖의 국정에 관한 권한은 국무총리를 수반으로 하는 행정부에 속한다. ⑤제4항에 따른 대통령과 행정부의 구체적 직무범위에 대해서는 법률로 정한다.

※ 제안 취지

□ 분권형 대통령제를 실현하기 위한 기본 규정임

□ 대통령은 국가원수로서 국가적 안위와 직결되는 통일·외교·국방을 전담하고 그 밖의 행정권은 국무총리가 전담하도록 함으로써 분권형 대통령제를 실현

□ 1) 국회 자문위안 중 '분권형 정부제 안'은 대통령에게 기획·재정과 국민통합에 대한 권한까지 부여한다는 전제에서 4개의 위원회('기획·재정심의회의', '통일정책심의회의', '외교·안보정책심의회의', '국민통합심의회의')를 신설하도록 하고 있음

2) 또한, 이들 위원회는 공히 '대통령(의장), 총리(부의장), 법률로 정하는 관계 부처의 장관 및 대통령이 지명하는 7인 이내의 위원'으로 구성되도록 하고 있음

3) 하지만, 이들 위원회의 심의사항을 소관업무로 관할하는 부처 및 그 장관이 존재하는 이상 별도의 위원회를 다수 신설하는 것은 제도의 낭비임

□ 결론적으로 상기 위원회의 심의대상이 되는 각종 정책의 수립 및 집행은 소관 부처가 맡도록 하고 최종적으로 국무회의를 통해 조정되도록 하는 것이 타당할 것임

□ 통일, 외교, 국방에 관한 사항과 그 밖의 국정이 상호 중첩 또는 간섭하는 현상을 조정하기 위해 법률로써 대통령과 행정부의 권한을 구체적으로 설정할 필요 있음(제5항)

7. (현행) 제67조

현행	개정안
제67조 ①대통령은 국민의 보통·평등·직접·비밀선거에 의하여 선출한다. ②제1항의 선거에 있어서 최고득표자가 2인 이상인 때에는 국회의 재적의원 과반수가 출석한 공개회의에서 다수표를 얻은 자를 당선자로 한다. ③대통령후보자가 1인일 때에는 그 득표수가 선거권자 총수의 3분의 1 이상이 아니면 대통령으로 당선될 수 없다. ④대통령으로 선거될 수 있는 자는 국회의원의 피선거권이 있고 선거일 현재 40세에 달하여야 한다. ⑤대통령의 선거에 관한 사항은 법률로 정한다.	제67조 ①대통령은 국민의 보통·평등·직접·비밀·자유선거에 의하여 선출한다. ②제1항의 선거에서 투표자 과반수의 득표를 얻은 자를 대통령 당선자로 한다. ③제2항의 당선자가 없을 경우 상위 득표자 2인을 대상으로 결선투표를 실시하여 다수득표자를 대통령 당선자로 한다. 결선투표의 대상이 되는 상위득표자가 2인을 초과하는 경우에는 그 전부에 대해 결선투표를 실시한다. ④제3항의 다수득표자가 복수인 경우에는 국회가 재적의원 3분의 2 이상이 출석하는 회의에서 다수표를 얻은 자를 대통령 당선자로 선출한다. ⑤대통령 후보자가 1인인 때에는 그 득표수가 선거권자 총수의 3분의 1 이상이 아니면 대통령으로 당선될 수 없다.

	⑥대통령으로 선거될 수 있는 자는 국회의원의 피선거권이 있고 선거일 현재 40세에 달하여야 한다. ⑦대통령의 선거에 관한 사항은 법률로 정한다.

※ 제안 취지

□ 결선투표제 도입

8. (현행) 제70조

현행	개정안
제70조 대통령의 임기는 5년으로 하며, 중임할 수 없다.	제70조 대통령의 임기는 4년으로 하며, 1차에 한하여 중임할 수 있다.

※ 제안 취지

□ 대통령의 임기를 4년 중임으로 함

□ 통상 분권형 대통령제하에서 대통령의 임기를 5-7년으로 하는 경우가 많고, 그에 따라 국회 개헌특별위원회 '자문위원회안' 중 '분권형 정부제 안'도 6년 단임을 제시하고 있으나, 대한민국의 역동성(Dynamik)을 고려하면 '대통령 4년 중임제 안'이 제시하고 있는 '임기 4년, 1차 중임'이 적합한 것으로 판단됨

9. (현행) 제71조

현행	개정안
제71조 대통령이 궐위되거나 사고로 인하여 직무를 수행할 수 없을 때에는 국무총리, 법률이 정한 국무위원의 순서로 그 권한을 대행한다.	제71조 ① 대통령이 궐위되거나 사고로 인하여 직무를 수행할 수 없을 때에는 국회의장, 국무총리, 법률이 정한 국무위원의 순서로 그 권한을 대행한다. ②대통령이 질병·사고로 인하여 직무를 수행하는 것이 불가능한지에 대한 최종적 판단은 국무총리의 신청에 의하여 헌법재판소가 결정한다. ③대통령 권한대행에 관하여 필요한 사항은 법률로 정한다.

※ 제안 취지

□ 대통령의 궐위 혹은 사고시 권한대행 자격을 정함에 있어 입법부 대표에게 우선권을 부여함으로써 권한대행의 민주적 정당성을 제고하도록 함

□ 직무수행의 가능성 여부를 중립적 헌법기관인 헌법재판소의 판단에 맡김으로써 객관성을 담보하도록 함

10. (현행) 제79조

현행	개정안
제79조 ①대통령은 법률이 정하는 바에 의하여 사면·감형 또는 복권을 명할 수 있다. ②일반사면을 명하려면 국회의 동의를 얻어야 한다. ③사면·감형 및 복권에 관한 사항은 법률로 정한다.	제79조 ①대통령은 법률이 정하는 바에 의하여 사면·감형 또는 복권을 명할 수 있다. ②대통령이 일반사면을 명하려면 국회의 동의를 얻어야 하며, 특별사면을 명하려면 사면위원회의 의결을 거쳐야 한다. ③사면·감형 및 복권의 절차, 사면위원회의 구성과 역할 등에 관한 사항은 법률로 정한다.

※ 제안 취지

□ 종래 남용되어 온 대통령의 사면권을 축소 조정함

□ 특별사면의 경우 사면위원회의 의결을 거치도록 함

11. (현행) 제86조

현행	개정안
제86조 ①국무총리는 국회의 동의를 얻어 대통령이 임명한다. ②국무총리는 대통령을 보좌하며, 행정에 관하여 대통령의 명을 받아 행정각부를 통할한다. ③군인은 현역을 면한 후가 아니면 국무총리로 임명될 수 없다.	제86조 ①국무총리는 국회의 동의를 얻어 대통령이 임명한다. ②국회의원은 국무총리로 임명될 수 없다. ③군인은 현역을 면한 후가 아니면 국무총리로 임명될 수 없다.

※ 제안 취지

□ 국무총리 임명에 국회의 동의를 얻도록 하는 현행 규정 유지

□ 국무총리의 대통령 보좌규정 삭제

□ 국회 헌법개정특별위원회 '자문위원회안'의 경우, 민의원의 동의('4년 중임제 안') 또는 민의원이 선출한 자를 임명('분권형 정부제 안')하도록 하고 있음

1) 후자는 의원내각제의 전형적 특징이므로 대통령제의 유지를 전제하는 '분권형 대통령제'와 부합하는 것인지 의문(독일식 의원내각제에 해당)

2) 특히 총리를 국회선출에 맡기는 것은 대통령으로부터 총리임명권을 박탈하는 것으로 대통령제의 포기에 다름 아니며, 여소야대의 상황에서 극심한 국정혼란을 초래할 것임

□ 국회는 사전적으로 국무총리 임명에 대한 동의권을 행사할 뿐만 아니라 사후적으로 비교적 낮은 정도의 '국무총리 및 국무위원 해임의결 정족수'를 통해 대통령에 대한 효과적 견제를 행할 수 있음[위 제63조 부분 참조]

□ 국회의원과 국무총리의 겸직 불허 – 대통령제적 요소의 반영

12. (현행) 제87조

현행	개정안
제87조 ①국무위원은 국무총리의 제청으로 대통령이 임명한다. ②국무위원은 국정에 관하여 대통령을 보좌하며, 국무회의의 구성원으로서 국정을 심의한다. ③국무총리는 국무위원의 해임을 대통령에게 건의할 수 있다. ④군인은 현역을 면한 후가 아니면 국무위원으로 임명될 수 없다.	제87조 ①국무위원은 국무총리의 제청으로 대통령이 임명한다. 다만, 통일·외교·국방 등 대통령의 권한과 관련된 부처의 장관인 국무위원은 대통령이 직접 임명한다. ②국회의원은 국무위원으로 임명될 수 없다. ③군인은 현역을 면한 후가 아니면 국무위원으로 임명될 수 없다.

※ 제안 취지

□ 국무위원은 국무총리의 제청으로 임명하도록 함

□ 대통령의 소관사항인 통일, 외교, 국방 관련 장관은 대통령이 단독으로 임명할 수 있도록 함

□ 국회의원과 국무위원의 겸직 불허 – 대통령제적 요소의 반영

13. 신설 조항들

현행	개정안
(신설)	제○조 ①국회가 국무총리를 불신임한 때에는 국무총리와 국무위원은 전원 사직한다. 다만, 대통령이 단독으로 임명한 국무위원의 경우에는 그러하지 아니하다. ②국회가 국무위원을 불신임한 때에는 해당 국무위원은 사직한다. 제○조 국무총리가 직무를 수행할 수 없을 때에는 법률이 정한 국무위원의 순서로 그 권한을 대행한다. 제○조 국무총리의 권한행사는 문서로 하며 이 문서에는 관계 국무위원이 부서한다. 제○조 국무총리는 법률에서 구체적으로 범위를 정하여 위임받은 사항과 법률을 집행하기 위하여 필요한 사항에 관하여 국무총리령을 발할 수 있다. 제○조 국무총리는 대통령에게 국무위원의 해임을 요청할 수 있다.

※ 제안 취지

□ 국무총리 불신임시 내각 총사퇴, 국무총리 권한대행, 국무총리의 권한행사 방법(문서주의, 부서), 국무총리령, 국무총리의 국무위원 해임요청권 등

14. (현행) 제88조

현행	개정안
제88조 ①국무회의는 정부의 권한에 속하는 중요한 정책을 심의한다. ②국무회의는 대통령·국무총리와 15인 이상 30인 이하의 국무위원으로 구성한다. ③대통령은 국무회의의 의장이 되고, 국무총리는 부의장이 된다.	제88조 ①국무회의는 대통령과 행정부의 권한에 속하는 중요한 정책을 심의·의결한다. ②국무회의는 대통령, 국무총리와 30인 이내의 국무위원으로 구성한다. ③대통령은 국무회의의 의장이 되고, 국무총리는 부의장이 된다.

※ 제안 취지

□ 국무회의를 심의기관에서 의결기관으로 전환함

15. (현행) 제89조

현행	개정안
제89조 다음 사항은 국무회의의 심의를 거쳐야 한다. 1. 국정의 기본계획과 정부의 일반정책 2. 선전·강화 기타 중요한 대외정책 3. 헌법개정안·국민투표안·조약안·법률안 및 대통령령안 4. 예산안·결산·국유재산처분의 기본계획·국가의 부담이 될 계약 기타 재정에 관한 중요사항 5. 대통령의 긴급명령·긴급재정경제처분 및 명령 또는 계엄과 그 해제 6. 군사에 관한 중요사항 7. 국회의 임시회 집회의 요구 8. 영전수여 9. 사면·감형과 복권 10. 행정각부간의 권한의 획정 11. 정부안의 권한의 위임 또는 배정에 관한 기본계획 12. 국정처리상황의 평가·분석 13. 행정각부의 중요한 정책의 수립과 조정 14. 정당해산의 제소 15. 정부에 제출 또는 회부된 정부의 정책에 관계되는 청원의 심사 16. 검찰총장·합동참모의장·각군참모총장·국립대학교총장·대사 기타 법률이 정한 공무원과 국영기업체관리자의 임명 17. 기타 대통령·국무총리 또는 국무위원이 제출한 사항	제89조 다음 사항은 국무회의의 심의·<u>의결</u>을 거쳐야 한다. 1. 국정의 기본계획과 정부의 일반정책 2. 선전·강화 기타 중요한 대외정책 3. 헌법개정안·국민투표안·조약안·법률안 및 대통령령안과 <u>국무총리령안</u> 4. 예산안·결산·국유재산처분의 기본계획·국가의 부담이 될 계약 기타 재정에 관한 중요사항 5. 대통령의 긴급명령·긴급재정경제처분 및 명령 또는 계엄과 그 해제 6. 군사에 관한 중요사항 7. 국회의 임시회 집회의 요구 8. 영전수여 9. 사면·감형과 복권 10. 행정각부간의 권한의 획정 11. 정부안의 권한의 위임 또는 배정에 관한 기본계획 12. 국정처리상황의 평가·분석 13. 행정각부의 중요한 정책의 수립과 조정 14. 정당해산의 제소 15. 정부에 제출 또는 회부된 정부의 정책에 관계되는 청원의 심사 16. <u>법률로 정한 공무원의 임명과 정부의 권한에 속하는 인사(人事)에 관한 중요사항</u> 17. 기타 대통령·국무총리 또는 국무위원이 제출한 사항

※ 제안 취지

☐ 국무회의의 심의·의결 사항에 총리령안 포함

☐ 제16호를 단순화함

16. (현행) 제97조

현행	개정안
제97조 국가의 세입·세출의 결산, 국가 및 법률이 정한 단체의 회계검사와 행정기관 및 공무원의 직무에 관한 감찰을 하기 위하여 대통령 소속하에 감사원을 둔다.	[1안 정부형태분과안] 제97조 ①국가와 지방자치단체의 세입·세출의 결산, 국가 및 법률이 정한 단체의 회계검사와 공무원의 직무에 관한 감찰을 하기 위하여 감사원을 둔다. ②감사원은 독립하여 직무를 수행한다. ③감사원은 법률에 저촉되지 않는 범위 안에서 감사에 관한 절차, 내부규율과 사무처리에 관한 규칙을 제정할 수 있다.

※ 제안 취지

☐ 감사원을 대통령 소속에서 국회 소속으로 전환함

☐ 회계검사권뿐만 아니라 직무감찰권까지 감사원에 부여

☐ 지방자치단체도 감사대상 기관으로 편입함(제1항)

☐ 감사원의 직무상 독립을 명시함(제2항)

☐ 감사원의 규칙제정권 신설(제3항)

17. (현행) 제98조

현행	개정안
제98조 ①감사원은 원장을 포함한 5인 이상 11인 이하의 감사위원으로 구성한다. ②원장은 국회의 동의를 얻어 대통령이 임명하고, 그 임기는 4년으로 하며, 1차에 한하여 중임할 수 있다. ③감사위원은 원장의 제청으로 대통령이 임명하	제98조 ①감사원은 원장을 포함한 9인의 감사위원으로 구성한다. ②감사원장은 감사위원 중에서 호선한다. ③감사위원은 국회에서 선출한다. ④감사위원의 임기는 6년 단임으로 한다. ⑤감사위원은 정당에 가입하거나 정치에 관여할

고, 그 임기는 4년으로 하며, 1차에 한하여 중임할 수 있다.	수 없다. ⑥감사위원은 탄핵 또는 금고 이상의 형의 선고에 의하지 아니하고는 파면되지 아니한다.

※ 제안 취지

- □ 감사원을 독립기관으로 하고, 감사원장은 감사위원 중에서 호선하도록 함
- □ 감사위원은 국회에서 선출함으로써 민주적 정당성 확보
- □ 감사위원의 임기를 6년 단임으로 하여 국회의 영향력 하에 놓이는 것을 방지하고자 함
- □ 정치적 중립성 조항(제5항) 명시
- □ 신분보장 규정(제6항)

18. (현행) 제128조 - 제130조

현행	개정안
제128조 ①헌법개정은 국회재적의원 과반수 또는 대통령의 발의로 제안된다. ②대통령의 임기연장 또는 중임변경을 위한 헌법개정은 그 헌법개정 제안 당시의 대통령에 대하여는 효력이 없다.	제128조 ①헌법개정은 국회 재적의원 과반수, 대통령, 국회의원 선거권자 1백만 명 이상의 발의로 제안된다. ②대통령의 임기연장 또는 중임변경을 위한 헌법개정은 그 헌법개정 제안 당시의 대통령에 대하여는 효력이 없다.
제129조 제안된 헌법개정안은 대통령이 20일 이상의 기간 이를 공고하여야 한다.	제129조 제안된 헌법개정안은 대통령이 30일 이상의 기간 이를 공고하여야 한다.
제130조 ①국회는 헌법개정안이 공고된 날로부터 60일 이내에 의결하여야 하며, 국회의 의결은 재적의원 3분의 2 이상의 찬성을 얻어야 한다. ②헌법개정안은 국회가 의결한 후 30일 이내에 국민투표에 붙여 국회의원선거권자 과반수의 투표와 투표자 과반수의 찬성을 얻어야 한다. ③헌법개정안이 제2항의 찬성을 얻은 때에는 헌법개정은 확정되며, 대통령은 즉시 이를 공포하여야 한다.	제130조 ①국회는 헌법개정안이 공고된 날부터 60일 이내에 의결하여야 하며, 국회의 의결은 재적의원 3분의 2 이상의 찬성을 얻어야 한다. ②헌법개정안은 국회가 의결한 후 30일 이내에 국민투표에 붙여 국회의원선거권자 과반수의 투표와 투표자 과반수의 찬성을 얻어야 한다. ③헌법개정안이 제2항의 찬성을 얻은 때에는 헌법개정은 확정되며, 대통령은 즉시 이를 공포하여야 한다.

※ 제안 취지

□ 국회의원 선거권자 일정 수 이상의 국민에 의한 헌법개정안 발안권 인정

□ 헌법개정안의 공고기간을 30일로 함

□ 국회에서 재적의원 3분의 2 이상의 찬성으로 의결된 헌법개정안을 국민투표에 부치도록 하는 현행규정 유지

제 5 절 지방분권분과

논의 취지	• 대통령과 국회를 중심으로 한 중앙집권적 단일 통치체계에서 탈피하여, 지방 저마다의 다양한 특색이 고려되고, 지역 주민들의 요구가 더욱 효율적으로 충족되며, 주민의 생활과 복리와 관련된 사안에 대하여 주민 스스로가 숙의하고 결정해 나아가는 진정한 주민자치, 주민주권을 실현할 수 있도록 헌법적 토대를 강화할 필요가 있음 • 국가와 지방자치단체간, 지방자치단체 상호간의 정책경쟁과 행정서비스경쟁을 촉진하고, 아래로부터 혁신을 통하여 국가의 효율성을 높이고, 경제 발전의 동력을 확보함 • 이를 위하여, 민주공화국 구현을 뒷받침하는 중요한 방법론으로서 '지방분권 지향'을 헌법 총강에 선언하고, 보충성의 원칙을 명시하여 국가, 기초지방자치단체와 광역지방자치단체간의 사무 권한의 우선순위를 정하며, 지방의회(또는 주민총회)가 해당 지역의 주민의 삶을 규정하는 법률을 제정할 수 있도록 함 • 또한 지방자치단체로 하여금 지방세의 종류와 세율 및 징수방법을 당해 지방의 법률로 정할 수 있도록 하고, 국가와 지방자치단체간, 지방자치단체 상호간의 재정조정 제도를 두어 지방간의 재정격차를 완화 하는 등 시대적 요구에 부합하는 지방분권 시대를 열어가는 내용의 개헌안을 마련하고자 하였음 • 현재 국회에서 헌법개정특별위원회와 자문위원회를 두고 개헌안을 마련하고 있고, 전국적으로 많은 시민단체와 사회단체는 물론이고 지방자치단체 협의체와 자발적 시민모임 등에서도 전체 개헌안 또는 부분 개헌안 등을 활발히 제시하며 새로운 헌법 수립에 대한 열의를 보이고 있음. 그러한 가운데 헌법학을 직접 연구하고 있는 학자와 연구자들이 좀더 다듬어진 개헌 의견을 제시하는 것은 지식인으로서의 소명임과 동시에 사회적 책무라 할 것임
분과위 논의 경과	• 한국헌법학회 헌법개정연구위원회 지방분권분과는 위와 같은 문제의식을 전제하고, 2018.1.2.부터 논의를 시작하여, 1. 6(1차), 1. 13(2차), 1. 20(3차)에 걸쳐 현장 공동 분과회의를 개최하고, 10차례의 온라인 집단점검 회의를 거쳐 분과 차원의 지방자치 관련 개헌안 초안을 도출하고, 이를 담은 보고서를 작성한 후 이를 다시 6차례 회람하여 검독한 후, 2.21 위원회 본부에 제출하기에 이름

1. 신설(지방분권주의)

가. 주요내용

□ 헌법 총강에서 지방분권주의를 천명함

현행	개정안
(신설)	총강 제1조 ③대한민국은 지방분권을 지향한다.

나. 제안 취지

□ 지방분권을 국가질서 형성의 중요한 방향으로 설정하여, 사회의 모든 사안을 국가가 관장하는 국가주의적 경향을 시정하고, 지방분권의 원리가 모든 국가의 입법과 행정, 사법에 반영될 수 있도록 하고자 함

□ (소수의견) 헌법 제1조 제1항에서 민주공화국임을 표명한 이상, '지방분권'은 방법론에 해당하는 것이므로, 이를 별도의 조항으로 선언하는 것은 불필요하다는 의견 있음(김성률, 김기호)

다. 제안 논거

□ 외국 입법례

- 프랑스 헌법 제1조 제1항 3문 : 프랑스는 지방분권적으로 구성된다.
- 이탈리아 헌법 제5조 : 국가는 지방자치를 인정 및 촉진하고, 국가에 의존하는 서비스에 있어서 최대한의 행정적 분권화를 이행한다. 국가는 자치와 지방분권화의 요구에 입법 원칙과 방식이 부합하도록 하여야 한다.

2. 현행 제117조 일부 수정 및 신설

가. 주요내용

□ 개정안 제117조 제1항에서는 주민의 지방사무에 관한 자치권을 명시함
또한, 주민의 자치권은 주민이 직접 행사하거나 지방자치단체의 기관을 통하여 행사할 수 있음을 명시함
또한, 주민발안, 주민투표, 주민소환에 관하여 필요한 사항을 법률로 정할 수 있도록 근

거를 둠

□ 개정안 제117조 제2항에서 지방자치단체의 종류와 구역 및 특별자치정부에 관하여 법률로 정하도록 함. 또한 이를 변경하고자 하는 경우에는 반드시 주민투표를 거치도록 명시함

□ 개정안 제117조 제3항에서 정부와 지방자치단체간, 지방자치단체간의 역할과 사무 분배에 관해서는 주민과 가까운 정부에게 우선적 책임과 권한이 부여되도록 보충성의 원칙을 명시함

현행	개정안
(신설)	제8장 지방자치 제117조 ①주민은 그 지방사무에 관하여 자치권을 가진다. 주민은 자치권을 직접 또는 지방자치단체의 기관을 통하여 행사한다. 주민발안, 주민투표, 주민소환에 관하여 필요한 사항은 법률로 정한다.
제117조 ②지방자치단체의 종류는 법률로 정한다.	제117조 ②지방자치단체의 종류와 구역 및 특별지방자치단체에 관하여는 법률로 정한다. 다만 이를 변경하고자 하는 경우에는 주민투표를 거쳐야 한다.
(신설)	제117조 ③국가와 지방자치단체간, 지방자치단체간의 역할과 사무 분배에 관하여는 보충성의 원칙에 따른다.

나. 제안 취지

□ 지방분권주의의 실현은 곧 주민자치에 기반하여야 하는 것이므로, 주민의 자치권을 헌법적으로 보장하고, 주민의 자치권을 직접 행사하거나 간접적으로 행사하는 방법 등을 명시하며, 지방 차원의 직접민주주의 통하여 주민의 자치권을 최종적으로 실현할 수 있도록 헌법적으로 보장함

- ○ (소수의견) '지방자치에서 자치권은 주민에게 있고 지방자치단체의 모든 권한은 주민으로부터 나온다. 주민의 자치권은 직접 또는 지방자치단체에 의하여 행사한다.'로 조문 수정하자는 의견 있음(김기호)

□ 주민 공동체 단위를 최대한 존중하여, 행정부나 국회에 의한 자의적인 지방자치단체의 종류 변경을 방지하고, 혹여 이를 변경하려는 경우에도 주민의 의견이 최대한 존중되도

록 하기 위하여 법률로 정하되 주민투표를 거치도록 함

- ○ 지방자치단체의 종류와 구역에 관하여 규정하되, 지방자치단체 가운데에도 차별화된 성격을 갖는 특별자치정부를 둘 수 있도록 함
- ○ (소수의견) "지방자치단체의 종류와 관할은 법률로 정한다. 다만 지방자치단체의 종류와 관할구역을 변경할 때에는 주민투표를 거쳐야 한다."로 조문 수정하자는 의견 있음(김기호)
- ○ (소수의견) 현행 지방자치법 상의 용어 입법례를 고려하여 조문에 '구역'보다는 '관할 구역'으로 표현하자는 의견 있음(고인석)

□ 사무배분의 원칙을 헌법에 명시하여 기준을 제시함. 보충성은 정의의 원칙과 효율성의 원칙에 부합하는 일반원칙에 해당함

- ○ 보충성의 원칙을 통하여 하위 단위의 공동체 또는 작은 단위의 정부가 자율과 책임을 바탕으로 사무를 우선하여 효율적으로 처리하고, 부득이 처리할 수 없는 사무에 대해서만 상위 단위의 공동체 내지 큰 단위의 정부가 사무에 개입하도록 함
- ○ 프랑스, 독일, 스위스 등 유럽 다수의 국가가 표명하고 있는 원리임
- ○ (소수의견) '지방자치단체간 또는 국가사무배분은 보충성 원칙에 따라 법률로 정하며 합리적인 비용을 부담하여야 한다.'로 문구 수정하자는 의견 있음(김기호)
- ○ (소수의견) '보충성의 원칙'은 어려운 학문적 개념일 뿐만 아니라, 해외 입법례를 무비판적으로 따르는 입법사대주의적 차용은 곤란하므로, 국민 모두가 이해하기 쉽도록, 주민에게 가장 가까운 작은 자치정부에서, 큰 자치정부, 그리고 국가 순으로 사무를 처리하도록 규정함이 적절하다는 의견 있음(이경선)

다. 제안 논거

□ 외국 입법례

- ○ 스페인 헌법 제137조 : 국가는 지역상 시·군·구, 현, 자치주로 구성한다.
- ○ 이탈리아 헌법 제114조 : 공화국은 시, 도, 대도시, 주, 국가로 구성된다.
- ○ 독일 헌법 제23조 : 국가 임무는 보충성의 원칙에 따라 분배되고 수행되어야 한다.
- ○ 스위스 헌법 제5a조 : 국가 임무는 보충성의 원칙에 따라 분배되고 수행되어야 한다.

3. (현행) 제117조 1항

가. 주요내용

□ 현행 헌법 제117조 제1항을 개정안 제118조로 조문 위치를 변경하고 그 내용을 여러

항으로 나누어 구체적으로 명시함

- 개정안 제118조 1항에서 외교, 국방 등 국가존립에 필요한 사항 및 전국적 통일성을 요하거나 전국적 규모의 사업에 대하여 국가가 입법권을 행사하도록 함(국가의 배타적 입법권)
- 개정안 제118조 제2항에서, 제1항 이외의 사항에 대하여는 국가와 지방단체가 각각의 입법권을 행사하는 근거를 둠(경합적 입법권 내지 병렬적 입법권).
- 개정안 제118조 제3항에서, 지방자치단체의 구역 내에서 효력을 갖는 자치법률 제정 권한을 명시함
- 개정안 제118조 제4항에서 국가의 법률과 자치법률이 충돌하는 경우에 해결방안을 제시함. 원칙적으로 국가의 법률이 지방자치단체의 법률보다 우선적 효력을 갖되, 지방자치단체로 하여금 지역의 특성을 반영하여 다양한 규율이 필요한 일정 생활 분야에서 달리 법률을 정할 수 있도록 함
- 개정안 제118조 제5항에서, 지방자치단체의 고유 자치사무와 위임사무의 수행 근거를 명시함. 그리고 사무 위임을 한 국가 또는 지방자치단체가 위임사무의 비용을 부담하는 원칙을 분명히 함

현행	개정안
제117조 ①지방자치단체는 주민의 복리에 관한 사무를 처리하고 재산을 관리하며, 법령의 범위안에서 자치에 관한 규정을 제정할 수 있다.	제118조 ①외교, 국방 등 국가존립에 필요한 사항 및 전국적 통일성을 요하거나 전국적 규모의 사업에 대해서는 국가가 입법권을 갖는다. ②제1항에 해당하지 않는 사항에 대하여는 국가와 지방자치단체가 각각 입법권을 갖는다. ③지방자치단체는 제2항의 사항에 대하여 자치법률을 제정할 수 있다. 지방자치단체의 자치법률은 해당 구역에서 효력을 가진다. ④국가의 법률은 지방자치단체의 자치법률보다 우선하는 효력을 가진다. 다만, 지방자치단체는 지역의 특성을 반영하기 위하여 필요한 경우에는 자치조직, 지방세, 주민복리와 관련한 주택, 교육, 환경, 경찰, 소방 등에 대해서 국가의 법률과 달리 정할 수 있다. ⑤지방자치단체는 당해 입법기관이 제정한 법률을 자치사무로 수행하고, 국가 또는 다른 지방자

	치단체에서 위임한 사무를 수행한다. 위임사무를 처리하는 데 소요되는 비용은 위임한 국가 또는 지방자치단체에서 부담한다.

나. 제안 취지

□ 국가의 전속적 입법권 내지 배타적 입법권에 관한 조항을 둠

- ○ 지방분권, 지방자치를 강화하더라도 이것이 국가의 존립과 국가적 통합성을 부정하는 것이 아니므로, 국가의 존립과 관련된 사항이나 전국적으로 통일성을 기할 필요가 있는 사항에 대해서는 국가가 계속해서 입법권을 행사하도록 하는 것이 필요함

□ 국가와 지방자치단체의 입법권이 병존하는 이른바 '경합적 입법권'에 관한 조항을 둠

- ○ 국가가 가지는 전속적 입법권 내지 배타적 입법권에 해당하는 사항 이외에 대해서는 국가와 지방자치단체가 각각의 입법권을 행사할 수 있도록 함
- ○ 스페인, 독일 등 외국 헌법례에서도 참고할 만한 규정들이 있음
- ○ 지방자치단체의 배타적 입법권을 직접적으로 명시하는 것이 지방자치단체의 입법권을 강화하는 데 가장 바람직함. 독일, 이탈리아, 스위스 등에 입법례가 있음. 국가의 입법적 역할을 인정하면서도 동시에 지방자치단체의 입법권이 병존되도록 하여 국가와 지방자치단체가 중첩적으로 입법권을 갖도록 지방자치단체의 입법권을 강화함

□ 지방자치단체의 법률제정권을 보장함

- ○ 지방자치단체의 입법형식을 조례로 하는 경우에 기본권유보 법률, 조세법률주의, 죄형법정주의로 인하여 지방자치단체의 입법권이 무력화됨
- ○ 헌법이 법률로 정하도록 한 사항을 일일이 조례로 정할 수 있도록 헌법에 명시하는 것은 복잡하고, 결국 조례를 법률로 인정하는 것이 되므로, 차라리 당해 지방자치단체의 법률제정권을 인정하는 것이 간편하고 의미가 명확함. 지방입법과 헌법 제37조 제2항의 기본권제한 법률유보, 제13조 제1항의 죄형법정주의, 제59조의 조세법률주의 등이 조화를 이룰 수 있도록 함
- ○ (소수의견) 지방법률 입법권 부여에 관한 대안으로 지방자치에 필요한 법률안제출권을 부여하고, 아울러 국가(정부와 국회 등)의 지방자치단체의 의견존중의무를 부과하고, 국회나 정부의 일방적 권한행사를 견제하고, 소통을 통한 협치가 이루어질 수 있도록 헌법에 "전국지방자치단체장협의회"를 신설하자는 의견 있음(김기호)

□ 국가의 법률과 자치법률간의 규범 충돌시 국가의 법률이 우선되도록 함으로써 적용상의 효력관계 원칙을 제시함

- ○ 다만, 지방 저마다의 특성이나 사정을 고려하는 것이 필요한 경우에는 예외적으로

자치법률로 달리 정할 수 있도록 함
- ○ 법률의 전국적 통합성(통일성)과 지방적 다양성을 조화시킬 수 있는 방안을 모색함
- ○ 국가와 지방자치단체간의 입법적 경쟁이 가능하게 됨으로써 부정적인 문제가 발생하기보다는, 경쟁적으로 입법적 품질이 제고되는 긍정적 효과를 기대할 것으로 봄
- ○ (소수의견) "지방의회의원과 지방자치단체는 법률을 위반하지 않는 범위 내에서 조례안을 제출할 수 있으며 조례는 관할구역 내에서 효력을 가진다."로 문구 수정하자는 의견 있음(김기호)

□ 사무처리 비용의 부담 원칙을 명확히 함
- ○ 사무처리비용의 전가를 금지하여 재정책임성을 명확히 함
- ○ 원칙적으로 지방과 관련된 사무는 지역실정을 가장 잘 파악하고 있는 지방자치단체가 수행하게 하는 것이 효율적이라 할 것임
- ○ 따라서 국가가 법률을 집행하는 경우에도 가급적 지방자치단체에 위임하여 수행하도록 하고, 국가가 직접 사무를 수행하는 것은 최소화하거나 예외적인 경우로 함이 적절할 것임
- ○ 다만, 자치사무나 위임사무를 수행하는 지방자치단체로서는 권한도 커지겠지만, 책임에 따른 비용, 즉 재정적 부담도 커지게 되므로, 이에 대하여 사무를 위임한 국가 또는 지방자치단체가 그 소요 비용을 부담하도록 하여, 지방자치의 물적 기반이 위임사무로 인하여 위험에 빠지는 일이 없도록 하고자 함

다. 제안 논거

□ 외국 입법례
- ○ 독일 헌법 제70조 : ①기본법이 연방에 입법권을 수여하지 않는 한 주가 입법권을 가진다. ②연방과 주 사이의 권한의 범위는 배타적 및 경합적 입법에 관한 기본법의 규정에 따라 이루어진다.
- ○ 이탈리아 헌법 제117조 : ①국가의 전속적 입법권, 국가와 지역의 경합적 입법권을 상세하게 규정하고 이에 속하지 않은 분야는 지역의 배타적 입법권에 속한다.

4. 신설(지방자치단체의 재정건전성 등)

가. 주요내용

□ 제119조 제1항을 신설하고, 지방자치단체의 재정 건전성과 자기 책임성을 명시함

□ 제119조 제2항을 신설하고, 지방자치단체로 하여금 지방세의 종류와 세율 및 징수방법

을 법률로 정할 수 있도록 함

□ 제119조 제3항을 신설하고, 지방자치단체 상호간의 재정의 평등성이 보장되도록 명시함

□ 제119조 제4항을 신설하고, 국가와 지방자치단체간, 지방자치단체 상호간에 재정조정을 통하여 지방자치단체의 재정자립 불균형을 해소하고 지원할 수 있도록 함

현행	개정안
(신설)	제119조 ①지방자치단체의 재정 건전성과 자기 책임성은 보장된다. ②지방자치단체는 지방세의 종류와 세율 및 징수방법을 법률로 정한다. ③지방자치단체 상호간의 재정의 평등은 보장된다. ④국가와 지방자치단체간, 지방자치단체 상호간에 재정조정 제도를 시행한다.

나. 제안 취지

□ 지방분권, 지방자치의 자율권 확장에 대칭하여, 지방자치단체로 하여금 재정운영의 건전성과 가지 책임성을 경주할 것을 명시함

○ 지방자치단체가 스스로 자치를 구현함에 있어서 그에 소요되는 재정의 건전성을 견지하도록 하고, 또한 국가나 다른 지방자치단체의 개입이나 간섭 없이 자기 책임 하에 사무를 수행하도록 함을 강조함. 이는 지방자치단체의 재정에 대한 책임을 부과하는 것임과 동시에 보장하는 것이기도 함

○ (소수의견) "지방자치단체는 투명한 재정운영으로 재정건전성을 확보하여야 한다."로 문구 수정하자는 의견 있음(김기호)

□ 지방자치단체의 과세권을 보장함

○ 조세와 지방서비스간의 상호관계에 주민의 관심과 관여를 높이도록 함

○ 지방분권, 지방자치의 원활한 실현을 위해서는 지방자치단체가 수행하는 사무에 대한 처리비용이 적절히 충당되어야 할 것임. 현행과 같이 국가가 8:2의 수준으로 재정 분할을 하는 것으로는 적절치 아니하고, 지방자치단체의 자율적 결정에 따라 지방세 세입을 결정하여 비용을 충당할 수 있도록 보장할 필요가 있음

○ 지방자치단체의 지방세 징수 권한이 보장됨으로써, 주민의 지방조세 부담이 늘어날 가능성에 대한 우려가 없지 아니하나, 지방자치단체의 지방세 또한 주민의 자치적 결정에 의하게 될 것임. 특히 조세부담의 수준에 따라 주민이 제공받는 급부인 지방

자치단체의 행정서비스 또한 그에 상응하는 개선효과를 기하게 될 것임. 조세부담에 상응하는 지방행정서비스가 제공되지 않는 경우 조세저항이 거세질 것이므로, 지방자치단체의 행정혁신과 절약을 제고하는 조치들이 수반될 수 있을 것임

○ (소수의견) '지방자치단체는 지방세의 과세종목, 세율, 징수방법을 지역의 특성을 고려하여 조례로 정할 수 있다'로 문구 수정하자는 의견 있음(김기호)

□ 특정 지방에 대한 부당한 재정적 평등을 강조하고, 재정적 차별대우를 금지하여 지방 상호간의 공정경쟁, 공동발전이 이루어질 수 있도록 함

○ 지역간에는 주민수도 다르고 산업경제 기반 등도 달라 주민과 기타 경제 주체 담세 능력에 있어 커다란 차이가 있고, 이로 인하여 지방자치단체간의 재정적 격차가 발생함

이와 같은 지역간의 재정적 격차의 문제를 연대적인 차원에서 시정하고 보완하기 위한 제도로서 재정조정제도를 헌법으로 근거를 두어, 지방간에 불가피하게 발생하는 재정격차를 최소화하도록 하고 재정이 빈약한 지방의 재원을 확보하여 안전망을 확보함

○ 물론, 현재에도 국가가 지방교부세를 지급하거나, 국고보조사업 등을 통하여, 재정조정제도에 준하는 지방재정 지원책을 시행하고 있음. 그러나 이는 국가의 주도하에 매우 시혜적으로 그리고 정무적인 친소관계 등에 따라 이루어지고 있어 지방의 재정 효율성이 낮아지고, 지방의 의존성을 높이는 부작용이 있고, 지방자치, 지방분권 시대의 변화에 부응하는 방편이 될 수 없는 근본적 한계를 노정하고 있음. 이에 국가가 주도하는 위계적 수직적 재정 지원방식 이외에, 지방자치단체간 상호연대의 원칙에 따른 수평적 협력적 재정조정 등도 가능하도록 함

○ (소수의견) '국가는 각 자방자치단체의 재정수지 건전성 유지를 위해 국가재정을 조정하여야 한다.'로 문구 수정하자는 의견 있음(김기호)

다. 제안 논거

□ 외국 입법례

○ 독일 헌법 제104조의a : ①연방 및 주는 기본법이 특별히 규정하지 않는 한 업무의 수행에 필요한 비용을 독립적으로 부담한다.

②연방의 위임으로 주가 집행하는 경우에는 연방은 이에 소요된 비용을 부담한다.

○ 스위스 헌법 제135조(재정조정과 부담조정) : ①연방은 연방과 칸톤 및 칸톤간의 적정한 재정조정과 부담조정에 관한 규정을 제정한다.

②재정조정과 부담조정은 다음 각 호를 목적으로 한다.

a. 칸톤간 재정능력의 격차를 줄인다.
b. 칸톤에게 최소한의 재정자원을 보장한다.
c. 지형적이거나 사회인구적인 조건으로 인한 과도한 칸톤의 부담을 조정한다.
d. 부담조정을 포함한 칸톤간의 협력을 촉진한다.
e. 국내적– 국제적 관계에서 칸톤의 조세경쟁력을 유지한다.

③자원조정을 위한 재원은 재원이 많은 칸톤들과 연방에 의하여 마련한다. 재원이 많은 칸톤들의 급부는 연방급부의 최소 2/3, 최대 80%에 달해야 한다.

5. (현행) 제118조

가. 주요내용

□ 개정안 제120조 제1항에서, 지방자치단체에 지방의회나 주민총회 등 입법기관을 선택적으로 둘 수 있도록 하고, 집행기관을 두도록 명시함

□ 개정안 제120조 제2항에서, 지방자치단체의 입법기관과 집행기관의 구성과 운영에 관한 사항은 지방자단체의 자치법률로 정하도록 함. 다양한 정부형태를 지방에서 실현할 수 있는 근거를 마련함

현행	개정안
제118조 ①지방자치단체에 의회를 둔다. ②지방의회의 조직·권한·의원선거와 지방자치단체장의 선임방법 기타 지방자치단체의 조직과 운영에 관한 사항은 법률로 정한다.	제120조 ①지방자치단체에는 지방의회 또는 주민총회 등 입법기관과 집행기관을 둔다. ②지방자치단체의 입법기관과 집행기관의 구성과 운영에 관한 사항은 지방자치단체의 자치법률로 정한다.

나. 제안 취지

□ 지방자치단체의 기관으로 집행기관과 입법기관을 두도록 하여 지방 내의 권력분립 보장하도록 함

- 지방의회 또한 입법기관의 구성형태와 집행기관의 구성형태를 지방에 따라 다양하게 정할 수 있도록 개방적으로 규정함. 특히, 주민의 의사결정을 지방의회로 하여금 할지, 개방적 상태에서 주민 누구나 참여할 수 있는 주민총회 등의 방식으로 할지 등을 주민 스스로 결정할 수 있도록 헌법으로 열어둠
- (소수의견) “지방의회는 지방자치단체 관할구역 안에 둔다.” “지방의회의 조직·권한·

의원선거에 관한 사항은 조례로 정한다."로 문구 수정하자는 의견 있음(김기호)

□ 지방자치단체 스스로 그 필요 조직, 권한, 선임방법 등을 구성을 할 수 있도록 하는 이른바 '자치조직권'을 확대함으로써, 지방마다 그 특수성과 수요에 따라 다양한 조직 형태를 실현할 수 있도록 함

○ 지방자치단체가 전국적으로 획일적으로 구성되고 규율되는 경직성을 탈피하여, 지방의 주민 수요나 자치 철학에 따라 다양한 조직 운영을 가능하게 함으로써, 지방자치단체 저마다의 조직 발전과 성과 향상을 기할 수 있는 기회를 제공하는 등, 아래로부터의 혁신을 촉진함

○ (소수의견) "지방자치단체의 기관구성, 기능과 사무범위, 조직, 운영에 관한 사항은 조례로 정한다."로 문구 수정하자는 의견 있음(김기호)

다. 제안 논거

□ 외국 입법례

– 스위스 헌법 제47조 : ②연방은 칸톤에게 충분한 고유사무를 남겨두어야 하며 칸톤의 조직 자율성을 존중하여야 한다.

– 이탈리아 헌법 제123조 : 각 지역은 헌법에 합치되는 범위 안에서 지역의 정부형태와 조직에 관한 기본원칙과 기능방법에 관한 규정을 하는 헌법(statuto)을 가진다.

6. (현행) 제40조

가. 주요내용

□ 현행 헌법 제40조에서, 입법권을 국회가 전속하는 것이 아니라, 국민이 직접 행사하거나 지방의회와 국회를 통하여 행사할 수 있음을 명시함

현행	개정안
제40조 입법권은 국회에 속한다.	제40조 입법권은 헌법과 법률, 자치법률이 정하는 바에 따라 국민이 직접 행사하거나 지방의회와 국회를 통하여 행사한다.

나. 제안 취지

□ 헌법 제1조 제2항과의 모순 극복

○ 헌법 제40조는 입법권은 국회에 속한다고 규정하고 있는데, 이는 헌법 제1조 제2항

과 모순됨

- ○ 또한 개정안에서는 국민발안제를 도입하고, 지방입법권을 강화하는 내용을 담고 있는바, 이러한 취지에 부합되지 아니하므로, 개정안과 같이 입법권은 헌법과 법률이 정하는 바에 따라 국민이 직접 행사하는 것을 원칙으로 하고, 부수적으로 지방의회와 국회를 통하여 행사될 수 있음을 명시하는 것이 바람직하다 하겠음

다. 제안 논거

□ 외국 입법례

- ○ 이탈리아 헌법 : 제1조 최고의 권력은 국민에게 속하며 국민은 이를 헌법이 규정하는 형식과 한계 내에서 행사한다.
- ○ 프랑스 헌법 제3조 : 국가주권은 국민에게 있으며, 국민은 대표자나 국민표결을 통해서 국가주권을 행사한다.
- ○ 러시아 헌법 제3조 제2항 : 국민은 자신의 권력을 직접 행사하거나 국가권력기관과 지방자치기관을 통해 행사한다.
- ○ 스위스 헌법 제148조 제1항 : ①연방의회는 국민과 칸톤의 권리 유보하에 연방에서 최고 권력을 행사한다.

7. (제3장 국회) 양원제 도입 관련

가. 주요내용

□ 양원제 도입 관련 분과 의견

- ○ 양원제의 도입과 관련하여서는, 단원제 국회의 문제점을 보완하는 차원에서 이를 적극 도입해보자는 찬성의견과, 대의기구의 과잉(옥상옥)이라는 반대의견이 있었으며, 현행 단원제 국회에서 지방분권시대에 부합하는 지역대표성을 살릴 수 있는 방향으로 절충점을 찾아보자는 의견 등 다양한 견해들이 전개되었음
- ○ 다만, 지방분권분과는 지역대표형 등 지방자치라는 시대정신을 뒷받침하는 양원제에 대해 긍정적 접근이 필요하다고 보아지나, 이에 대해서는 좀더 충분한 숙의 기간을 갖고, 생산적이고 효율적인 국회 규모와 운영 구조에 대해 충분한 검토와 국민이 공감할 만한 공론화 과정을 거쳐 결정될 필요가 있다는 의견을 제시하기로 함

8. 신설(국민소환 등)

가. 주요내용

- □ 개헌안 제41조 제1항을 신설하고, 모든 국민은 국민발안, 국민투표, 국민소환의 권리를 행사할 수 있음을 명시함
- □ 개헌안 제41조 제2항 등을 신설하고, 국민의 법률안 발의 근거를 마련하고, 이의 의결 절차를 명시함
- □ 개헌안 제41조 제5항을 신설하고, 문제가 있는 국회의원을 소환할 수 있는 근거를 마련함. 또한 이의 투표 절차를 명시함

현행	개정안
(신설)	제41조 ①모든 국민은 국민발안, 국민투표, 국민소환의 권리를 가진다. 이에 관하여 필요한 구체적인 절차는 법률로 정하되, 국민투표와 국민소환의 결과는 지체 없이 공개하여야 한다. ②국민은 국회의원선거권자 100분의 1 이상 서명으로 법률안을 발의할 수 있다. 국회는 국민이 발의한 법률안을 6개월 이내에 원안대로 의결하거나 대안이나 의견을 제시할 수 있다. ③국회가 국민이 발의한 법률안을 원안대로 의결하지 않을 경우, 국민이 발의한 날로부터 6개월 이내에 그 안을 국민투표에 붙인다. 이 경우 국회의원선거권자 5분의 1 이상이 투표하여 투표자 과반수의 찬성을 얻으면 의결된다. 국회가 대안을 제시하는 경우, 원안과 대안을 모두 국민투표에 붙인다. 원안과 대인이 모두 국민투표에서 가결된 경우에는 찬성이 많은 안으로 확정되며, 찬성이 동수인 경우에는 원안대로 가결한다. ④국민은 국회의원선거권자 100분의 1 이상의 서명으로 국회가 의결한 법률안에 대하여 90일 이내에 국민투표에 붙일 것을 청구할 수 있다. 국민투표에서 국회의원선거권자 5분의 1 이상의 투표와 투표자 과반수의 찬성을 얻지 못하면 국회의 의결은 효력을 상실한다.

	⑤국회의원선거권자 100분의 5 이상은 국회의원의 임기가 만료되기 전에 그 사유를 적시하여 소환할 것을 청구할 수 있다. 국회의원의 소환은 국회의원선거권자 5분의 1 이상의 투표와 투표자 과반수의 찬성을 얻어야 한다. 소환이 결정되면 해당 국회의원은 파면된다.

나. 제안 취지

□ 대의제의 한계를 시정하고, 주권자인 국민이 좀더 직접적이고 능동적으로 국정에 참여할 수 있도록 하는 장치로서 국민발안, 국민투표, 국민소환제를 도입하고 이를 국민의 정치적 기본권으로 보장하고자 함

- ○ 국민주권을 실질화 하고 국회의 결정에 제동장치를 설치함으로써 국회의 신뢰를 회복할 수 있도록 하고자 함
- ○ 직접민주주의는 대의제도를 대체하고자 하는 것이 아니라 대의제의 결함을 보완하고 대의기관의 의사결정이 국민다수의 의사와 일치하지 않는 경우에 국민의 의사에 부합하도록 함으로써 대의제도가 민주적으로 작동할 수 있도록 하고자 함
- ○ 또한 투표의 결과를 지체 없이 공개하게 하여 투명성을 높임

□ 직접민주주의에 대한 국민적 요구가 나날이 확장되고 있음을 고려하여, 국민발안 제도를 헌법적으로 전격 도입함이 바람직하며, 이에 따라 국민발안 제도 시행을 위한 최소 요건을 헌법에 규정하고, 세부적인 내용은 법률에 위임하도록 함

□ 국민투표의 기본적인 요건을 헌법에 규정하고 세부적인 절차는 법률에 위임함

- ○ 이번 개정안은 국회의원 소환 제도를 도입하는 것으로 하고, 대통령과 그 밖의 공무원은 탄핵제도가 있으므로 이번 개정안에서는 소환대상에서 제외하자는 의견 있음 (이기우)
- ○ (소수의견) "모든 국민은 법률이 정하는 바에 의하여 국민발안권, 국민소환권, 국민투표권을 가진다."로 제안하자는 의견 있음(김기호)

다. 제안 논거

□ 외국 입법례

- ○ 스위스 헌법 제136조 제2항 : 모든 스위스 국민은 하원의원선거와 연방의 투표에 참여할 수 있고, 연방안건에 대한 국민발안과 국민투표를 하고 서명할 수 있다.

제138조 연방헌법의 전면개정에 관한 국민발안

①100,000명의 유권자는 국민발안 공표 후 18개월 이내에 연방헌법의 전면개정을 발안할 수 있다.

②이 발안은 국민투표에 회부되어야 한다.

제139조 연방헌법의 부분개정에 관한 국민발안

①100,000명의 유권자는 국민발안 공표 후 18개월 이내에 연방헌법의 부분개정을 발안할 수 있다.

②연방헌법의 부분개정에 대한 발안은 일반적인 발의형식이나 완성된 형식의 초안 형식으로 할 수 있다.

③국민발안이 형식의 통일성, 대상의 통일성, 국제법의 강행규정에 반하는 경우에 연방의회는 그 전부 혹은 일부에 대한 무효를 선언한다.

④연방의회가 일반적 발의형식의 국민발안에 동의하는 경우에는 발안내용에 따른 부분개정안을 작성해서 국민과 칸톤의 투표에 회부하여야 한다. 연방의회가 국민발안을 거부하는 경우에는 그것을 국민투표에 부쳐야 한다. 국민은 발안을 수용할 것인지 여부를 결정한다. 국민이 찬성하는 경우에 연방의회는 상응하는 개정안을 작성해야 한다.

⑤완성된 초안형식의 국민발안은 국민과 칸톤의 투표에 회부된다. 연방의회는 국민발안에 대해 동의 혹은 거부할 것을 권고한다. 연방의회는 국민발안에 대한 대안을 제안할 수 있다.

제139 a조 (삭제)

제139 b조 국민발안과 대안에 대한 절차

①투표권자는 국민발안과 그 대안에 대해서 동시에 투표를 한다.

②투표권자는 양자에 대해서 모두 찬성할 수 있다. 양자를 찬성하는 경우에 투표권자는 보충질문에서 어느 안을 더 선호하는지를 표시할 수 있다.

③통과된 헌법개정안 중에서 보충질문에서 하나의 헌법개정안이 국민다수를 차지하고 다른 하나는 칸톤다수를 차지한 경우에는 국민다수의 비율과 칸톤다수의 비율이 높은 헌법개정안이 효력을 갖는다.

제140조 필요적 국민투표

①다음 각 호의 사항은 국민과 칸톤의 투표를 요한다.

a. 헌법개정

b. 집단안전보장조직이나 초국가적 공동체의 가입

c. 헌법상 근거를 갖지 않고 1년 이상 효력을 갖는 긴급연방법률. 이 법률은 연방의회에 의하여 승인된 후 1년 이내에 국민투표에 회부되어야 한다.

②다음 사항에 대해서는 국민투표를 요한다.

a. 연방헌법의 전면개정 국민발안

b. 연방의회에서 부결된 일반발의형식의 헌법 일부개정안에 대한 국민발안

c. 헌법일부개정안의 집행에 대한 상하원의 의견이 상반되는 경우

제141조 임의적 국민투표

①다음 각 호의 사항에 대해서 공포 후 100일 이내에 50,000명 이상의 유권자 또는 8개 이상의 칸톤이 요구하는 경우에 국민투표를 실시한다.

a. 연방법률

b. 유효기간이 1년이 넘는 긴급연방법률

c. 헌법이나 연방법률이 규정하는 연방결정

d. 국제법상의 조약으로

1. 무기한의 해지불가능한 조약

2. 국제기구에 가입하는 조약

3. 중요한 입법규정을 포함하거나 그 집행에 연방법률의 제정을 요하는 조약

②(삭제)

제141 a조 국제법상의 조약의 전환

①국제법상의 조약의 비준에 관한 결정이 필요적 국민투표사항이면 연방의회는 조약의 시행에 필요한 헌법개정을 비준결정에 포함할 수 있다.

②국제법상의 조약의 비준에 관한 결정이 임의적 국민투표사항이면 연방의회는 조약의 시행에 필요한 법률개정을 비준결정에 포함할 수 있다.

9. (현행) 제72조

가. 주요내용

☐ 삭제

현행	개정안
제72조 대통령은 필요하다고 인정할 때에는 외교·국방·통일 기타 국가안위에 관한 중요정책을 국민투표에 붙일 수 있다.	삭제

나. 제안 취지

□ 대통령의 국민투표 회부는 이른바 '플레비시트'로서 국회를 배제하는 등 남용될 우려가 있으므로 삭제하는 것이 바람직함. 유신 헌법 이전에는 국민들이 국회결정에 대해 국민투표를 청구할 수 있도록 한 것을 대통령 발의로 바꾼 것임. 독일의 히틀러나 프랑스의 나폴레옹이나 드골과 같이 국민투표가 포퓰리즘에 의거하여 정권의 정통성과 권력연장을 위한 도구로 전락할 우려가 있음

□ (소수의견) 대통령의 국민투표부의권은 행정권의 수반으로서 입법부와 사법부에 대한 견제기능을 가지고 있을 뿐만 아니라 주요한 국가정책 수행 여부에 관한 국민의 신임을 묻는 취지를 가지고 있으며 남용을 우려하는 것은 과도한 것으로서 현행 헌법 제72조는 존치하는 것이 타당하다는 의견도 있음(김기호)

제 6 절 사법제도분과

1. (현행) 제5장 법원/제6장 헌법재판소

가. 주요내용

□ '제5장 법원', '제6장 헌법재판소'를 묶어 '제5장 사법부'에 편입시킴

□ '제5장 사법부'는 '제1절 헌법재판소', '제2절 법원'으로 편성함

현행	개정안
제5장 법원 제101조~제110조 (생략) 제6장 헌법재판소 제111조~제113조 (생략)	제5장 사법부 제1절 헌법재판소 제101조~제103조 (생략) 제2절 법원 제104조~제113조 (생략)

나. 제안 취지

☐ 헌법재판소는 '사법권'을 행사하는 헌법기관이라는 점을 분명히 함
☐ 헌법재판소는 헌법의 유권해석과 헌법의 우위의 관철을 담당하는바, 법원보다 앞에 배치하여 사법권 내에서 그 중요성을 반영함

다. 제안 논거

☐ 종래 헌법재판의 본질이 사법작용이 아닌 것으로 파악하는 견해도 있으나 본질적으로 사법작용에 속함을 천명함
☐ 장차 재판소원을 도입할 경우, 헌법재판소가 법원의 재판을 심사하는 것이 사법부 이외의 기관에 의한 사법권의 침해가 아닌가 하는 논란이 일어날 소지를 근본적으로 제거함
☐ 외국 입법례
○ 독일 기본법의 경우 헌법재판소를 사법부와 별도의 장으로 규정하지 않고 함께 규정함

2. (현행) 제111조 제1항

가. 주요내용

☐ 법원의 위헌심판제청 대상에 법률 이외에 조약, 명령, 규칙도 포함함
☐ 재판에 대한 헌법소원 가능성을 인정
☐ 헌법소원에 관한 규정 위치를 종전의 제5호에서 제2호로 옮김
☐ 선거와 국민투표의 유무효에 관한 소송을 헌법재판소 관할로 신설
☐ 대통령 직무수행 불능 여부 및 권한대행의 지정에 관한 심판을 신설

현행	개정안
제111조 ①헌법재판소는 다음 사항을 관장한다. 1. 법원의 제청에 의한 법률의 위헌여부 심판 2. 탄핵의 심판 3. 정당의 해산 심판 4. 국가기관 상호간, 국가기관과 지방자치단체간 및 지방자치단체 상호간의 권한쟁의에 관한 심판 5. 법률이 정하는 헌법소원에 관한 심판	제101조 ①헌법재판소는 다음 사항을 관장한다. 1. 법원의 제청에 의한 법률·<u>조약·명령·규칙</u>의 위헌여부 심판 <u>2. 재판소원을 포함한</u> 법률이 정하는 헌법소원에 관한 심판 <u>3.</u> 탄핵의 심판 <u>4.</u> 정당의 해산 심판 <u>5.</u> 국가기관 상호간, 국가기관과 지방자치단체간 및 지방자치단체 상호간의 권한쟁의에 관한 심판

	6. (신설) 선거와 국민투표의 유무효를 다투는 소송의 심판 7. (신설) 대통령 직무수행 불능 여부 및 권한대행의 지정에 관한 심판

나. 제안 취지

- □ 규범이 헌법에 위반되는지 여부에 대한 심판은 헌법재판소가 전담하도록 하여 헌법에 관한 유권해석의 통일을 기함
- □ 재판소원제도를 도입하여 국민의 기본권 보호를 투텁게 함
- □ 헌법소원의 중요성을 반영하여 그 규정 위치를 종전의 제5호에서 제2호로 옮기고, 이에 상응하여 탄핵심판, 정당해산심판, 권한쟁의심판의 호번도 조정함
- □ 선거소송이나 국민투표의 유무효를 다투는 소송은 그 헌정질서적 의미나 정치적 파장을 고려할 때 헌법소송으로 분류함이 상당하여 헌법재판소의 새로운 관장사항으로 추가함
- □ 대통령의 직무수행 불능 여부, 권한대행 지정에 관하여 다툼이 있는 경우 현행법상으로는 이를 판단할 기관이나 절차가 부재하므로, 헌법재판소의 새로운 관장사항으로 추가함

다. 제안 논거

- □ 법원의 위헌심판제청 대상을 조약, 명령, 규칙에까지 확대하는 안에 대해 사법제도 분과위의 지배적 견해는, 이원화된 규범통제제도를 일원화하기 위해 필요하다는 입장임
- □ 하지만 '명령·규칙'의 위헌 여부에 대해서까지 위헌제청을 하도록 하는 것은 법원의 재판 지연 등을 야기할 염려가 있고, 특히 재판소원을 도입할 경우 재판소원심판절차 내에서 부수적으로 명령·규칙의 위헌성에 대해서도 판단할 여지가 있으므로, 이 개정안에 대해 반대하는 견해도 있었음
- □ 재판소원제도는 규범을 일반·추상적인 규율의 형태로 심사하는 것을 지양하고 되도록 구체적 사건 속에서 개별화된 규율에 대해 통제하는 방식을 추구함으로써, 더 정밀한 규범통제를 실현하는 데 적합함. 또한 대법원을 비롯한 일반법원이 기본권조항을 더 적극적으로 해석·적용함으로써 법원 내 (실질적) 헌법재판작용의 활성화라는 면에서도 이바지할 수 있음
- □ 한편, 제7호 신설조문에 대해서는, 대통령의 직무수행 불능 여부, 권한대행 지정에 관한 문제는 그 사유가 객관적으로 발생하기만 하면 굳이 법적인 분쟁의 발생이나 누군가의 신청을 기다릴 필요 없이 지체 없이 결정함이 상당하고, 그런 점에서 그 본질을 사법작

용에 포함시키기 어렵다고 보는 견해가 있었음. 이 견해는 제7호의 규정을 다른 적절한 곳에(가령 개정안 제103조에 제5항을 신설하여) 배치하는 것이 바람직하다는 입장임

□ 그 외에도 2018. 3. 3. 확대분과위원장회의에서 추상적 규범통제, 정당 내 선거의 유무효에 관한 심판도 헌법재판소 관장사항으로 하자는 견해가 있었음

3. (현행) 제111조 제2항 내지 제4항

가. 주요내용

□ 헌법재판소의 구성, 헌법재판관 및 헌법재판소장의 선출방법 등을 개선함

현행	개정안
제111조 ②헌법재판소는 법관의 자격을 가진 9인의 재판관으로 구성하며, 재판관은 대통령이 임명한다. ③제2항의 재판관중 3인은 국회에서 선출하는 자를, 3인은 대법원장이 지명하는 자를 임명한다. ④헌법재판소의 장은 국회의 동의를 얻어 재판관 중에서 대통령이 임명한다.	<제1안> 제101조 ②헌법재판소는 9인의 재판관으로 구성한다. ③재판관은 국회에서 재적의원 5분의 3 이상의 찬성으로 선출한 자로 한다. ④헌법재판소의 장은 재판관 중에서 호선한다. ⑤(신설) 재판관의 자격 및 선출에 관한 구체적 사항은 법률로 정한다. <제2안> 제101조 ②헌법재판소는 15인의 재판관으로 구성한다. ③(위 제1안의 ③항과 동일) ③의1. 제1항 각호의 심판은 9인의 재판관으로 구성된 헌법재판소 대재판부에서 한다. 다만, 헌법재판소에 5인의 재판관으로 구성된 3개의 소재판부를 두고 헌법소원 사건 등의 사전심사를 담당하게 할 수 있다. 사전심사에서 각하 또는 기각 결정을 하기 위해서는 관여 재판관 전원일치의 의견이 필요하다. ③의2. 헌법재판관은 대재판부에 상시적으로 소속한 대재판부 정규구성원(이하 '정규구성원')과 정규구성원이 퇴임, 질병, 제척·회피·기피 등의 사유가 있을 때 예비적으로 대재판부에 충원되는 대재판부 예비구성원(이하 '예비구성원')으로 나뉜다. 신규 선출된 재판관은 예비구성원으로서

	직무를 시작한다. 정규구성원은 2년마다 3인씩, 헌법재판소 재판관 경력이 2년을 넘은 예비구성원 중에서 최선임자 순, 만약 재판관 취임일이 같은 경우에는 연장자 순으로 대통령에 의해 임명되며, 임기는 6년이다. ④(위 제1안의 ④항과 동일) ⑤(위 제1안의 ⑤항과 동일)

나. 제안 취지

□ 재판관 선출에 있어서 정치적 편중의 위험성을 완화하기 위해 대통령이나 대법원장의 지명권을 폐지하고 재판관 전원을 국회에서 선출하는 것으로 하되, 국회 재적의원 5분의 3 이상이라는 가중다수결을 요구함

□ 헌법재판소장은 재판관 중에서 호선하도록 함

□ 재판관 자격을 '법관'으로 한정한 현행 규정을 삭제하고, 대학에서 법학을 가르치는 교수 등 법관의 자격이 없는 자 중에서도 재판관이 선출될 수 있도록 규정함

□ 개정안에 관한 소수의견으로서, 헌법재판소 재판관을 15인으로 증원할 것, 심판업무는 재판관 9인으로 구성되는 대재판부에서 하되, 이와는 별도로 소재판부를 두어 사전심사를 담당하게 할 것, 재판관을 대재판부에 상시적으로 소속한 정규구성원 9인과 유사시 대재판부에 투입될 예비구성원 6인으로 분류할 것 등을 제안한 견해도 있었음

다. 제안 논거

□ 재판관 수

- 사법제도 분과위의 지배적 견해는 재판관 수를 9인으로 정할 것을 지지
- 이에 대해서는 향후 재판에 대한 헌법소원을 도입할 가능성을 감안할 때 재판관 수를 15인으로 늘려야 한다는 견해가 있었음
- 또한 헌법재판관 수와 관련하여 이를 굳이 헌법에 특정할 필요가 있을지 회의적인 시각도 있었음

□ 재판관 선출방법

- 현행 헌법상 헌법재판관 9인은 국회, 대통령, 대법원장이 각 3인씩 선출 내지 지명하도록 되어 있음. 하지만 여당과 대통령, 그리고 당초 대통령이 임명한 대법원장이 위와 같은 방식으로 헌법재판관 선출에 관여할 경우 정치적 편중이 심화될 우려가 있음. 이에 대통령, 대법원장의 관여를 배제하고, 헌법재판관 선출을 국회에서 전담하도록 하는 개정안을 마련하자는 데 거의 의견이 일치함

○ 국회에서 가능한 한 여야가 합의하여 헌법재판관을 선출하도록 하기 위해 국회 재적의원 5분의 3이라는 가중다수결을 요구함. 당초 국회 재적의원 3분의 2 이상 가중다수결을 도입하자는 견해도 있었으나, 재판관 선출에 소수파가 과다한 영향력을 행사할 수 있는 부작용을 고려하여 결국 위와 같은 5분의 3 이상 가중다수결을 요구하는 것으로 귀착하였음

□ 헌법재판소장 선출방법

○ 헌법재판관들 사이에 위계질서가 형성되는 것을 되도록 방지하기 위하여 헌법재판소장은 재판관들 사이에서 호선하는 것으로 함

□ 법관의 자격 요구 여부

○ 현행 헌법에서는 '헌법재판소는 법관의 자격을 가진 9인의 재판관으로 구성되며'라고 하여 '법관의 자격'을 요구하고 있음. 그러나 대학교수 등도 재판관으로 선출될 수 있도록 하기 위해서는 더 이상 명시적으로 법관의 자격을 요구하지 아니하는 것이 바람직하다는 견해가 지배적이었음

□ 개정안 제2안의 취지

○ 사법제도 분과위 내 소수의견으로서, 개정안 제2안과 같은 규정을 도입할 것을 주장하는 견해가 있었음

○ 제2안의 골자는 헌법재판관을 15인으로 늘리고, 이 중 9인으로 구성되는 대재판부에서 심판업무를 담당하게 하며, 그 외 각 재판관 5인으로 구성되는 소재판부 3개를 설치하여 헌법소원의 사전심사를 하게 하자는 것과, 재판관을 대재판부 정규구성원 9인과 예비구성원 6인으로 분류하자는 것 등임

○ 종래 전원재판부 심판시 9인의 재판관 중 퇴임이나 질병, 제척·기피·회피, 기타 사유로 재판부에 참여하기 어려운 사정이 생길 경우, 그 공백을 즉시 충원하지 못한 채 심판업무를 처리해야 하는 경우가 종종 있었음. 이 경우 6인 이상의 결정정족수로 인해 사실상 재판관 한두 명이 전체의 결론을 좌우하는 불합리가 우려되기도 하였음. 하지만 재판관을 정규구성원 9인, 예비구성원 6인으로 이원화하고, 대재판부를 이들 중 9인으로 구성하게 할 경우에는, 전술한 바와 같은 사정으로 대재판부 재판관의 공석이 발생하더라도 이를 즉시 메울 수 있는 예비인력이 있어서 위와 같은 폐단들을 방지할 수 있게 됨. 또한 예비구성원은 평상시에는 소재판부에 배속되어 사전심사를 처리하는 기능을 하며, 각 소재판부가 정규구성원 3인과 예비구성원 2인으로 구성된다고 할 때, 선임과 후임 사이에 업무처리에 관한 소통의 장이 마련되는 부수적 효과도 기대할 수 있음

4. (현행) 제112조 제1항

가. 주요내용

□ 헌법재판소 재판관의 임기를 9년 단임으로 함

□ 재판관이 퇴임하더라도 후임 재판관 임명시까지는 계속 직무를 수행할 수 있도록 함

현행	개정안
제112조 ①헌법재판소 재판관의 임기는 6년으로 하며, 법률이 정하는 바에 의하여 연임할 수 있다.	제102조 ①재판관의 임기는 9년 단임으로 한다. ②재판관은 임기 만료 후라도 후임 재판관이 임명될 때까지 직무를 수행한다.

나. 제안 취지

□ 현행 재판관 임기는 6년으로서, 다소 짧은 편인바, 이를 9년으로 늘리는 대신에, 단임을 규정하여 연임할 수 없도록 함

□ 재판관 퇴임 후 신규 재판관 선출까지 공석사태를 방지하기 위해 재판관 임기 만료 후라도 후임 재판관이 임명될 때까지 직무를 수행할 수 있도록 하는 근거를 마련함

다. 제안 논거

□ 재판관의 임기

- 다수의견은 위 개정안 내용과 같이 9년 단임으로 해야 한다는 견해임
- 소수의견은 재판관 중 정규구성원에 대해서는 헌법상 6년의 임기를 보장하지만, 예비구성원에 대해서는 임기를 명시하지 않는다는 입장임. 다만, 정규구성원은 예비구성원으로서 2년 이상의 경력을 갖춘 자 중에서 임명하도록 하여, 사실상 재판관 재직기간을 최소 8년(통상적으로는 10년)을 예정함. 그리고 연임 여부에 관한 한, 소수의견도 다수의견과 마찬가지로 부정적임

□ 재판관 퇴임 후 신규 재판관 선출시까지 공석사태에 대한 대비책

- 다수의견은 재판관이 퇴임하더라도 후임 재판관 임명시까지 공석이 발생하는 것을 방지하기 위해, 임기 만료 후라도 후임 재판관이 임명될 때까지 직무를 수행할 수 있도록 하는 근거를 마련하자는 견해임
- 소수의견은 공석사태에 다른 방식으로 대처하려는 견해임. 즉, 재판관이 사망, 질병, 탄핵, 금고 이상의 형의 선고 등의 사유로 해임되는 경우에는 공석사태를 방지하기는 어려운바, 재판관을 정규구성원과 예비구성원으로 분류하고 정규구성원의 공석

발생시에는 즉시 예비구성원이 충원되도록 시스템을 구축함으로써 적어도 정규구성원의 공석으로 인한 문제점만큼은 해결하자고 함

5. (현행) 제112조 제2항 내지 제3항

가. 주요내용

□ 퇴직 재판관의 변호사 개업 등 제한 규정을 마련

현행	개정안
제112조 ②헌법재판소 재판관은 정당에 가입하거나 정치에 관여할 수 없다. ③헌법재판소 재판관은 탄핵 또는 금고 이상의 형의 선고에 의하지 아니하고는 파면되지 아니한다.	제102조 ③헌법재판소 재판관은 정당에 가입하거나 정치에 관여할 수 없다. ③의1. (신설) 재판관은 헌법과 법률에 의하여 양심에 따라 독립하여 심판한다. ④헌법재판소 재판관은 탄핵 또는 금고 이상의 형의 선고에 의하지 아니하고는 파면되지 아니한다. <u>⑤(신설) 퇴직 헌법재판소 재판관의 변호사 업무 및 공직, 기타 공기업에의 취업 등에 관하여는 법률로 제한할 수 있다.</u>

나. 제안 취지

□ 현행 헌법 제112조 제2항, 제3항은 조문의 위치만 조정한 채 규정내용을 그대로 유지함

□ 개정안 제102조 제5항을 신설하여, 헌법재판관 퇴임 후 변호사 개업 등을 제한할 헌법적 근거를 마련함

다. 제안 논거

□ 퇴임 후 변호사 개업 등을 통해 전관예우를 누릴 경우 전직 재판관으로서 품격에 손상을 야기할 소지가 있으므로 이를 제한할 필요가 있음

□ 다만, 이러한 개정안에 대해서는 개업 등을 금지하는 데 대한 보상으로, 퇴직 직후 달리 직업을 찾지 못한 재판관에게는 바로 연금을 지급해 주는 식의 배려가 필요하다는 의견도 있었음

6. (현행) 제113조 제1항

가. 주요내용

□ 재판관 9인 중 6인 이상의 결정정족수에 관한 현행 규정을 유지하면서도, 헌법재판소의 관장사항에 관한 규정의 변동을 조문에 반영함

현행	개정안
제113조 ①헌법재판소에서 법률의 위헌결정, 탄핵의 결정, 정당해산의 결정 또는 헌법소원에 관한 인용결정을 할 때에는 재판관 6인 이상의 찬성이 있어야 한다.	제103조 ①헌법재판소에서 법률·조약·명령·규칙의 위헌결정, 탄핵의 결정, 정당해산의 결정, 헌법소원에 관한 인용결정, 대통령선거 및 국민투표의 무효 결정 또는 대통령의 직무수행 불능 판정 및 권한대행 지정에 관한 결정을 할 때에는 재판관 6인 이상의 찬성이 있어야 한다.

나. 제안 취지

□ 조약·명령·규칙에 대한 법원의 위헌심판제청에 대한 인용결정, 대통령선거 및 국민투표의 무효결정, 대통령의 직무수행 불능 판정 및 권한대행 지정에 관한 결정의 경우에도 6인 이상의 결정정족수를 규정함

다. 제안 논거

□ 각종 심판청구의 인용결정의 정족수를 '재판관 과반수'로 하자는 견해가 있었으나, 개정안 제103조 제1항에 열거된 심판절차에서 인용결정은 신중하게 내릴 필요가 있으므로 기존의 '재판관 6인 이상의 찬성'이라는 결정정족수를 유지하자는 견해가 지배적이었음

7. (현행) 제113조 제2항 내지 제3항

가. 주요내용

□ 헌법재판소규칙 제정권한과 헌법재판소의 조직·운영에 관한 사항의 법률에 대한 위임은 현행대로 유지

□ 헌법재판소의 예산편성권 조항 신설

현행	개정안
제113조 ②헌법재판소는 법률에 저촉되지 아니하는 범위 안에서 심판에 관한 절차, 내부규율과 사무처리에 관한 규칙을 제정할 수 있다. ③헌법재판소의 조직과 운영 기타 필요한 사항은 법률로 정한다.	제103조 ②헌법재판소는 법률에 저촉되지 아니하는 범위 안에서 심판에 관한 절차, 내부규율과 사무처리에 관한 규칙을 제정할 수 있다. ③헌법재판소의 조직과 운영 기타 필요한 사항은 법률로 정한다. ④(신설) 헌법재판소는 독자적으로 예산을 편성·제출한다. 그 절차와 방법에 관한 사항은 법률로 정할 수 있다.

나. 제안 취지

□ 헌법재판소의 독립성을 제고하기 위해 독자적 예산편성권을 부여

다. 제안 논거

□ 헌법재판소가 정부의 예산편성권 행사에 의해 사실상 영향을 받는 것을 방지하기 위해 헌법재판소에 독자적인 예산편성권을 줄 필요가 있음

8. (현행) 제101조 제1항

가. 주요내용

□ 사법권은 개정안 제101조 제1항에 열거된 사항 외에는 법원이 행사한다는 것을 규정함

□ 법원은 법관으로 구성하되, 국민이 배심 기타의 방법으로 재판에 참여할 가능성을 개방함

현행	개정안
제101조 ①사법권은 법관으로 구성된 법원에 속한다.	제104조 ①사법권은 제101조 제1항에 열거된 사항 이외에는 법원이 행사한다. ②법원은 법관으로 구성하며, 법률이 정하는 바에 따라 배심 기타의 방법으로 국민이 참여할 수 있다.

나. 제안 취지

□ 사법권은 법원뿐 아니라 헌법재판소도 행사한다는 전제 하에, 헌법재판소 관장사항으로

열거된 것 이외의 일반적 사법권은 법원에 의해 행사된다는 것을 명시함

□ 재판에 배심 기타의 방법으로 국민이 참여할 가능성을 열어 놓기 위해 그 헌법적 근거를 마련함

다. 제안 논거

□ 사법권은 협의의 헌법재판과 일반적 사법권으로 구분할 수 있는바, 전자는 헌법재판소에 의해, 후자는 법원에 의해 행사된다는 것을 명시하여 사법권 내부의 권한분배를 규정함

□ 배심 기타의 방법으로 국민이 재판에 참여할 가능성을 열어 놓음으로써 사법의 민주적 정당성 제고에 기여함. 다만, 이에 대해서는 1심과 2심을 사실심으로 하는 현행 심급체계와 배심제도가 얼마나 잘 조화를 이룰 수 있는지 세부적 검토를 할 필요가 있다는 소수의견의 지적이 있었음

□ 확대분과위원장회의에서 "배심" 대신에 "참심"을 기재하자는 의견이 제기되었음

□ 사법권에 헌법재판과 일반 사법권을 모두 포함한 외국의 입법례로는, 독일 기본법 제92조("사법권은 법관에게 맡겨진다. 사법권은 연방헌법재판소, 기본법에 규정되어 있는 연방법원 그리고 란트 법원에 의해 행사된다.") 참조

9. (현행) 제101조 제2항 내지 제3항

가. 주요내용

□ 법원의 조직은 대법원과 각급법원으로 이루어짐을 규정함

□ 법관의 자격은 법률로 정하도록 한 현행 규정은 그대로 유지

현행	개정안
제101조 ②법원은 최고법원인 대법원과 각급법원으로 조직된다. ③법관의 자격은 법률로 정한다.	제104조 ③법원은 <u>대법원</u>과 각급법원으로 조직된다. ④법관의 자격은 법률로 정한다.

나. 제안 취지

□ 개정안 제104조 제3항에서는 기존의 '최고법원인 대법원'이라는 문구에서 '최고법원인'이라는 수식어를 삭제함

다. 제안 논거

□ 현행 헌법 제101조 제2항에서는 '대법원' 앞에 '최고법원'이라는 수식어를 붙이고 있으나, 이로 인해 대법원과 헌법재판소 사이에 어느 쪽이 최고의 사법기관인지에 관한 분쟁이 생길 소지가 있음. 이에, '최고법원인 대법원'을 그냥 '대법원'이라고만 규정함으로써 위와 같은 소모적 분쟁의 빌미를 원천적으로 제거함

10. (현행) 제102조

가. 주요내용

□ 대법원의 조직 등에 관한 규정

현행	개정안
제102조 ①대법원에 부를 둘 수 있다. ②대법원에 대법관을 둔다. 다만, 법률이 정하는 바에 의하여 대법관이 아닌 법관을 둘 수 있다. ③대법원과 각급법원의 조직은 법률로 정한다.	<제1안> 제105조 ①대법원에 부를 둘 수 있다. ②대법원에 (24인 이상의) 대법관을 둔다. 다만, 법률이 정하는 바에 의하여 대법관이 아닌 법관을 둘 수 있다. ③대법원과 각급법원의 조직은 법률로 정한다. <제2안> 제105조 ①대법원에는 법률이 정하는 바에 따라 민사·형사·행정을 포함하여 3개 이상의 전문재판부를 둔다. ②전문재판부 내에 지정재판부를 설치할 수 있다. 각 지정재판부는 대법관과 대법원판사로 구성된다. ②의1. 대법원 전문재판부에 계류중인 사건과 관련하여 지정재판부들 사이에 법적 견해가 다른 때에는 전문재판부합의체에 해당 사건을 회부하여 재판한다. 전문재판부합의체 판결을 변경할 필요가 있는 경우에도 동일하다. ②의2. 대법원에 계류중인 사건과 관련하여 전문재판부들 사이에 법적 견해가 다른 때에는 대법원 대합의체에 해당 사건을 회부하여 재판한다.

	대법원 대합의체 판결을 변경할 필요가 있는 경우에도 동일하다. ③(위 제1안 제③항과 동일)

나. 제안 취지

□ 제1안은 대법원의 조직 등에 관한 현행 규정을 유지하자는 입장임

□ 제2안은 대법원 내에 전문재판부와 그 산하 지정재판부 구성을 제안하는 한편, 지정재판부들 사이에 혹은 전문재판부들 사이에 법적 견해의 불일치가 있을 때에는 각각 전문재판부합의체 또는 대법원 대합의체에서 사법의 통일성을 확보하도록 하자는 의견임

□ 대법관 수에 관하여는 '24인 이상으로 정하자'는 견해와 제2안을 전제로 '지정재판부별로 연간신건수를 1,000건을 초과할 수 없도록 명시하자'는 견해(이 경우 현행 연간신건수가 48,000건에 달하는 점을 고려할 때 결국 소요 대법관 수가 최소한 48명 이상이라는 결론이 됨)가 있었음

다. 제안 논거

□ 제2안의 논거는 다음과 같음

- 먼저, 대법원의 사건부담이 과중한 상황을 고려해 사건을 최대한 효율적으로 처리하기 위한 방안이 강구될 필요가 있음
- 우리나라가 주로 계수한 대륙법은 영미법계와 달리 판례법 위주가 아니라 성문법이 중심을 이룸. 즉, 법은 법관에 의해서가 아니라 입법자에 의해서 입법되는 것이 통상적임. 이러한 성문법 중심체계는, 법분야별로 법해석·적용의 전문화를 이루기에 좋은 여건을 제공함. 실제로, 대륙법계 국가들 대다수는 대법원을 여러 재판부로 나눠 법영역별로 전문화시키는 경향을 보이고 있음. 법분야별 전문화는 동종의 법이 적용되는 사건들을 대량으로 그리고 집중적으로 다룸으로써 사건의 신속하고 효율적인 처리와 전문성 제고에 모두 도움이 됨. 이에 대법원을 법영역별로 복수의 전문재판부로 나누고, 그 전문재판부 내에서도 분야별로 여러 지정재판부를 둘 수 있게 하여 전문화에 기초한 사건처리의 효율성을 극대화할 것을 제안함
- 대법원을 여러 재판부로 구성할 경우 그 재판부들 사이에 법적 통일성을 확보하는 것이 중요함. 이는 여러 재판부의 대표로 구성되는 합의체에서 해당 사건을 다루게 하는 방식으로 달성할 수 있을 것임. 다만, 여기서도 합의체를 불필요하게 크게 구성할 것이 아니라, 각 법영역 내에서 사법의 통일성을 기할 필요가 있을 경우에는 해당 법영역에 관련된 재판부들만 합의체 구성에 참여하도록 하고, 대법원 전체합의

체는 여러 전문재판부들 사이에 법적 견해의 불일치가 있는 경우 등에만 구성되는 것으로 규정함

○ 한편, 대법원을 대법관만으로 구성하게 할 경우 대법관 인력이 대폭적인 증원이 필요한바, 현실적인 여건상 고위법관을 그만큼 두기도 어렵고 또한 확보하기도 힘듦. 이에, 지정재판부의 경우 그 구성원을 대법관과 대법원판사(원래 각급법원에 소속한 법관으로서 분야별 전문성을 인정받아 단지 한시적으로만 대법원에 차출된 법관을 가리킴)로 이원화하도록 함
다만, 이러한 안에 대해서는, 대법관과 대법원판사가 직급의 차이가 있음으로 인해, 대법관이 대법원판사에 비해 우월한 지위에서 해당 지정재판부 재판내용을 사실상 좌우할 위험이 있다는 지적도 있었음

11. (현행) 제103조

가. 주요내용

□ 법관의 헌법과 법률에 대한 구속

현행	개정안
제103조 법관은 헌법과 법률에 의하여 그 양심에 따라 독립하여 심판한다.	제106조 법관은 헌법과 법률에 의하여 그 양심에 따라 독립하여 심판한다.

나. 제안 취지

□ 현행 헌법 제103조의 규정내용을 그대로 유지함

다. 제안 논거

□ '양심에 따라' 부분에 대해서는 기준이 지나치게 주관적이고 모호하므로 삭제함이 좋겠다는 의견도 있었으나, 일반인의 상식에 너무 반하는 재판을 헌법과 법률에 대한 전문적 해석이라는 외양으로 포장하는 것을 방지하기 위한 취지에 어느 정도 수긍할 수 있는 점을 감안해 그대로 유지하는 게 좋겠다는 의견이 지배적이었음

12. (현행) 제104조

가. 주요내용

□ 대법원장 및 대법관의 임명방법 등

현행	개정안
제104조 ①대법원장은 국회의 동의를 얻어 대통령이 임명한다. ②대법관은 대법원장의 제청으로 국회의 동의를 얻어 대통령이 임명한다. ③대법원장과 대법관이 아닌 법관은 대법관회의의 동의를 얻어 대법원장이 임명한다.	<제1안> 제107조 ①대법관의 인사는 국회와 변호사·시민단체가 각 같은 비율로 선출한 위원들로 구성되는 대법관인사위원회에서 정한다. ②대법원장은 대법관 중에서 호선한다. ③대법원판사는 대법관회의에서 제청하고 대법관인사위원회에서 의결한 자로 한다. 대법원판사는 임기가 3년이고, 그 임기를 마치면 특별한 사정이 없는 한 원래의 소속법원으로 복귀한다. [제107조의2 (신설) ①고등법원 소속 판사의 인사는 해당 고등법원 관할 지역의 광역지방자치단체 지방의회가 각 법률로 정한 비율에 따라 선출한 위원들로 구성되는 고등법원판사 인사위원회에서 정한다. ②지방법원 소속 판사의 인사는 해당 지방법원 관할 지역의 기초지방자치단체 지방의회가 각 법률로 정한 비율에 따라 선출한 위원들로 구성되는 지방법원판사 인사위원회에서 정한다.] <제2안> 제107조 ①대법관은 사법행정위원회의 제청으로 국회의 동의를 얻은 자로 한다. ②(위 제1안의 ②항과 동일) ③대법원장과 대법관이 아닌 법관은 사법행정위원회의 제청으로 대법원장이 임명한다.

※ 2018.3.3. 확대분과위원장회의에서 제1, 2안의 순위를 변경하기로 결정

나. 제안 취지

□ 대법원장은 대법관 중에서 호선하도록 규정함

□ 대법관 임명에 관하여, 제1안은 대법관인사위원회에서 정하는 자로 대법관 임용을 하자는 견해, 제2안은 사법행정위원회의 제청으로 국회의 동의를 얻은 자로 대법관 임용을 하자는 견해임

□ 대법관 아닌 법관의 인사에 관하여, 제1안은 대법관회의에서 제청하고 대법관인사위원회에서 의결한 자로 임명하자는 견해, 제2안은 사법행정위원회의 제청으로 대법원장이 임명하도록 하자는 견해임

다. 제안 논거

□ 대법원장의 호선

- 대법원장과 대법관 사이에 위계질서를 형성하지 않고 가능한 한 대등한 관계를 이룰 수 있도록 하기 위해 기본적으로 그 임명 절차를 통일하고, 대법관 중에서 호선하는 방식으로 대법원장을 선출하도록 함

□ 대법관의 임용방법

- 현행 헌법상 대법관의 임명절차에 대법원장의 제청권을 인정하고 있으나, 이는 대법관과 대법원장 사이에 사실상 위계질서를 형성하는 요인이 될 수 있으므로, 이러한 대법원장의 제청권을 폐지함
- 제1안은 대법관인사위원회에서 대법관 인사에 관한 결정을 할 수 있도록 하자는 견해임. 참고로, 대법관인사위원회는 국회와 변호사·시민단체가 각 1 대 1의 비율로 선출하는 위원들로 구성되는 비상설기관으로서, 대법원의 대법관 및 대법원판사의 인선에만 관여할 권한을 가짐(각급법원 소속 법관의 인사에 관하여는 각 권역별로 인사위원회를 구성해 결정하게 하자는 취지임)
  참고로, 제1안에서 "대법관인사위원회"라고 한 데서 알 수 있듯이, 대법관인사위원회는 대법원 인사만 관장하고, 각급법원 인사는 별도의 방법으로 정할 것을 예정하고 있음. 이 경우 위 제1안의 제107조의2와 같은 규정을 신설하는 방안을 생각해 볼 수 있을 것임
- 반면에, 개헌안 제2안은 대법원장의 제청권에 대신해 사법행정위원회에 제청권을 부여하자는 견해임. 참고로, 사법행정위원회는 국회가 재적의원 5분의 3 이상의 찬성으로 선출하는 6인과 법률이 정하는 법관회의에서 선출하는 6인으로 구성되는 상설기관으로서(단, 그 위원은 현직 법관이어서는 안 됨), 대법관뿐만 아니라 전체 법관의 인사에 관한 사항에 관여할 권한을 가짐
- 위 두 견해는 전술한 차이점에도 불구하고, 법관이 동료 법관의 임명에 결정적으로 관여하는 것을 되도록 지양하고, 민주적 정당성의 연결고리를 확보한 법원 외부의

기관에게 대법관 제청권 내지 임용결정권을 주자는 점에서는 공통점이 있다고 할 것임. 하지만 이에 대해서는, 법관의 인사에 관하여는 법원 내부에서 결정할 수 있게 허용하고, 사법행정위원회와 같은 외부기관은 단지 그런 사법행정을 감시하는 기능만 하게 하자는 소수의견도 있었음

□ 대법관 아닌 법관의 임용방법

○ 대법관 아닌 법관의 임용과 관련하여, 제1안은 대법원판사 임용에 한해 대법관회의에 그 제청권한을, 대법관인사위원회에 의결권한을 각 주자는 견해, 제2안은 사법행정위원회에게 제청권한을, 대법원장에게 임명권한을 주자는 견해임

13. (현행) 제105조

가. 주요내용

□ 대법관의 임기를 9년 단임으로 정함

□ 대법관 아닌 법관의 임기를 10년으로 제한한 규정을 삭제

□ 법관의 정년을 법률로 정하도록 한 현행 규정은 그대로 유지함

현행	개정안
제105조 ①대법원장의 임기는 6년으로 하며, 중임할 수 없다. ②대법관의 임기는 6년으로 하며, 법률이 정하는 바에 의하여 연임할 수 있다. ③대법원장과 대법관이 아닌 법관의 임기는 10년으로 하며, 법률이 정하는 바에 의하여 연임할 수 있다. ④법관의 정년은 법률로 정한다.	제108조 ①대법관의 임기는 9년으로 하며, 중임할 수 없다. ②법관의 정년은 법률로 정한다.

나. 제안 취지

□ 대법관의 임기를 9년으로 정하고, 중임할 수 없게 함

□ 대법관 아닌 법관의 임기를 10년으로 제한하고 연임할 수 있도록 한 현행 규정을 삭제함

다. 제안 논거

□ 대법관의 임기

○ 헌법재판관의 임기를 9년 단임으로 개정하자는 안에 상응하여, 대법관의 임기도 9년

단임으로 정하여 처우해 주려는 취지임

□ 대법관 아닌 법관의 임기

○ 법관의 독립을 확보할 목적에서, 대법관 아닌 법관의 경우 기존의 '10년 임기, 연임 가능' 규정을 삭제하고, 정년까지 계속 근무할 수 있게 함

14. (현행) 제106조

가. 주요내용

□ 법관의 신분 보장에 관한 현행 규정은 그대로 유지함

현행	개정안
제106조 ①법관은 탄핵 또는 금고 이상의 형의 선고에 의하지 아니하고는 파면되지 아니하며, 징계처분에 의하지 아니하고는 정직·감봉 기타 불리한 처분을 받지 아니한다. ②법관이 중대한 심신상의 장해로 직무를 수행할 수 없을 때에는 법률이 정하는 바에 의하여 퇴직하게 할 수 있다.	제109조 ①<좌동> ②<좌동>

15. (현행) 제107조

가. 주요내용

□ 법원의 위헌심판제청 대상의 확대

□ 명령·규칙·처분의 법률위반 심사권한

□ 행정심판에 관한 현행 규정은 그대로 유지

현행	개정안
제107조 ①법률이 헌법에 위반되는 여부가 재판의 전제가 된 경우에는 법원은 헌법재판소에 제청하여 그 심판에 의하여 재판한다. ②명령·규칙 또는 처분이 헌법이나 법률에 위반되는 여부가 재판의 전제가 된 경우에는 대법원은 이를 최종적으로 심사할 권한을 가진다. ③재판의 전심절차로서 행정심판을 할 수 있다.	제110조 ①법률·조약·명령·규칙이 헌법에 위반되는 여부가 재판의 전제가 된 경우에는 법원은 헌법재판소에 제청하여 그 심판에 따라 재판한다. ②명령·규칙 또는 처분이 법률에 위반되는 여부가 재판의 전제가 된 경우에는 대법원은 이를 최종적으로 심사할 권한을 가진다.

행정심판의 절차는 법률로 정하되, 사법절차가 준용되어야 한다.	③재판의 전심절차로서 행정심판을 할 수 있다. 행정심판의 절차는 법률로 정하되, 사법절차가 준용되어야 한다.

나. 제안 취지

☐ 법원의 위헌심판제청 대상에 법률 이외에 조약, 명령, 규칙도 포함함

☐ 명령·규칙·처분의 위헌 여부에 관한 대법원의 최종적 심사권한은 삭제하고 법률위반 여부에 관한 최종적 심사권한만 인정함

☐ 행정심판에 관한 현행 규정은 그대로 유지함

다. 제안 논거

☐ 기존의 이원화된 규범통제제도를 일원화하기 위함(2018.2.24.자 확대분과위원장 회의에서 개정안 제110조 제2항 중 '처분'은 삭제함이 바람직하다는 견해가 있었음)

16. (현행) 제108조

가. 주요내용

☐ 사법행정위원회의 조직과 규칙제정권 등

현행	개정안
제108조 대법원은 법률에서 저촉되지 아니하는 범위 안에서 소송에 관한 절차, 법원의 내부규율과 사무처리에 관한 규칙을 제정할 수 있다.	<제1안> 제111조 ①대법원은 법률에 저촉되지 아니하는 범위에서 소송에 관한 절차, 대법원의 내부규율과 사무처리에 관한 규칙을 제정할 수 있다. ②(신설) 대법원은 독자적으로 예산을 편성·제출한다. <제2안> 제111조 ①법원의 인사 및 예산, 사법행정정책 등 법률이 정하는 사법행정사무를 처리하기 위하여 사법행정위원회를 둔다. ②사법행정위원회는 법률에 저촉되지 아니하는 범위 안에서 소송에 관한 절차, 법원의 내부규율과 사무처리에 관한 규칙을 제정할 수 있다. ③사법행정위원회는 국회가 재적의원 5분의 3

	이상의 찬성으로 선출하는 6인과 법률이 정하는 법관회의에서 선출하는 6인으로 구성한다. 위원장은 위원 중에서 호선한다. ④위원의 임기는 6년으로 하며 중임할 수 없다. ⑤위원은 법관을 겸직할 수 없고 정당에 가입하거나 정치와 재판에 관여할 수 없다. 위원은 퇴임 후 대법관이 될 수 없다. ⑥사법행정위원회의 조직과 운영 기타 필요한 사항은 법률로 정한다. <제2-1안> 위 제2안 제111조 ⑤항 중 '법관을 겸직할 수 없고' 부분만 삭제하고, 그 외 나머지는 제2안과 같음.

※ 2018.3.3. 확대분과위원장회의에서 제1, 2안의 순위를 위와 같이 변경하기로 결정

나. 제안 취지

☐ 제1안은 사법행정위원회의 상설 및 광범위한 사법행정권한에 반대하고, 대법원에 규칙제정권을 존속시키는 한편, 대법원에 독자적 예산편성권을 부여하자는 견해임

☐ 제2안은 법원의 인사나 예산, 사법행정정책 등 사법행정사무를 처리하게 하기 위해 사법행정위원회를 설치하고, 규칙제정권 등을 부여하는 규정을 신설하자는 견해임

이에 따를 경우 사법행정위원회는 국회가 재적의원 5분의 3 이상의 찬성으로 선출하는 6인과 법관회의에서 선출하는 6인의 위원으로 구성되며, 각 위원의 임기는 6년이고 중임할 수 없음. 또한 위원장은 위원 중에서 호선하고, 각 위원은 법관 겸직이 금지되며, 퇴임 후에도 대법관이 될 수 없는 제한을 받음

한편, 사법행정위원회의 권한은 다음과 같음

- 대법관과 각급법원의 인사에 관한 사무처리
- 법원의 예산에 관한 사무처리
- 기타 사법행정정책 수립·추진에 관한 사무처리
- 소송에 관한 절차, 법원의 내부규율과 사무처리에 관한 규칙 제정

☐ 이에 대해, 제2－1안은 기본적으로 제2안을 지지하면서도, 사법행정위원회 위원에 대해 법관 겸직을 금지한 부분만 반대함

다. 제안 논거

□ 제2안의 사법행정위원회의 조직

- ○ 사법행정위원회의 조직과 관련하여 민주적 정당성을 가진 국회가 6인의 위원을 선출할 수 있도록 하고, 6인은 사법권 독립의 차원에서 법관회의에서 선출하도록 함
- ○ 또한 위원은 법관에 대한 인사권을 가지는 만큼, 재판에 관여하지 못하게 하고, 퇴임 후 대법관이 될 수 없다고 규정하여, 위원으로 있으면서 자신이 대법관이 되게끔 영향력을 행사할 기회를 차단함
- ○ 이에 대해 위원이 법관을 겸직하지 못하도록 규정한 것은, 현직 법관을 지나치게 배제하는 것이어서 동의하기 힘들다는 소수의견이 있었음
- ○ 또한 제2안을 주장하는 측에서는, 법관인사에 한하여서만 비상설로 인사위원회를 구성해 처리하게 하고, 그 외의 사법행정은 해당 법원이 자율적으로 처리할 수 있는 권한을 가지게 함이 바람직하다는 견해를 피력했음

□ 규칙제정권

- ○ 제2안은 사법행정정책에 관한 포괄적인 권한을 가진 사법행정위원회에게 규칙제정권을 주는 것이 전체적 체계에 부합한다고 봄
- ○ 이에 대해, 제1안은 법원 외부의 기관에 불과한 사법행정위원회에게 소송에 관한 절차, 법원의 내부 규율 및 사무처리에 관한 규칙 제정권을 부여하는 것은 사법부 독립을 저해하는 것으로 볼 수 있는바, 기존의 대법원의 규칙제정권은 계속 존속시키도록 하고, 그 외에도 대법원에게 독자적으로 예산을 편성·제출할 권한을 인정함으로써 사법부의 독립을 제고할 필요가 있다고 함

17. (현행) 제109조

가. 주요내용

□ 재판의 공개에 관하여는 현행 규정을 유지함

현행	개정안
제109조 재판의 심리와 판결은 공개한다. 다만, 심리는 국가의 안전보장 또는 안녕질서를 방해하거나 선량한 풍속을 해할 염려가 있을 때에는 법원의 결정으로 공개하지 아니할 수 있다.	제112조 재판의 심리와 판결은 공개한다. 다만, 심리는 국가의 안전보장 또는 안녕질서를 방해하거나 선량한 풍속을 해할 염려가 있을 때에는 법원의 결정으로 공개하지 아니할 수 있다.

18. (현행) 제110조

가. 주요내용

□ 군사법원의 설치 및 그 관할의 범위 등

현행	개정안
제110조 ①군사재판을 관할하기 위하여 특별법원으로서 군사법원을 둘 수 있다. ②군사법원의 상고심은 대법원에서 관할한다. ③군사법원의 조직·권한 및 재판관의 자격은 법률로 정한다. ④비상계엄하의 군사재판은 군인·군무원의 범죄나 군사에 관한 간첩죄의 경우와 초병·초소·유독음식물공급·포로에 관한 죄 중 법률이 정한 경우에 한하여 단심으로 할 수 있다. 다만, 사형을 선고한 경우에는 그러하지 아니하다.	제113조 ①군사재판에 관한 특별법원으로서 군사법원을 둘 수 있다. ②군사법원의 <u>상소심은 대법원과 고등법원에서</u> 관할한다.

나. 제안 취지

□ 군사재판을 관할하는 특별법원으로서 군사법원을 둘 수 있도록 한 기존의 규정은 그대로 유지

□ 군사법원의 상소심, 즉 항소심을 고등법원에서, 상고심을 대법원에서 관할하도록 규정함.

□ 비상계엄하 군사재판의 단심제는 폐지함

다. 제안 논거

□ 군사법원의 설치

- 군사재판의 특수성을 고려하여 특별법원으로서 군사법원을 둘 수 있도록 하는 데 대해서는 견해가 일치함
- 이에 대해서는 비상계엄 등 전시에만 군사법원을 설치할 수 있게 제한적으로 규정할 필요가 있다는 견해도 제시되었음

□ 군사법원의 상소심

- 현행 헌법은 '군사법원의 상고심은 대법원에서 관할한다'고 규정함으로써 그 반대해석상 1심뿐만 아니라 항소심도 군사법원에서 관할할 수 있도록 하고 있음. 그러나 적어도 1번의 사실심은 일반법원에서 관할할 수 있게 하는 것이 바람직하다고 보이

므로, 군사법원은 제1심 관할권만 가지도록 하고, 그 항소심은 고등법원에서, 상고심은 대법원에서 관할하는 것으로 규정함

□ 비상계엄하의 단심제

○ 비록 비상계엄 상황일지라도 단심제는 효과적인 권리구제의 보장원칙에 대한 중대한 위반을 구성할 수 있으므로, 단심제는 폐지함

제 7 절 재정경제분과

Ⅰ. 재정

1. (현행) 제54조에서 제59조, 제97조에서 제100조

가. 주요내용

□ 현행 헌법 제54조부터 제59조까지와 제97조에서 제100조의 감사원을 포함하여 경제·재정분과의 개헌안의 신설 조항인 재정의 원칙, 기금, 결산 조항을 포괄하는 "재정의 장"을 신설함

현행	개정안
제3장 국회 제54조~제59조 (생략) 제97조 ~ 제100조 (생략)	제0장 재정 제1절 국가의 재정과 회계 제2절 감사원

나. 제안 취지

□ 재정의 장을 신설해 재정에 대한 국민의 통제, 즉, 국민을 위한 국민에 의한 재정원칙을 정립하고 현행 국회의 장에 포함된 예산과 조세의 조항 등 정부의 장 아래 감사원 관에 포함된 결산 조항 등의 분산은 재정의 중요성을 폄훼하고 있음. 따라서 재정의 장에 제1절 국가의 재정과 회계, 제2절 감사원을 포함하여 새로운 장을 신설함

□ 재정권력은 일반적인 권력행사와는 그 구조와 양식이 근본적으로 다르기 때문에 권력이 작용되는 정치적·정책적 결정과정을 헌법적으로 재정의 실체에 관한 명문화된 규정을 마련하는 것이 필요함

다. 제안 논거

□ 예산 및 조세관련 조항의 기술적인 성격의 편제변화는 있었지만, 우리헌법은 제헌헌법 이래 변함없이 실체적인 규정은 두고 있지 않으므로, 현행 헌법에서 재정관련 조항은 '헌법의 흠결'이라 볼 수 있음. 이는 헌법이론 및 헌법 정책적 인식의 한계에 따른 자연스러운 결과임

□ 현재 국회의 장에 있는 제54조에서 제59조까지의 규정 외에 재정 헌법적 규율의 가능성과 필요성에 대한 근본적인 검토를 거쳐 재정질서가 형성되어야 할 것임. 또한, 현행 헌법에서 결산에 대한 명확한 규정이 없고, 결산은 단지 감사원 규정에 편입되어 있을 뿐임. 따라서 재정의 장에서 결산 및 감사원에 대한 헌법 규율이 필요함

□ 우선 재정민주주의를 평가하기 위해서 재정권한의 입법부와 행정부 사이의 배분을 가장 먼저 파악해야 하고 불균형에 대한 체계적인 분석을 통해 헌법개정의 방향과 범위 및 구체적인 대안을 설정하고 법률적 사항의 가능성과 한계를 검토하는 것이 필요함.

□ 재정민주주의란 재정에 대한 책임성을 제고할 수 있는 제도적 틀을 의미함. 또 재정책임성은 정부가 재정을 통해 국민들의 의사에 순응하는 행동을 하고 그에 따른 책임을 지는 것임

□ 이번 헌법개정에서 재정의 장의 핵심은 재정책임성과 그를 위한 정보공개에 그 강조점이 있음

□ 외국 입법례
- 독일과 일본은 재정에 관한 독립된 장을 가지고 있음

2. (현행) 없음/신설

가. 주요내용

□ 재정운용에 적용되는 재정준칙을 신설함

□ 헌법에 균형예산의 원칙과 수지균형을 원칙을 명시함

현행	개정안
없음	제00조 모든 세입과 세출은 예산에 포함되어야 하며, 세입과 세출은 균형을 이루어야 한다.

나. 제안 취지

□ 오늘날 재정이 당면하는 가장 큰 문제는 재정규모의 지속적 확대와 적자예산의 편성에 따른 국가채무의 지속적 증대임. 재정규율은 중장기 재정운용에 적용되는 원칙으로서 재정정책의 지속가능성의 실현, 재정운용의 투명성 제고, 정책의 신뢰성 제고로 요약됨.

□ 즉 국민적 합의로 재정운용원칙을 세우고 세출확대에 대한 정치적 영향이 개입될 여지를 차단하는 것임

다. 제안 논거

□ 국가재정법 제17조 제1항에서 "한 회계연도의 모든 수입을 세입으로 하고, 모든 지출을 세출로 한다."고 규정하고 있고, 이를 헌법에 명문화 함

□ 재정운용의 자율성이 훨씬 바람직하나 현실에서 재정지출의 확대와 재정적자의 증대를 막을 수 있는 가장 확실한 방법은 법적 혹은 제도적 장치이므로 균형예산의 원칙과 수지균형의 원칙을 헌법적 명시함

□ 재정준칙은 향후 헌법개정에도 지속적으로 국민적 동의와 지지를 통해 정치권과 정책당국의 지도력을 통해 헌법조항으로 포함되는 것이 바람직할 것임

□ 외국 입법례

- 독일, 스웨덴, 스위스는 헌법에 명시
- 법률에는 없지만 정부성명서에 나타나는 경우 노르웨이, 영국 등
- 법률에 포함되는 뉴질랜드의 재정책임법
- 한시적으로 법률에 포함되는 캐나다와 미국

3. (현행) 제59조

가. 주요내용

□ 조세법률주의는 현행대로 유지하고 조문의 위치를 이동함

현행	개정안
제59조 조세의 종목과 세율은 법률로 정한다.	현행유지하고 조문의 위치를 이동함

나. 제안 취지

□ 조세법률주의 규정(현행 헌법 제59조)은 그 역사성과 취지를 존중하여 현행대로 유지하

고, 조세법률주의 규정 다음 조에 수수료·사용료·부담금에 관한 규정을 신설하자는 주장도 있으나 이미 법률주의에 의하기에 반드시 헌법 개정이 필요한 것은 아님

다. 제안 논거

□ 재정의 장에서 재정원칙 다음에 양입을 규정하는 것이 마땅함

□ 선행 개헌안

시기	제시 주체	내용
2018.1	국회헌법개정특위	제59조는 현행대로 유지하며, 조세법률주의이외에 부담금 등 기타 수수료 등도 포함한 세입법률주의를 채택함.

4. (현행) 제54조 제1항, 제2항

가. 주요내용

□ 예산법률주의를 도입하며, 예산편성권과 예산법률안제출권은 현행대로 행정부에 둠

현행	개정안
제54조 ①국회는 국가의 예산안을 심의·확정한다. ②정부는 회계연도마다 예산안을 편성하여 회계연도 개시 90일전까지 국회에 제출하고, 국회는 회계연도 개시 30일전까지 이를 의결하여야 한다.	제00조 정부는 회계연도마다 예산법률안을 편성하여 회계연도 개시 90일전까지 국회에 제출하고, 국회는 회계연도 개시 30일전까지 이를 의결하여야 한다.

나. 제안 취지

□ 예산은 결국 국민이 충당하는 국고에서 집행되므로 국민주권의 원칙에 따라야 함. 예산법률주의 실현으로 국민주권의 구체화인 재정민주주의를 이룰 수 있음

□ 현행 국회와 행정부의 권한배분에 따라 예산편성권은 행정부의 권한으로, 국회는 결산심사권을 강화해 결산심사과정에서 예산편성에 관여하는 것임

□ 재정민주주의를 충실히 구현하기 위해서는 국가재정 운용의 근간인 예산을 대의기관인 국회에서 의결·확정할 필요

- 예산법률주의의 취지가 구속력 있는 국회의 의결을 받아서만 예산을 지출할 수 있어야 한다고 의미한다고 볼 때에, 이미 우리 예산에도 법률주의의 취지가 반영되어 있

다고 볼 수도 있음

- ○ 오히려, 미국의 경우에는 재량지출만 대상으로 하기에 의회에서 의결되는 범위가 우리보다 좁고 재정민주주의의 원칙에 부합하는 면이 부족하다고 볼 수도 있음

다. 제안 논거

□ 예산법률주의 논쟁의 실질적 의미 : 예산이 법률인지 여부 자체보다는 그러한 구분에 따라 재정민주주의(재정의회주의) 실현에 영향이 있는지가 핵심

- ○ 이 논쟁은 독일 프로이센국가에서 예산도 법률의 형식이나 국민의 권리에 대한 법률은 구속력이 있는데 반해 예산법률은 세습군주가 이끄는 행정부에 구속력이 없는 형식적 법률로서 비법률주의라는 논쟁에서 비롯되었음
- ○ 결국 국민의 대표인 국회가 의결한 예산한도와 예산기준이 행정부에 대해 구속력이 있느냐가 논쟁의 핵심이었다는 점에서 본다면, 재정민주주의가 확립된 현재 국회의 결이 없는 예산집행은 불가능하고, 설사 국회가 의결기한을 넘기더라도 대부분의 국가에서는 준예산이나 가예산 등 헌법상 잠정예산제도를 둠으로서 이 논쟁은 어느 정도 해결됐다고 볼 수 있음
- ○ 국회에서 예산비법률주의국가로 분류되는 스웨덴은 최고의 복지국가로서 예산비법률주의국가로 분류되는 스위스도 최고의 국민행복지수가 높은 나라로 인식되고 있다는 것은 재정민주주의적 측면에서의 예산법률주의의 실질적 의미는 이미 충족하고 있다고 보아야 함

□ 예산법률주의의 형식적 의미 : 조문화 또는 문서화문제

- ○ 법률처럼 문서화된 예산총칙이 있어 이미 예산은 부분적으로 법률주의의 특징을 반영
- ○ 다만 개별사업예산안의 비문서화와 부대의견이 의결된 예산안의 일부가 아니라는 점에서는 비법률주의적 요소를 가지고 있음. 현재는 법률과 다르기에 공포로 효력이 발생하지 않는다는 차이점을 가지고 있음
- ○ 결론적으로 현재도 예산법률주의적 특징이 부분적으로 도입되어 있고, 이를 재정민주주의적 측면에서 개선할 수 있느냐의 문제로 접근하는 것이 타당함

□ 정치선진국의 예산법률주의로의 개선의 실익은 문서화하여 국민과 의원들의 이해도를 향상시키고 지출의 조건, 기한, 방법 및 공무원의 책임을 명시하여 집행기준을 마련하여 행정부통제의 규범력 제고, 현재의 쪽지예산과 같은 관행을 조문화하여 국회의 책임성을 향상시킬 수 있으나 영구법인 예산근거법률과 한시법인 예산법률을 구분상 지출 및 세입의 근거법률을 조정하여 예산과 법률의 불일치를 해결하여야 하며 국회의 역할을 강화할지는, 미국은 8개월간 심의하기에 의회주도의 예산과정을 구현한다고는 하나,

법률주의 여부와 상관없이 심의가 부실하면 결국 정부주도의 예산과정이 된다는 점에 주의할 필요가 있으며 예산은 수많은 이해관계자들이 관련되기에 특정인의 권리구제를 위한 소송에 의한 구제는 적합하지 않음

□ 우리가 지향할 예산법률주의의 형태로는, 재량지출승인법 형태의 영미식 제도보다는 우리와 같은 형식으로 세입·세출을 포괄하여 균형예산을 지향하는 독일, 프랑스 제도가 불필요한 혼란의 방지, 엄격한 부채관리 등의 관점에서 타당해 보임

□ 또한 예산법률주의 도입시 의회가 부당한 조건 기한, 공무원의 과도한 책임을 규정시에 대한 통제방법으로 우선 법률안 거부권, 프랑스처럼 헌법재판소의 법률공포 전의 야당 의원들의 사전적 규범통제, 독일의 헌법재판소에 추상적 규범통제방안 등의 의회의 부당한 심의권행사에 대한 통제방안이 필요함

※ 예산법률과 일반법률의 근본적인 차이점

차이점	예산안 내지 예산법률안	일반 법률안
규율대상	국가기관에게 금액을 총액적으로 배분하는 구체적인 규율	일반 추상적인 규율이 원칙(예외적으로 처분적 법률의 경우, 구체적 규율 가능)
효력시한	일반 법률과 달리 매 회계년도마다 반드시 통과되어야 하고 원칙적으로 한 회계연도만 효력을 가지는 한시적 효력 반드시 다음 회계연도에 결산심사의 대상이 됨.	영구적 효력
대상	국가 전반의 재원배분 우선순위를 대상	헌법은 국가 전반적이나 대부분의 경우는 부분적 대상
제출 주체	구체적인 수요와 총액을 규정하여야 하기에 편성 주체인 행정부	일반 추상적인 규율이 원칙이기에 행정부와 의회도 가능

□ 예산(법률)안의 편성·제출 등의 제안취지 : 행정부－예산편성권 타당성 검토(현행 제54조)

○ 예산안(내지는 예산법률안)의 편성 및 제출 등과 관련한 현행 제54조의 개정 방향과 관련하여서는 향후 개헌 논의과정에서 채택될 권력구조(정부형태)와 상관없이 행정부(대통령)가 예산안(내지는 예산법률안)의 편성 및 제출권을 갖는 것이 전 세계에 예산안(내지는 예산법률안)의 편성 및 제출권을 헌법에 규정한 모든 나라의 공통된 특징이며 국회의 극심한 대립 속에서 예산안을 합의한다는 것이 어렵다는 현실적인

정치상황에서도 타당하다고 결론지음

- ○ 전 세계적으로 재정의 공통된 과정은 행정부가 재정민주주의의 수요를 가장 잘 파악할 수 있기에 예산안(내지는 예산법률안)의 편성 및 제출하고 이를 국회가 심의의결하고 행정부는 의결된 예산안을 집행하고 이에 대하여 국회는 감사원의 도움을 받아 결산을 심사하는 공통된 재정과정을 가지고 있음

□ 조직의 특성 측면

- ○ 조직적이고, 전문 인력을 충분히 가지고, 신속하게 권한을 행사할 수 있고 대통령을 최종책임자로 하기 때문에 집행책임 등의 책임소재가 명확하기에 정부에서 예산을 편성하는 것이 효율적임
- ○ 합의제 기구인 국회에 충분한 심의기간을 주어, 민주적 의사결정으로 이를 심의 확정하는 것이 분업의 차원에서 바람직함

□ 재정민주주의적 관점에서의 예산편성권

- ○ 대통령을 수반으로 하는 행정부에게도 과거 세습군주제하의 정부형태와는 달리 민주적 대표성을 인정할 수 있음
- ○ 또한, 지역구 주민이 아닌 전체 국민의 입장을 대변하는 측면에서는 오히려 대통령을 수반으로 하는 행정부가 보다 더 민주적 정당성을 가질 수도 있음

□ 국회와 행정부의 소관 사항 측면에서의 검토

- ○ 국회는 일반적 추상적 기준을 정립하고, 행정부는 특정인과 구체적인 사안들을 법률에 근거해서 집행하는 기관임
- ○ 예산안은 일반적 추상적 기준이 아닌, 구체적인 사업 등에 대한 자금배정 계획이므로 이는 행정부가 마련하는 것이 타당함

□ 예산편성권은 정부에게 주고 예산법률안의 제출은 의회로 분리하는 미국식 제도의 부당성

- ○ 예산법률안의 제출권은 예산편성권을 가지고 실제 예산을 편성한 주체가 이 예산편성의 타당성을 설명하는 부속서류를 제출하는 권한이기에 이 두 권한을 분리될 수 없음
- ○ 국회가 제출하는 경우, 제출권자가 누구인지에 대한 합의(국회의장인지, 예결위인지, 각 국회의원인지)도 안 된 상태에서 제출권을 국회로 이관하는 경우, 예산법률안의 난립 우려
- ○ 예산편성권은 정부에게 주고 예산법률안의 제출은 의회로 분리하는 미국제도를 과거 식민지였기 그대로 따르는 필리핀은 헌법상 행정부가 예산편성하고 하원이 예산법률안을 제출하나 제출시 증액하여 제출을 불허하고 항목별로 증액금지가 걸리고,

신규사업과 용도지정은 안 됨. 헌법 말고 대통령의 정부령에서 제한하기에 실질적으로는 행정부가 예산편성하고 예산법률률안을 제출한다고 할 것임

5. (현행) 제54조 제3항

가. 주요내용

☐ 1안은 준예산제도를 현행대로 유지함

☐ 2안은 삭제함

현행	개정안
제53조 ③새로운 회계연도가 개시될 때까지 예산안이 의결되지 못한 때에는 정부는 국회에서 예산안이 의결될 때까지 다음의 목적을 위한 경비는 전년도 예산에 준하여 집행할 수 있다. 1. 헌법이나 법률에 의하여 설치된 기관 또는 시설의 유지·운영 2. 법률상 지출의무의 이행 3. 이미 예산으로 승인된 사업의 계속	(1안) 현행 유지 (2안) 삭제

나. 제안 취지

☐ 준예산제도는 한 번도 시행된 적이 없고, 법률에서도 동일하게 규정하고 있기 때문에 헌법규정으로 적합한지를 검토함

다. 제안 논거

☐ 1안의 논거

- 국회의 예산안 심의확정시한을 헌법에 명시하고 이를 지키지 못할 만일의 경우에 대비하여 임시방안을 마련하고 있으며, 이를 국가예산 실무상 준예산이라고 부르고 있음
- 헌법에 명확한 근거를 두고 있으면서 헌정사항 한 번도 활용된 적이 없는 제도인 반면, 해마다 관심과 고려의 대상으로 반복하여 의제화되는 매우 독특한 현안임
- 또한 헌법과 국가재정법에 기본적인 원칙만 규정되어 있고 국가재정법 조항은 헌법의 단순 반복임으로, 헌법에서 삭제해도 된다는 의견도 있음
- 재정에 대한 민주적 통제의 원칙을 고려할 때 국회의 의결을 요하는 가예산제도가

바람직할 것임

- ○ 그럼에도 불구하고, 국회의 정치력 부재나 무능 또는 극단적인 충돌로 인한 예산불성립은 오히려 행정부가 헌법 제54조 제3항에 근거한 준예산제도를 실시하도록 헌법적 정당성을 제공하는 헌법적 필요성이 있음을 이유로 현행대로 유지함

□ 2안의 논거

- ○ 준예산은 국회가 기능하지 못할 경우를 대비한 헌법 규정인데, 실제적으로는 국회가 존재하지 않아도 예산을 집행할 수 있다는 의미를 내포함
- ○ 따라서 국회의 기능을 약화시키는 조항으로 실제로는 준예산 조항이 없어도 크게 헌법질서에 영향되지 않고, 준예산 조항이 없으면 오히려 국회를 중심으로 헌법정치가 활성화될 것임. 즉, 예산통과 여부는 국정에서 중대한 문제가 되어 여야의 합의정치가 성숙될 수 있음
- ○ 준예산 제도는 독일이나 프랑스 헌법에서도 있지만, 우리 헌법처럼 구체적 전년도 예산에 준하여 집행하는 규정이 아님
- ○ 우리 준예산 규정은 일본 메이지헌법의 전년도 예산에 준한다는 규정과 같음. 즉, "제국의회에서 예산이 의결되지 않거나 또는 예산이 성립되지 않을 때는 정부는 전년도 예산을 시행해야 한다"(제71조)는 문구는 예산에 대한 정부 시행권한이 우위에 있음. 이는 이토 히로부미(伊藤博文)가 주도면밀하게 의회 형해화 의도에서 고안한 규정임
- ○ 그러므로 헌법에서 준예산 조항은 삭제되고 국가재정법에 따라 운영돼야 함. 미국 정부의 셧다운(Government shutdown)과 잠정예산(Continuing Resolution)에서 보면 예산 불성립 이후의 정치적 타협과 문제 해결이 헌법질서를 긍정적으로 유도하고 있음. 참고로 한국의 경우 준예산 제도가 시행된 경우는 없음

6. (현행) 제55조 제2항

가. 주요내용

□ 1안은 제55조 제1항은 현행대로 유지하며, 제2항에서 예비비 지출은 차년도 국회의 승인을 얻도록 함

□ 2안은 삭제함

현행	개정안
第55조 ①한 회계연도를 넘어 계속하여 지출할 필요가 있을 때에는 정부는 연한을 정하여 계속비로서 국회의 의결을 얻어야 한다. ②예비비는 총액으로 국회의 의결을 얻어야 한다. 예비비의 지출은 차기국회의 승인을 얻어야 한다.	제00조 (1안) ①(현행유지) ②예비비는 총액으로 국회의 의결을 얻어야 한다. 예비비의 지출은 차년도 국회의 승인을 얻어야 한다. (2안) 삭제

나. 제안 취지

□ 예비비의 지출에 대한 국회의 승인과 관련하여, 예비비에 대한 지출 승인은 지출이 이루어진 다음 해에 총액으로 국회에서 결산심사시 함께 이루어진다는 점을 고려할 때 "차기 국회"보다 "차년도 국회"가 적정함

다. 제안 논거

□ 1안의 논거

- 예비비에 대한 구체적인 내용은 「국가재정법」 제22조에 규정되어 있음. 예비비는 예측할 수 없는 예산 외의 지출 또는 예산 초과지출에 충당하기 위한 것으로서, 일반회계 예산총액의 100분의 1 이내의 금액을 예비비로 세입세출예산에 계상할 수 있고, 예산총칙 등에 따라 미리 사용목적을 지정해 놓은 예비비는 이와 별도로 세입세출예산에 계상할 수 있음
- 예비비는 국회의 의결을 받은 후 필요시 「국가재정법」 제51조의 규정에 따라 국무회의 심의와 대통령 승인을 거쳐 사용하게 되며, 제52조의 규정에 따라 매 회계연도마다 그 사용결과를 차기 국회에 제출하여 승인을 받고 있음
- 예비비의 지출승인이 다음해 국회결산심사에서 이루어짐으로, 차기 국회보다 "차년도 국회"로 수정함

□ 2안의 논거

- 계속비 및 예비비는 회계학 용어로서 예산에는 반드시 필요한 것이지만, 헌법 규정사항은 아님
- 계속비와 예비비에 대한 법적 규율은 국가재정법 규정으로 충분함
- 계속비와 예비비의 헌법 규정도 준예산과 마찬가지로 국회를 형해와 시키려는 이토 히로부미(伊藤博文)의 의도 아래 규정된 메이지헌법에서 차용한 것임(계속비: 제68

조, 예비비: 제69조)

7. (현행) 제56항

가. 주요내용

☐ 1안은 정부는 예산법률에 변경을 가할 필요가 있을 때에는 추가경정예산법률안을 국회에 제출할 수 있음

☐ 2안은 삭제함

현행	개정안
第56조 정부는 예산에 변경을 가할 필요가 있을 때에는 추가경정예산안을 편성하여 국회에 제출할 수 있다.	제00조 (1안) 정부는 예산법률에 변경을 가할 필요가 있을 때에는 추가경정예산법률안을 국회에 제출할 수 있다. (2안) 삭제

나. 제안 취지

☐ 예산법률에 따른 추가경정예산안도 추가경정예산법률안으로 변경함

다. 제안 논거

☐ 1안의 논거

- 정부형태와 상관없이 정부는 예산법률에 변경을 가할 필요가 있을 때에는 추가경정예산법률안을 국회에 제출할 수 있도록 현행 유지함

☐ 2안의 논거

- 추가경정예산 조항은 한국의 독특한 헌법 조항임
- 추가경정예산을 영어로 "supplementary budget"라고 하지만, 이는 "추가예산"의 개념으로 차년도의 예산에 추가한다는 의미가 강함
- 메이지헌법 제64조 제2항에서 예산 이외의 초과 또는 지출은 제국의회의 승낙이 필요함
- 현행 일본 헌법은 "추가예산" 규정이 없음. 일본에서는 "보정예산(補正予算)"으로 예비비가 대응할 수 없는 예산 변경 및 추가가 필요할 때에 재정법 제29조에 의해 국회 승인을 받아 성립됨. 헌법 규정 사항이 아님

○ 만약 추가경정예산 헌법 규정이 분단국가 한국의 독자적 제도로서 꼭 필요하다면, 추가경정예산의 결산심사가 엄격해야 함에도 불구하고 실제로는 예산이 수정되어 추가경정예산에 대한 결산심사는 별도로 하지 않음. 매년 결산보고서에서 보면 약 1 페이지 분량의 추가경정예산에 대한 설명이 있음. 국가재정법에서도 추가경정예산의 편성 요건에 대해 규정(제89조)하고 있으나, 결산에 대한 구체적 규정은 없음

○ 근래 들어 매년 추가경정예산이 정례적으로 제출되고 있는데, 그 편성 요건에 해당하는 전쟁, 재해, 경기침체, 남북관계 등 심각한 문제가 아닌데도 정부(대통령과 여당 포함)는 경기문제를 이유로 들고 있음

○ 그러나 추가경정예산 투입으로 인해 얼마나 효과를 얻을 수 있었는지 뚜렷한 결산 결과가 없으므로 보통 10조에 가까운 추가경정예산의 국고의 행방이 묘연할 뿐임.

○ 추가경정예산 투입이 필요하면, 예산 또는 예산법률을 수정하고 그에 대한 결산 등 국회의 통제도 명확해야 함

8. (현행) 제57조

가. 주요내용

☐ 예산법률안에 대한 부당한 수정의 제한－증액동의권의 존치 여부를 검토

☐ 현행대로 유지하기로 한 것이 다수의견이고 정부제출 총액범위를 넘는 경우에만 정부 동의를 받도록 하는 것이 소수 의견임

현행	개정안
제57조 국회는 정부의 동의없이 정부가 제출한 지출예산 각 항의 금액을 증가하거나 새 비목을 설치할 수 없다.	(1안) 현행유지 (2안) 국회는 <u>정부가 제출한 지출예산안의 총액을 증가시킬 경우 정부의 동의를 얻어야 한다.</u>

나. 제1안의 제안 취지

☐ 국민의 부담을 줄이고자 하는 재정민주주의적 관점에서 국회의 심의권한의 본질적인 심사권한은 감액에 있지 행정부가 가장 잘 할 수 있는 실질적 예산편성인 증액에 있지 아니하기에 현행유지하고 부당한 감액의 경우는 예산법률주의를 채택하는 경우 법률안 거부권의 대상이 된다고 합의함

☐ 프랑스 제4공화국이 증액제한의 규정이 없어서 지역구예산끼워넣기로 인하여 재정이

파탄난 경험을 토대로 이를 방지하기 위한 규정이기에 이러한 지역구끼워넣기의 방지가 가장 중요한 기준이 되어야 할 것임

☐ 하지만, 국가이익 전체차원에서 중요한 것은 수정할 수 있음. 명분이 있는 경우, 행정부가 잘못 편성한 예산은 가능하며, 타당성 조사를 거쳐 문서로서 동의하는 절차를 거쳐 가능할 것임

다. 제1안의 논거

☐ 증액동의권은 부당한 국회의 예산수정권의 제한의 문제임

☐ 국회에서는 "현행 헌법상의 증액동의권 조항은 삭제하고, 그 대안으로 국회가 정부가 편성한 예산안의 총액을 증가하는 경우에 정부동의를 받도록 한다는 개정안"이 주를 이루지만 우리나라가 전 세계적으로 미국 다음으로 예산수정이 많이 일어나고 실제로 국회가 합의한 증액안을 행정부가 거부하기는 어렵고 정부안을 대폭적으로 감액한 후에 실제 의회증액안을 관철시키기도 하고 의원들의 지역구예산끼워넣기를 방지할 대안이 현실적으로 없기에 본 규정을 유지하는 것이 타당하다고 보여 절대다수가 현행유지와 부당한 감소의결시 예산법률주의를 채택하는 경우 법률안거부권의 대상이 된다고 합의함

☐ 이론과 현실논거

☐ 본 규정의 제정취지

- 유진오헌법제의의 자료에 의하면 프랑스 제4공화국이 증액제한의 규정이 없어서 지역구예산끼워넣기로 인하여 재정이 파탄난 경험을 토대로 이를 방지하기 위한 규정이기에 이러한 지역구끼워넣기의 방지가 가장 중요한 기준이 되어야 할 것임

☐ 국회예산심의의 본질

- 국회예산심의의 본질은 정부의 부당한 예산의 삭감에 있지 실질적 예산편성권의 행사인 증액동의에 있지 아니하기에 본 규정은 수정이 거의 일어나지 않고 그 예산집행에 대한 책임성을 강조하는 의원내각제와 달리 빈번한 수정이 일어나는 나라에서는 예산편성권을 가지고 그에 따른 예산집행책임을 지는 주체의 사전동의 내지는 사후적 거부권의 대상이 되고 재정준칙이나 미국의 의회자체적인 pay go원칙에 의한 책임을 짐
- 만약 본 규정을 무력화시키는 총액 내에서의 자유로운 수정이 가능하다는 주장을 관철하려면 행정부의 모든 예산집행에 대한 책임을 국회가 다 져야하거나 그렇지 않다면 본 규정과 함께 사후적 법률안거부권의 대상이 되어야 한다고 보임

☐ 국회의원의 국가이익우선 의무적 관점

- 실제 이규정의 제정취지는 국회의원의 지역구예산끼워넣기 관행을 통제하기 위한 것이기에 이는 국회의원의 헌법 46조의 지역구내지는 개인적 이익추구보다는 국가

이익우선 의무라는 관점에서 접근이 필요하고 이러한 위험을 방지할 대안이 있다면 이 규정은 삭제해도 가능함

□ 입법권과 행정권의 권한 배분적 관점에서의 입법과목과 행정과목

○ 이는 입법부의 역할과 행정부의 구분에 따른 당연한 귀결임

특히 예산법률주의를 선택한다고 하면 법률도 본질적인 중요사항을 원칙적으로 국회가 입법과목으로 심사하여 의결하고 그 이하의 세부적인 사항은 행정부에 구체적으로 정하여 위임하듯이 이러한 관점에서 접근한다면 현행 장과항의 입법과목과 그 이하의 행정과목의 구분은 유지되는 것이 타당하다고 보임. 물론 공익적 요청이 있는 경우 구체적인 지시가 예외적으로 가능한 것은 당연한 귀결임

□ 외국 입법례

□ 의회 예산수정권 견제 권한의 사례(사전 및 사후 견제)

○ 사전 견제 권한(대부분 법률안 및 수정발의에도 적용됨)

– 영국 하원 규정 48조(1713년 채택) : 지출 수반·증액 의안의 의원 발의(수정 발의 포함)는 왕권의 동의가 없으면 금지

– 대한민국 헌법 57조(증액동의권; 1948 제헌헌법 이래 포함)

– 프랑스 헌법(1958)

* 제40조 : 의원의 "증액" 법안 발의 금지(제4공화국(1946~1958)[11] 헌법에 이미 채택되었으나, 아래 2개 조항이 5공화국에서 헌법에 추가되기 이전에는 효력이 제한적)

* 제46조 : 의회의 논의를 중단하고 즉각 표결토록 정부가 요구할 수 있음. 부의안은 정부원안 또는 수정안들 중 정부가 선택("차단 결의 조항"; le vote bloqué)

* 제49조 3항 : 예산법안 의결이 내각신임 대상임을 총리가 선언하면 의회가 24시간 내에 불신임안을 발의하지 않는 한 정부원안대로 자동 확정("49.3" 또는 "단두대 조항"; la guillotine)

– 독일 헌법(1949) 113조1항 : 지출증액 법안에 대한 심의중지 요청권(예산 증액 수정발의에도 적용 가능)

* 의원내각제는 제도의 속성 상 의회의 과도한 수정이 불가능하며, 이에 더하여 위와 같이 추가 견제가 있는 국가도 다수. 또한 양원제에서는 하원에서 추가한 신규사업이나 증액에 대해 상원에서 견제가 가능

○ 사후 견제 권한

– 법률안의 (전부)거부권

* 미국, 대한민국 헌법 : 예산법에 관한 한 정치적 부담 때문에 실효성이 없음. 비

11) 12년 간 15회 정권(내각) 교체

법률주의(우리나라) 하에서는 적용 불가

* 중남미 대통령제 국가[12)] : 콜롬비아, 과테말라, 파나마, 우루과이, 페루

– 법률안의 (일부)거부권

* 미국은 1996~98 클린턴 대통령 당시 line-item veto를 일시 도입, 의회에서 추가된 지역구 선심성 사업에 80여회 적용(주정부는 4개주만 제외하고 모두 부분거부권 인정)

* 프랑스 헌법 10조 : 대통령의 부분거부권(대안 제시도 가능)

* 독일 헌법 113조 2,3항 : 하원 의결 또는 상원 동의 이후에도 정부의 재의 요구 가능(대안 제시 가능 부분거부권과 유사)

* 미국 이외의 대통령제 국가

– 중남미(법안에 대한 일부거부원)[13)]: 아르헨티나, 볼리비아, 브라질, 칠레, 에콰도르, 멕시코, 니카라과, 파라과이

– 필리핀(대안 제시 불가, 예산법안에만 적용 가능)

* 증액·신규사업에 대한 정부동의권 and/or 부분거부권이 국회의 예산안 수정권에 대한 유효한 견제를 이루며, 미국 이외의 대부분의 대통령제 국가들이 이러한 조건을 충족

– 중남미 국가(유일하게 과테말라가 전부거부권만 있음)

* 전부거부권만 있는 5개 국가 대부분이 항목별 증액 및 신규사업 제한 등 사전견제 장치도 있음

– 콜롬비아, 파나마 : 항목별 증액 및 신규사업 도입에 대한 정부동의권

– 우루과이, 페루 : 항목별 증액 및 신규사업 도입 불가(정부동의 조건도 없이 헌법에서 금지)

– 과테말라 : 수정에 대한 제약이 헌법에 없음(예산제도법 추가 확인 필요)

* 전부 및 부분거부권이 있는 국가 대다수가 증액 및 신규사업 제한 등, 역시 사전견제 장치도 있음

– 칠레, 에콰도르 : 의회의 증액 및 신규사업 채택 불가

– 아르헨티나, 브라질, 멕시코, 니카라과, 파라과이 : 수지중립적인 조정이 가능하나, 신규사업은 신규재원을 명시해야 하거나 금지

---

12) 콜롬비아(헌법 351조), 파나마(헌법 271조), 우루과이(헌법 215조), 페루(헌법 79조1항)는 항목별 증액, 신규사업은 정부동의가 필요하다는 사전견제, 즉 예산에 대해 부분거부권과 같은 효력의 견제가 있음. 특히 파나마 헌법 271조는 증액동의권을 아주 명료하게 규정. 특히 신규사업 추가에 대해 명확히 규제

13) 대부분 대안 제시가 가능한 형태이며, 사전견제로서 우리와 유사한 증액동의권을 대부분 채택하고 있음. 특히 의회가 정부 동의 없이 신규사업을 추가하는 것은 규제. 대통령 거부권이 없는 코스타리카, 우루과이도 의회의 예산증액 발의를 금지. 또한 브라질 등 일부 국가는 집행단계에서 대통령이 재량적 삭감

– 볼리비아 : 수정에 대한 사전 제약은 없음
* 예산에 대한 거부권이 없는 국가는 수정에 대한 사전 제약이 있음
– 코스타리카 : (항목별) 증액 불가
– 베네수엘라 : 세입한도 내에서 조정 가능
– 필리핀 : 필리핀은 헌법상 행정부가 예산편성하고 하원이 예산법률안을 제출하나 제출시 증액하여 제출을 불허하고 항목별로 증액금지가 걸리고, 신규사업·용도지정은 안된다고 헌법하위의 대통령의 정부령에서 제한하며 부분거부권도 있음
– 미국 : 의회에 제한 없는 수정권한을 부여하나, 대통령은 거부권 보유
– 독일 : 정부 제출 예산안의 증액 또는 수입 감소를 수반하는 경우 정부 동의 필요
* 독일 기본법 제113조 ①연방정부가 제출한 예산안의 지출을 증액하거나 새로운 지출을 포함하거나 장래 새로운 지출을 수반하는 법률은 연방정부의 동의가 필요하다 …
- 영국 : 의회의 예산증액, 수입감소, 지출구성의 변경 모두 불가
* 영국하원규칙(Standing Orders) 제48조(1706년 의결, 1713년 명문화) 수입 감소나 지출 발생·증가를 초래하는 의안의 의원 발의를 금지(수정발의도 금지하는 것으로 해석)
– 스페인 : 정부 예산안의 차입을 증가시키거나 세입을 감소시키는 경우 정부 동의 필요
* 스페인 헌법 제134조 ⑥정부 차입을 증가시키거나 예산상 수입을 감소시키는 제안 또는 수정안은 정부 동의를 받아야 한다.
– 프랑스 : 미션 총액(분야)의 증액 불가, 미션 내(內) 프로그램(부문)간 금액 조정만 가능, 조정된 프로그램 내 액션(구체적 사업)별 배분은 행정부 전권 사항
* 프랑스 헌법 제40조 의원 제출 법률안 또는 수정안이 국고수입의 감소나 국고지출의 신설 또는 증가를 초래하는 경우에는 이를 수리할 수 없다.

라. 2안의 제안 근거

□ 정부의 예산 증액동의권을 예산총액동의권으로 변경: 쪽지예산은 총액증액도 가능하지만 부당한 감액한 만큼을 증액하는 조정권을 통해서도 이루어지기에 사실상 쪽지예산을 막지 못하지만 현재의 증액동의권체제하에서도 실제 쪽지예산이 매년 이루어지기에 실효성 없는 현행 조항을 폐지하고 실질적으로 예산편성권이 국회로 이전되게 된 국회 권한을 강화하고자 함

□ 재정민주주의 관점에서, 국회의 예산수정권한을 과도하게 제약하고 있는 현행 헌법 제57조의 증액동의 조항은 폐지하고 정부가 편성한 예산안의 예산총액 범위 내에서 증액

또는 감액할 수 있도록 함

□ 현행 헌법하에서 국회는 정부가 편성한 예산안에 대해 감액만 할 수 있도록 되어 있어, 국회의 예산안 심의·의결권이 사실상 매우 형식적인 것으로 전락하였음

□ 이러한 문제점을 개선하기 위해 한편으로는 예산특수형식주의에서 예산법률주의로 전환하여 회계연도의 세입과 세출의 계획, 즉 예산에 대한 국회의 통제권을 강화하고자 하며, 다른 한편으로는 정부의 예산 증액동의권을 예산총액동의권으로 변경하고자 하는 것임

□ (복지)포퓰리즘, 쪽지예산, 지역구 이기주의 등으로 인한 국가재정건전성 악화의 우려가 심각하게 제기되므로 예산총액을 증액할 경우에는 정부의 동의를 얻도록 하나 개별사업을 총액증액하지 않고 기존의 예산을 삭감하고 삭감한 만큼 증액한 경우는 통제가 불가능함

□ 외국 입법례

○ 전세계에서 유일한 규정임

9. 기금 (신설반대)

가. 주요내용

□ 현행 헌법 상 기금에 관하여는 별도의 근거 규정이 없음

□ 기금은 현행 국가재정법에서 규정하고 있으므로, 헌법규정으로 신설할 필요가 없다고 판단됨

현행	개정안
없음	없음

나. 제안 취지 및 논거

□ 앞서 제안한 "제00조 모든 세입과 세출은 예산에 포함되어야 하며, 세입과 세출은 균형을 이루어야 한다."에 기금도 함께 포함되므로 별도의 근거 규정 마련은 불필요함

□ 외국의 입법례

○ 독일의 경우 기금의 운용도 예산법률에 의하도록 함으로써 연방의회에 의한 합리적이고 효과적인 통제를 가능하게 하고 있음

10. (현행) 제59조

가. 주요내용

□ 조세법률주의는 현행대로 유지하도록 함

현행	개정안
第59조 조세의 종목과 세율은 법률로 정한다.	현행을 유지하고 조문을 이동함

나. 제안 취지

□ 조세법률주의 규정(현행 헌법 제59조)은 그 역사성과 취지를 존중하여 현행대로 유지하고, 조세법률주의 규정 다음 조에 수수료·사용료·부담금에 관한 규정을 신설하자는 주장도 있으나 이미 법률주의에 의하기에 반드시 헌법 개정이 필요한 것은 아님

다. 제안 논거

□ 제안 취지와 같음

11. (현행) 제99조

가. 주요내용

□ 결산에 관하여는 현행 헌법에 국무회의 심의사항으로 포함되어 있고(현행 헌법 제89조), 감사원이 세입 · 세출 결산검사 결과를 국회에 보고하도록 하고 있음(현행 헌법 제99조)

□ 이에 대한 결산을 강화할 필요는 있으나 현행 헌법 하에서도 국회의 의지만 있다면 충실한 결산심사가 가능하기에 현행제도를 유지하도록 함

현행	개정안
第99조 감사원은 세입·세출의 결산을 매년 검사하여 대통령과 차년도 국회에 그 결과를 보고하여야 한다.	현행 규정 그대로 '재정의 장'으로 이동

나. 제안 취지

□ 헌법편제상 '재정'의 장을 독자적으로 신설할 경우에 정부가 전년도 예산집행내역(결산)을 정리하여 의회에 보고하고, 의회의 결산승인을 통하여 재정책임을 해제하는 메커니

즘 사이에서 감사원이 결산검사보고를 통하여 의회의 결산심사를 지원하고, 정부의 재정상 책임을 점검하도록 함

다. 제안 논거

☐ 내용상의 큰 변화는 없고, 이미 제97조에서 감사원의 첫 번째 임무로서 '세입·세출의 결산'을 규정하고 있었으므로 이를 좀더 구체화하여 결산검사를 정부(대통령)와 차년도 국회에 직접 보고하도록 규정한 의미

☐ 헌법 제97조를 "예산집행 및 재정운영의 합규성, 경제성 및 효율성"을 감사하는 내용만으로 규정한다면 제99조에서 "감사결과를 종합정리하여 정부와 의회에 보고하고 국민에게 공개한다."는 규정을 둘 필요 있음

☐ 학설

– 없음

☐ 헌법재판소 판례

– 없음

☐ 외국 입법례

○ 일본 헌법 제90조 ①국가의 모든 수입·지출의 결산은 매년 회계검사원이 이를 검사하고, 내각은 다음 연도에 그 검사보고와 함께 이를 국회에 제출하여야 한다. ②회계검사원의 조직 및 권한은 법률로 정한다.

○ 독일 기본법 제114조 ①연방재무부장관은 다음 회계연도 중에 전년도의 모든 재정수입과 지출 그리고 자산과 채무에 대하여 연방정부의 책임해제를 위하여 연방의회와 연방참사원에 결산보고서를 제출한다.
②연방감사원의 구성원(원장, 부원장, 국장, 과장)은 법관과 같은 독립성이 보장되고, 예산집행 및 재정운영의 합규성과 경제성을 심사하고 회계를 검사한다. 연방감사원은 결산검사보고서를 연방정부 이외에 연방의회와 연방참사원에 대하여도 직접 보고한다. 그 밖에 연방감사원의 권한은 법률로 정한다.

Ⅱ. 감사원

1. 감사원의 소속

가. 주요내용

☐ 현행 헌법상 감사원은 대통령 직속기관으로서 국가의 세입·세출의 결산, 회계검사, 직무감찰 기능을 수행하는 것으로 규정되어 있음

□ 감사원의 독립성을 강화하기 위하여 '대통령 소속'에서 독립기관형(독일, 프랑스, 일본 등) 또는 의회 소속 감사원(미국, 영국, 오스트리아 등)으로 변경하는 방안을 마련함

□ 감사를 과거 심계원과 감찰위원회가 관할하던 회계검사와 직무감찰이라는 이분법적 틀을 유지하기보다는 국제감사기준(ISSAI)에 부합하도록 재무감사(financial audit), 합법성 감사(compliance audit) 그리고 성과감사(performance audit)를 아우르는 감사의 개념으로 사용하는 것이 바람직함

현행	개정안
제97조 국가의 세입·세출의 결산, 국가 및 법률이 정한 단체의 회계검사와 행정기관 및 공무원의 직무에 관한 감찰을 하기 위하여 대통령 소속하에 감사원을 둔다.	제00조 ①항-감사원의 소속 (제1안) 국가 및 지방자치단체의 세입·세출의 결산을 검사하고, 국가 및 법률이 정한 단체의 회계검사를 하기 위하여 독립기관으로서 감사원을 둔다. (제2안) 국가 및 지방자치단체의 세입·세출의 결산, 국가 및 법률이 정한 단체의 회계검사와 행정기관 및 공무원의 직무에 관한 감찰을 하기 위하여 독립기관으로서 감사원을 둔다.

나. 제안 취지

□ 감사원의 기능을 제3공화국 헌법에서 회계검사(심계원)와 직무감찰(감찰위원회)을 통합하여 규정하면서 불필요한 개념적 혼란과 갈등 야기

□ 회계장부에 대한 감사(Voucher Audit)에서 탈피하여 정부의 책임성을 담보하고 공공부문의 성과를 제고하여 의회와 정부를 지원하는 현대적 감사기능에 부합하도록 감사기능의 핵심적 내용을 헌법에 명시

□ 감사원이 대통령에 소속되어 감사원의 '독립성' 및 '정치적 중립성' 논란에서 자유로울 수 없다는 지적에 따라서 의회와 정부 어디에도 속하지 않은 독립기관형 감사원 또는 의회소속형 감사원으로 전환

다. 제안 논거

□ 학설

- 독립기관형(김철수, 허전·송석록, 강경근, 정재황, 송동수, 함인선, 김종철, 강주영, 장용근, 차진아, 방동희, 김동만, 김혁, 김세환, 윤수정 등)

○ 의회소속형(최광, 옥동석, 김선화, 주영진 등)

○ 소속변경보다는 감사원과 국회의 직무상 관련을 보다 긴밀하게 하는 방안의 검토가 필요하다는 견해

□ 2017년 8월 국회의 여론조사 결과,[14] 전문가와 국민들은 감사원의 독립기구 방안 지지

사례수(명)	대통령 소속	국회 소속	독립기구
전문가(3,396명)	9.8%	9.5%	80.7%
국민(1,000명)	15.4%	11.0%	71.5%

□ 외국 입법례 －OECD국가 감사원 유형

○ 독립기관형이 18개로 제일 많고, 의회형 15개, 행정부형 2개

<table>
<tr><th colspan="2">독립기관형</th><th>의회형</th><th>행정부형</th></tr>
<tr><th colspan="2">18개</th><th>15개</th><th>2개</th></tr>
<tr><td>법원형(6)</td><td>비법원형(12)</td><td rowspan="2">미국, 영국, 호주, 캐나다, 뉴질랜드, 덴마크, 노르웨이, 이스라엘, 오스트리아, 헝가리, 아이슬란드, 멕시코, 스웨덴, 핀란드, 폴란드</td><td rowspan="2">한국
스위스</td></tr>
<tr><td>프랑스, 이탈리아, 스페인, 포르투갈, 그리스, 터키</td><td>독일, 네덜란드, 일본, 룩셈부르크, 벨기에, 라트비아, 체코, 슬로베니아, 칠레, 슬로바키아, 아일랜드, 에스토니아,</td></tr>
</table>

□ 35개 OECD국가 감사원의 설치근거에 따른 유형

○ 29개 나라가 헌법에 근거를 두고 있으며, 미국 등 6개 나라는 법률에 근거

* 미국, 영국, 호주, 캐나다, 뉴질랜드, 스위스

– 영국, 호주, 캐나다, 뉴질랜드는 영연방 국가로 성문헌법이 없음

– 스위스는 감사원이 재무부 소속

○ 설치근거에 따른 수행기능의 실질적 차이는 없는 것으로 보임

○ 모든 나라 감사원과 같이 회계감사, 성과감사 등을 공통적으로 수행

○ 법률에 설치근거를 둘 경우 감사원의 조직적 안정성이 훼손될 가능성

○ 실제 미국 의회는 1993년에 연방감사원(GAO)의 영속적 권한을 폐지하고 8년마다 권한을 재승인하는 권고안을 채택한 적도 있음

○ 우리나라에서도 법령에 근거를 둔 직무감찰기구는 설치, 폐지, 설치를 거듭하면서

14) 국회의장 설문조사는 국회, "개헌 및 선거구제 관련 설문조사 결과", 2017년 8월 13일 보도자료. www.assembly.go.kr.

조직 안정성이 크게 훼손된 경험이 있었음

○ 감찰위원회(1948~1955, 정부조직법) → 사정위원회(1955~1960, 대통령령) → 감찰위원회(1961~1963, 감찰위원회법)

2. 감사원의 기능

가. 주요내용

□ 1안은 감사원이 내부감찰에 해당하는 직무감찰권은 행정부 내부에 두고 결산심사 및 회계검사권만 독립기관으로 하고자 함

□ 2안은 직무감찰권과 회계검사권을 함께하고 독립기관화 함

현행	개정안
제97조 국가의 세입·세출의 결산, 국가 및 법률이 정한 단체의 회계검사와 행정기관 및 공무원의 직무에 관한 감찰을 하기 위하여 대통령 소속하에 감사원을 둔다.	제00조 ①항-감사원의 소속 (제1안) <u>국가 및 지방자치단체의 세입·세출의 결산을 검사하고, 국가 및 법률이 정한 단체의 회계검사를 하기 위하여 독립기관으로서 감사원을 둔다.</u> (제2안) <u>국가 및 지방자치단체의 세입·세출의 결산, 국가 및 법률이 정한 단체의 회계검사와 국가기관 및 공무원의 직무에 관한 감찰을 하기 위하여 독립기관으로서 감사원을 둔다.</u>

나. 제안취지

□ 1안의 논거

○ 감사원이 내부감찰에 해당하는 직무감찰권은 행정부 내부에 두는 것이 타당하기에 독립기관으로 하는 경우에는 결산심사 및 회계검사권만 감사원의 기능으로 하고자 함

□ 2안의 논거

○ 감사원이 수행하는 직무감찰은 제3자로서 독립성을 가진 "외부감찰"이고 내부감찰이 아니며 우리 한국은 팔이 안으로 굽는다는 속담이 있듯이 내부감찰은 자체자정기능이 떨어져 실효성이 떨어지고 모든 나라 감사원이 회계감사와 성과감사에 해당하는 직무감찰을 공통적으로 수행하기에 국가 및 지방자치단체의 세입·세출의 결산, 국가 및 법률이 정한 단체의 회계검사와 국가기관 및 공무원의 직무에 관한 감찰을

하기 위하여 독립기관으로 하고자 함

- 「회계검사」는 결산의 확인, 회계집행의 검증 등 소극적 기능 위주에서 최근에는 정책·사업의 효율성 평가, 행정시스템 개선 등으로 발전
- 「직무감찰」은 당초 비위공무원 규찰에서 현재는 행정사무의 적정성을 중심으로 정책·사업에 대한 성과평가, 법령 및 제도의 개선 등으로 진전
- 회계검사기관은 회계와 연관된 직무를, 직무감찰기관은 직무와 연계된 회계를 보지 못하게 될 경우 행정감시 기능 약화우려가 있음
- 특히 재정민주주의적 관점에서 보면 실무상 회계검사는 국민에게 간접적으로 영향을 미치지만 국가기관과 공무원에 대한 직무감찰은 국민들이 일상생활 속에서 행정과 행정공무원에 대한 민원을 감사원에 직접 제기하는 것이기에 중요한 의미를 가지기도 함

다. 제안 논거-해외사례연구[14)]

국 가	주요 직무·비위행위 감사 사례
미국 GAO	▪ 특정직 공무원 관리실태 점검: 연방기관들의 특정직 공무원 임용, 윤리조건 이행 등 관리를 제대로 하고 있는지 점검(GAO-16-548, 2016.8.15) ▪ 계약업자의 정보보안 실태 점검: 계약업자들에게 컴퓨터 시스템과 정보처리를 대신 맡기고 있는 연방기관들이 제대로 계약업자가 운영하는 시스템을 감독하고 있는지 조사(GAO-14-612, 2014. 9. 8) ▪ 군용 간이식품의 부적정 판매 조사: 허리케인 구제 활동에 보급된 군용 간이 식품이 인터넷 이베이(eBay)에서 판매되고 있다는 혐의 조사(GAO-06-410R, 2006. 2. 13) ▪ 국방부의 조달 비리실태 점검(공군 계약 공무원의 비리): 의회 요청에 따라 Mark J. Krenik 전 공군 계약 공무원의 비리에 대해 조사 실시하여, 가상의 하청업체를 만들고 위조 송장 등을 통해 공군에서 자문서비스 대가로 50만 달러를 수취하는 등의 비리사례 점검·분석 【미국 GAO의 특별조사(Special Investigation) 활동】 GAO는 2005년 포렌식 감사 및 조사팀(Forensic Audit and Investigative Service: FAIS)을 설립 * 특별조사부(Office of Special Investigations), 민원신고시스템(Fraud NET) 운영부서, 재무관리 및 보증팀(Financial Management and Assurance)의 기능을 통합 * 「예산회계법」의 "공적자금의 수취, 지불, 사용과 관련된 모든 사항에 대해 조사한다"는 규정[31 U.S.C. 712 (1)]과 "의회 또는 소관 위원회에서 요구하는 조사를 수행하고 보고서를 작성한다"는 규정[31 U.S.C. 712 (4)]에 근거

<table>
<tr><td>영국 NAO</td><td>

▪ 민간 컨설팅 회사와의 계약 관리의 적정성 조사: UKTI(UK Trade & Investment)와 PA 컨설팅 서비스 회사 간 해외시장에 대한 투자 자문서비스 재계약 관련하여 계약의 적정성에 대해 조사(HC 20 session 2016-17, 2016. 6. 10.)
▪ 공무원 선물 및 접대 관련 조사: 공무원들이 외부 이해관계자들로부터 과도한 선물 및 접대를 받는 행위가 있는지에 대해 조사(HC 797 Session 2015-16, 2016. 2월)
▪ 공기업 매각에 대한 평가: 노동 및 연금부(Department for Work & Pension)가 산하 공기업인 Remploy를 처분한 것에 대해 처분 계획, 관리 및 방법 선택과 관련하여 비리 혹은 부적정한 사례가 없는지 조사(HC 1183 Session 2013-14, 2014. 4월)

<table>
<tr><th>구 분</th><th>2013-2014</th><th>2014-2015</th><th>2015-2016</th></tr>
<tr><td>회계감사 (Financial audit)</td><td>427</td><td>442</td><td>368</td></tr>
<tr><td>성과감사 (Value-for-money)</td><td>66</td><td>49</td><td>65</td></tr>
<tr><td>조사 (Investigation)</td><td>20</td><td>13</td><td>16</td></tr>
</table>

</td></tr>
</table>

3. 감사원장 및 감사위원의 임명

가. 주요내용

□ 1안은 감사위원장 포함 9인의 감사위원, 감사위원의 추천위원회로부터의 추천과 국회선출, 감사원장의 감사위원 중에서 국회에서 선출한 자 대통령 임명, 감사위원의 임기 6년과 중임

□ 2안은 감사위원의 중임금지

현행	개정안
제98조 ①감사원은 원장을 포함한 5인 이상 11인 이하의 감사위원으로 구성한다. ②원장은 국회의 동의를 얻어 대통령이 임명하고, 그 임기는 4년으로 하며, 1차에 한하여 중임할 수 있다. ③감사위원은 원장의 제청으로 대통령이 임명하고, 그 임기는 4년으로 하며, 1차에 한하여 중임할 수 있다.	제OO조 (1안) ①감사원은 원장을 포함한 9인의 감사위원으로 구성한다. ②감사위원은 법률이 정하는 독립적인 감사위원후보자추천위원회의 추천으로 국회에서 선출한다. ③감사원장은 감사위원 중에서 국회에서 선출한 자를 대통령이 임명한다.

15) 미국 GAO 직무감사 사례는 www.gao.gov, 영국 NAO 직무감사 사례는 www.nao.gov.uk 참조.

	④감사위원의 임기는 6년으로 한다. (2안) ④감사위원의 임기는 6년으로 하고 중임할 수 없다.

나. 제안 취지

□ 감사원을 현재의 행정부소속에서 공정한 판단을 위하여 대법원, 헌법재판소, 선거관리위원회와 같이 독립기관화함

□ 이러한 공정성의 보장을 위한 독립성의 보장이 국가의 재정건전성과 부정부패 청산에 기여하기 위한 논의가 가장 중요하다고 할 것임

□ 감사원이 합의제 기관으로서 정치적 중립성과 독립성을 확보하기 위하여 헌법재판소와 중앙선관위의 예에 비추어 감사위원의 수를 헌법에 명시

□ 감사원의 민주적 정당성과 책임성을 담보하기 위하여 감사위원은 국회에서 선출하며, 감사원장은 감사위원 중 국회에서 선출하며 대통령이 임명함. 감사원의 구성을 국회에 주도권을 주도록 함

□ 후보자추천위원회를 통하여 정치적 중립성과 전문성을 갖춘 인물을 발굴한다는 장점이 있을 수 있으나, 추천위원회 위원을 어떻게 구성하느냐에 따라서 중요한 헌법기관의 구성의 정당성이 좌우되는 문제도 있음

다. 제안 논거

□ 학설

  ○ 감사위원과 감사원장은 전문성을 인정해 경험과 경력을 존중해 중임할 수 있음(1안)

  ○ 감사위원의 임기를 6년으로 하고 중임할 수 없다는 단서를 달아 남용의 여지를 막고자 단임으로 함(2안)

□ 헌법재판소 판례

  – 없음

□ 외국 입법례 : OECD 국가 감사제도 개요

국가명	정부 형태	기관형태		독립성			
		의사 결정	소속	설치 근거	감사원장		
					임명절차	임기	정년
아일랜드	의원내각 (대통령, 직선)	독임제	독립	헌법	하원 지명 - 대통령 임명	없음	65
에스토니아	의원내각 (대통령, 간선)	독임제	독립	헌법	대통령 추천- 의회 임명	5 (중임 가능)	-
영국	의원내각 (입헌군주)	독임제	입법부	법률	수상이 임명안 제출 (하원 PAC 의장 동의) - 의회 본회의 의결 - 국왕이 임명(실제 : 수상)	10	-
오스트리아	의원내각 (대통령, 직선)	독임제	입법부	헌법	의회에서 선출 - 대통령 임명	12	-
이스라엘	의원내각 (대통령, 간선)	독임제	입법부	헌법	의회 선출(비밀투표)	7	65
이탈리아	의원내각 (대통령, 간선)	합의제	독립 (법원)	헌법	내각 총리 제안(감사위원회의와 협의) - 대통령 임명	없음	72
일본	의원내각 (입헌군주)	합의제	독립	헌법	검사관(3) : 양원 동의, 내각(총리) 임명, 일왕 인증 회계검사원장은 검사관 3인 중 호선	5(1회 재임 가능)	65
체코[16)]	의원내각 (대통령, 직선)	합의제	독립	헌법	하원 추천 - 대통령 임명	9**	65
칠레	대통령	독임제	독립	헌법	상원의 2/3 이상 동의를 얻어 대통령 임명	8	75
캐나다	의원내각 (입헌군주)	독임제	입법부	법률	상·하 양원의 청원(address) - 내각 수상이 임명	10	-

16) 체코의 경우 임기만료 이후에도 후임자가 선출되지 않는 경우 직무수행 지속

터키	의원내각(대통령, 직선)	합의제	독립(법원)	헌법	의회 임시위원회와 감사위원회의에서 각 1인씩 추천 - 2인의 후보자 중 의회에서 비밀투표로 선출(재적의원 1/4 이상 출석, 과반수 찬성)	5(1회 중임 가능)	65
포르투갈	이원 정부제	합의제	독립(법원)	헌법	내각(수상) 제청 - 대통령 임명	4(연임 가능)	70
폴란드	의원내각(대통령, 직선)	합의제	입법부	헌법	하원 추천 - 상원동의 후 선출(감사위원 14인은 감사원장 제청 후 의회 동의)	6(1회 연임 가능)	-
프랑스	이원 정부제	합의제	독립(법원)	헌법	대통령이 임석한 국무회의에서 의결(decree)	없음	68
핀란드	의원내각(대통령, 직선)	독임제	입법부	헌법	의회 감사위원회 추천(3인) - 본회의서 과반 수 이상 획득 후보 선출	6(중임 가능)	65
한국	대통령	합의제	행정부	헌법	국회의 동의 - 대통령 임명	4	70
헝가리	의원내각(대통령, 간선)	독임제	입법부	헌법	의회 위원회 추천 - 본회의 임명(재적의원 2/3 이상의 찬성)	12(연임 가능)	70
호주	의원내각(입헌군주)	독임제	입법부	법률	재무부장관 추천(양원 공공회계감사합동위원회 승인) - 내각(수상) 임명	10	65

4. (신설) 제100조 규칙제정권

가. 주요내용

□ 감사원이 독립기관화할 경우에 국회, 법원, 헌법재판소, 중앙선거관리위원회와 마찬가지로 독자적인 규칙제정권 보유 필요(규범적 독립성)

현행	개정안
제100조 감사원의 조직·직무범위·감사위원의 자격·감사대상공무원의 범위 기타 필요한 사항은 법률로 정한다.	제00조 ①감사원은 법률에 저촉되지 아니하는 범위 안에서 결산검사, 재정운영 등에 대한 감사, 공공정책의 평가 및 그와 관련된 직무에 대한 감사 그리고 기타 내부규율에 관한 규칙을 제

	정할 수 있다. ②감사원의 조직 · 직무범위 · 감사위원의 자격 · 감사대상공무원의 범위 기타 필요한 사항은 법률로 정한다.

나. 제안 취지

☐ 현재 감사원의 규칙제정권은 「감사원법」 제52조에 근거하고 있으나, 일반적인 해석론상 국민을 구속하는 대외적 구속력이 인정되는 법규성을 갖는 것으로 보고 있음

☐ 감사원이 의회와 정부 어디에도 속하지 않은 독립기관이 될 경우에는 의회, 법원, 헌법재판소, 선거관리위원회와 마찬가지로 헌법상 규칙제정권의 명문근거 필요

☐ 감사원의 독립성(인적 독립성, 재정적 독립성, 규범적 독립성, 직무상 독립성 등)을 실질적으로 확보하기 위한 조건의 하나로서 독자적인 규칙제정권을 헌법에 명시할 필요가 있음

다. 제안 논거

☐ 학설: 없음

☐ 헌법재판소 판례: 대법원과 중앙선관위의 규칙제정권에 관한 헌재 결정은 일부 존재하나, 감사원의 규칙제정권에 대한 결정례는 없음

☐ 외국 입법례

- 독일 연방감사원법 제20조 연방감사원의 대위원회(Grosser Senat; 우리나라의 감사위원회의)는 연방감사원의 직무규칙(Geschaeftsordnung)을 제정·공포한다.
- 일본 회계검사원법 제38조 이 법률에서 정한 것 이외에 회계검사에 관하여 필요한 규칙은 회계검사원이 정한다.

III. 경제

1. (현행) 제119조에서 제127조

가. 주요내용

☐ 현행 규정과 현재까지 확립되어온 "헌법 질서를 최대한 존중하는 방향"으로 하여 현행 경제조항 내용은 우리 헌법에서 규정하여 온 연혁, 취지를 존중하여 최대한 현행대로 유지하면서, 향후 바람직한 개정안들을 제안하였음

나. 제안 취지

☐ 경제질서의 헌법으로의 편입과 변천

- 우리 헌법은 1948년 건국헌법에서부터 경제질서를 수용하여 명문화하였음
- 건국헌법 제6장은 경제에 관한 장을 두어 제84조부터 제89조까지 대한민국의 경제질서에 관한 주요 내용을 규정하였음
- 건국헌법 제84조는 "대한민국의 경제질서는 모든 국민에게 생활의 기본적 수요를 충족할 수 있게 하는 사회정의의 실현과 균형 있는 국민경제의 발전을 기함을 기본으로 삼는다. 각인의 경제상 자유는 이 한계 내에서 보장된다."라고 대한민국 경제질서의 기본원칙을 천명함
- 건국헌법을 기초한 유진오 박사에 따르면 "건국헌법은 경제문제에 있어서 개인주의적 자본주의국가 체제에 편향함을 회피하고 사회주의적 균등경제의 원리를 아울러 채택함으로써, 개인주의적 자본주의의 장점인 각인의 자유와 평등 및 창의의 가치를 존중하는 한편 모든 국민에게 인간다운 생활을 확보케 하고 그들의 균등생활을 보장하려는 사회주의적 균등경제의 원리를 또한 존중하여 말하자면 정치적 민주주의와 경제적 사회적 민주주의라는 일견 대립되는 두 주의를 한 층 높은 단계에서 조화하고 융합하려는 새로운 국가형태를 실현함을 목표로 한 헌법으로 정의내릴 수 있다." 고 함
- 당시 헌법기초위원회 전문위원이었던 유진오 박사는 "경제조항은 결코 통제경제를 원칙으로 하고 자유경제를 예외로 한다는 말이 아닙니다. 자유경제는 의례히 원칙이 된다고 전제를 하고 자유경제를 전제하고 했는데 경제조항에 속하고 있는 몇 가지는 통제경제를 국유로 한다 국영으로 한다 그런 취지입니다. 헌법속에서 나타나지 않는 조문은 자유경제가 되겠습니다."라고 하여 통제경제와 자유경제의 문제에 대해서 자유경제의 당연한 원칙을 설명한 바 있음
- 1950년대를 지나면서 우리나라는 가격경쟁을 자율적인 시장기능에 맡기는 자유시장경제질서로 이동하면서 국가산업은 공업중심으로 구조가 개편되었고, 이러한 상황에 헌법의 경제질서 조항은 1962년 제5차 개헌에서 커다란 체계의 변화가 발생하게 됨
- 제5차 개정헌법 제111조 제1항에서는 대한민국의 경제질서의 기본원칙이 "개인의 경제상의 자유와 창의의 존중"에 있음을 보다 분명히 하면서, 같은 조 제2항에서 "국가는 모든 국민에게 생활의 기본적 수요를 충족시키는 사회정의의 실현과 균형 있는 국민경제의 발전을 위하여 필요한 범위 안에서 경제에 관한 규제와 조정을 한다."고 하여 국가의 주도 하에 경제에 대한 규제와 조정이 가능하게 하였음

○ 1972년 유신헌법은 경제질서와 관련하여 개발독재를 지속적으로 보장하는 차원에서 경제에 대한 국가의 간섭 범위는 더욱 확대되었음

○ 유신헌법은 국가가 직접 경제에 개입하여 지원·보호·육성하는 관주도의 경제질서를 구축하였음

○ 이후 1980년 헌법 개정에서는 급진성장에 따르는 부작용을 치유하는 차원에서 헌법개정이 이루어져야 한다는 학자들의 주장에 따라 국가주도의 경제질서는 대폭적인 수정과 보완을 통하여 민간주도로 전환하였음

○ 이 헌법에서는 독과점 규제에 대한 근거규정을 마련하고 재산권제한에 대한 보상에 대하여 헌법적 기준을 제시하는 한편, 소비자보호운동의 보장, 농·어민 자조조직의 정치적 중립성 보장과 농지의 임대와 위탁경영을 허용하는 규정 등을 신설하였음

○ 1987년 제9차 개헌으로 탄생한 현행 헌법은 1980년 헌법의 경제질서의 골격을 유지하면서 '경제주체간의 조화를 통한 경제의 민주화를 도모"하는 규정을 두었음

○ 현행 헌법에서는 경제에 관한 국가의 규제와 조정권한을 부여하였고, 농·어업과 중소기업의 보호·육성, 산업 간의 불균형을 시정하면서 지역 간의 균형 있는 발전을 위한 지역경제의 육성 등을 명문화하였음

○ 또한, 현행 헌법은 경제의 자율화를 보장하면서 시장의 지배와 경제력의 남용을 방지하고 적정한 소득분배를 실현함으로써 시장경제질서를 확립하고 국민경제의 균형성장과 경제적 안정의 유지를 내용으로 하는 경제질서를 추구하고 있음

다. 제안 논거

□ 경제조항 개정의 이유와 방향

○ 우리 헌법은 전문에서 국민의 자유로운 경제활동의 기회가 최대한 보장된다는 기본이념을 천명함과 동시에 제9장에서 '경제'라는 제목으로 제119조부터 제127조에 이르는 조항을 두고 있음

○ 현재 구조의 경제 관련 조항은 제헌헌법 이래로 크게 변함이 없이 거의 그대로 유지되고 있고, 더욱이 1987년 헌법 개정 이후 약 30년이 흐른 지금 우리 헌법의 경제조항이 경제현실의 변화를 반영하지 못하고 있다는 비판도 제기되고 있음

○ 역대 정부 아래에서 경제민주화와 관련된 논의는 지속적으로 이루어져 왔지만, 헌법의 경제민주주의의 개념이 모호할 뿐만 아니라 그 내용과 실천방안이 이해관계에 따라 상이한 형태로 주장되어 실질적 규범력이 의문시되고 있음

○ 따라서 우리 헌법상의 경제민주화의 의미가 무엇이고 이를 어떻게 구현할 것인지에 대한 고찰과 함께 현실적 상황에 맞도록 헌법상 경제조항을 개정하여야 할 것임

□ 헌법상 경제조항의 개정론과 폐지론

○ 개정론은 세계화와 개방화가 가속화되고 있는 경제현실을 고려할 때 정부보다는 시장을, 사회적 평등보다는 경제적 자유를 선택하여 개인과 기업과 같은 경제주체의 체질을 집중적으로 강화하는 방향으로 헌법상 경제조항을 개정할 필요가 있다고 주장함

○ 이러한 입장에서는 한국사회는 양극화와 고용불안, 특히 청년실업 등의 구조적 문제가 나타나고 있는데, 단기적으로는 정부의 개입과 조정을 통하여 어느 정도 정책적 효과를 기대할 수 있지만 장기적으로는 이를 해결하기 힘들기 때문에 개정이 필요하다고 함

○ 또 다른 개정론의 입장으로는 경제헌법은 20세기 이후 새로운 법역으로 생성되었으나 개념이나 연구대상에 관하여 통설을 확립하지 못하고 있는 상황이고, 정치경제학, 경제사회학, 경제심리학, 법정책학 등 학제간 연구를 통해 경제헌법의 관념과 대상·구조와 영역 및 해석기준 등에 있어서 불확정성을 가급적 최소화하는 연구방법이 요청되므로, 이를 바탕으로 현행 헌법상 경제조항에 대한 전면적 개선이 이루어져야 한다는 견해가 있음

○ 폐지론은 현행 경제조항이 경제에 대한 국가의 광범위한 개입을 허용함으로써 기업과 개인의 경제활동을 제한하는 문제점이 있기 때문에 폐지되는 것이 바람직하다는 입장임

○ 이러한 주장에는 경제질서는 경제적·사회적 기본권과 같은 국민의 경제적 자유를 전제로 하기 때문에, 공동체의 경제질서 내지 국민의 경제적 자유에 대한 국가의 관여는 '보충성의 원칙'에 따라야 하므로 현행 헌법상 경제조항은 삭제되어야 한다는 견해가 있음

○ 현행 헌법상 경제조항은 제119조 제2항, 제122조 및 제123조 제2항 등을 통해 차별화를 통한 발전을 가로막는 결과평등의 이념과 균형발전의 가치를 천명하고 있는데, 오늘날 우리 경제의 역동성 하락은 이러한 발전역행적인 헌법적 가치 및 정책에 원인이 있으므로 헌법 제9장의 경제조항을 완전히 삭제해야 한다는 의견도 있음

2. (현행) 제119조 제1항

가. 주요내용

□ 제1안은 현행을 유지함

현행	개정안
제119조 ①대한민국의 경제질서는 개인과 기업의 경제상의 자유와 창의를 존중함을 기본으로 한다.	제119조 ①현행 유지

나. 제안 취지

□ 우리 헌법에서 규정하여 온 연혁, 취지를 존중하여 최대한 현행대로 유지하여야 한다는 결론을 도출하였음

다. 제안 논거

□ 우리 헌법상 경제질서의 성격에 대한 논의

○ 우리 헌법상 경제질서의 성격에 대해서는 해석론의 차원에서 다양한 학설들이 제기되고 있는데 학계의 입장은 크게 '사회적 시장경제질서'로 보는 견해와 '혼합경제질서'로 보는 견해로 구분할 수 있음

○ 우리 헌법상의 경제질서를 사회적 시장경제질서로 보는 입장에서는 시장경제적 자유의 원칙과 사회적 정의의 요청이 완전히 결부되어 있다고 함

○ 사회적 시장경제질서는 원칙적으로 사유재산제도와 시장경제의 원리를 근간으로 하면서 부분적으로 사회주의적 계획경제를 가미한 경제질서임

○ 따라서 통제경제적 의미의 사회적 간섭은 허용되지 않고 정책적 차원에서 사회정책이 경제정책에 우선한다고 함

○ 이러한 입장에서는 우리 헌법 제119조 제1항은 경제질서에 관한 기본규정으로 시장경제질서는 재산권이 보장된 상황 하에서만 가능하며 이는 곧 헌법 제23조에서 규정하는 재산권 보장의 법리와 그 맥락을 같이하는 것으로 봄

○ 그리고 경제의 성장·안정·분배, 경제력남용의 방지와 경제의 민주화는 오늘날 한국경제뿐만 아니라 세계경제가 안고 있는 당면과제이며, 이를 해결하기 위한 국가적 규제와 조정은 시대적 요구인 경제민주화 의지의 표현이므로, 한국경제헌법의 기본원칙은 시장경제·사유재산권보장·경제의 민주화라고 함

○ 한편, 우리 헌법상의 경제질서를 혼합경제질서로 보는 견해는 경제에 관한 일련의 조항이 총체적으로 경제질서를 구성하는 것으로 보아야 한다는 입장임

○ 혼합경제질서는 1929년 대공황 이후 나온 개념으로 독점금지, 소득분배정책, 대규모 정부사업이나 국영기업 등의 자본주의 경제와 함께 사회주의 중앙관리경제가 공존하는 혼합경제(dual economy)를 의미하므로 사회적 시장경제질서와는 그 개념적

차이를 보임

- ○ 혼합경제질서의 입장에서는 헌법 제119조 제1항과 제2항을 원칙과 예외의 관계로 보면 자유시장경제로 표현하는 것이 더 적합하다고 봄
- ○ 또한 헌법 제120조 내지 제123조는 사회조정적이고 계획적인 시장경제의 특징과 사회주의 경제질서에 가까운 요소를 포함하고 있어, '사회적 시장경제질서'라는 표현만으로 이러한 경제에 관한 조항들을 수용하기 어렵기 때문에 혼합경제체제 또는 자유주의적 혼합경제체제로 보아야 한다는 것임
- ○ 이러한 입장은 사회적 시장경제질서가 예정하는 산업구조조정의 범위 및 강도가 우리 헌법에서 도출되는 것도 아니기 때문에 경제 및 사회정책적 결정에 있어 어떠한 요소들을 어떠한 정도로 선택할 것인가는 입법적 결정에 유보되어 있다고 봄

□ 쟁점사항

- ○ 우리 헌법에서의 경제질서는 주요기업의 국유화 및 통제경제의 성격이 강했던 제헌헌법과 이를 자유시장경제질서로 전환한 1962년 헌법, 그리고 경제의 민주화를 내세운 현행 헌법으로 변화해 왔음
- ○ 제헌헌법의 경우 사회정의의 실현과 국민경제의 균형발전이 종국목적이었고 "개인의 경제상의 자유"는 그에 종속된 개념이었으나, 1962년 헌법은 이 순서를 바꾸어 "개인의 경제상의 자유와 창의"가 주된 지향으로, 사회정의 실현과 국민경제의 균형발전은 종된 목표로 제시됨
- ○ 그러다가 현행헌법은 주된 지향점은 유지한 채 제2항을 경제에 대한 국가규제의 목적－즉, 중간목적－의 형태로 몇 가지 사항을 열거하는 방식의 규정형식을 취함으로써 우리 경제'질서'의 기본목표가 무엇인지 모호하게 하였음
- ○ 헌법해석론의 입장에서도 제1항과 제2항의 관계에 대하여 논란이 일면서 아직도 주도적인 의견이 수렴되지 못하고 있어, 국가의 경제정책에 대한 헌법적 판단이 용이하지 않은 상황임
- ○ 헌법재판소는 우리의 경제질서를 사회적 시장경제질서로 규정하고 있음(헌재 1996. 4. 25. 선고 92헌바47)

□ 개정의견

- ○ 우리 헌법에서 규정하여 온 연혁, 취지를 존중하여 최대한 현행대로 유지하여야 한다는 결론을 도출하였음

□ 선행 개헌안

시기	제시 주체	내용
2018.1	국회개헌특별위원회	현행유지

3. (현행) 제119조 제2항

가. 주요내용

□ 1안은 현행을 유지함

□ 2안은 국가는 경제민주화를 위하여 1) 균형 잡힌 경제의 발전과 적정한 소득의 분배를 유지, 2) 경제력 집중과 남용을 방지, 3) 여러 경제주체의 참여, 상생 및 협력 및 조화라는 세 가지 사항을 위한 시책을 수립하여 시행하도록 함

□ 3안은 명확한 설명을 위해 경제민주화를 앞으로 가져옴

현행	개정안
第119조 ②국가는 균형있는 국민경제의 성장 및 안정과 적정한 소득의 분배를 유지하고, 시장의 지배와 경제력의 남용을 방지하며, 경제주체간의 조화를 통한 경제민주화를 위하여 경제에 관한 규제와 조정을 할 수 있다.	第119조 (1안) ②현행유지 (2안) ②국가는 경제의 민주화를 위하여 균형 잡힌 경제의 발전과 적정한 소득의 분배를 유지하고, 경제력의 집중과 남용을 방지하며, 여러 경제주체의 참여, 상생 및 협력 및 조화가 이루어지도록 경제에 관한 규제와 조정을 할 수 있다. (3안) ②국가는 경제의 민주화를 위하여 균형있는 국민경제의 성장 및 안정과 적정한 소득의 분배를 유지하고, 시장의 지배와 경제력의 남용을 방지하며, 경제주체의 조화가 이루어지도록 경제에 관한 규제와 조정을 할 수 있다.

나. 제안 취지

□ 현행 조항으로 다양한 법률과 제도를 통한 규제와 조정이 충분하다는 의견이 다수의견이며, 또한 소득 양극화, 부익부 빈익빈, 불공정 거래 등 사회적 문제의 심화로 강화가 필요하다는 의견이 있음

다. 제안 논거

□ 경제민주주의의 의미에 대한 해석 논란

- ○ 모든 사람의 자유와 평등과 권리를 위하고 존중하는 동시에 경제적 균등을 실현하는 것이 헌법의 기본정신이라고 할 때, 제헌헌법에서의 경제조항은 자유와 평등을 기본원리로 하면서 이들이 국가 전체의 이해와 모순되는 단계에 이르면 국가권력으로써 이를 조화할 수 있다는 의미라고 할 수 있음
- ○ 경제민주주의의의 개념은 정치적 민주주의에서의 1인 1표와 동일한 맥락에서 결과의 평등을 보장하는 것은 아님
- ○ 시장경제에 정치적 민주주의를 그대로 적용하면 경제주체에게 균등한 성과를 담보하기 위해 사전에 조정하는 계획경제를 초래할 수 있음
- ○ 따라서 경제민주주의에서 경제주체 각자는 자신의 경제활동의 목표와 수단 및 노력에 따른 정당한 경제성과, 즉 경제활동의 정당한 기여도에 부합하는 경제적 배분의 몫을 받는 것이라고 정의할 수 있음
- ○ 즉, 경제민주주의는 경제주체 각자에게 경제활동의 균등한 기회를 보장하는 동시에 시장경쟁에 공정한 조건이 만들어지도록 국가가 적극적으로 보장하도록 역할과 책무를 요청할 수 있음을 의미함
- ○ 따라서 국가는 개개의 경제주체들의 시장행위에 임의로 간섭하거나 경제적 권리를 침해하지 않아야 하고, 공정한 시장구조를 저해하거나 배제하는 시장구조의 형성을 제한하는데 역점을 두어야 할 것임
- ○ 그런데 제9차 개정헌법을 통해 나타난 현행 헌법에서 경제의 민주화의 개념에 대하여는 견해가 일치하지 않고 있음
- ○ 1987년 헌법 개정 당시 국회헌법개정안기초소위원회의 현경대 위원장은 헌법에서의 '경제주체간의 조화를 통한 경제민주화'를 "정부·기업·가계라는 경제주체 가운데 종전에는 정부주도경제운용에 치우쳤으나 민간주도로 전환하여 효율성을 극대화시킴과 아울러 사용자와 노동자라는 노동경제상의 양대 주체간의 협조를 통한 산업평화와 노사공영의 이룩을 도모하려는 것이다. 이는 동시에 경제에 대한 규제·조정의 방식 및 한계를 규정한 것이기도 하다."라면서 우리의 경제민주화 조항은 지극히 민간중심적인 사고를 배경으로 하고 있다고 설명함
- ○ 이러한 견해에 대하여 당시 국회개헌특위 경제분과위원장을 맡았던 김종인 의원은 재벌의 경제집중력을 비판하고 그에 대한 대응으로 대기업 및 재벌에 대한 제한을 주장해오고 있음

○ 이와 같이 헌법개정 논의자들 사이에도 서로 다른 이견이 존재하는 등 경제민주화의 개념에 대한 일치를 보지 못하고 있는 상황인데, 이는 우리 헌법 제119조 제2항의 해석에 따라 '경제민주화'의 범위가 달라지기 때문에 비롯되는 현상이라 할 수 있을 것임

○ 우리 헌법 제119조 제1항은 "대한민국의 경제질서는 개인과 기업의 경제상의 자유와 창의를 존중함을 기본으로 한다."라고 하여 자유주의와 시장경제의 대원칙을 선언하고 있음

○ 이와 동시에 우리 헌법은 제119조 제2항에서 "국가는 균형 있는 국민경제의 성장 및 안정과 적정한 소득의 분배를 유지하고, 시장의 지배와 경제력의 남용을 방지하며, 경제주체간의 조화를 통한 경제의 민주화를 위하여 경제에 관한 규제와 조정을 할 수 있다."고 규정하여 자유주의적 경제체제가 안고 있는 폐해의 방지와 경제적 약자에 대한 보호를 통하여 사회적 정의를 실현하기 위하여 국가의 경제에 대한 책임과 의무를 선언하고 있음

○ 우리 헌법상의 경제질서의 원칙은 시장과 자유이며 국가의 조정과 개입행위는 시장의 실패로 인한 부작용을 최소화하기 위하여 필요한 경우에 한하여 보충적·예외적으로만 허용될 수 있음

○ 따라서 헌법 제119조 제1항은 제2항에 우선하는 조항으로 보아야 할 것임

○ 한편, 제119조 제2항에 대한 해석의 문제에서의 이견이 존재하고 있음

○ 마지막 구절에서의 '경제의 민주화'를 "국가는 균형 있는 국민경제의 성장 및 안정과 적정한 소득의 분배를 유지하고", "시장의 지배와 경제력의 남용을 방지하며"의 두 구절을 모두 포괄하는 것으로 받아들여서 '균형발전'과 '적정 소득분배' 및 '대기업의 시장지배와 경제력 집중문제'를 모두 '경제의 민주화'에 포함하여 다루어야 한다는 주장이 있음

○ 이에 반해 앞의 두 구절과 "경제주체간의 조화를 통한 경제의 민주화를 위하여 경제에 관한 규제와 조정을 할 수 있다."라는 구절은 병렬적인 것이라 앞의 두 구절을 경제의 민주화에 포함할 이유가 없다는 주장이 서로 대립하는 것임

○ 따라서 후자의 입장에서 경제의 민주화는 '경제주체간의 조화를 통한'이라는 문구의 의미를 중시하게 되는 것임

□ 현행 유지(제1안) 논거

○ 헌법개정과 관련하여 이념적 대립투쟁이 가장 극명하게 나타날 수 있는 조항이 헌법 제119조라고 할 것임

○ 헌법 제119조 제1항과 제2항의 개정을 반대하는 이유는 헌법해석을 통해 합리적으

로 해결할 수 있고, 헌법 제119조 제1항과 제2항이 상호모순 되는 듯한 규정이지만, 조화적인 해석이 가능함

- ○ 우리 사회의 다양한 사회 구성원의 이념적 스펙트럼을 반영할 때 헌법 제119조 제1항과 제2항의 일견 대립적인 규정을 그대로 두어 헌법해석에 맡기는 것이 합리적이라고 판단됨
- ○ 헌법 제119조는 좌우 이념적 대립을 잘 절충한 규정이므로 정략적 차원에서 어느 한쪽 정치세력에 유리한 방향으로 개정하려고 할 경우 이념적으로 첨예하게 대립하여 개헌이 용이하지 않으므로 현행을 유지로 하는 것이 바람직함

□ 제2안과 제3안의 논거

- ○ 제2안과 제3안은 "경제의 민주화"를 우리 경제질서의 중심지향점으로 삼아 제2항의 목적규정으로 자리매김할 필요가 있다고 봄
- ○ 이렇게 할 경우 제2항은 "경제의 민주화"가 항의 기본목표가 되며 나머지 사항들은 모두 이 "경제의 민주화"를 실현하기 위한 중간목적으로서의 성격을 가지게 됨
- ○ 또한 현행 헌법의 "경제력의 남용"은 경제력의 집중을 막음으로써 가능한 것인 만큼 "경제력의 집중과 남용"으로 수정하자는 점이 제2안이고 경제력의 남용이라는 행위지표가 중요하지 단지 경제력집중만으로 반드시 제한하는 것으로 남용될 우려가 있기에 제3안은 제2안과 차이가 있음
- ○ 다만 경제의 민주화를 달성하기 위한 중간목적 내지는 수단으로 현행 규정의 열거사항을 보완하여 다른 사항을 추가할 것인지(제2안), 혹은 현행 규정을 그대로 유지할 것인지(제3안)에 대하여 의견이 나뉘었음
- ○ 제2안은 "경제의 민주화"의 핵심요소는 경제주체들이 경제운용에 있어 실질적인 주체로서 자리매김될 수 있어야 하며 이때의 경제주체는 국가, 기업, 가계와 같은 경제부문이 아니라 기업, 노동자, 소비자 등 경제에 참여하면서 경제를 구성·운영하는 모든 요소들을 의미하는 것으로 보고자 함
- ○ 제3안은 현행 그대로 유지하는 의견임

4. (현행) 제120조

가. 주요내용

□ 1안은 해양수산자원과 산림자원을 추가함

□ 2안은 자원의 지속가능한 개발과 이용에 관한 내용을 추가하고 이를 위한 계획 달성을 위한 국가의 노력의무를 규정하자는 의견

현행	개정안
제120조 ①광물 기타 중요한 지하자원 · 수산자원 · 수력과 경제상 이용할 수 있는 자연력은 법률이 정하는 바에 의하여 일정한 기간 그 채취 · 개발 또는 이용을 특허할 수 있다. ②국토와 자원은 국가의 보호를 받으며, 국가는 그 균형있는 개발과 이용을 위하여 필요한 계획을 수립한다.	(제1안) ①광물 기타 중요한 지하자원 · 해양수산자원 · 산림자원 · 수력과 경제상 이용할 수 있는 자연력은 법률이 정하는 바에 의하여 일정한 기간 그 채취 · 개발 또는 이용을 특허할 수 있다.(의견일치) ②(현행과 같음) (제2안) ②국토와 자원은 세대간 연대의 정신에 기반하여 생태적 · 사회적 · 경제적으로 지속가능한 발전을 위하여 국가의 보호를 받으며, 국가는 그 균형있는 개발과 이용을 위하여 필요한 계획을 수립하여야 한다.

나. 제안 취지

☐ 국가의 특허 대상에 새로운 항목 추가 여부

☐ 국토 · 자원 이용에 지속가능한 발전 개념을 추가할 것인가의 여부

☐ 제2항의 경우 권한규정을 의무규정으로 개정할 것인가의 여부

다. 제안 논거

☐ 제1안의 논거

○ “해양수산자원”에 대한 검토의견

– 해양(海洋) 의존도가 높은 우리나라로서 최고법인 헌법에 해양수산 관련 내용을 포함시킴으로써 해양강국으로서 우리나라의 국격(國格)을 명문하여야 하고, 해양 분야는 우리 국가의 중요한 재산일 뿐만 아니고 국민의 생존 및 생활에도 중대한 영향을 미치는 사항이므로, 첫째, 국민의 복지 증진과 국가발전을 위하여 해양의 국가적 관리의무를 명문화하며, 둘째, 국가의 자원관리 등의 측면에서 중요성을 부각시킬 필요성이 있음

– ‘수산’ 자원 외에도 다양한 ‘해양’ 자원이 이용 · 개발되고 있으며, 해양수산자원*은 원칙적으로 공유재로서 경제적 이용행위에 제한을 두어야 무분별한 이용으로 인한 해양생태계 훼손과 갈등을 방지 가능

– 해양수산자원의 종류: 물질자원(수산, 해양바이오, 해양광물, 해양수(水)), 에너지자원(석유 · 가스, 신재생에너지), 공간자원(수송 · 운송, 관광 · 레저, 휴양 · 치유)

– 해양수산 분야의 지속가능한 발전을 위해서는 해양수산자원 이용 · 개발행위의 규제와 해양공간의 합리적 · 체계적 통합관리가 필요함. 국제사회 역시 해양수산자원이 지속가능성 유지에 중요한 목표라는 것을 확인하며, 가장 효과적 정책수단으로서 '해양공간계획'의 수립을 권고하고자 함

○ "산림자원"에 대한 검토의견

– 산림의 경우 전 국토의 63%를 차지하고 있는 중요 자원으로서, 목재 · 임산물 생산 등을 통한 경제적 가치뿐 아니라, 재해방지 · 수원함양 · 산소생산 등 다양한 공익적 가치(약 126조원)를 제공하고 있음

– 특히, 최근에는 산림을 활용한 휴양 · 교육 · 복지 서비스 제공 확대, 도시숲 등 녹지공간 조성에 따른 주거 환경 개선(예. 숲세권) 등을 통해 국민 삶의 질 개선과 행복 추구에 적극 기여하고 있음

– 선진국일수록 산림의 가치를 헌법에 반영하여 지속가능하게 관리하고 있으며, OECD, G20 등 주요국가(46개국) 중 20개 국가에서 산림 관련 규정을 헌법에 명시하고 있음

– 산림의 경제적 · 사회적 기능을 보장(스위스 헌법 제77조), 산림자원의 개발 · 보전 · 관리법제정 의무 규정(캐나다 헌법 제92조A), 임산업 증진, 동식물 서식환경 보호규정(독일 헌법 제20조a)

– 산림가치를 유지 · 증진하면 숲을 통한 국민의 쾌적한 환경영유권과 행복추구권을 보장할 수 있음

□ 제2안의 논거

○ 국토와 자원 개발에 생태 · 환경의 틀을 결합할 것인지의 여부(제2항)

○ 제2항이 규율하는 국토개발과 자원개발은 그 자체 환경 및 생태에 중요한 영향을 미치는 국가작용임

○ 이에 국토개발과 자원개발을 향도하는 가이드라인을 제시할 필요가 있다는 의견(제2안)이 있었음

○ 국토와 자원은 후세대를 포함한 모든 사람의 공동자산이며 환경 및 생태와 가장 직접적으로 연결되는 것인 만큼 그 이용과 개발에 대한 최소한의 헌법적 지침 내지는 목적통제는 있어야 함

○ 이를 위하여 세대간의 연대성과 지속가능한 발전의 개념은 헌법의 명문규정으로 삽입될 필요가 있다고 봄

○ 이렇게 목표규정이 추가되는 경우 그 조문은 권한규정의 형식(~ 수립한다)이 아니라 의무규정의 형식(~ 수립하여야 한다)으로 전환되어야 함

5. (현행) 제121조

가. 주요내용

□ 제1안은 현행을 유지함

□ 제2안은 농업 관련 규정 체계 정비

현행	개정안
제121조 ①국가는 농지에 관하여 경자유전의 원칙이 달성될 수 있도록 노력하여야 하며, 농지의 소작제도는 금지된다. ②농업생산성의 제고와 농지의 합리적인 이용을 위하거나 불가피한 사정으로 발생하는 농지의 임대차와 위탁경영은 법률이 정하는 바에 의하여 인정된다.	제121조 (제1안) ①(현행과 같음) ②(현행과 같음) (제2안) ②<u>농지의 임대차와 위탁경영은 농민과 농촌의 생활상의 이익을 증진하기 위한 범위 내에서</u> 법률이 정하는 바에 의하여 인정된다.

나. 제안 취지

□ 경자유전의 원칙 및 소작금지 규정의 존속 여부

□ 임대농·위탁농의 허용범위 여하

다. 제안 논거

□ 경자유전의 원칙 및 소작금지규정(제1항)

- 사정변화가 없는 만큼 굳이 개정할 이유가 없다는 데에 합의함

□ 임대농·위탁농의 문제(제2항)

- 현행 헌법은 1080년 헌법과 마찬가지로 "농업생산성의 제고와 농지의 합리적인 이용"을 위하거나 혹은 불가피한 사정으로 인한 경우에는 농지의 임대차 및 위탁경영을 허용하고 있음
- 이는 농업기술 및 경영기법의 발전과 이농현상, 혹은 상속 등으로 야기된 시대변화를 반영하기 위한 것이었음
- 하지만 이러한 임대농, 위탁농을 무분별하게 인정하게 되면 부재지주의 증가와 토지투기의 역작용을 야기하게 된다는 비판이 있어왔음

- ○ 제1안은 현행유지안임
  - – 현행으로도 이러한 역작용을 방비할 수 있는 수단이 있다고 봄
- ○ 제2안은 허용범위를 제한하자는 안임
  - – 경자유전의 원칙 및 소작금지의 원칙이 궁극적으로는 실제 농사를 짓는 농민을 보호하기 위한 것이라는 점을 감안하여 임대농·위탁농 제도를 폐지하는 것은 불가능하다 하더라도 적어도 그 허용범위는 "농민과 농촌의 생활상의 이익을 증진하기 위한 범위"로 제한하는 것이 타당함
- ○ "농업생산성의 제고와 농지의 합리적 이용"은 "농민과 농촌의 생활상의 이익을 증진"하는 것에 포섭되어야 한다고 봄

6. (현행) 제122조

가. 주요내용

□ 1안은 현행을 유지함

□ 2안은 과도한 투기와 불로소득 발생문제에 대응하기 위해 토지공개념을 더욱 분명히 규정할 필요가 있다는 의견임

현행	개정안
제122조 국가는 국민 모두의 생산 및 생활의 기반이 되는 국토의 효율적이고 균형있는 이용·개발과 보전을 위하여 법률이 정하는 바에 의하여 그에 관한 필요한 제한과 의무를 과할 수 있다.	(1안) 제122조(현행과 같음) (2안) 국가는 국민 모두의 생산 및 생활의 기반이 되는 국토의 효율적이고 균형있는 이용·개발·보전을 도모하고, 토지 투기로 인한 경제왜곡과 불평등을 방지하기 위하여 법률이 정하는 바에 의하여 필요한 제한과 의무를 과한다.

나. 제안 논거

□ 1안 논거

- ○ 토지공개념이론은 법적인 개념이라기보다는 사회정책적 도구개념으로 등장한 것으로 토지초과이득세법에 관하여는 1994년에 헌법불합치결정이 있었고, 택지소유 상한에 관한 법률에 관하여는 1999년 위헌결정이 내려진 점에 비추어 헌법상 재산권 보장을 약화시킬 수 있는 측면을 간과할 수 없음

- ○ 현행 헌법 제23조 제2항 및 제122조의 규정에 의하여 토지소유권에 관한 특별한 규제가 가능할 뿐만 아니라 조세정책을 통하여 토지재산권에 대한 합리적 제한이 이루어지므로 헌법의 경제조항 등에 별도로 토지공개념을 강화하는 규정을 마련할 필요가 없음
- ○ 토지공개념 입법이 헌법재판소에서 헌법불합치 결정과 위헌결정을 받은 것을 의식하여 그 위헌성을 해소하기 위하여 헌법에 토지공개념을 강화하는 내용으로 헌법을 개정하려는 것은 과거 국가배상법상의 이중배상금지 규정이 위헌이라는 대법원의 판결을 의식하고 헌법에 규정한 것처럼 법치주의를 형해화 시킬 수 있음

□ 2안 논거
- ○ 쟁점사항 및 논거
- ○ 토지공개념의 도입에 대한 사회적인 요구를 감안하여 헌법에 토지공개념 및 그 정책의 근거조항을 신설하자는 주장이 있음
- ○ 신설안의 경우에도 토지공개념은 재산권에 대한 제한이라는 의미에서 그 근거조항을 재산권에 관한 제23조의 한 항으로 설치하자는 안과, 경제질서의 한 방식으로 보아 제9장 경제의 장에 근거조항을 두자는 안으로 나뉘고 있음
- ○ 비록 해석론으로 토지공개념의 틀을 마련할 수 있다 하더라도 입법자에게 광범위한 입법재량이 부여되고 있는 만큼, 헌법의 명문규정으로써 토지공개념의 근거를 명확히 하여 입법을 강제할 필요가 있다고 봄

7. (현행) 제123조

가. 주요내용

□ 1안은 농업과 어업의 공익적 기능을 규정하자는 의견임

□ 2안은 현행을 유지함

현행	개정안
제123조 ①국가는 농업 및 어업을 보호·육성하기 위하여 농·어촌종합개발과 그 지원등 필요한 계획을 수립·시행하여야 한다. ②국가는 지역간의 균형있는 발전을 위하여 지역경제를 육성할 의무를 진다. ③국가는 중소기업을 보호·육성하여야 한다. ④국가는 농수산물의 수급균형과 유통구조의 개	제123조 (1안) ①국가는 농·임·어업 및 농·산·어·촌의 공익적 기능을 인정하고 농·임·어업 및 농·산·어·촌을 지원하며 그 보호와 발전을 위하여 필요한 정책을 수립·시행하여야 한다. (2안) 현행유지

선에 노력하여 가격안정을 도모함으로써 농·어민의 이익을 보호한다. ⑤국가는 농·어민과 중소기업의 자조조직을 육성하여야 하며, 그 자율적 활동과 발전을 보장한다.	

나. 제안 취지

□ 농·임·어업은 그동안 국가정책과정에서 소외되어 가장 열악한 경제부문이 되어 있으며 농·산·어촌 공동체의 유지·발전 또한 위협받고 있는 만큼 이에 대한 국가적 지원과 개발정책의 시행이 절실하게 요구되고 있음

□ 또한 농·임·어업의 공익적 기능을 인정하고 그에 대한 지원을 하기 위한 근거규정을 둘 필요가 있음

다. 제안 논거

□ 농·임·어업의 공익적 가치

○ 제1안은 현행 규정을 개정하자는 안임

– 안전한 먹거리의 식량보전, 환경오염방지기능, 등의 농업의 공익적 가치와·대기정화, 산림휴양 등 산림의 공익적 가치 및 안전한 먹거리공급과 국토의 보전기능 등의 어업의 공익적 가치는 지금까지 사회·경제적으로 보상받지 못한 채 오히려 농·임·어업 및 농·산·어촌에 대한 규제의 근거가 되어 온 오류를 시정하고 농·임·어업에 대한 국가적 지원의 근거를 명확히 하여 입법재량을 통제할 수 있도록 헌법에 명시적으로 규정할 필요가 있음

○ 제2안은 현행유지안임

농·어업에 대한 지원이나 그 공익적 기능의 인정은 현행 규정으로써도 충분히 규율가능한 것임

□ 제1안의 외국 입법례

○ 스위스 헌법

제7절 경제

3. 연방은 농업부문이 다기능적 의무를 실현할 수 있는 형태의 조치를 취하여야 한다. 연방은 다음 각호에 관한 권한과 직무상 의무를 진다.

a. 연방은 생태적 요건이 충족되었음이 증명된 경우에 대하여 제공된 서비스에 대한 공정하고 적정한 보상을 달성하기 위한 직접지불의 방식으로 소득을 보전하는 것

b. 경제적으로 유익한 유인책을 사용하여 특히 자연친화적이고 환경과 생명을 존중하는 생산방식을 장려하는 것
c. 식량의 원산지, 품질, 생산방법, 처리과정 등에 관한 입법을 하는 것
d. 비료, 화학물질 기타 첨가물의 남용으로 인한 환경의 파괴를 예방하는 것
e. 재량에 따라, 농업연구, 상담, 교육을 장려하고 투자를 지원하는 것
f. 재량에 따라, 농촌지역의 토지소유를 안정화하기 위한 입법을 하는 것

4. 이 조의 목적을 수행하기 위하여 연방은 농업부문에 할당된 기금과 일반연방기금을 사용할 수 있다.

8. (현행) 제124조

가. 주요내용

☐ 소비자에 관한 내용을 기본권의 장에서 규정(현행 제124조 삭제)

현행	개정안
제124조 국가는 건전한 소비행위를 계도하고 생산품의 품질향상을 촉구하기 위한 소비자보호운동을 법률이 정하는 바에 의하여 보장한다.	*<삭제>* *<조문 이동 및 소비자의 권리로 변경>*

나. 제안 취지

☐ 현행 헌법은 소비자보호운동을 보장할 것을 규정하고 있으나, 이를 소비자의 권리로 변경할 필요가 있음

다. 제안 근거

○ 현대사회에서의 소비자의 주체적·능동적 권리는 널리 인정되고 있는 추세이나, 현행규정은 지나치게 국가중심적 규율로 되어 있는 만큼 이를 기본권의 장에 넘겨 소비자의 권리로 변경할 필요가 있음

9. (현행) 제125조

가. 주요내용

☐ 1안은 현행을 유지함

□ 2안은 정부 주도 수출정책이 추진되던 시기가 지났으므로 시대적 상황을 고려하여 육성을 삭제하자는 의견임

현행	개정안
제125조 국가는 대외무역을 육성하며, 이를 규제·조정할 수 있다.	(제1안) 현행유지 (제2안) 국가는 대외무역을 <u>규제·조정할 수 있다.</u>

나. 제안 취지

□ 현행규정은 대외무역에 관하여 국가가 대외무역을 육성한다는 국가주도적 통상·경제체제를 설정하고 있음

□ 이에 대하여 그동안 이 규정 자체가 과거 국가주도형 경제개발정책의 산물임을 감안하여 전체 조문을 삭제하자는 의견이 있었으나, 이에 대하여 현재의 보호무역체제를 감안할 때 국가의 규제·조정권은 인정할 필요가 있다는 의견이 있었음

다. 제안 논거

□ 제1안의 논거

- WTO 규범으로 인하여 이와 같은 헌법의 규정을 삭제하자는 논의도 있으나, 자국의 기업의 대외무역 육성 부분과 관련하여서는 UNESCO 문화다양성 협약에서 보장하고 있는 자국의 문화상품을 보호·육성할 필요가 있으므로 이를 삭제할 필요는 없음
- 2008년 리먼브러더스 사태를 비롯하여 신자유주의의 폐해가 나타나고 있으며, 국제사회에서 보호무역주의의 흐름도 감지되고 있을 뿐만 아니라 IMF와 같은 사태가 초래되는 경우 국가에 의한 대외무역의 규제·조정이 필요할 수 있으므로 이를 삭제하지 않고 현행을 유지하는 것이 바람직함

□ 제2안의 논거

- “육성하고”는 국가주의적 경제체제의 가능성을 잠재하고 있어 삭제할 필요가 있음
- 규제·조정은 최근 심각한 조짐을 보이고 있는 보호주의체제의 등장에 대비하기 위해서라도 헌법에 통상에 대한 국가적 개입의 가능성을 열어둘 필요가 있음

10. (현행) 제126조

가. 주요내용

☐ 현행대로 유지함

현행	개정안
제126조 국방상 또는 국민경제상 긴절한 필요로 인하여 법률이 정하는 경우를 제외하고는, 사영기업을 국유 또는 공유로 이전하거나 그 경영을 통제 또는 관리할 수 없다.	제126조 현행유지

나. 제안 취지

☐ 개정의 실익이 없음

다. 제안 논거

☐ 제안 취지와 같음

11. (현행) 제127조

가. 주요내용

☐ 제1안은 대통령 소속 과학기술 자문기구 설치에 관한 규정을 삭제함(현행 제127조 제3항 삭제)

☐ 제2안은 현행을 유지함

☐ 제3안은 과학기술의 헌법적 가치를 재정립하고 공익적 기능을 헌법에 명시함

현행	개정안
제127조 ①국가는 과학기술의 혁신과 정보 및 인력의 개발을 통하여 국민경제의 발전에 노력하여야 한다. ②국가는 국가표준제도를 확립한다. ③대통령은 제1항의 목적을 달성하기 위하여 필요한 자문기구를 둘 수 있다.	(제1안) *<3항 삭제>* (제2안) 현행유지 (제3안) ①국가는 인력양성과 생태계 조성을 통하여 연구개발과 성과확산을 촉진하고, 국민이 그 경제

	적, 사회적 이익을 고르게 누리도록 노력하여야 한다.

나. 제안 취지

□ 현행 규정의 제1항은 국가에 과학기술의 혁신과 정보·인력의 개발을 위하여 노력하여야 할 의무를 부과하면서 그 종국목적을 국민경제의 발전에 두고 있어 지나치게 경제주의적으로 편향되어 있다는 비판이 있었음

□ 제3항은 과학기술개발을 위한 자문기구를 둘 수 있도록 하고 있으나, 이는 법률사항으로 굳이 헌법에 둘 이유가 없음

다. 제안 논거

□ 제1안의 논거

- ○ 제3항의 삭제안임
- ○ 현행 규정에서 거론하고 있는 "국민경제의 발전"이라는 종국목적 자체가 크게 문제되는 것은 아닌 만큼 현행대로 유지함
- ○ 반면 자문기구의 설치는 법률사항인 만큼 굳이 헌법에 규정할 필요가 없음

□ 제2안의 논거

- ○ 1항의 경우 현행을 해석을 통해서 연구의 독자성과 기본연구의 보장이 가능함
- ○ 과학기술자문회의는 임의적 설치기구이지만 현재의 4차산업혁명, 과거 한국의 발전 등의 가본이 된 과학기술의 중요성을 고려할 때 존치하여야 함

□ 제3안의 논거

- ○ 과학기술이 경제발전의 수단으로 서술된 현행 헌법개정을 통해 과학기술의 헌법적 가치를 재정립하여 국민의 삶의 질을 향상시킬 수 있는 공적인 기능을 헌법에 명시하고자 함
- ○ 국민 모두가 기술의 성과로부터 소외되지 않고 그 이익을 향유하도록 하고자 하는 취지를 헌법에 명문화하고자 함. 원래는 이 부분 기본권적 반영을 시도하였으나 현행 기본권과 중첩되는 부분이 많아 이런 취지를 국가의 의무조항에서 함께 기술하고자 함

제 3 장

분과위원장 회의 및 전원회의 일정

제 3 장 분과위원장 회의 및 전원회의 일정

제 1 절 분과위원장 회의 일정 보고

1. 헌법개정연구위원회(이하 '연구위원회'로 약칭) 제1차 분과위원장 회의

(1) 참석인원

고문현 한국헌법학회 회장, 임종훈 연구위원회 부위원장, 최용기 자문위원, 배병호 분과부위원장, 민병로 분과위원장, 김용섭 분과부위원장, 임지봉 분과위원장, 이기우 분과위원장, 윤재만 분과위원장, 이발래 분과위원장, 김학성 분과위원장, 정 철 총무이사, 장용근 위원 이상 13명

(2) 장소 및 시간

서울역 지하 2층 "명가의 뜰" 2018.1.5.(금) 12:00－13:30

(3) 논의사항 및 발언내용

논의사항	발언 내용	기타
1. 회의의 정례화	분과위원장 회의를 매주 금요일 오후 4시부터 6시까지 서울지방변호사회 2층 회의실에서 정례적으로 개최하여 분과별 진행상황을 확인하고 분과별로 상호 조정할 사항들에 대해서는 함께 논의하기로 함. 이를 위해 회의 전일(목)까지 분과별 진행사항들을 총무이사에게 통보하여 분과위원장 회의자료에 반영하기로 함	임종훈 연구위원회 부위원장
2. 헌법개정안 마련을 위한 준거기준의 마련	지금까지의 헌법개정안들(2006년 한국헌법학회 헌법개정안, 2009년 국회헌법개정특별위원회 자문위원회안, 2010년 대화아카데미안 등)은 전체 개정안을 유기적이고 통일적으로 이끌 수 있는 준거(準據)나 기준(基準)이 없었다는 점을 볼 때 이번 헌법개정연구위원회에서는 헌법개정의 준거나 기준에 대해 논의하여 이를 전체 위원들이 공유하면서 개정안 작업을 할 필요가 있음(첨부문서1.	임종훈 연구위원회 부위원장

	헌법개정안 마련을 위한 연구지침 참조). 4개의 지침(내용: 한국의 헌법현실을 반영, 객관성과 중립성 유지, 지속가능한 헌법안 모색, 실제로 운용이 가능한 안을 모색), 1지침(방법론: 집단지성의 발휘를 위한 열린 마음) 총 5개의 지침을 제안하고 설명함	
3. 헌법개정의 범위	이번에 마련하는 헌법개정안이 전면개정인지 부분개정인지 여부, 혹은 최소한의 개정인지에 대한 논의가 필요함. 특히 정부형태의 경우 분산형 정부형태나 양원제 도입의 경우 논의시간이 상당히 필요하고 그 조문화 작업 역시 상당한 노력과 시간이 필요한 것이어서 개정의 범위에 대한 논의가 필요함	김용섭 분과부위원장, 김학성 분과위원장
4. 외부단체의 참여의 문제	각 분과위원회의 활동 중 외부단체의 참여를 허용할 것인지에 대해 논의한바, 외부단체의 참여는 일정한 영향력의 행사로 이어질 가능성이 있으므로 자제하자는 의견제시가 있었음	김학성 분과위원장, 김용섭 분과부위원장, 민병로 분과위원장
5. 개정안 작업 일정	헌법개정안 작업일정에 대한 논의가 있었는바, 2월 초순 초안을 마련하고 2월 말에 최종안을 마련하는 것을 목표로 하기로 함. 여러 안이 단일안으로 귀일되지 못할 경우 1안, 2안(혹은 다수입장, 소수입장)과 같이 기재하는 것으로 하고 이를 분과가 정할지에 대해서는 계속 논의하기로 함	
6. 위원회 참여 가능시기	위원회 활동 중 위원의 추가적인 참여는 위원회 활동에 지장을 초래한다는 점에서 그 참여시기를 한정할 필요가 있다고 보아 1차 분과위원장 회의일시인 2018년 1월 5일까지 참여의사를 밝힌 회원 중에서 해당분과의 위원장의 판단에 의해 결정하도록 함.	
7. 참여위원의 중립성관련 자격제한 문제	헌법개정연구위원회의 활동은 정치적·사회적·행정적으로 중립적이어야 한다는 점에서 정당소속원, 시민단체 그리고 공무원의 참여와 직책을 어느 정도로 제한할 수 있는지가 심도 있게 논의됨. 우선 시민단체 참여회원의 경우 중립성 의무의 수용을 조건으로 가능하다는 입장이 수용되었으나, 정당원인 회원의 경우 입장이 상반되게 제시되었음. 먼저 정치적 지향성을 보일 수밖에 없는 정당원은 위원으로 참여는 가능하지만 위원장과 같은 직책을 맡을 수 없다는 입장(1안), 대학교원의 경우 정당가입이 가능하다는 점에서 이를 제한할 필요가 없다는 입장(2안), 참여자체는 배제할 필요는 없지만 쟁점별 정치적 지향성이 드러날 수밖에 없는 쟁점들에서는 의견제시를 배제하자는 입장(3안), 정당원이더라도 단순당원(평당원)이 아닌 상근업무 종사자 혹은 당론결정과정 관여자의 경우에만 중요직책에서 배제하자는 입장(4안)이 제시되었음.	임종훈 연구위원회 부위원장, 김학성 분과위원장, 임지봉 분과위원장, 이기우 분과위원장, 이발래 분과위원장, 민병로 분과위원장, 김용섭 분과부위원장, 윤재만 분과위원장, 장용근 위원

	이 중 제4안이 전반적으로 수용되었고 결국 2017.12.28. 제2차 전원회의의 결정(연구위원회 위원장 및 부위원장)을 존중하기로 함. 다만 국가공무원의 경우 주요 직책에의 참여는 소속 기관의 영향력을 고려할 때 중립성에 대한 의심을 받을 수 있으므로 주요 직책을 맡지 않는 것이 적당하다는 입장이 지배적이었음	
8. 분과위원장 보고	정부형태 분과 김학성 위원장, 전문 및 총강 분과 민병로 위원장, 사법제도 분과 임지봉 위원장이 구두로 분과별 진행사항을 보고함	

2. 헌법개정안 마련을 위한 연구지침

(1) 한국의 헌법현실을 반영

오늘을 사는 대한민국 국민의 헌법적 경험과 한국 사회의 헌법현실을 헌법개정안에 담아내기 위해서 노력

(2) 객관성과 중립성 유지

개인의 정치적 성향이나 이해관계를 배제한 채, 헌법학자로서의 양심에 기초해서 객관적이고 중립적인 입장에서 바람직한 헌법개정안을 모색

(3) 지속가능한 헌법안 모색

앞으로 정권 교체에도 불구하고 지속가능한 헌법개정안을 모색. 이를 위해서는 검토 대상 사안 중 무엇이 '헌법적 가치'가 있는 중요한 사안으로서 정권과 시대를 뛰어넘어 보편타당한 내용인지를 검토해야 함. 입법으로 해결될 사안을 헌법개정안에 포함하는 것은 부적절함

(4) 실제 운용이 가능한 안을 모색

헌법개정이 실제로 이루어지는 경우, 개정 헌법에 담긴 내용들이 대한민국 사회에서 원활히 작동될 수 있는지 여부를 면밀히 검토하여 안을 마련하도록 노력. 새로운 헌법규정이 학문적 실험의 대상이 되어서는 아니 될 것임. 의견대립이 첨예한 경우에는 현행 제도를 유지하는 방향으로 정리

(5) 집단지성의 발휘를 위한 열린 마음

모든 참여자들이 어떠한 형태의 위계질서에도 구애받지 않고 자유로이 각자의 의견을 개진하고 교환할 수 있도록 열린 마음으로 헌법개정안 마련 작업에 임함으로써, 헌법학자들의 집단지성이 발휘될 수 있도록 해야 함

3. 헌법개정연구위원회 제2차 분과위원장 회의

(1) 참석인원

고문현 회장, 임종훈 연구위원회 부위원장, 민병로 분과위원장, 김학성 분과위원장, 이기우 분과위원장, 임지봉 분과위원장, 김용섭 분과부위원장(한상희 분과위원장 불참), 정 철 총무이사 이상 8명

(2) 장소 및 시간

서초구 법원로 2길 21 칠보빌딩 504호(오세열법무사 회의실) 2018.1.12.(금) 16:00－18:00

(3) 논의사항 및 발언내용

논의사항	발언 내용	기 타
1. 분과회의의 필요성과 역할	분과위원장 회의는 첫째로 각 분과사이의 조율기능을 수행함. 분과별로 진행하다 보면 분과상호간 조율필요성이 있는 사안이 발생함. 둘째로, 분과별로 통일된 형식을 논의하여 공유할 필요가 있음. 셋째, 다른 분과의 의견제시를 통해 제3자의 비판을 들을 수 있는 자리이기도 함. 넷째, 각 분과의 진도를 체크함으로써 전체진행상황을 파악할 수 있음	임종훈
2. 헌법개정안 마감시간	처음 헌법개정연구위원회의 개정안 완성시기를 2월말로 예정하였으나 현재 정부가 국회의 합의안을 2월말까지 기다려 보고 여의치 않으면 3월경에 정부안을 제시하겠다고 하여 우리 위원회는 개정안 완성시기를 2월 중순(15일정도)을 목표로 할 필요가 있음. 즉 국회안이 나오기 전에 학회 개정안을 내서 국회의 합의가능성을 높이고 국회안이나 이후 정부안이 나오면 다시 이를 비판하는 입장을 다시 낼 수 있을 것임	김학성, 임종훈
3. 개정안에 집필자 실명표기 여부	자신이 집필한 부분에 대한 역사적 책임을 진다는 의미에서 이를 표기하자는 입장과 위원 전체가 논의하여 나온 결론이라는 점에서 개별적인 표기는 불필요하다는 입장이 제시된바, 국회 헌법개정특별위원회 자문위원회 보고서처럼 다수의견이 아닌 소수의견은 실명표기할 수 있고 분과위원의 명단을 2006년 한국헌법학회 헌법개정연구위원회 최종보고서를 참조하여 본 헌법개정안 보고서에도 보고서 뒷부분에 기재하는 방식이 바람직하다는 입장이 지지를 받음	김용섭, 김학성
4. 분과위원장 회의록 배포범위	위원회 전체 회원에게 회람할 필요가 있는지 여부가 논의되었는바, 위원장 확인 후 위원장 및 간사에게 송부하기로 함.	임종훈

5. 분과활동 비용 지출방식	제1차 전원회의에서 교통비와 회의비 등 지원 약속이 있었고, 지난 1차 분과위원장 회의에서는 구체적으로 개별 회의별로 지급하지 말고 총액으로 분과에 일정금액을 지급할 필요가 있다는 의견이 제시되었는바, 논의 끝에 분과의 인원수, 전체 기여도 등을 중심으로 총액으로 분과별로 지급하기로 함. 분과위원장은 그 기여도 등을 고려하여 배분사용할 수 있고 회의비 및 교통비는 분과별로 지급된 총액에 포함됨	고문현, 김학성, 임종훈
6. 분과 위원 확정통보	각 분과위원장은 제5항의 분과별 총액지급을 위해 분과의 실제 활동 의사를 밝히고 활동하는 위원을 위원회 지원단(총무이사)에 통보하기로 함	
7. 총강분과 논의사항 설명	전문에 5 · 18.과 6 · 10.정신을 추가하는 것을 논의 중임. 이에 대해 이러한 내용은 오히려 이번 헌법개정을 어렵게 할 수 있다는 지적이 있었음	민병로, 김용섭
8. 기본권분과는 제출된 자료로 검토	그간 자료공유와 집필방향(선행연구 최대한 활용)의 논의가 있었고 위원 간 역할분담이 있었음. 단 기본권분과 검토내용이 방대하여 연구인원 보강이 필요하다는 의견제시	임종훈 부위원장
9. 정부형태 분과 논의사항 설명	제2국무회의 신설여부, 감사원, 인권위원회, 권한대행 부분 등 지적되었고 양원제가 채택될 경우 조문화 특히 분산형 정부형태의 경우 그 조문화에 상당한 시간과 노력 필요함(기여도에 따라 인센티브 부여 필요)	김학성, 민병로
10. 사법제도 분과 논의사항 설명	총 3회의 회의를 진행하여 1.22. 첫 회의 전 위원 각자 개정안을 조문화하여 제출 후 2, 3차 회의를 통해 합의안을 도출할 예정임	임지봉
11. 재정경제 분야 논의사항 설명	재정의 장을 신설하는 방안, 재정준칙의 규율 여부, 예산법률주의의 도입여부, 예산(법률)안 편성제출권의 개정방안 등을 논의하고 있음. 감사원을 재정의 장에 편입하는 문제는 정부형태와 관련됨	김용섭
12. 지방분권 분과 논의사항 설명	지난 주 토요일(2018.1.6) 일산에서 개최한 분과회의에서 개헌 수준을 확인하였는바 지방분권국가를 선언하는 문제 등이 쟁점이 됨. 이후 재정조정문제 등의 질문이 있었고 이기우 분과위원장의 설명이 있었음. 또한 지방분권과 지역균형발전의 비교설명도 있었음	이기우, 김학성, 김용섭
13. 위원확정 공지 여부	헌법개정연구위원회 위원의 확정공지가 필요하다는 의견제시가 있었음. 이와 관련 분과별 위원의 추가가 필요하다는 의견제시(기본권분과, 총강분과)가 있었고 아직 학회회원자격을 취득하지 못한 위원도 있어 2018년 학회 상임위원회에서 회원가입건이 승인되어야 위원의 확정이 가능할 것임	김학성, 고문현, 정 철

4. 헌법개정연구위원회 제3차 분과위원장 회의

(1) 참석인원

임종훈 연구위원회 부위원장, 이부하 분과부위원장, 허종렬 분과위원장, 김학성 분과위원장, 이기우 분과위원장, 임지봉 분과위원장 이상 6명

(2) 장소 및 시간

서초구 법원로 2길 21 칠보빌딩 504호(오세열법무사 회의실) 2018.1.19.(금) 16:00-18:00

(3) 논의사항 및 발언내용

논의사항	발언 내용	기 타
1. 경비지원 계획 및 전체 운영 일정	• 헌법학회의 예산이 전임 집행부에서 이관되지 않아 아직 경비를 지원하지 못하고 있음. 2월 초, 중순경 지원 가능 예상. 각 분과는 2월 5일까지 초안을 마련하고, 2월 20일까지는 헌법개정연구위원회 차원의 최종안이 마련되어야 할 것임. 그러나 향후 국회나 정부측의 개헌안 준비 상황을 보아가며 추가적인 검토도 있을 수 있음	임종훈
2. 전문 및 총강 분과 논의 사항 설명	• 지난주에 헌법전문(민병로), 영토조항(이부하), 통일조항(최양근)을 검토하였고, 다음번에는 공무원조항(제7조), 국제법조항(제6조)에 대하여 검토할 예정임 • 헌법전문에서 '5 · 18정신'을 추가할 것인지 여부가 뜨거운 쟁점임 • 전지수위원은 헌법전문에서 "안으로는 국민생활의 균등한 향상을 기하고"를 "안으로는 국민복지의 균등한 향상을 기하고"로 개정할 필요성을 주장 • 이부하위원은 제3조 영토조항의 개정 방향을 다각도로 검토한 다음('한반도'라는 용어 자체가 식민사관에 기초하고 있다는 전제 하에), "대한민국의 영역은 법률로 정한다."로 개정할 것을 주장	이부하
3. 기본권 분과 논의 사항 설명	• 2018년 1월 17일(수) 오후 5시부터 8시 30분까지 논의 • 선행연구를 토대로 개정 방향을 정하기로 함 • 분과위원들이 업무를 분장하였으며, 각자가 2월 1일까지 결과물을 제출하기로 함 • 기본권 분과의 일정과 관련하여 2월 1일 이전에도 결과물이 준비되는대로 분과 위원들 간에 논의가 있어야 할 것이라는 의견이 제시됨. • 기본권의 주체를 '사람'으로 할지 '국민'으로 할지 여부가 하나의 쟁점임. 기본권별로 달라야 한다는 의견이 제시됨	허종렬, 김학성

	• 제9조의 문화국가 조항을 문화국가원리라는 헌법원리에 부합하게 수정할 필요가 있다는 의견이 제시됨	
4. 지방분권 분과 논의 사항 설명	• 2018년 1월 13일(토) 오후 2시부터 7시까지 논의 • 국회 개헌특위 자문위안을 중심으로 검토하기로 하되, 다음 주에 사실상 논의를 종료하고, 일부 미진한 부분은 그 이후 계속 논의할 예정임 • 지자체의 조례도 '법률'로 하기로 함. 이에 대하여 추가적인 검토가 필요하다는 의견이 제시됨 • 입법권을 국가와 지자체 간에 배분하는 기준을 검토 • 국가의 입법과 지자체의 입법 간에 발생할 충돌의 해결방안도 검토 • 지자체의 행정권은 자문위안대로 하고, 재정권과 관련하여 과세권도 인정하는 방향으로 검토. 그리고 지자체의 기관은 지자체의 법률로 정하도록 함 • 양원제에 관한 부분도 지방분권 분과에서 검토하기로 업무를 조정하고, 직접민주주의적 요소의 도입에 관해서도 지방분권 분과에서 검토하는 것으로 의견을 정리 • 헌법개정절차에 대해서는 정부형태 분과에서 검토하기로 함	이기우, 김학성 등
5. 정부형태 분과 논의사항 설명	• 중앙선관위의 법률기관화, 인권위의 헌법기관화 및 공수처에 관한 헌법적 근거 마련에 대해서는 분과 위원들이 특별한 관심을 보이지 않았음 • 감사원에 대해서는 명재진 교수가 담당하기로 함 • 이원정부제와 4년 중임 대통령제에 대해서는 지성우위원, 최희수 위원이 담당하기로 함 • 대통령의 사고 시 권한대행에 관해서 규정하기로 함	김학성
6. 재정경제분야 논의사항관련	• 감사원의 재정에 관한 기능을 보완하는 것은 재정경제 분과의 소관이나, 감사원의 독립기관화 또는 감사원의 구성, 임기, 임명 등에 관한 사항은 정부형태 분과의 소관이라는 의견이 제시됨	김학성
7. 교과과정관련	• 교과과정이 정권에 따라 수시로 변경되지 않도록 하기 위해서 기본적인 사항을 헌법의 기본권 분야 등에서 규정할 필요성이 있음	허종렬
8. 검찰의 독립 관련	• 사법 분과에서 검찰의 독립을 보장하기 위한 규정도 함께 검토할 필요가 있음. 브라질 헌법 참조 필요	임지봉, 이기우
9. 이원정부제의 전제	• 정부형태분과에서 검토할 때 이원정부제는 내각제적 토대가 필요하다는 점을 참고해주기 바람	이부하
10. 사법 분과	• 1월 20일까지 각 위원이 담당 분야에 대하여 개헌안 조문까지 완성	임지봉

일정	해서 제출하면, 이를 종합해서 1월 22일(월) 오후 2시부터 서강대에서 논의할 예정	
11. 각 분과별 보고서 형식	1. 현행 헌법 규정 소개 2. 현행 규정의 문제점과 개선안에 대한 검토의견 3. 개헌안 조문 대비표 순으로 기술하되, 향후 기술 형식을 보완할 수 있음	허종렬, 임종훈
12. 경비지원 규모	• 인쇄비를 제외하고 분과별 100만원 내지 150만원 지원 예정	김학성, 임종훈

5. 헌법개정연구위원회 제4차 분과위원장 회의

(1) 참석인원

고문현 회장, 임종훈 연구위원회 부위원장, 이기우 분과위원장, 민병로 분과위원장, 윤재만 분과위원장, 임지봉 분과위원장, 김학성 분과위원장, 장용근 위원, 최양근 위원

(2) 장소 및 시간

서초구 법원로 2길 21 칠보빌딩 504호(오세열법무사 회의실) 2018.1.26.(금) 16:00-18:00

(3) 논의사항 및 발언내용

논의사항	발언 내용	기 타
1. 보고서 양식 관련	• 보고서양식으로 현행제도, 연구내용(문제점 개선방안 서술), 최종 연구결과, 조문 대비표 순으로 할 것을 제안	임종훈
2. 지방분권 분과회의 결과 설명	• 국회 헌법개정특별위원회 자문위원회안을 참고하기로 함 • 발의 요건의 엄격성에 관한 논의를 포함하여 국민소환에 관한 내용은 아직 분과회의에서 논의 중	이기우
3. 지방분권분과회의 결과에 대한 논의	• 국민발안(직접민주주의)은 취지는 좋으나 생길 수 있는 부작용에 대해 고려할 필요가 있음. 특히 대통령이나 장관에 대한 국민발안의 정치적 악용가능성에 대비하여 축소하는 것이 바람직한 것으로 생각	김학성
상동	• 지방자치단체의 입법권에 대한 분과회의 결과의 방향에 원론적으로 찬성. 특히 국회와 지방의회의 입법권, 그 외의 국민에 의한 입법이라는 방향에 지지 • 다만 지방주민에게 지방자치단체를 형성할 수 있는 권리가 좀더 주어	윤재만

	졌으면 하는 바램	
상동	• 118조 제2항(개정안)의 내용은 당연해서 불필요하지 않을까 생각 • 정하는 규정을 조례가 아닌 '법률'로 용어를 통일하였는데, 여러 측면에서 수용가능한지 의문	임종훈
상동	• 조례라는 용어가 법 용어가 아니며 유래도 불확실함. 그리고 '조례'가 가지는 법적 어감이 국민들에게는 '중요하지 않은 규정'이라는 인식이 있음	이기우
상동	• 자치단체가 고유한 입법을 할 수 있는 제도(체계)를 제공하면 되지, 반드시 70년 동안 사용한 용어의 변경이 필요한지 의문	김학성
상동	• 조례를 법률이라는 용어로 변경했을 때의 장점은 지방고유의 문제를 지방 스스로 다룰 수 있다는 점	민병로
4. 정부형태분과 회의결과 설명	• 해당분과 진행상황 설명 • 인권위, 공수처는 다루지 않기로 함 • 정부형태는 분과 내에서도 아직 논의가 많음	김학성
5. 정부형태분과 회의결과에 대한 논의	• 이원정부제에 대해 개인적으로 바람직하다고 생각하나 국민 여망이 4년 중임제라면 대통령을 견제하기 위한 제도적 장치가 충분히 마련되어야 함 • 제76조의 '긴급명령권'이 필요한지 여부 검토 요망 • 87년 헌법의 제왕적 대통령 문제, 이것을 극복하기 위해 72조(국민투표권)를 실질화 시킬 필요가 있음	민병로
상동	• 대통령제를 하면서 총리제를 하자는 의견도 있으나, 반대로 대통령의 힘을 빼기 위해서 총리제를 없애자는 의견도 있음	김학성
상동	• 권력은 책임을 묻기가 쉬워야 함. 대통령제가 위기 시에 대응하기 쉽다는 논리는 더 이상 적절하지 않음. 대통령에게 주어진 권한을 축소하여 책임을 묻기 쉬운 체제를 만들어야 함 • 제76조의 긴급 명령권 등은 폐지하는 것이 타당하다고 생각. 독일은 이 제도를 폐지한 지 10년이 넘음	윤재만
상동	• 해당 분과의 조속한 조문화작업이 필요	임종훈
6. 선거정당분과	• 선거정당분과개정안(최종안)에 대한 결과 설명	윤재만
상동	• '자유'민주적 기본질서로의 용어의 개선(제8조 제4항)에 대한 질문. '자유롭고 평등한 기본질서'와의 차이	민병로
상동	• 언어도 역사성이 있음. 사실상 통일독일 헌법은 '자유 민주적 기본질	최양근

	서'라고 되어 있고, 그 조문이 우리에게 들어왔으나, 자유민주주의의 용어가 우리 사회에서 보수주의의 기치인 것 같은 뉘앙스가 있어서, '자유 민주적 기본질서'라고 하는 용어에 대해 생각해 볼 필요가 있음. 촛불 주권자의 힘을 반영한다는 의미에서 '자유롭고 평등한 기본질서'로 변경하는 안을 참고할 필요	
상동	• 개정안 제41조 제2항의 '국회의원 정수 400인 이상'이 국민의 저항을 받을 수 있어서 이 안에 회의적임. 지역구를 줄이고 비례대표를 늘리는 제도를 제안 • 연동형 비례대표제와 관련하여, 극소수의 비정상적인 단체가 세를 모집하여 의석을 비정상적인 방법으로 획득하는 것에 대해 우려	민병로
상동	• 분과위원회의 전문성을 인정하고, 분과위원장 회의에서 분과위원회 결정 내용을 변경해서는 안 된다는 것을 전제로, 제8조 제4항의 '자유민주적 기본질서'의 '자유'라는 용어와 관련하여, 한국의 정치 상황에서 어떤 이슈들은 진영의 갈등을 일으켜 오히려 개헌의 다른 중요한 내용조차 묻힐 수 있음을 우려	임지봉
상동	• 국회의원수 400인 이상이라면 300인 이상도 결과는 같다는 점에서 국민 저항을 고려하여 숫자를 줄이는 것을 검토해볼 만함	임종훈
7. 사법제도분과	• 사법제도 분과 연구결과 설명	임지봉
8. 해당분과	• 해당분과 연구결과 설명 • 보고 형식과 관련하여 논의 경과를 넣는 방식 제안(소수의견의 취지 등)	민병로
9. 보고서 작성 형식에 관한 합의	보고서 양식에 관하여 다음과 같이 통일하기로 의견을 모음 • 2018년 국회 헌법개정특별위원회 자문위원회 보고서와 마찬가지로 주제별로 크게 두 개 항목으로 나누어 다음과 같이 하기로 함. 1. 연구결과(현행과 개정안의 대비표) 2. 연구내용 설명	합의
10. 일정에 관한 논의	• 2월 20일까지 연구위원회 최종안이 나와야 하므로, 2월 5일까지는 초안이 나와야 함	민병로, 임종훈
11. 재정경제분과 연구결과 보고	• 해당분과 내용 설명 • 예산법률주의와 비법률주의에 대한 분과 내 논의 설명. 예산편성권과 관련한 논의 내용 설명. 증액동의와 관련하여 지역구끼워넣기를 막기 위한 장치를 만드는 것이 중점적으로 논의되고 있음	장용근
12. 재정경제분과	• 예산 비법률주의 문제와 관련하여 편성권은 정부가 갖더라도, 결정권	민병로

연구결과에 관한 논의	은 국회가 가져야 하는 것이 아닌지	
13. 최종 일정 정리	• 2주 안에 최종결과물이 나와야 하므로, 각 분과에서 일정에 맞추어 진행해 줄 것을 부탁	임종훈

6. 헌법개정연구위원회 제5차 분과위원장 회의

(1) 참석인원

임종훈 연구위원회 부위원장, 허종렬 분과위원장, 윤재만 분과위원장, 김태진 분과부위원장, 임지봉 분과위원장, 장용근 위원(재정경제분과 대리출석), 정 철 총무이사 이상 7명

(2) 장소 및 시간

서초구 법원로 2길 21 칠보빌딩 504호(오세열법무사 회의실) 2018.2.2.(금) 16:00－18:00

(3) 논의사항 및 발언내용

논의사항	발언 내용	기 타
1. 기본권분과 논의상황	• 제10조 파생기본권의 신설필요성(생명권, 자기결정권, 일반적 행동자유권 등)과 반대의견과 일부 인정(생명권 정도)하자는 입장제시 • 기본권의 주체와 관련해서도 국민과 사람으로 하자는 견해제시 • 신체의 자유와 관련하여 영장신청권자를 검사로 규정한 현행 규정 변경 입장제시 있었고 사법제도 분과와 논의 필요하다는 입장제시 • 국민발안과 국민소환(선거권, 공무담임권) 규정하다는 의견과 국민소환에 대해서는 신중하자는 의견이 있었고 권력구조와 논의 필요하다는 입장 제시 • 다음 주 한 차례 회의를 통해 분과논의를 정리할 예정임	허종렬 분과위원장
2. 사법분과	• 월요일 회의 결과 다음과 같은 쟁점들에 대해 논의 되었음 • 사법평의회(사법행정위원회)의 구성과 권한에 대해 논의하고 이의 도입을 논의 • 대법관 선출방법의 개선(법관추천회의의 추천과 국회동의) • 사법기관 규정순서(헌법재판소, 법원 순서) 논의 • 위헌법률심사제도의 범위 조정 논의 • 군사법원의 단심제는 삭제 • 헌법소원의 제기요건의 헌법화 논의 • 주말에 모여 최종적으로 분과입장을 정한 후 다음주 제출예정	임지봉 분과위원장

3. 지방분권	• 지난주에 분과 위원회 입장 정리 • 지방분권에서 사법권은 제외하기로 함	김태진 분과 부위원장
4. 재정경제 분과	• 현행 제도를 유지하는 방향으로 논의가 진행 중 • 증액동의권과 총액범위 내 수정권한 여부에 대해 논의 • 다음주 분과 위원회 입장 정리	장용근 위원
5. 선거정당 분과	• 선거정당분과 역시 다음 주까지 입장을 정리 제출하기로 함	
6. 통일된 서술 양식을 제공	• 분과위원회의 논의결과가 정리되는 단계에 접어들어 있으므로 통일된 공통양식을 정해서 각 분과위원회의 집필진에게 제공하기로 함	

7. 헌법개정연구위원회 제6차 분과위원장 회의

(1) 참석인원

김문현 연구위원회 위원장, 임종훈 연구위원회 부위원장, 고문현 헌법학회장, 이기우 분과위원장, 박진완 분과부위원장, 장진숙 분과부위원장, 배병호 분과부위원장, 장용근 위원(재정경제분과 위원장 대리출석), 정 철 사무국장(총무이사) 이상 9명

(2) 장소 및 시간

서초구 법원로 2길 21 칠보빌딩 504호(오세열법무사 회의실) 2018.2.9.(금) 16:00－18:00

(3) 논의사항 및 발언내용

논의사항	발언 내용	기 타
1. 개정안작성시 헌법학회의 기본입장	• 개정안 앞부분에 헌법학회의 입장과 기준을 제시할 필요가 있음 • 헌법학회의 개정안은 단계적인 개헌을 염두에 둔 것이고 이번 개정에서 모두 다 반영하고자 하는 것이 아님을 피력 • 이와 관련하여 이번 헌법개정안에서는 논쟁적인 부분은 배제할 필요가 있음 • 전체 헌법개정안에서 큰 쟁점들은 전체회의에서 결정할 필요가 있음(예를 들면 정부형태, 전문개정, 지방분권의 범위와 수준, 사법부 등)	김문현 연구위원회 위원장
2. 향후 일정 관련	• 현재 진행 중인 공통양식에 의한 분과별 정리물 작업(2월 15일 완성)과 별개로 분과별 쟁점들을 조문별로 나열해서 이것을 2월	김문현 연구위원회 위원장

	20일까지 사무국에 제출 • 분과별로 제출된 조문별 쟁점들을 중심으로 확대 분과위원장회의(전체회의)를 2월 24일(토요일) 오후 2시부터 개최하여 결론을 내리도록 함 • 확대 분과위원장회의는 현재의 분과위원장회의 참석자에 분과별 중진급 위원(헌법개정경험이 있고 해당분야 연구경력이 있는 자문위원 포함)으로 구성한다.	
3. 전문총강 분과	• 임종훈 연구위원회 부위원장이 제출된 총강분과의 회의자료를 설명하고 토론 • 전문의 논쟁적인 부분은 전체회의에서 결정해야 할 필요가 있음	임종훈 연구위원회 부위원장
4. 기본권 분과	• 안전권 신설 필요성 논의 • 근로3권의 규율방식 논의 • 사회적 기본권의 주체 논의	박진완 분과부위원장
5. 사법제도 분과	• 법원과 헌법재판소를 통일하여 사법권 하에서 규정 • 법원의 위헌심판제청 대상의 확대(조약, 명령, 규칙 포함) • 헌법재판소의 관할의 확대(선거 및 국민투표효력, 대통령직무수행불능여부 등) • 헌법재판소 재판관 선출방식의 변경(전원 국회선출) • 헌법재판관의 법관자격 제한 변경 • 헌법재판소장의 호선제 • 헌법재판관의 임기연장(9년) 및 단임제 • 사법행정위원회안(1안)과 대법관인사위원회안(2안)	장진숙 분과부위원장
6. 재정경제 분과	• 계속비 예비비의 표현수정(차년도 국회로) • 증액동의권 • 감사원의 소속 논의 등	장용근 분과위원

8. 헌법개정연구위원회 제7차 분과위원장 회의

(1) 참석인원

김문현 연구위원회 위원장, 김형성 자문위원, 김학성 분과위원장, 윤재만 분과위원장, 이기우 분과위원장, 한상희 분과위원장, 배병호 분과부위원장, 김용섭 분과부위원장, 김태진 분과부위원장, 음선필 분과부위원장, 박진완 분과부위원장, 김형남 위원, 최양근 위원, 성봉근 위원, 정광현 분과간사위원, 장용근 위원, 김성률 위원, 고문현 헌법학회장, 정 철 사무국장(이상 19명)

(2) 장소 및 시간

서초구 법원로 2길 21 칠보빌딩 504호(오세열법무사 회의실) 2018.2.24.(토) 16:00 – 18:00

(3) 논의사항 및 발언내용

	논의사항	기 타
1. 결정사항	• 각 분과별로 제출된 분과개정안 전체를 각 분과와 공유한다. • 오늘의 각 분과별 발표와 질문답변을 통해 부각된 각 분과별 쟁점들을 바탕으로 2018.3.3.(금) 확대 분과위원장회의를 개최하여 최종적인 결론을 도출한다. • 각 분과는 2018.3.3.(금) 회의를 위해 보완된 각 분과별 개정안을 회의 전에 제출한다. • 누락된 법개정절차 부분은 정부형태분과에서 맡는다.	
2. 각분과별 발표 및 토론	• 전문총강 분과(최양근 위원) • 기본권본과(박진완 분과부위원장) • 정부형태(김학성 분과위원장) • 선거정당분과(윤재만 분과위원장) • 지방분권분과(이기우 분과위원장) • 사법제도분과(정광현 분과간사위원) • 재정경제분과(한상희 분과위원장)	
3. 토론내용	• 각 분과별 발표 후에 평균 4-5명의 타분과위원들의 질문이 진행됨(구체적인 분과별 쟁점들의 정리는 분과간사위원들의 2018.3.3.(금) 회의 준비회의에서 논의함)	

9. 헌법개정연구위원회 제8차 분과위원장 회의

(1) 참석인원

27명(전광석, 김학성, 김배원, 민병로, 윤재만, 이기우, 허종렬, 김용섭, 장진숙, 김태진, 배병호, 박진완, 최희수, 최용전, 김형남, 장용근, 정광현, 고인석, 전수미, 문재태, 오용만, 김세진, 엄주희, 고문현, 정 철 외)

(2) 장소 및 시간

서울교대 인문관 306호 2018.3.3.(토) 14:00 – 18:30

(3) 논의사항 및 발언내용

논의사항	발언 내용	기 타
1. 개정안 작성시 헌법학회의 기본입장	-	
2. 향후 일정 관련	-	
3. 전문총강 분과	• 조문에 촛불혁명을 넣는 것은 과잉이므로 그대로 두는 것이 무방 • 영토조항은 "대한민국의 영토는 한반도와 그 부속도서로 한다."로 하고, 4조, 5조, 6조, 7조는 그대로 둠 • 정당조항은 정당의 설립과 존속의 자유를 추가하였고, 2항에 정치적의사 형성에 참여한다, 2문에 공직선거 후보자 선출은 민주적이어야 한다. 3항은 정당 운영의 헌법적 근거를 제시하고 자금의 출처와 사용재산 사용을 공개하여야 한다. 4항의 장당의 해산사유는 '자유'민주적 질서를에서 자유 추가(다른 조항과 보조를 맞추기 위해)	
4. 기본권 분과	• 10조 국민이 아닌 모든 사람으로 변경 • 10조 2항 "모든 사람은 생명권을 가진다." 신설 • 법앞의 평등에서 사회적 특수계급, 훈장 삭제, 평등에 관하여 차별받지 않는다를 보다 적극적인 표현으로 변경키로 함 • 안전권 신설하기로 함 • 12조 검사의 신청에 의하여 부분 뺌 • 17조 사생활, 18조 통신의 비밀을 18조로 합침 • 19조 알권리, 자기정보결정권 신설 • 27조 모든 국민의 국민발안권 신설 • 대학의 자율성 31조 4항, 22조 대학의 자치권을 학문의 자유와 같이 연동하기로 함 • 21조 어린이, 청소년, 노인, 장애인 관련 사항은 34조, 36조 등에서 보강하여 신설키로 함 • 31조 2항 사회적 기본권에 학습권을 추가함 • 34조 인간다운 생활을 할 권리, 국가유공자는 상위 상이군경전몰군경 등의 배치 중요	
정부형태	• 지난번과 다른 것은 대통령은 외교국방, 나머지는 총리였으나 현재는 분권형을 제시하지 않음. 그 대신 대통령 4년 중임제를 넣음	

	• 국무위원 임기를 4년으로 제안 • 국무총리 불신임시 내각 총사퇴 • 감사원, 지자체에 대한 감사 포함 및 3항에 감사원 규칙을 만들 수 있도록 하고 대통령이 아닌 국회 소속으로 둠 • 헌법개정절차에서 국민투표 배제 • 상원도 직선제로 하는 것이 좋을 것 • 책임총리는 우리시대의 요청이므로 이의 실현이 중요 • 현재 공기업 비상임이사까지 청와대가 개인하는 것은 문제이므로 이의 해결을 위한 조치를 위해 정부의 입법안 제출권을 폐지하고 대통령의 인사권은 차관보 이상만 임명하는 것으로 변경필요 • 양원제 운영시 상원의 권한이 너무 세고, 지역이기주의가 염려되므로 상원의 효용성을 재고할 필요가 있음		
사법제도 분과	• 선거가 아닌 공직선거로 변경 • 헌재가 명령규칙에 대한 위헌 여부도 심판할 수 있도록 함 • 선거를 공직선거로 변경하고 당내 선거도 포함하기로 함 • 헌법재판소장을 재판관 중에서 호선하도록 함 • "헌법재판관의 임기는 6년으로 한다. 단 연임할 수 있다."를, "9년 단임으로 한다."로 변경함 그러나 2항이 문제가 있다. 대한민국의 공무원은 계급정년이 있는데 임기만료 후에도 후임자가 오기 전까지 계속 자리를 지키도록 한 것은 문제로 보임 • 103조 4항을 신설 • 104조 2항은 배심이 아닌 참심으로 변경 • 105조 2항은 문제가 조금 있음. 대법관과 법관 대법원 판사? • 106조 법관의 독립이 중요하므로 양심을 그대로 두기로 함 • 107조 (1안) (2안) 2안을 1안으로 변경하기로 함 • 108조 통과 • 109조 종전 규정 그대로 유지 • 110조 1항은 유지, 2항은 유지 • 111조 (1안) (2안) 1안을 2안으로 하기로 함 • 112조 통과 • 113조 통과 • 대법관은 전문화 한다는 가정하에 50인 이상으로 증원		
지방분권 분과	• 지방법률과 중앙법률의 충돌시에는 국가법률 우선 예외적으로 지방자치단체의 특성을 살릴 부분은 지방법률원이 우선하도록 함 • 위임사무에 대한 비용전가책임을 돌리지 못하도록 함 • 국민발안 조항은 국회에서는 대안을 제시할 수 있도록 하고 직접 국민		

	투표로 결정하도록 함 • 국회의원에 대한 소환제도는 정쟁수단이 될 수 있으므로 발의요건을 선거권자의 100분의 5 이상으로 규정 • 118조 2항은 지방자치단체가 입법권을 갖되 국가의 입법권에 의해 제한된다로 변경이 필요 • 강원도법률, 서울법률, 국회법률, 제주도법률? 이건 좀 아니지 않은가? • 지방자치단체와 국가/ 연방제와 단방제에 대한 연구가 필요	
재정경제 분과	• 재정의 장을 신설 • 중앙선관위의 법령 범위 내에서 할 수 있는 부분이 있음 • 일례로 공직선거법 시행령이 있다면 이에 따르는 것이 맞음 • 소비자의 권리는 기본권으로 옮김 • 예산법률안은 정부형태에 무관하게 국회가 존재하므로 현행유지 • 증액동의권이 문제. 전세계 어디서든 예산편성권을 국회가 갖고 있는 나라가 있는가? • 농어업의 공익적 기능은? 1안을 2안으로 • 경제민주화조항 국가는 균형잡힌 경제의 발전과 등으로 그대로 두는 것이 어떤가?	장용근 위원

제 2 절 전원회의 일정

1. 헌법개정특별위원회 제1차 전원회의

○ 일시: 2017.12.22.(금) 13:30－15:30
○ 장소: 숭실대학교 조만식기념관 530호
○ 참석인원: 18명

① 참여자들(최용기 고문, 임종훈 자문위원, 이찬희 부회장, 김태진 부회장 등)의 간단한 소개와 말씀이 있었음)

② 분과명칭과 관련하여 정부형태를 통치구조로 나누어 그 안에 정부와 국회를 두어 국회 부분을 별도로 더 고찰하자는 의견이 있었음

③ 감사원의 소속 등 국회와 관련된 논의를 더 활발히 하기 위해 정부형태보다는 통치구조로 명칭을 바꾸자는 의견과 그대로 현행과 같이 두자는 의견이 있었음. 후자의 경우 정부형태는 대통령과 국회의 관계를 중심으로 고찰하는 방식이므로 국회에 대한 논의가 포함된다는 입장임

④ 차기회의를 개최하여 최종적인 분과별 위원과 위원장 및 간사를 임명하자는 의견이 주

종을 이루어 12월 28일(목) 13:30분에 서울지방변호사회 변호사회관 회의실(추후공지)에서 향후 위원회 활동을 하기로 하고 이를 이찬희 부회장님이 서울지방변호사회 회장이시니 적극 협조하기로 함

⑤ 위원회 참여 기간과 관련하여 기준시기를 정하여 위원회 활동의 안정성을 유지하자는 의견이 있어 향후 위원회 활동에 대한 회원의 참여기회를 확대하기 위해 제2차 전원회의(12월 28일 13:30분)시까지를 위원참여 가능 시한으로 확정함. 이 일시까지 인터넷 또는 2차 회의에 참여한 회원들이 향후 위원회에서 활동할 수 있도록 함(단, 추후참여는 분과위원회의 자율적인 판단으로 위원회 활동에 지장을 주지 않는 한도에서 허용하기로 함)

⑥ 위원회의 명칭과 관련하여 현행 '헌법개정특별위원회'는 국회의 명칭과 유사하므로 우리 학회의 활동에 비추어 바꿀 필요가 있다는 의견(임종훈 자문위원)이 있어 고문현 회장이 차기 회의에서 더 좋은 명칭을 정하기로 하고 최종 선택된 명칭을 제안한 회원에게 소정의 상품권을 지급하기로 함

⑦ 위원회 활동과 관련하여 참여 위원들에게 필수비용(교통비 등)을 보전해 주고 동시에 일정한 회의참여비를 지급할 필요가 있다는 논의가 있었고 이와 관련하여 고문현 회장은 금원 마련에 적극적으로 나서되 우리 위원회의 활동에 영향을 줄 수 있는 단체나 개인으로부터의 후원에는 조심할 필요가 있다는 지적이 있었음. 이와 관련하여 고문현 회장은 2,000만원 정도의 자금마련이 진전되고 있다는 발언이 있었음

2. 헌법개정연구위원회 제2차 전원회의

○ 일시: 2017.12.28.(목) 14:00 – 18:00
○ 장소: 서울지방변호사회 변호사회관 5층 정의실
○ 참석인원: 34명

아 래

(1) 위원회에 대한 논의와 결의

① 위원회 명칭의 확정

위원회의 명칭과 관련하여 현행 '헌법개정특별위원회'는 국회의 명칭과 유사하므로 우리 학회의 활동에 비추어 바꿀 필요가 있다는 의견(임종훈 자문위원)이 있어 고문현 회장이 차기 회의에서 더 좋은 명칭을 정하기로 하고 최종 선택된 명칭을 제안한 회원에게는 소정의 상품권을 지급하기로 한 제1차 전원회의의 결정에 따라 위원회 명칭을 사회자인 총무이사가 제안된 명칭을 제시하여 1)안 헌법개정특별위원회, 2)안 헌법개정위원회, 3)안 헌법개정준비위원회,

4)안 헌법개정연구위원회 4안 중 1차 투표결과 과반수를 얻은 명칭이 나오지 않아 상위 2개의 명칭(제1안과 제4안)을 두고 결선투표를 하여 제1안이 12표, 제4안이 18표를 득표하여 제4안인 '헌법개정연구위원회'를 향후 정식명칭으로 사용하기로 의결함

② 분과위원회의 명칭건

분과명칭과 관련하여 정부형태를 통치구조로 나누어 그 안에 정부와 국회를 두어 국회부분을 별도로 더 고찰하자는 의견이 지난 제1차 전원회의에서 있었던바, 정 철 총무이사가 그 취지를 부연하고 배병호 회원이 표결에 부치자고 제안하여 다수의견으로 '정부형태'를 그대로 사용하기로 의결함

③ 분과의 개수 관련

선거정당과 정부형태의 통합여부 및 기본권 분과의 양분(자유권과 사회권 등)에 대해서도 논의가 있었으나 다수의견이 현행 7개 분과를 유지하면서 분과별 협력을 통해 관련 쟁점에 대해 논의하도록 위임함

(2) 헌법개정연구위원회 위원장 선임건

회원들의 추천을 받아 김문현 이화여대 명예교수님이 헌법개정연구위원회 위원장으로 합의추대 되었음

(3) 헌법개정연구위원회 부위원장 선임건

헌법개정연구위원회 부위원장 선임과 관련하여 회원들의 추천을 받아 홍익대 임종훈 교수가 추천되었고 합의추대하였음

(4) 헌법개정연구위원회 분과별 위원 확정

7개 분과(전문총강, 기본권, 정부형태, 선거정당, 지방분권, 사법제도, 재정경제)에 대한 위원을 공지한 사전 위원회 참여신청서를 통한 이메일 신청과 전원회의 참석의 방식을 통해 최대한 신청회원의 의사를 존중하여 최종적으로 결정한 후 2차 전원회의에서 다시 한 번 변경의 기회를 제공한 후 최종적으로 확정하였음(분과별 위원은 별첨 문서1과 같음)

(5) 분과별 위원장, 부위원장 선임건

분과별 위원이 확정된 후 바로 좌석배치를 분과별 개별 회의로 전환하여 분과별로 위원소개와 분과위원회의 향후 운영계획을 논의한 후 분과위원장과 분과부위원장 및 분과간사를 각 선임하여 분과위원회의 구성을 마무리하였음(분과별 위원장과 부위원장 그리고 간사들의 명단

은 부록과 같음)

(6) 헌법개정연구위원회 부위원장 말씀

김문현 연구위원회 위원장이 외국출장 중이어서 연구위원회 부위원장인 임종훈 교수가 향후 위원회 활동을 통한 헌법개정안 작성에 있어 준거내지 기준을 사전에 면밀히 논의하여 한국의 구체적 현실에 부합하는 현실적응력이 있는 헌법개정안을 마련할 수 있도록 분과별 유기적인 협력을 기초로 적극적인 활동을 할 것을 요청하였음. 그리고 연구의 결과물을 훌륭한 헌법개정조문의 형식으로 완성하여 한국헌법학회의 이름으로 공표할 수 있기를 희망한다고 피력함

(7) 분과위원장들의 소감피력과 향후 활동계획 발표

7개 분과별 위원장(선거정당분과는 음선필 분과부위원장이 윤재만 분과위원장 대신 출석)들이 각 헌법개정에 대한 짧은 소회와 향후 분과별 헌법개정의 방향과 활동계획을 대략적으로 발표함

(8) 사진촬영 및 폐회

제2차 전원회의 개회식 후 진행 도중 2차례에 걸쳐 참석회원 전원이 기념사진을 촬영한 후 이어진 절차를 진행한 후 폐회함

3. 한국헌법학회 헌법개정연구위원회 개헌연구안 학술대회

- 일시: 2018.3.10.(토) 13:00－18:00
- 장소: 서울교대 전산관 교육공학 1실
- 주제: 헌법개정연구위원회 개헌연구안 학술대회
- 주최: 사단법인 한국헌법학회

학술대회 프로그램

12:30 ~ 13:00		등록 및 회원접수	
13:00 ~ 13:20		인사말씀 기조연설	회장 고문현 교수(숭실대)
			진신민(陳新民) 前 대만 대법관
제1부		사회	고문현 교수(숭실대)
(13:20	제1주제	주제	**지방자치의 헌법개정**

~ 15:20)	(13:20~ 14:20)	발제자	이기우 교수(인하대)
		토론자	이관희 교수(경찰대), 김배원 교수(부산대), 김용섭 교수(전북대), 장용근 교수(홍익대),
	제2주제 (14:20~ 15:20)	주제	**정부형태·선거정당의 헌법개정**
		발제자	김학성 교수(강원대), 윤재만 교수(대구대)
		토론자	은승표 교수(영남대), 음선필 교수(홍익대), 정 철 교수(국민대), 조원용 교수(중앙선거관리위원회 선거연수원)
휴식	15:20~ 15:30		커피 브레이크
제2부 (15:30 ~ 17:30)	**사회**		이성환 대표변호사(법무법인 안세)
	제3주제 (15:30~ 16:30)	주제	**기본권 및 사법제도의 헌법개정안**
		발제자	허종렬 교수(서울교대), 임지봉 교수(서강대)
		토론자	권순현 교수(신라대), 배병호 교수(성균관대) 정광현 교수(한양대), 김세진 박사(前 한국법제연구원)
	제4주제 (16:30~ 17:30)	주제	**전문총강 및 재정경제의 헌법개정**
		발제	민병로 교수(전남대), 한상희 교수(건국대)
		토론자	박진완 교수(경북대), 김태진 교수(동아대), 고인석 교수(부천대)
17:30~18:00		**종합토론**	장진숙 교수(부경대), 최용전 교수(대진대), 김형남 교수(UCC대), 성봉근 교수(서경대), 전수미 초빙교수(숭실대 숭실평화통일연구원)
18:00~19:00			**헌법개정연구위원회 제3차 전원회의**

4. 한국헌법학회 헌법개정연구위원회 제3차 전원회의

○ 일시: 2018.3.10.(토) 18:00－17:00

○ 장소: 서울교대 전산관 1층

○ 참석인원: 33명

헌법개정안의 주요쟁점들에 대한 참석위원의 의견을 아래와 같이 확인하는 절차를 진행함.

그리고 이 결과를 전체 위원들에게 공지하여 추인받기로 함

아 래

① 지방자치단체 명칭 관련: 1) 지방정부 5명; 2) 자치단체 4명; 3) 지방자치단체 14명
② 지방법률 명칭 관련: 1) 지방법률 3명; 2) 자치법규 10명; 3) 조례(현행유지) 8명
③ 정부형태 관련: 1) 분권형정부형태 12명; 대통령중심제 10명
④ 국회 양원제 관련: 1) 양원제 도입 7명; 2) 단원제 유지 13명
⑤ 감사원의 소속 관련: 1) 국회소속 3명; 2) 독립기관화 15명(각 부분 기권자 있었음)

부 록

간 행 사

2017년 12월 1일 존경하는 한국헌법학회 회원여러분들의 성원으로 제24대 한국헌법학회 회장으로 취임하면서 저는 30년 만에 맞이하는 헌법개정의 호기에 이를 정치권에 맡겨 두면 정치적 이해관계에 함몰되어 미래의 100년 대계를 그르칠 수 있다는 역사적 책임감을 통감하고 헌법학 관련 최고 권위 있는 학회인 한국헌법학회 독자의 헌법개정안을 마련하여 국회와 정부 등 관련 기관에 제출하겠다는 취지의 취임사를 하였습니다. 그 취임사가 주요 언론에 보도되어 2017년 12월 8일 동아일보 송평인 논설위원과 개헌의 방향 등과 관련하여 인터뷰를 하게 되었고 위 인터뷰기사가 2017년 12월 11일자 동아일보 한 면(A32면) 전체에 대서특필되자 경향각지에서 엄청난 반향이 일어나서 새삼 한국헌법학회의 높아진 위상을 절감하였습니다. 그 후 2017년 12월 14일 한국헌법학회 고문단회의를 개최하여 취임사에서 밝힌 저의 구상을 고문님들께 보고 드렸습니다. 그러자 모든 고문님들이 만장일치로 헌법개정안 제시는 실사구시의 차원에서 한국헌법학회가 당연히 해야 할 역사적 책무이므로 여·야 정치권의 눈치를 보지 말고 학자적 양심을 가지고 중립적이고 객관적인 입장에서 역사에 길이 남을 모범적인 개헌안을 마련하라는 조언을 해 주셨습니다. 이에 2017년 12월 22일 숭실대학교 조만식기념관 530호 회의실에서 가칭 '헌법개정특별위원회'가 출범하게 되었습니다. 그 후 2018년 12월 28일 서울지방변호사회 변호사회관 회의실에서 제2차 전원회의를 개최하여 가칭 '헌법개정특별위원회'의 명칭을 '헌법개정연구위원회'로 최종 확정하였습니다.

저는 과분하게도 제10차 헌법개정을 위하여 2017년 2월에 발족한 국회 헌법개정특별위원회(이하 '개헌특위') 총강·기본권분과의 자문위원으로 참여해 왔습니다. 그런데 국회 개헌특위가 가동되었지만 정부형태와 지방분권 등의 쟁점을 둘러싸고 여·야간에 입장차가 워낙 커서 2018년 3월까지 합의된 제10차 개헌특위 헌법개정안을 도출하지 못한 채 개헌특위활동이 안타깝게 종료되었습니다. 이러한 와중에도 국회 개헌특위자문위원회는 역대 국회개헌특위자문위원회의 관행대로 자문위원회 보고서를 통하여 개헌안을 2018년 1월 제시하였는데 이것은 매우 바람직하다고 하겠습니다. 이번에 간행하는 한국헌법학회 헌법개정연구위원회의 헌법개정안은 국회 개헌특위자문위원회 개헌안, 국가인권위원회 기본권보장 강화 헌법개정안 및 국민주권회의 개헌안 등을 최대한 많이 반영하려고 노력한 것이어서 헌법개정안의 총체적 결정판이라고 자부할 수 있습니다.

경향 각지의 학회 회원들로 구성된 '헌법개정연구위원회'는 전체 회원 800여 명 중 헌법학계의 중진급 학자들을 포함하여 90여 명의 회원들이 자발적으로 참여하여 전문·총강분과[위원장: 민병로 교수님(전남대 법전원)], 정당·선거분과[위원장: 윤재만 교수님(대구대 법대)], 기본권분과[위원장: 허종렬 교수님(서울교대 사회과교육과)], 정부형태분과[위원장: 김학성 교수님(강원대 법전원)], 재정·경제분과[위원장: 한상희 교수님(건국대 법전원)], 지방분권분과[위원장: 이기우 교수님(인하대 법전원)], 사법제도분과[위원장: 임지봉 교수님(서강대 법전원)] 등 7개의 분과로 구성되었습니다. 3차에 걸친 전원회의, 각 분과별로 수차에 걸친 분과회의, 8차에 걸친 분과위원장회의 등을 거쳐 드디어 역사에 길이 남을 한국헌법학회의 집단지성을 담은 독자적인 헌법개정안을 마련하게 된 것을 무척 기쁘게 생각합니다. 이렇게 지난한 과정을 거쳐 마련한 한국헌법학회 산하 헌법개정연구위원회 헌법개정안을 2018년 3월 22일 오후 2시 존경하는 정성호 국회의원의 소개로 국회 정론관에서 발표를 한 후 존경하는 정세균 국회의장, 김성곤 국회사무총장 등에게 전달하였습니다.

2006년에도 한국헌법학회에서 헌법개정안의 방향을 제시한 데 이어 이번 헌법개정안에서는 구체적인 조문까지 제시함으로써 한국헌법학회의 정신적 유산을 계승·발전시키는 의의를 가지게 되었습니다.

물질적인 지원이 거의 이루어지지 아니한 열악한 상황에서도 이러한 결실을 얻기까지 물심양면으로 도와주신 김문현 이화여대 명예교수님을 비롯한 위원 여러분들의 아름다운 수고를 결코 잊을 수 없습니다. 아울러 한국헌법학회의 헌법개정안이 마련될 수 있도록 실무를 지원해 준 정 철 총무이사님, 성봉근 총무이사님, 유태신 섭외이사님, 김희정 총무간사님, 김효연 총무간사님 등을 비롯한 집행부 임원들께도 진심으로 감사드립니다. 특히 상당히 큰 액수의 출연을 통하여 흔쾌히 도와주신 정태화 위드켐 대표이사님, 엄재열 진원피앤씨주식회사 대표이사님, 서동원 김앤장 법률사무소 고문님, 박진호 청해솔(주) 경주생약 대표이사님 등께 무어라 감사의 뜻을 표할지 모를 지경입니다.

이번에 마련한 한국헌법학회 산하 헌법개정연구위원회의 헌법개정안이 헌법개정의 타협점을 찾지 못해 교착된 여·야 정치권에 타산지석으로 활용되어 31년 만에 절호의 기회를 맞이한 개헌작업이 순탄하게 진행되는데 다소나마 기여할 수 있게 되기를 간절히 희구합니다.

감사합니다.

2018년 12월

사단법인 한국헌법학회

회장 고문현

헌법개정특별위원회 구성공지

존경하는 헌법학회 회원 여러분,

제24대 한국헌법학회 회장 고문현입니다.

지금 정치권을 중심으로 현 헌법의 개정에 관한 논의가 진행 중에 있음은 주지의 사실입니다. 내년 지방선거 전에 국회헌법개정특별위원회는 헌법개정안을 마련한다는 일정이고 청와대 역시 공론화위원회 등 다양한 경로를 통해 국민의견을 수렴하는 절차를 밟겠다고 밝히고 있습니다.

1987년 헌법개정의 필요성은 그동안 꾸준히 제기되어 왔고 우리 학회 역시 그간 지속적으로 개헌의 필요성에 대해 피력해 왔습니다.

헌법개정권력은 최종적으로 국민의 판단에 맡겨져 있다는 점에서 헌법학연구의 전통과 권위를 가져 헌법학계를 대표하는 우리 한국헌법학회에서 헌법개정의 쟁점과 방향을 제시하는 것은 시대의 소명이자 헌법학자로서 사회참여의 요청이라고 생각합니다.

어제 한국헌법학회 고문단 회의에서도 참석고문님들은 학자로서의 본분을 지키는 한도에서 국가발전과 국민화합을 위해 헌법개정의 올바른 방향을 제시하는 것이 우리 학회의 본분에 속한다는 점을 지적하여 주셨습니다.

저 역시 지난 12월 1일 취임의 변에서 헌법개정안을 학회 이름으로 마련해 보겠다고 밝힌 바 있습니다. 이에 저는 우리 학회 회원님들에게 '헌법개정특별위원회'의 구성을 제안하면서 특별위원회에 많은 회원님들이 참여하여 주실 것을 요청 드립니다.

우리 헌법학회의 합의안을 마련하는데 시간이 촉박한 것은 사실입니다. 그렇지만 우리는 준비된 연구자들이란 점에서 시간의 한계를 극복할 수 있으리라 믿습니다. 부디 강단에서, 연구소에서, 기관에서 그간 쌓으신 연구성과와 그 지혜를 한국헌법학회 나아가 국민행복을 위해 쏟아주시기를 간곡히 부탁드리면서 초청의 글을 대신합니다.

참여는 아래 분과별로 폭넓게 혹은 깊이 있게 하실 수 있고 첨부한 참여신청서를 작성하여 12월 22일까지 우리 학회나 총무이사에게 보내주시면 원활한 업무처리가 가능할 것입니다.

엄동의 시기에 이른 봄 학회 개정안의 도출을 기원하면서 다시 한번 우리 회원님들에게 헌신과 참여를 요청 드리며 끝으로 감사의 인사를 전합니다.

한국헌법학회 회장 고문현

참여분과: 헌법전문 및 총강분과, 기본권분과, 정부형태분과, 선거정당분과, 지방분권분과, 사법제도분과, 재정·경제분과 (이상 7분과)

첨부문서: 헌법개정특별위원회 참여신청서

사단법인 한국헌법학회
Korean Constitutional Law Association

헌법개정특별위원회 참여신청서

접수번호	

성 명	한글		생년월일	
	한자		소 속	
주 소				
참여분과	1지망	____________________분과		
	2지망	____________________분과		
	3지망	____________________분과		
	※ 헌법전문 및 총강분과 · 기본권분과 · 정부형태분과 · 선거정당분과 지방분권분과 · 사법제도분과 · 재정 · 경제분과 중 택1하여 기재해 주시기 바랍니다.			
연락처	전화		휴대폰	
	e-mail			
주요학력				
주요경력				
주요활동				

위와 같이 신청합니다.

2017 년 12월 일

한국헌법학회 회장 귀하

1. 헌법개정연구위원회 전원회의 일정과 회의록

❒ 헌법개정연구위원회 제1차 전원회의

○ 일시: 2017.12.22.(금) 13:00－15:30
○ 장소: 숭실대 조만식기념관 530호
○ 참석인원: 18명

1. 참여자들(최용기 고문, 임종훈 자문위원, 이찬희 부회장, 김태진 부회장 등)의 간단한 소개와 말씀이 있었음
1. 분과명칭과 관련하여 정부형태를 통치구조로 나누어 그 안에 정부와 국회를 두어 국회 부분를 별도로 더 고찰하자는 의견이 있었음
1. 감사원의 소속 등 국회와 관련된 논의를 더 활발히 하기 위해 정부형태보다는 통치구조로 명칭을 바꾸자는 의견과 그대로 현행과 같이 두자는 의견이 있었음. 후자의 경우 정부형태는 대통령과 국회의 관계를 중심으로 고찰하는 방식이므로 국회에 대한 논의가 포함된다는 입장임
1. 차기회의를 개최하여 최종적인 분과별 위원과 위원장 및 간사를 임명하자는 의견이 주종을 이루어 12월 28일(목) 13:30분에 서울지방변호사회 회의실(추후공지)에서 향후 위원회 활동을 하기로 하고 이를 이찬희부회장님이 적극 협조하기로 함
1. 위원회 참여 기간과 관련하여 기준시기를 정하여 위원회 활동의 안정성을 유지하자는 의견이 있어 향후 위원회 활동에 대한 회원의 참여기회를 확대하기 위해 제2차 전원회의(12월 28일 13:30분)시까지를 위원참여 시기로 하기로 함. 이 일시까지 인터넷 또는 2차 회의에 참여함으로써 향후 위원회에서 활동할 수 있기로 함
1. 위원회의 명칭과 관련하여 현행 '헌법개정특별위원회'는 국회의 명칭과 유사하므로 우리 학회의 활동에 비춰 바꿀 필요가 있다는 의견(임종훈 자문위원)이 있어 고문현 회장이 차기 회의에서 더 좋은 명칭을 정하고 이를 제안한 분에게는 소정의 상품권을 지급하기로 함
1. 위원회 활동과 관련하여 참여 위원들에게 필수비용(교통비 등)을 보전해 주고 동시에 일정한 회의참여비를 지급할 필요가 있다는 논의가 있었고 이와 관련하여 고문현 회장은 금원마련에 적극적으로 나서되 우리 위원회의 활동에 영향을 줄 수 있는 단체나 개인으로부터의 후원에는 조심할 필요가 있다는 지적이 있었음

❐ 헌법개정연구위원회 제2차 전원회의

○ 일시: 2017.12.28.(목) 14:00－18:00
○ 장소: 서울지방변호사회 변호사회관 5층 정의실
○ 참석인원: 34명

1. 논의 및 결정사항

(1) 위원회 명칭의 확정

위원회의 명칭과 관련하여 현행 '헌법개정특별위원회'는 국회의 명칭과 유사하므로 우리 학회의 활동에 비춰 바꿀 필요가 있다는 의견(임종훈 자문위원)이 있어 고문현 회장이 차기 회의에서 더 좋은 명칭을 정하고 이를 제안한 분에게는 소정의 상품권을 지급하기로 한 제1차 전원회의의 결정에 따라 위원회 명칭을 사회자인 총무이사가 제안된 명칭을 제시하여 1)안 헌법개정특별위원회, 2)안 헌법개정위원회, 3)안 헌법개정준비위원회, 4)안 헌법개정연구위원회 4안 중 1차 투표결과 과반수를 차지한 명칭이 나오지 않아 상위 2개의 명칭(제1안과 제4안)을 두고 결선투표를 하여 제1안 12표, 제4안 18표로 제4안인 헌법개정연구위원회가 우세를 보여 향후 정식명칭으로 사용하기로 의결함

(2) 분과위원회의 명칭건

분과명칭과 관련하여 정부형태를 통치구조로 나누어 그 안에 정부와 국회를 두어 국회부분을 별도로 더 고찰하자는 의견이 지난 제1차 전원회의에서 있었던바, 총무이사가 그 취지를 부연하고 배병호 회원이 표결에 부치자고 제안하여 다수의견으로 '정부형태'로 그대로 사용하기로 의결함

(3) 분과의 개수 관련

선거정당과 정부형태의 통합여부 및 기본권 분과의 양분(자유권과 사회권 등)에 대해서도 논의가 있었으나 다수의견이 현행 7개 분과를 유지하면서 분과별 협력을 통해 관련 쟁점에 대해 논의하도록 위임함

2. 헌법개정연구위원장 선임건

회원들의 추천을 받아 김문현 이화여대 명예교수님이 헌법개정연구위원회 위원장으로 합의를 통하여 추대되었음

3. 헌법개정연구위원회 부위원장 선임건

연구위원회 부위원장 선임과 관련하여 회원들의 추천을 받아 홍익대 임종훈 교수가 추천되었고 합의추대하였음

4. 헌법개정연구위원회 분과별 위원 확정

7개 분과(전문총강, 기본권, 정부형태, 선거정당, 지방분권, 사법제도, 재정경제)에 대한 위원을 공지한 사전 위원회 참여신청서를 통한 이메일 신청과 전원회의 참석의 방식을 통해 최대한 신청회원의 의사를 존중하여 최종적으로 결정한 후 2차 전원회의에서 다시 한번 변경의 기회를 제공한 후 최종적으로 확정하였음(분과별 위원은 별첨 문서1과 같음)

5. 분과별 위원장·부위원장 선임건

분과별 위원이 확정된 후 바로 좌석배치를 분과별 개별 회의로 전환하여 분과별로 위원소개와 분과위원회의 향후 운영계획을 논의한 후 분과위원장과 분과부위원장 및 분과간사를 각 선임하여 분과위원회의 구성을 마무리 하였음(분과별 위원장과 부위원장 그리고 간사들의 명단은 첨부 문서1과 같음)

6. 헌법개정연구위원회 부위원장 말씀

김문현 연구위원회 위원장이 외국출장 중이어서 연구위원회 부위원장인 임종훈 교수가 향후 위원회 활동을 통한 헌법개정안 작성에 있어 준거내지 기준을 사전에 면밀히 논의하여 한국의 구체적 현실에 부합하는 현실적응력이 있는 헌법개정안을 마련할 수 있도록 분과별 유기적인 협력을 기초로 적극적인 활동을 할 것을 요청하였음. 그리고 연구의 결과물을 훌륭한 헌법개정조문의 형식으로 완성하여 한국헌법학회의 이름으로 공표할 수 있기를 희망한다고 피력함

7. 분과위원장들의 소감피력과 향후 활동계획 발표

7개 분과별 위원장들(선거정당분과는 음선필 부위원장이 대신)이 각 헌법개정에 대한 짧은 소회와 향후 분과별 헌법개정의 방향과 활동계획을 대략적으로 발표함

8. 사진촬영 및 폐회

제2차 전원회의 개회식 후 진행 도중 2차례에 걸쳐 참석회원 전원이 기념사진을 촬영한 후 이어진 절차를 진행한 후 폐회함

#첨부문서:

1. 분과별 위원 명단
1. 참석자 명단

헌법개정특별위원회 참여분과별 위원 배정(안)

위원장 김문현(이화여대); 부위원장 임종훈(홍익대); 자문위원 최용기(창원대), 이관희(경찰대), 은승표(영남대), 김형성(성균관대), 김배원(부산대), 전광석(연세대)								
분 과	헌법전문 및 총강	기본권	정부형태	선거정당	지방분권	사법제도	재정경제	사무국
위원장	민병로(전남대)	허종렬(서울교대)	김학성(강원대)	윤재만(대구대)	이기우(인하대)	임지봉(서강대)	한상희(건국대)	정 철(국민대)
부위원장	이부하(영남대)	박진완(경북대)	배병호(성균관대)	음선필(홍익대)	김태진(동아대)	장진숙(부경대)	김용섭(전북대)	
간사	전수미(숭실대 숭실 평화통일연구원) 전지수(한국외대)	엄주희(연세대)	최희수(강원대) 김성률(금강대)	조원용(중앙선거관리 위원회 선거연수원)	이경선(서강대)	정광현(한양대)	김세진(前 한국 법제연구원)	김효연(고려대 법학연구원)
참여위원	민병로(전남대) 손인혁(연세대) 심우민(경인교대) 이부하(영남대) 이신화(신도중학교) 유태신(숭실대) 전수미(숭실대 숭실 평화통일연구원) 전지수(한국외대) 최양근(숭실대)	권순현(신라대) 권헌영(고려대) 기현석(명지대) 김현철(정보통신 산업진흥원) 도경화(건국대) 박성용(서강대) 박진완(경북대) 성봉근(서경대) 엄주희(연세대) 이금옥(순천대) 이발래(국가인권 위원회) 이상철(육사) 전경운(경희대) 정필운(한국교원대) 최윤철(건국대) 한상우(비즈인텔리) 허종렬(서울교대)	김성률(금강대) 김학성(강원대) 명재진(충남대) 배병호(성균관대) 성중탁(경북대) 이성환(법무법인 안세) 오용만(숭실대) 주덕규(한국해킹 보안협회) 지성우(성균관대) 최희수(강원대)	김윤호(국회출입 기자포럼) 김희정(고려대법학 연구원) 윤재만(대구대) 조재현(동아대) 정연주(성신여대) 음선필(홍익대) 조원용(중앙선거관리 위원회 선거연수원)	고인석(부천대) 권영호(제주대) 김기호(한국법제발전 연구소) 김기진(명지전문대) 김태진(동아대) 신용인(제주대) 이경선(서강대) 이기우(인하대) 이국운(한동대) 이준복(서경대) 최용전(대진대) 허완중(전남대)	강광문(서울대) 김형남(미국CCU) 김진욱(헌법재판 연구원) 임지봉(서강대) 여운국(법무법인 동인) 오승규(한국지방세 연구원) 이찬희(대한변호사 협회) 장진숙(부경대) 조희문(한국외대) 정광현(한양대) 정태호(경희대) 최혜선(한국형사 정책연구원)	김용섭(전북대) 김세진(前 한국법제 연구원) 김남욱(송원대) 장용근(홍익대) 조규범(국회입법 조사처) 조규상(재정경영 연구원) 한상희(건국대) 홍종현(경상대)	고문현(숭실대) 정 철(국민대) 박종범(한반도 통일지도자 총연합 통일 지도자아카 데미) 이승은(숙명여대) 문재태(한국양성 평등교육 진흥원) 김효연(고려대 법학연구원) 김민우(충북대) 김주미(한국법 학원)
인원	9명	17명	10명	7명	12명	12명	8명	8명

헌법개정연구위원회 제2차 전원회의 참석자 명단

성 명	소 속	해당 분과	비 고
김남욱	송원대	재정경제	
최용전	대진대	지방분권	
박진완	경북대	기본권	분과부위원장
정광현	한양대	사법제도	분과간사
김세진	前 한국법제연구원	재정경제	분과간사
신용인	제주대	지방분권	
조원용	중앙선거관리위원회 선거연수원	선거정당	분과간사
이발래	국가인권위원회	기본권	
김성률	금강대	정부형태	분과간사
최용기	창원대		자문위원
이성환	법무법인 안세	정부형태	
이준복	서경대	지방분권	
김용섭	전북대	재정경제	분과부위원장
김기호	한국법제발전연구소	지방분권	
주덕규	한국해킹보안협회	정부형태	
이상철	육사	기본권	
배병호	성균관대	정부형태	분과부위원장
최양근	숭실대	전문총강	
홍종현	경상대	재정경제	
장진숙	부경대	사법제도	분과부위원장
김학성	강원대	정부형태	분과위원장
최희수	강원대	정부형태	분과간사
전지수	한국외대	전문총강	분과간사
전수미	숭실대 숭실평화통일연구원	전문총강	분과간사
조규상	재정경제연구원	재정경제	원장
이경선	서강대 공공정책대학원	지방분권	분과간사
이찬희	서울지방변호사회	사법제도	회장
민병로	전남대	전문총강	분과위원장

음선필	홍익대	선거정당	분과부위원장
임종훈	홍익대		헌법개정연구위원회 부위원장
한상희	건국대	재정경제	분과위원장
고문현	한국헌법학회(숭실대)		회장
정 철	한국헌법학회(국민대)		총무이사 (사무국장)
임지봉	서강대	사법제도	분과위원장
김태진	동아대	지방분권	분과부위원장

❐ 헌법개정연구위원회 제3차 전원회의

1. 일시: 2018.3.10.(토) 18:00 – 17:00
2. 장소: 서울교대 전산관 1층
3. 참석인원: 33명

성 명	소속	해당 분과	비고
고문현	숭실대	1부 사회자	헌법학회 회장
문재완	한국외대		차기 헌법학회 회장
진신민(陳新民)	대만 前 대법관	기조연설	
이기우	인하대	지방분권 발제자	분과위원장
이관희	경찰대	지방분권 토론자	자문위원
김배원	부산대	지방분권 토론자	자문위원
김용섭	전북대	지방분권 토론자	분과부위원장
장용근	홍익대	재정경제	분과위원
김학성	강원대	정부형태 발제자	분과위원장
윤재만	대구대	선거정당 발제자	분과위원장
은승표	영남대	정부형태 토론자	자문위원
음선필	홍익대	선거정당 토론자	분과부위원장
정철	국민대	정부형태 토론자	사무국장
조원용	중앙선거관리위원회 선거연수원	선거정당 토론자	분과간사
이성환	법무법인 안세	2부 사회자	분과위원
허종렬	서울교대	기본권 발제자	분과위원장
임지봉	서강대	사법제도 발제자	분과위원장
권순현	신라대	기본권 토론자	분과위원
배병호	성균관대	기본권 토론자	분과부위원장
정광현	한양대	사법제도 토론자	분과간사
김기진	명지대	사법제도 토론자	분과위원
민병로	전남대	전문총강 발제자	분과위원장
한상희	건국대	재정경제 발제자	분과위원장
박진완	경북대	전문총강 토론자	분과부위원장
김태진	동아대	전문총강 토론자	분과부위원장
고인석	부천대	재정경제 토론자	분과위원

오승규	한국지방세연구원	재정경제 토론자	분과위원
장진숙	부경대	종합토론자	분과부위원장
최용전	대진대	종합토론자	분과위원
김형남	UCC대	종합토론자	분과위원
성봉근	서경대	종합토론자	분과위원
전수미	숭실대 숭실평화통일연구원	종합토론자	분과간사
김희정	고려대	행사진행자	분과위원
김효연	고려대	행사진행자	사무국간사

헌법개정안의 주요쟁점들에 대한 참석위원의 의견을 아래와 같이 확인하는 절차를 진행함 그리고 이 결과를 전체 위원들에게 공지하여 추인받기로 함

아 래

1. 지방정부 명칭관련: 1) 지방정부 5명; 2) 자치단체 4명; 3) 지방자치단체 14명
2. 지방법률 명칭 관련: 1) 지방법률 3명; 2) 자치법규 10명. 3) 조례(현행유지) 8명
3. 정부형태 관련: 1) 분권형정부형태 12명; 대통령중심제 10명
4. 국회 양원제 관련: 1) 양원제 도입 7명; 2) 단원제 유지 13명
5. 감사원의 소속 관련: 1) 국회소속 3명; 2) 독립기관화 15명(각 부분 기권자 있었음)

끝.

2. 헌법개정연구위원회 분과위원장회의 일정과 회의록

❒ 헌법개정연구위원회 제1차 분과위원장회의

1. 참석인원

고문현 헌법학회 회장, 임종훈 연구위원회 부위원장, 최용기 자문위원, 배병호 분과부위원장, 민병로 분과위원장, 김용섭 분과부위원장, 임지봉 분과위원장, 이기우 분과위원장, 윤재만 분과위원장, 이발래 분과위원장, 김학성 분과위원장, 정 철 총무이사, 장용근 기획이사 이상 13명

2. 장소 및 시간

서울역 지하 2층 "명가의 뜰" 2018.1.5.(금) 12:00－13:30

3. 논의사항 및 발언내용

논의사항	발언내용	기 타
1. 회의의 정례화	분과 위원장 회의를 매주 금요일 오후 4시부터 6시까지 서울지방변호사회 2층 회의실에서 정례적으로 개최하여 분과별 진행상황을 확인하고 분과별로 상호 조정할 사항들에 대해서는 함께 논의하기로 함. 이를 위해 회의 전날(목)까지 분과별 진행사항들을 총무이사에게 통보하여 분과 위원장 회의자료에 반영하기로 함	임종훈
2. 헌법개정안 마련을 위한 준거기준의 마련	지금까지의 헌법개정안들(2006년 헌법개정안, 2009년 국회자문위원회안, 2010년 대화아카데미안 등)은 전체 개정안을 유기적이고 통일적으로 이끌 수 있는 준거(準據)나 기준(基準)이 없었다는 점을 볼 때 이번 헌법개정연구위원회에서는 헌법개정의 준거나 기준에 대해 논의하여 이를 전체 위원들이 공유하면서 개정안 작업을 할 필요가 있음(첨부문서 1. 헌법개정안 마련을 위한 연구지침 참조). 4개의 지침(내용: 한국의 헌법현실을 반영, 객관성과 중립성 유지, 지속가능한 헌법안 모색, 실제로 운용이 가능한 안을 모색), 1지침(방법론: 집단지성의 발휘를 위한 열린 마음) 총 5개의 지침을 제안하고 설명함	임종훈

3. 헌법개정의 범위	이번에 마련하는 헌법개정안이 전면개정인지 부분개정인지 여부, 혹은 최소한의 개정인지에 대한 논의가 필요함. 특히 정부형태의 경우 분산형 정부형태나 양원제 도입의 경우 논의시간이 상당히 필요하고 그 조문화 작업 역시 상당한 노력과 시간이 필요한 것이어서 개정의 범위에 대한 논의가 필요함	김용섭, 김학성
4. 외부단체의 참여의 문제	각 분과위원회의 활동 중 외부단체의 참여를 허용할 것인지에 대해 논의한 바, 외부단체의 참여는 일정한 영향력의 행사로 이어질 가능성이 있으므로 자제하자는 의견제시가 있었음	김학성, 김용섭, 민병로
5. 개정안 작업 일정	헌법개정안 작업일정에 대한 논의가 있었는바, 2월 초순 초안을 마련하고 2월 말에 최종안을 마련하는 것을 목표로 하기로 함. 여러 안이 단일안으로 귀일되지 못할 경우 1안, 2안(혹은 다수입장, 소수입장)과 같이 기재하는 것으로 하고 이를 분과가 정할지에 대해서는 계속 논의하기로 함	
6. 위원회 참여 가능시기	위원회 활동 중 위원의 추가적인 참여는 위원회 활동에 지장을 초래한다는 점에서 그 참여시기를 한정할 필요가 있다고 보아 1차 분과위원장 회의일시인 2018년 1월 5일까지 참여의사를 밝힌 회원 중에서 해당분과의 위원장의 판단에 의해 결정하도록 함	
7. 참여위원의 중립성관련 자격제한 문제	헌법개정연구위원회의 활동은 정치적·사회적·행정적으로 중립적이어야 한다는 점에서 정당소속원, 시민단체 그리고 공무원의 참여와 직책을 어느 정도로 제한할 수 있는지가 심도 있게 논의됨. 우선 시민단체 참여회원의 경우 중립성 의무의 수용을 조건으로 가능하다는 입장이 수용되었으나, 정당원인 회원의 경우 입장이 상반되게 제시되었음. 먼저 정치적 지향성을 보일 수밖에 없는 정당원은 위원으로 참여는 가능하지만 위원장과 같은 직책을 맡을 수 없다는 입장(1안), 대학교원의 경우 정당가입이 가능하다는 점에서 이를 제한할 필요가 없다는 입장(2안), 참여자체는 배제할 필요는 없지만 쟁점별 정치적 지향성이 드러날 수밖에 없는 쟁점들에서는 의견제시를 배제하자는 입장(3안), 정당원이더라도 단순 당원(평당원)이 아닌 상근업무 종사자 혹은 당론결정과정 관여자의 경우에만 중요직책에서 배제하자는 입장(4안)이 제시되었음. 이 중 제4안이 전반적으로 수용되었고 결국 2017.12. 28. 제2차 전원회의의 결정(전체 위원장 및 부위원장)을 존중하기로 함. 다만 국가공무원의 경우 주요 직책에의 참여는 소속 기관의 영향력을 고려할 때 중립성에 대한 의심을 받을 수 있으므로 주요직책을 맡지 않는 것이 적당하다는 입장이 지배적이었음	장용근, 김학성, 임지봉, 이기우, 임종훈, 이발래, 민병로, 김용섭, 윤재만

8. 분과위원장 보고	정부형태분과 김학성 분과위원장, 전문 및 총강분과 민병로 분과위원장, 사법제도분과 임지봉 분과위원장이 구두로 분과별 진행사항을 보고함	

첨부문서 1

헌법개정안 마련을 위한 연구지침

1. 한국의 헌법현실을 반영

오늘을 사는 대한민국 국민의 헌법적 경험과 한국 사회의 헌법현실을 헌법개정안에 담아내기 위해서 노력

2. 객관성과 중립성 유지

개인의 정치적 성향이나 이해관계를 배제한 채, 헌법학자로서의 양심에 기초해서 객관적이고 중립적인 입장에서 바람직한 헌법개정안을 모색

3. 지속가능한 헌법안 모색

앞으로 정권 교체에도 불구하고 지속가능한 헌법개정안을 모색. 이를 위해서는 검토 대상 사안 중 무엇이 '헌법적 가치'가 있는 중요한 사안으로서 정권과 시대를 뛰어넘어 보편타당한 내용인지를 검토해야 함. 입법으로 해결될 사안을 헌법개정안에 포함하는 것은 부적절함

4. 실제 운용이 가능한 안을 모색

헌법개정이 실제로 이루어지는 경우, 개정 헌법에 담긴 내용들이 대한민국 사회에서 원활히 작동될 수 있는지 여부를 면밀히 검토하여 안을 마련하도록 노력. 새로운 헌법규정이 학문적 실험의 대상이 되어서는 아니 될 것임. 의견대립이 첨예한 경우에는 현행 제도를 유지하는 방향으로 정리

5. 집단지성의 발휘를 위한 열린 마음

모든 참여자들이 어떠한 형태의 위계질서에도 구애받지 않고 자유로이 각자의 의견을 개진하고 교환할 수 있도록 열린 마음으로 헌법개정안 마련 작업에 임함으로써, 헌법학자들의 집단지성이 발휘될 수 있도록 해야 함

❐ 헌법개정연구위원회 제2차 분과위원장회의

1. 참석인원

고문현회장, 임종훈 위원회부위원장, 민병로 분과위원장, 김학성 분과위원장, 이기우 분과위원장, 임지봉 분과위원장, 김용섭 분과부위원장(한상희 분과위원장 불참), 정 철총무이사 이상 8명

2. 장소 및 시간

서초동 칠보빌딩 504호(오세열법무사 회의실) 2018.1.12.(금) 16:00－18:00

3. 논의사항 및 발언내용

논의사항	발언내용	기 타
1. 분과회의의 필요성과 역할	분과위원장 회의는 첫째로 각 분과사이의 조율기능을 수행함. 분과별로 진행하다 보면 분과상호간 조율필요성이 있는 사안이 발생함. 둘째로, 분과별로 통일된 형식을 논의하여 공유할 필요가 있음. 셋째, 다른 분과의 의견제시를 통해 제3자의 비판을 들을 수 있는 자리이기도 함. 넷째, 각 분과의 진도를 체크함으로써 전체진행상황을 파악할 수 있음	임종훈
2. 헌법개정안 마감시간	처음 헌법개정연구위원회의 개정안 완성시기를 2월말로 예정하였으나 현재 정부가 국회의 합의안을 2월말까지 기다려 보고 여의치 않으면 3월경에 정부안을 제시하겠다고 하여 우리 위원회는 개정안 완성시기를 2월 중순(15일정도)을 목표로 할 필요가 있음. 즉 국회안이 나오기 전에 학회 개정안을 내서 국회의 합의가능성을 높이고 국회안이나 이후 정부안이 나오면 다시 이를 비판하는 입장을 다시 낼 수 있을 것임	김학성, 임종훈
3. 개정안에 집필자 실명표기 여부	자신이 집필한 부분에 대한 역사적 책임을 진다는 의미에서 이를 표기하자는 입장과 위원 전체가 논의하여 나온 결론이라는 점에서 개	김용섭, 김학성

	별적인 표기는 불필요하다는 입장이 제시된 바, 국회자문위원회 보고서처럼 다수의견이 아닌 소수의견은 실명표기할 수 있고 분과위원의 명단을 개정연구서 뒷부분에 기재하는 방식(2006년 방식)이 바람직하다는 입장이 지지를 받음	
4. 분과위원장 회의록 배포범위	위원회 전체 회원에게 회람할 필요가 있는지가 논의되었는바, 위원장 확인 후 위원장 및 간사에게 송부하기로 함	임종훈
5. 분과활동 비용 지출방식	제1차 전원회의에서 교통비와 회의비 등 지원 약속이 있었고, 지난 1차 분과위원장 회의에서는 구체적으로 개별회의별로 지급하지 말고 총액으로 분과에 일정금액을 지급할 필요가 있다는 의견이 제시되었는바, 논의 끝에 분과의 인원수, 전체 기여도 등을 중심으로 총액으로 분과별로 지급하기로 함. 분과위원장은 그 기여도 등을 고려하여 배분사용할 수 있고 회의비 및 교통비는 분과별로 지급된 총액에 포함됨	고문현, 김학성, 임종훈
6. 분과 위원 확정 통보	각 분과 위원장은 제5항의 분과별 총액지급을 위해 분과의 실제 활동의사를 밝히고 활동하는 위원을 위원회 지원단(총무이사)에 통보하기로 함	
7. 총강분과 논의사항 설명	전문에 5.18.과 6.10.정신을 추가하는 것을 논의 중임. 이에 대해 이런 부분은 이번 헌법개정을 어렵게 할 수 있다는 지적이 있었음	민병로, 김용섭
8. 기본권분과는 제출된 자료로 검토	그간 자료공유와 집필방향(선행연구 최대한 활용)의 논의가 있었고 위원 간 역할분담이 있었음. 단 기본권분과 검토내용이 방대하여 연구인원 보강이 필요하다는 의견제시	임종훈
9. 정부형태 분과 논의사항 설명	제2국무회의 신설여부, 감사원, 인권위원회, 권한대행 부분 등 지적되었고 양원제가 채택될 경우 조문화 특히 분산형 정부형태의 경우 그 조문화에 상당한 시간과 노력 필요함(기여도에 따라 인센티브부여 필요)	김학성, 민병로
10. 사법제도 분과 논의사항 설명	총 3회의 회의를 진행하여 1.22. 첫 회의 전 위원 각자 개정안을 조문화하여 제출 후 2, 3차 회의를 통해 합의안을 도출할 예정임	임지봉
11. 재정경제분야 논의사항 설명	재정의 장을 신설하는 방안, 재정준칙의 규율여부, 예산법률주의의 도입여부, 예산(법률)안 편성제출권의 개정방안 등을 논의하고 있음. 감사원을 재정의 장에 편입하는 문제는 정부형태와 관련됨	김용섭
12. 지방분권 분과 논의사항 설명	지난 주 토요일 일산에서 개최한 분과회의에서 개헌 수준을 확인하였는바 지방분권국가를 선언하는 문제 등이 쟁점이 됨. 이후 재정조정문제 등의 질문이 있었고 이기우 분과위원장의 설명이 있었음. 또한 지방분권과 지역균형발전의 비교설명도 있었음	이기우, 김학성, 김용섭

13. 위원확정 공지 여부	헌법개정연구위원회 위원의 확정공지가 필요하다는 의견제시가 있었음. 이와 관련 분과별 위원의 추가가 필요하다는 의견제시(기본권분과, 헌법 전문 및 총강분과)가 있었고 아직 학회회원자격을 취득하지 못한 위원도 있어 2018년 학회 상임위원회에서 회원가입건이 승인되어야 위원의 확정이 가능할 것임	김학성, 고문현, 정 철

❐ 헌법개정연구위원회 제3차 분과위원장회의

1. 참석인원

임종훈 위원회 부위원장, 이부하 분과부위원장, 허종렬 분과위원장, 김학성 분과위원장, 이기우 분과위원장, 임지봉 분과위원장 이상 6명

2. 장소 및 시간

서초동 칠보빌딩 504호(오세열법무사 회의실) 2018.1.19.(금) 16:00－18:00

3. 논의사항 및 발언내용

논의사항	발언내용	기 타
1. 경비지원 계획 및 전체 운영일정	헌법학회의 예산이 전임 집행부에서 이관되지 않아 아직 경비를 지원하지 못하고 있음. 2월 초, 중순경 지원 가능 예상. 각 분과는 2월 5일까지 초안을 마련하고, 2월 20일까지는 헌법개정연구위원회 차원의 최종안이 마련되어야 할 것임. 그러나 향후 국회나 정부 측의 개헌안 준비 상황을 보아가며 추가적인 검토도 있을 수 있음	임종훈
2. 전문 및 총강 분과 논의 사항 설명	지난주에 헌법전문(민병로)), 영토조항(이부하), 통일조항(최양근)을 검토하였고, 다음번에는 공무원조항(제7조), 국제법조항9제6조)에 대하여 검토할 예정임 헌법전문에서 ‘5.18정신’을 추가할 것인지 여부가 뜨거운 쟁점임. 전지수박사는 헌법전문에서 “안으로는 국민생활의 균등한 향상을 기하고”를 “안으로는 국민복지의 균등한 향상을 기하고”로 개정할 필요성을 주장 이부하교수는 제3조 영토조항의 개정 방향을 다각도로 검토한 다음(‘한반도’라는 용어 자체가 식민사관에 기초하고 있다는 전제하에), “대한민국의 영역은 법률로 정한다.”로 개정할 것을 주장	이부하

3. 기본권분과 논의 사항 설명	2018년 1월 17일 오후 5시부터 8시30분까지 논의 선행연구를 토대로 개정 방향을 정하기로 함 분과위원들이 업무를 분장하였으며, 각자가 2월 1일까지 결과물을 제출하기로 함 기본권 분과의 일정과 관련하여 2월 1일 전에도 결과물이 준비되는대로 분과 위원들 간에 논의가 있어야 할 것이라는 의견이 제시됨 기본권의 주체를 '사람'으로 할지 '국민'으로 할지가 하나의 쟁점임. 기본권별로 달라야 한다는 의견이 제시됨 제9조의 문화국가 조항을 문화국가원리라는 헌법원리에 부합하게 수정할 필요가 있다는 의견이 제시됨	허종렬, 김학성
4. 지방분권분과 논의 사항 설명	2018년 1월 13일(토) 오후 2시부터 7시까지 논의 국회 개헌특위 자문위안을 중심으로 검토하기로 하되, 다음 주에 사실상 논의를 종료하고, 일부 미진한 부분은 그 이후 계속 논의할 예정임 지자체의 조례도 '법률'로 하기로 함. 이에 대하여 추가적인 검토가 필요하다는 의견이 제시됨 입법권을 중앙정부와 지자체 간에 배분하는 기준을 검토 중앙정부의 입법과 지자체의 입법 간에 발생할 충돌의 해결방안도 검토 지자체의 행정권은 자문위안대로 하고, 재정권과 관련하여 과세권도 인정하는 방향으로 검토. 그리고 지자체의 기관은 지자체의 법률로 정하도록 함 양원제에 관한 부분도 지방분권 분과에서 검토하기로 업무를 조정하고, 직접민주주의적 요소의 도입에 관해서도 지방분권 분과에서 검토하는 것으로 의견을 정리 헌법개정절차에 대해서는 정부형태 분과에서 검토하기로 함	이기우, 김학성 등
5. 정부형태분과 논의사항 설명	중앙선관위의 법률기관화, 인권위의 헌법기관화 및 공수처에 관한 헌법적 근거 마련에 대해서는 분과 위원들이 특별한 관심을 보이지 않았음 감사원에 대해서는 명재진교수가 담당하기로 함 이원정부제와 4년 중임 대통령제에 대해서는 지성우 교수, 최희수 교수가 담당하기로 함 대통령의 사고 시 권한대행에 관해서 규정하기로 함	김학성
6. 재정경제분과 논의사항관련	감사원의 재정에 관한 기능을 보완하는 것은 재정경제 분과의 소관이나, 감사원의 독립기관화 또는 감사원의 구성, 임기, 임명 등에 관한 사항은 정부형태 분과의 소관이라는 의견이 제시됨	김학성

7. 교과과정관련	교과과정이 정권에 따라 수시로 변경되지 않도록 하기 위해서 기본적인 사항을 헌법의 기본권 분야 등에서 규정할 필요성이 있음	허종렬
8. 검찰의 독립관련	사법 분과에서 검찰의 독립을 보장하기 위한 규정도 함께 검토할 필요가 있음. 브라질 헌법 참조 필요	임지봉, 이기우
9. 이원정부제의 전제	정부형태분과에서 검토할 때 이원정부제는 내각제적 토대가 필요하다는 점을 참고해주기 바람	이부하
10. 사법 분과 일정	1월 20일까지 각 위원이 담당 분야에 대하여 개헌안 조문까지 완성해서 제출하면, 이를 종합해서 1월 22일(월) 오후2시부터 서강대에서 논의할 예정	임지봉
11. 각 분과별 보고서 형식	1. 현행 헌법 규정 소개 2. 현행 규정의 문제점과 개선안에 대한 검토의견 3. 개헌안 조문 대비표 순으로 기술하되, 향후 기술 형식을 보완할 수 있음	허종렬, 임종훈
12. 경비지원 규모	인쇄비를 제외하고 분과별 100만원 내지 150만원 지원 예정	김학성, 임종훈

❒ 헌법개정연구위원회 제4차 분과위원장회의

1. 참석인원

고문현회장, 임종훈 위원회 부위원장, 이기우 분과위원장, 민병로 분과위원장. 윤재만 분과위원장, 임지봉 분과위원장. 김학성 분과위원장, 장용근 위원(재정경제분과 위원장 대리출석), 최양근 위원(헌법 전문 및 총강분과 위원장 대리출석)

2. 장소 및 시간

서초동 칠보빌딩 504호(오세열법무사 회의실) 2018.1.26.(금) 16:00－18:00

3. 논의사항 및 발언내용

논의사항	발언내용	기 타
1.보고서 양식 관련	▸보고서양식으로 현행제도, 연구내용(문제점 개선방안 서술), 최종 연구결과, 조문 대비표 순으로 할 것을 제안	임종훈
2. 지방분권 분과회의 결과 설명	▸국회개헌특위 자문위원회안을 참고하기로 함 ▸발의 요건의 엄격성에 관한 논의를 포함하여 국민소환에 관한 내용은 아직 분과회의에서 논의 중	이기우
3.지방분권분과회의 결과에 대한 논의	▸국민발안(직접민주주의)은 취지는 좋으나 생길 수 있는 부작용에 대해 고려할 필요가 있음. 특히 대통령이나 장관에 대한 국민발안의 정치적 악용가능성에 대비하여 축소하는 것이 바람직한 것으로 생각	김학성
상동	▸지방정부의 입법권에 대한 분과회의 결과의 방향에 원론적으로 찬성. 특히 국회와 지방의회의 입법권, 그 외의 국민에 의한 입법이라는 방향에 지지 ▸다만 지방주민에게 지방정부를 형성할 수 있는 권리가 주어졌으면 하는 바램	윤재만
상동	▸118조 제2항(개정안)의 내용은 당연해서 불필요하지 않을까 생각 ▸지방의회가 정하는 규정을 조례가 아닌 '법률'로 용어를 통일하였는데, 여러 측면에서 수용가능한지 의문	임종훈

상동	▸ 조례라는 용어가 법 용어가 아니며 유래도 불확실함. 그리고 '조례'가 가지는 법적 어감이 국민들에게는 '중요하지 않은 규정'이라는 인식이 있음	이기우
상동	▸ 자치단체가 고유한 입법을 할 수 있는 제도(체계)를 제공하면 되지, 반드시 70년 사용한 용어의 변경이 필요한지 의문	김학성
상동	▸ 조례를 법률이라는 용어로 변경했을 때의 장점은 지방고유의 문제를 지방 스스로 다룰 수 있다는 점	민병로
4. 정부형태분과 회의결과 설명	▸ 해당분과 진행상황지 설명 ▸ 인권위, 공수처는 다루지 않기로 함 ▸ 정부형태는 분과 내에서도 아직 논의가 많음	김학성
5. 정부형태분과 회의결과에 대한 논의	▸ 이원정부제에 대해 개인적으로 바람직하다고 생각하나 국민 여망이 4년 중임제라면 대통령을 견제하기 위한 제도적 장치가 충분히 마련되어야 함 ▸ 제76조의 '긴급명령권'이 필요한지 검토 요망 ▸ 87년 헌법의 제왕적 대통령 문제, 이것을 극복하기 위해 72조(국민투표권)를 실질화 시킬 필요가 있음	민병로
상동	▸ 대통령제를 하면서 총리제를 하자는 의견도 있으나, 반대로 대통령의 힘을 빼기 위해서 총리제를 없애자는 의견도 있음	김학성
상동	▸ 권력은 책임을 묻기가 쉬워야 함. 대통령제가 위기 시에 대응하기 쉽다는 논리는 더 이상 적절하지 않음. 대통령에게 주어진 권한을 축소하여 책임을 묻기 쉬운 체제를 만들어야 함 ▸ 제76조의 긴급 명령권 등은 폐지하는 것이 타당하다고 생각. 독일은 이 제도를 폐지한 지 10년이 넘음	윤재만
상동	▸ 해당 분과의 조속한 조문화작업이 필요	임종훈
6. 선거정당분과	▸ 선거정당분과개정안(최종안)에 대한 결과 설명	윤재만
상동	▸ '자유'민주적 기본질서로의 용어의 개선(제8조제4항)에 대한 질문 '자유롭고 평등한 기본질서'와의 차이	민병로
상동	▸ 언어도 역사성이 있음. 사실상 통일독일 헌법은 '자유 민주적 기본질서'라고 되어 있고, 그 조문이 우리에게 들어왔으나, 자유민주주의의 용어가 우리 사회에서 보수주의의 가치인 듯한 뉘앙스가 있어서, '자유 민주적 기본질서'라고 하는 용어에 대해 생각해 볼 필요가 있음. 촛불 주권자의 힘을 반영한다는 의미에서 '자유롭고 평등한 기본질서'로 변경하는 안을 참고할 필요	최양근

상동	▸ 개정안 제41조제2항의 '국회의원 정수 400인 이상'이 국민의 저항을 받지 않을까 의문. 지역구를 줄이고 비례대표를 늘리는 제도 제안 ▸ 연동형 비례대표제와 관련하여, 극소수의 비정상적인 단체가 세를 모집하여 의석을 비정상적인 방법으로 획득하는 것에 대해 우려	민병로
상동	▸ 분과위원회의 전문성을 인정하고, 분과위원장 회의에서 분과위원회 결정 내용을 변경해서는 안 된다는 것을 전제로, 제8조제4항의 '자유민주적 기본질서'의 '자유'라는 용어와 관련하여, 한국의 정치 상황에서 어떤 이슈들은 진영의 갈등을 일으켜 오히려 개헌의 다른 중요한 내용조차 묻힐 수 있음을 우려	임지봉
상동	▸ 국회의원수 400인 이상이라면 300인 이상도 결과는 같다는 점에서 국민 저항을 고려하여 숫자를 줄이는 것을 검토해볼 만함	임종훈
7. 사법제도분과	▸ 사법제도 분과 연구결과 설명	임지봉
8. 해당분과	▸ 해당분과 연구결과 설명. ▸ 보고 형식과 관련하여 논의 경과를 넣는 방식 제안(소수의견의 취지 등)	민병로
9. 보고서 작성 형식에 관한 합의	보고서 양식에 관하여 다음과 같이 통일하기로 의견을 모음 ▸ 2017년 국회개헌특위 자문위 보고서와 마찬가지로 주제별로 크게 두 개 항목으로 나누어 다음과 같이 하기로 함 1. 연구결과(현행과 개정안의 대비표) 2. 연구내용 설명	합의
10. 일정에 관한 논의	▸ 2월 20일까지 연구위원회 최종안이 나와야 하므로, 2월 5일 까지는 초안이 나와야 함	민병로, 임종훈
11. 재정경제분과 연구결과 보고	▸ 해당분과 내용 설명 ▸ 예산법률주의와 비법률주의에 대한 분과 내 논의 설명. 예산편성권과 관련한 논의 내용 설명. 증액동의와 관련하여 지역구 끼워 넣기를 막기 위한 장치를 만드는 것이 중점적으로 논의되고 있음	장용근
12. 재정경제분과 연구결과에 관한 논의	▸ 예산 비법률주의 문제와 관련하여 편성권은 정부가 갖더라도, 결정권은 국회가 가져야 하는 것이 아닌지	민병로
13. 최종 일정정리	▸ 2주 안에 최종결과물이 나와야 하므로, 각 분과에서 일정에 맞추어 진행해 줄 것을 부탁	임종훈

❒ 헌법개정연구위원회 제5차 분과위원장회의

1. 참석인원

임종훈 위원회 부위원장, 허종렬 분과위원장, 윤재만 분과위원장, 김태진 분과부위원장, 임지봉 분과위원장, 장용근 위원(재정경제분과 위원장 대리출석) 정 철 총무이사(사무국장) 이상 7명

2. 장소 및 시간

서초동 칠보빌딩 504호(오세열법무사 회의실) 2018.2.2.(금) 16:00－18:00

3. 논의사항 및 발언내용

논의사항	발언내용	기　타
1. 기본권 분과	- 제10조 파생기본권의 신설필요성(생명권, 자기결정권, 일반적 행동자유권 등)과 반대의견과 일부 인정(생명권 정도)하자는 입장제시 - 기본권의 주체와 관련해서도 국민과 사람으로 하자는 견해제시 - 신체의 자유와 관련하여 영장신청권자를 검사로 규정한 현행 규정 변경 입장제시 있었고 사법제도 분과와 논의 필요하다는 입장제시 - 국민발안과 국민소환(선거권, 공무담임권) 규정하다는 의견과 국민소환에 대해서는 신중하자는 의견이 있었고 권력구조와 논의 필요하다는 입장 제시 - 다음 주 한 차례 회의를 통해 분과논의를 정리할 예정임	허종렬 분과위원장
2. 사법분과	- 월요일 회의 결과 다음과 같은 쟁점들에 대해 논의되었음 - 사법평의회(사법행정위원회)의 구성과 권한에 대해 논의하고 이의 도입을 논의 - 대법관 선출방법의 개선(법관추천회의의 추천과 국회동의) - 사법기관 규정순서(헌법재판소, 법원 순서) 논의 - 위헌법률심사제도의 범위 조정 논의 - 군사법원의 단심제는 삭제 - 헌법소원의 제기요건의 헌법화 논의 - 주말에 모여 최종적으로 분과입장을 정한 후 다음주 제출예정	임지봉 분과위원장

3. 지방분권	- 지난주에 분과 위원회 입장 정리 - 지방분권에서 사법권은 제외하기로 함	김태진 분과부위원장
4. 재정경제 분과	- 현행 제도를 유지하는 방향으로 논의가 진행 중 - 증액동의권과 총액범위 내 수정권한 여부에 대해 논의 - 다음주 분과 위원회 입장 정리	장용근 위원
5. 선거정당 분과	- 선거정당분과 역시 다음 주까지 입장을 정리 제출하기로 함	
6. 통일된 서술양식을 제공	- 분과위원회의 논의결과가 정리되는 단계에 접어들어 있으므로 통일된 공통양식을 정해서 각 분과위원회의 집필진에게 제공하기로 함	

❒ 헌법개정연구위원회 제6차 분과위원장회의

1. 참석인원:

김문현 위원회 위원장, 임종훈 위원회 부위원장, 고문현 헌법학회장, 이기우 분과위원장, 박진완 분과부위원장, 장진숙 분과부위원장, 배병호 분과부위원장, 장용근 위원(재정경제분과 위원장 대리출석) 정 철 사무국장(총무이사) 이상 9명

2. 장소 및 시간

서초동 칠보빌딩 504호(오세열법무사 회의실) 2018.2.9.(금) 16:00－18:00

3. 논의사항 및 발언내용

논의사항	발언내용	기 타
1. 개정안작성시 헌법학회의 기본 입장	- 개정안 앞부분에 헌법학회의 입장과 기준을 제시할 필요가 있음 - 헌법학회의 개정안은 단계적인 개헌을 염두에 둔 것이고 이번 개정에서 모두 다 반영하고자 하는 것이 아님을 피력 - 이와 관련하여 이번 헌법개정안에서는 논쟁적인 부분은 배제할 필요가 있음 - 전체 헌법개정안에서 큰 쟁점들은 전체회의에서 결정할 필요가 있음(예를 들면 정부형태, 전문개정, 지방분권의 범위와 수준, 사법부 등)	김문현 위원회 위원장
2. 향후 일정 관련	- 현재 진행 중인 공통양식에 의한 분과별 정리물 작업(2월 15일 완성)과 별개로 분과별 쟁점들을 조문별로 나열해서 이것을 2월 20일까지 사무국에 제출 - 분과별로 제출된 조문별 쟁점들을 중심으로 확대 분과위원장회의(전체회의)를 2월 24일(토) 오후 2시부터 개최하여 결론을 내리도록 함 - 확대 분과위원장회의는 현재의 분과위원장회의 참석자에 분	김문현 위원회 위원장

	과별 중진급 위원(헌법개정경험이 있고 해당분야 연구경력이 있는 자문회원 포함)으로 구성	
3. 전문총강 분과	- 임종훈 위원회 부위원장이 제출된 총강분과의 회의자료를 설명하고 토론 - 전문의 논쟁적인 부분은 전체회의에서 결정해야 할 필요가 있음	임종훈 위원회 부위원장
4. 기본권분과	- 안전권 신설 필요성 논의 - 근로3권의 규율방식 논의 - 사회적 기본권의 주체 논의	박진완 분과 부위원장
5. 사법제도분과	- 법원과 헌법재판소를 통일하여 사법권 하에서 규정 - 법원의 위헌심판제청 대상의 확대(조약, 명령, 규칙 포함) - 헌법재판소의 관할의 확대(선거및 국민투표효력, 대통령직무수행불능여부 등) - 헌법재판소 재판관 선출방식의 변경(전원 국회선출) - 헌법재판관의 법관자격 제한 변경 - 헌법재판소장의 호선제 - 헌법재판관의 임기연장(9년) 및 단임제 - 사법행정위원회안(1안)과 대법관인사위원회안(2안)	장진숙 분과 부위원장
6. 재정경제분과	- 계속비 예비비의 표현수정(차년도 국회로) - 증액동의권 - 감사원의 소속 논의 등	장용근 분과위원

❐ 헌법개정연구위원회 제7차 분과위원장회의

1. 참석인원

김문현 위원장, 김형성 자문위원, 고문현 헌법학회장, 정 철 사무국장, 최양근 위원, 성봉근 위원, 박진완 위원, 김학성 분과위원장, 배병호 부분과위원장, 윤재만 분과위원장, 음선필 부분과위원장, 이기우 분과위원장, 김태진 부분과위원장, 정광현 간사위원, 김형남 위원, 한상희 분과위원장, 김용섭 부분과위원장, 장용근 위원, 김성률 위원(이상 19명)

2. 장소 및 시간

서초동 칠보빌딩 오세열법무사 회의실(504호) 2018년 2월 24일(토) 16:00－18:00분

3. 논의사항 및 발언내용

논의사항	발언내용	기 타
1. 회의 결정 사항	1) 각 분과별로 제출된 분과개정안 전체를 각 분과와 공유한다. 2) 오늘의 각 분과별 발표와 질문답변을 통해 부각된 각 분과별 쟁점들을 바탕으로 2018년 3월 3일 확대된 분과위원장 회의를 개최하여 최종적인 결론을 도출한다. 3) 각 분과는 2018년 3월 3일 회의를 위해 보완된 각 분과별 개정안을 회의전에 제출한다. 4) 누락된 법개정절차 부분은 정부형태분과에서 맡는다.	김문현 전체 위원장
2. 각 부과별 토론	전문총강 분과(최양근 위원), 기본권본과(박진완 부위원장), 정부형태(김학성 분과위원장), 선거정당분과(윤재만분과위원장), 지방분권분과(이기우 분과위원장), 사법제도분과(정광현 간사위원), 재정경제분과(한상희 분과위원장)	발표 및 토론 진행자
3. 토론내용	각 분과별 발표 후에 평균 4-5명의 타분과위원들의 질문이 진행됨(구체적인 분과별 쟁점들의 정리는 분과간사위원들의 2018년 3월 3일 회의준비회의에서 논의함)	

❐ 헌법개정연구위원회 제8차 분과위원장회의

1. 일시

2018.3.3.(토) 14:00－18:30

2. 장소

서울교대 인문관 306호

3. 참석자

27명(김학성, 김배원, 전광석, 이기우, 윤재만, 허종렬, 김용섭, 배병호, 고문현, 민병로, 장용근, 정광현, 고인석, 장진숙, 김세진, 김태진, 박진완, 전수미, 최희수, 김희정, 문재태, 최용전, 김형남, 정 철, 오용만, 엄주희 외]

4. 논의사항 및 발언내용

논의사항	발언내용	기 타
1. 개정안작성시 헌법학회의 기본입장	-	
2. 향후 일정 관련	-	
3. 전문총강 분과	- 조문에 촛불혁명을 넣는 것은 과잉이므로 그대로 두는 것이 무방 - 영토조항은 “대한민국의 영토는 한반도와 그 부속도서로 한다.”로 하고, 4조, 5조, 6조, 7조는 그대로 둠 - 정당조항은 정당의 설립과 존속의 자유를 추가하였고, 2항에 정치적의사 형성에 참여한다, 2문에 공직선거 후보자 선출은 민주적이어야 한다. 3항은 정당 운영의 헌법적 근거르 제시하고 자금의 출처와 사용재산 사용을 공개하여야 한다. 4항의 장당의 해산사유는	

	'자유'민주적 질서를에서 자유 추가(다른 조항과 보조를 맞추기 위해)	
4. 기본권분과	- 10조 국민이 아닌 모든 사람으로 변경 - 10조 2항 '모든 사람은 생명권을 가진다' 신설 - 법앞의 평등에서 사회적 특수계급, 훈장 삭제, 평등에 관하여 차별받지 않는다를 보다 적극적인 표현으로 변경키로 함 - 안전권 신설하기로 함 - 12조 검사의 신청에 의하여 부분 뺌 - 17조 사생활, 18조 통신의 비밀을 18조로 합침 - 19조 알권리, 자기정보결정권 신설 - 27조 모든 국민의 국민발안권 신설 - 대학의 자율성 31조 4항, 22조 대학의 자치권을 학문의 자유와 같이 연동하기로 함 - 21조 어린이, 청소년, 노인, 장애인 관련 사항은 34조. 36조 등에서 보강하여 신설키로 함 - 31조 2항 사회적 기본권에 학습권을 추가함 - 34조 인간다운 생활을 할 권리, 국가유공자는 상위 상이군경전몰군경 등의 배치 중요	
5. 정부형태	- 지난번과 다른 것은 대통령은 외교국방, 나머지는 총리였으나 현재는 분권형을 제시하지 않음. 그 대신 대통령 4년 중임제를 넣음 - 국무위원 임기를 4년으로 제안 - 국무총리 불신임시 내각 총사퇴 - 감사원, 지자체에 대한 감사 포함 및 3항에 감사원 규칙을 만들 수 있도록 하고 대통령이 아닌 국회 소속으로 둠 - 헌법개정절차에서 국민투표 배제 - 상원도 직선제로 하는 것이 좋을 것 - 책임총리는 우리시대의 요청이므로 이의 실현이 중요 - 현재 공기업 비상임이사까지 청와대가 개인하는 것은 문제이므로 이의 해결을 위한 조치를 위해 정부의 입법안 제출권을 폐지하고 대통령의 인사권은 차관보 이상만 임명하는 것으로 변경필요 - 양원제 운영시 상원의 권한이 너무 세고, 지역이기주의가 염려되므로 상원의 효용성을 재고할 필요가 있음	
6. 사법제도분과	- 선거가 아닌 공직선거로 변경 - 헌재가 명령규칙에 대한 위헌여부도 심판할 수 있도록 함 - 선거를 공직선거로 변경하고 당내 선거도 파함하기로 함 - 헌법재판소장을 재판관 중에서 호선하도록 함	

	- 헌법재판관의 임기는 6년으로 한다. 단 연임할 수 있다를, 9년 단임으로 한다로 변경함 그러나 2항이 문제가 있다. 대한민국의 공무원은 계급정년이 있는데 임기만료 후에도 후임자가 오기 전까지 계속 자리를 지키도록 한 것은 문제로 보임 - 103조 4항을 신설 - 104조 2항은 배심이 아닌 참심으로 변경 - 105조 2항은 문제가 좀 있음. 대법관과 법관 대법원 판사? - 106조 법관의 독립이 중요하므로 양심을 그대로 두기로 함 - 107조 (1안) (2안) 2안을 1안으로 변경하기로 함 - 108조 통과 - 109조 종전 규정 그대로 유지 - 110조 1항은 유지, 2항은 유지 - 111조 (1안) (2안) 1안을 2안으로 하기로 함 - 112조 통과 - 113조 통과 - 대법관은 전문화 한다는 가정하에 50인 이상으로 증원	
7. 지방분권 분과	- 지방법률과 중앙법률의 충돌시에는 국가법률우선 예외적으로 지방정부의 특성을 살릴 부분은 지방법률원이 우선하도록 함 - 위임사무에 대한 비용전가책임을 돌리지 못하도록 함 - 국민발안 조항은 국회에서는 대안을 제시할 수 있도록 하고 직접 국민투표로 결정하도록 함 - 국회의원에 대한 소환제도는 정쟁수단이 될 수 있으므로 발의요건을 선거권자의 100분의 5이상으로 규정 - 118조 2항은 지방정부가 입법권을 갖되 중앙정부의 입법권에 의해 제한된다로 변경이 필요 - 강원도법률, 서울법률, 국회법률, 제주도법률? 이건 좀 아니지 않은가? - 지방정부와 중앙정부/ 연방제와 단방제에 대한 연구가 필요	
8. 재정경제분과	- 재정의 장을 신설 - 중앙선관위의 법령 범위 내에서 할 수 있는 부분이 있음 - 일례로 공직선거법 시행령이 있다면 이에 따르는 게 맞음 - 소비자의 권리는 기본권으로 옮김 - 예산법률안은 정부형태에 무관하게 국회가 존재하므로 현행유지 - 증액동의권이 문제임. 전세계 어디서든 예산편성권을 국회가 갖고 있는 나라가 있는가? - 농어업의 공익적 기능은? 1안을 2안으로	장용근 분과위원

	- 경제민주화조항 국가는 균형잡힌 경제의 발전과 등으로 그대로 두는 것이 어떤가?	

3. 기타 자료

<table>
<tr><td colspan="2">헌법개정연구위원회</td><td colspan="2">회 의 자 료</td></tr>
<tr><td>일 시</td><td>2018년 01월 26일(금)
(14:00-16:00)</td><td>회의장소</td><td>국회의원회관
제5간담회의실</td></tr>
<tr><td rowspan="5">참 석</td><td>위원장</td><td colspan="2">민 병 로</td></tr>
<tr><td>위 원</td><td colspan="2">최 용 전</td></tr>
<tr><td>위 원</td><td colspan="2">최 양 근</td></tr>
<tr><td>간 사</td><td colspan="2">전 수 미</td></tr>
<tr><td>간 사</td><td colspan="2">전 지 수</td></tr>
</table>

헌법개정연구위원회 전문 및 총강분과 회의

- 제2차 주제 발표 및 토론 -

□ 2월 5일까지 전체적인 안을 마련하여 제출할 수 있도록 독려

□ 담당주제 재확인 및 동향 체크, 향후 일정에 차질 없도록 이메일을 통해 소통

○ 민병로 위원장(전문), 전지수 간사(전문), 이부하 위원(영토조항), 최용전 위원(영토조항), 최양근 위원(통일조항), 전수미 간사(통일조항), 이신화(공무원조항), 심우민 위원(문화조항)

□ 다수·소수의견 및 논의과정을 반영하여 통일된 안을 마련

○ 제3차회의 주제발표 및 의견반영을 위하여 4-5시간 회의 예정, 전원 참석 예정

□ 금번 주제 발표 및 토론의 주요 내용은 아래와 같습니다.

(발표 및 토론 1) 최용전 위원_제3조 개정안

□ 영토조항의 헌법적 의미의 중요성 제시하며 헌법의 영토조항이 갖는 의미와 명문의 규정을 둔 국가를 비교함으로써 영토조항에 영해 등을 명기해야 될 당위성을 논증

▲ 최양근 위원: 중국과의 역사분쟁에서의 이점과 통일의 촉진조항으로서 역할의 가능성

▲ 민병로 위원장: 영토조항이 부재해도 해양영토 주장이 가능하지 않은지?

▲ 최용전 위원: 저개발 국가를 대상으로 선진국이 기술력을 남용하여 침범하는 등 분쟁이 발생하여 국제법상 협약으로 분쟁요인에 대한 예방책을 마련하고 있으나, 우리의 경우에는 국제법 존중주의를 통해 두루뭉술하게 넘어가는 문제점이 남아있음

▲ 민병로 위원장: 일본의 경우 지자체 조례로서 독도를 주장할 수 있는 나름의 근거를 마련하듯, 분단국가로서 유엔의 승인이 된 시점에서 단서규정으로 남겨 두는 것이 바람직하지 않은지?

▲ 최용전 위원: 평화조항과 충돌되는 것은 학설에서도 조화롭게 해석되고 있음

▲ 민병로 위원장: 실효성이 있는지? 90년대 초반 북한은 국제적인 국가로서 인정

▲ 최용전 위원: 북한을 주권국가로 인정하는 것인지?

▲ 민병로 위원장: 본 조항은 실효성이 없다고 할 수 있다.

▲ 최용전 위원: 북한이탈주민이 국내에 들어온 경우의 문제, 북한이탈주민의 입장에서 겪고 있는 실질적인 한계가 있음

▲ 최용전 위원: 재산, 상속 등의 문제는 민법에서 해결할 문제이고, '한반도' 문구를 삭제하면 북한이탈주민은 난민법에 의해 접근하여 해결할 수밖에 없다.

▲ 최양근 위원: 규정 그대로 존치? 삭제? 법률유보?

▲ 최용전 위원: 법률유보하는 외국의 사례가 있는지? 통일문제 때문에 영토조항 논의만 조금 있을 뿐.. 재산 및 상속 등은 헌법개정 사항에 반영할 문제는 아님

▲ 학회간사: 영해에 co2 매립하였는데 땅속에서 흘러 일본영해 침범할 경우?

▲ 민병로 위원장: 중국 황사가 국내에 유입되는……

▲ 전수미 간사: 영토문구는 넓은 해석의 여지를 마련하는 차원에서 남겨두되, 통일을 위한 보루로서 남겨 두는 것이 좋을 듯

▲ 민병로 위원장: '한반도'는 식민사관 용례, '영토'에 대한 개정안은 논의경과 반영의 필요성이 있음. 국제법상 영공과 영해는?

▲ 최용전 위원: 영해법상 12해리

▲ 전수미 간사: 러시아는 영공침해하면 강경하게 대처

▲ 최용전 위원: 각 나라마다 지배가능한 영공은 각 기술력에 따라 상이함

▲ 전수미 간사: 영해를 고려할 것이면 영공까지 포함하여 고려하는 것이 좋겠음

▲ 민병로 위원장: 위원들의 찬반에 대하여 반영한 후 결론 내림. 다수의견과 소수의견 반영할 것

(발표 및 토론 2) 최용전 위원_제6조 개정안

□ 국회 동의 대상인 조약과 국회 등의 대상이 아닌 조약의 국내법적 위계를 구분하여 헌법 제72조와 제60조와의 조화로운 조약체결과정 개선의 필요성을 제시하여 국회동의 등 조약의 체결절차는 법률유보 조항으로 개정하는 것을 제언

▲ 민병로 위원장: 제6조 개정안의 경우라면 제73조를 삭제해야 되는 문제

▲ 최용전 위원: 국제법상 체결과 비준의 구분이 애매하여 동일한 의미로 사용

▲ 전수미 간사: 미국의 경우 상원 동의를 받아야 하는 자동개입조항으로서 비준 존재

▲ 민병로 위원장: 제73조 문언상 체결·비준하고라고 명시. 미군주둔 협정, 행정협정 형태로 주로 접근하였음

▲ 최양근 위원: 국회 전속권한, 제73조 어업, 비자, 한미행정협정 등이 조약임

▲ 최용전 위원: 한미행정협정은 국회동의를 요함에도 절차를 거치지 않는 문제

▲ 민병로 위원장: 협정의 범위? 제60조에 열거된 내용.. 국회동의가 필수인 조약의 경우, 실질적으로 국회동의 요하든 아니든 조약으로 인정하고 있는 경우 등 헌정사에서 비교검토해보면 좋겠음

▲ 최양근 위원: 제헌헌법 이래 계속 명문화 되어 있는 "조약"

▲ 민병로 위원장: 제73조 대통령 선전포고권이 있음에도 미국의 경우 상원동의 필요

▲ 최용전 위원: 제60조 제2항에서 가능하지 않은지? 국제법상 조약의 개념 불명확

▲ 학회 간사: 우리의 경우 현재 1360여 개의 협약이 존재함

(발표 및 토론 3) 이부하 위원_제3조 개정안

□ 영토조항은 존치를 통해 통일장애 요소 또는 통일촉진 요소로 작용할 수 있는 여부에 따라 판단하여야 하며, 영토조항은 법률위임의 형식이 적절

▲ 민병로 위원장: 개정안 브리핑 요청

▲ 전지수 간사: 이부하 위원 대신 브리핑(별첨03 참조바람)

(발표 및 토론 4) 최양근 위원_제4조 개정안

□ 평화통일조항을 '자유민주적 기본질서'를 '자유롭고 평등한 민주적 기본질서'에 입각한 평화적 통일정책을 수립하고 이를 추진하는 것을 제언

▲ 학회 간사: 평화통일조항 그 자체의 모순성이 있고, 전쟁을 해서라도 제압할 수 있는 조항으로 개정이 필요한 실정임. 예컨대 북한의 핵공격 가능성

▲ 전수미 간사: 과거의 러시아와 미국의 대립구도와 달리 현재는 중국까지 고려하여 새로운 통일에 대한 논의가 되고 있으므로 양국이 피를 흘리지 않는 방법으로 접근하고 있는 중국의 대안이 설득력이 있음

▲ 학회 간사: 북한은 이미 핵이 있음. 서로 동등한 힘이 있을 때 평화가 유지되는 것

▲ 최양근 위원: 적극적 평화? 소극적 평화?

▲ 민병로 위원장: 국회 개헌특위에서도 유사한 논의 중. '자유민주적 기본질서'와 '자유롭고 평등한 민주적 기본질서'가 의미하는 것의 차이점이 보다 명확하게 나타나야 될 필요성이 있음

▲ 최양근 위원: 독일기본법상 자유민주적 기본질서는 다른 의미로 해석됨. 통일국가의 미래상에 대한 선언적 의미로서 '자유롭고 평등한 민주적 기본질서'라 하는 것이 바람직

▲ 민병로 위원장: 기존의 의미와 달리 어떠한 의미상 차이가 있는지 도출할 수 있도록 하고, 헌재와 학계에서는 어느 정도 의미에 대한 정리가 되어 있으므로 참고할 것

▲ 학회 간사: 동등한 힘을 가진 상황에서 남북간 평화통일을 주장할 수 있는 헌법상 근거가 요구됨

▲ 민병로 위원장: 개정안 검토 및 논증을 할 때에는 헌법상 중요한 가치가 무엇인지 쟁점에 집중하여 함축된 의미를 제시해야 될 것임

□ 별첨 내용

- ㅇ 별첨01_최용전 위원_제3조 개정안
- ㅇ 별첨02_최용전 위원_제6조 개정안
- ㅇ 별첨03_이부하 위원_제3조 개정안
- ㅇ 별첨04_최양근 위원_제4조 개정안
- ㅇ 별첨05_회의 사진

<table>
<tr><td colspan="2">헌법개정연구위원회</td><td colspan="3">회 의 자 료</td></tr>
<tr><td>일 시</td><td>2018년 02월 02일(금)
(14:00-16:00)</td><td>회의장소</td><td colspan="2">서울역 명가의 뜰(소양강)</td></tr>
<tr><td rowspan="5">참 석</td><td>위 원 장</td><td colspan="3">민 병 로</td></tr>
<tr><td>부위원장</td><td colspan="3">이 부 하</td></tr>
<tr><td>위 원</td><td colspan="3">최 용 전</td></tr>
<tr><td>위 원</td><td colspan="3">최 양 근</td></tr>
<tr><td>간 사</td><td colspan="3">전 지 수</td></tr>
</table>

헌법개정연구위원회 전문 및 총강분과 회의

– 제3차 주제 발표 및 토론 –

☐ 2월 5일까지 1차 제출 후 전체적인 방향성 논의

☐ 개헌특위안의 양식에 따라 개헌안 작성하여 교류

☐ 금번 주제 발표에 관한 토론에서 지적된 내용 보완

☐ 금번 주제 발표문에 대하여 각 의견을 2–3줄 가량 제시

☐ 금번 주제 발표 및 토론의 주요 내용은 하기와 같습니다.

(발표 및 토론 1) 민병로 위원_전문 개정안

□ 헌법전문과 민주이념을 반영한 개정시안을 비교 분석하여 5.18항쟁의 헌정사적 의미와 헌법적 가치를 논증하여 6.10항쟁의 민주이념과 국헌문란세력에 항거한 5.18정신을 추가

▲ 최양근 위원: 촛불정신은 반영하지 않은 이유?

▲ 민병로 부위원장: 개정 논의 쟁점으로서 헌법학적 가치가 미흡하기 때문임

▲ 최용전 위원: 현 개정안은 헌법적 중요한 가치가 있는 사안에 집중해야 됨. 아직은 5.18정신을 반영하는 것은 국민들의 공감대가 형성되지 않은 상황에서 적실성이 맞지 않다. 아울러 6월 항쟁도 동의하기 어렵다.

▲ 최양근 위원: 5.18은 반드시 추가되어야 할 것이다. 다만, 순서를 4.19 → 5.18 → 6.10로 바꾸는 것이 좋겠다. 5.18에 대한 여론의 동향은 민주, 인권, 통일임. 즉, 민주이념은 90%의 지지를 받는 것과 달리 통일에 대해서는 소수의 지지가 있다.

▲ 민병로 위원장: 5.18이 갖고 있는 헌정사적 의미를 살펴보면 저항권을 행사하여 국가권력의 폭력적 지배에 맞선 주권혁명이었음

▲ 전지수 간사: 5.18 정신을 반영하는 것에 대하여 동의함

▲ 이부하 부위원장: 소수의견도 비교해 보며 추후 반영해 볼 필요성이 있다. 영화 1987의 흥행과 달리 개헌특위는 반영하지 않을 수 있겠으나 우리의 경우에는 헌법학적으로 논의해 볼 필요성이 있음

▲ 민병로 위원장: 6월항쟁에 대해서는 부정하는 견해가 없겠으나, 여전히 5.18에 대해서는 부정적인 견해가 있는 것이 사실이다. 하지만 5.18 헌정사적 헌법사적 가치가 있기 때문에 정치학자 또는 사회학자의 경우에는 5.18에 대한 논의가 활발함에 반하여 헌법학자의 경우 그렇지 않다. 들여다보면 쿠데타에 전면적으로 저항하였던 것은 5.18이 대표적이라 할 수 있다.

▲ 최양근 위원: 5.18에 대한 통계가 민주에 대한 답변이 가장 월등함

▲ 민병로 위원장: 통일운동에도 나름의 의미가 있다. 이 기간 동안 미군이 용인한 것

(발표 및 토론 2) 전지수 간사_전문 개정안

□ 전문에서 다양성을 존중하는 것은 극단적인 가치 상대주의로 편향되지 않는 범위 내에서의 다양성을 존중하는 것을 의미하고 다양한 국민의 주권적 의지가 보다 실질적으로 투영하고자 함

▲ 최용전 위원: 다양성 좋다. 다만, 성소수자 보호의 측면, 동성동본 등 반대할 여지가 큰 문구임

▲ 최양근 위원: 소수안이지만 찬성

▲ 민병로 위원장: 개헌특위안의 경우에는 정치·경제·사회·문화 문구 삭제함. 일단은 우리 개정안에 반영하되, 핵심적인 내용으로 외국의 사례 있으면 보충

▲ 최양근 위원: 연대의 원리가 다양성 의미가 있음

▲ 이부하 부위원장: 하지만 전문차원에서 다양성 명시하는 것은 의미가 있음

(발표 및 토론 3) 최용전 위원_제6조 개정안

□ 조약의 체결 관련 헌법조문에 관하여 비교헌법적으로 분석 후 조약체결절차를 법률유보(국회법)하는 것을 논증함으로써 국내규범이나 국민적 공감대와 상충하는 조약체결 방지하고자 함

▲ 최용전 위원: 통제절차는 마련되어야 할 것임

▲ 이부하 부위원장: 헌법상 특정한 명칭(국회법)을 사용하는 것은 바람직한가? 경성헌법과 달리 법률의 명칭은 개정될 수 있는 여지가 있음. 국제법과 국제법규는 다른 의미이므로 국제법의 일반원칙이라 하는 것이 옳을 것임

▲ 최용전 위원: 국제법의 일반원칙은 함께 갈 수 없다.

▲ 최양근 위원: 법률유보 형태로 가는 것이 나을 듯함

▲ 이부하 부위원장: 형식적 법률과 달리 실질적 법률을 고려하여 "법률 등"으로 하는 것이 여력을 마련할 수 있는 차원에서 설득력이 있을 듯함

▲ 이부하 부위원장: 체결절차만 한정하는 것인지? 이는 절차법이 아니기 때문. 따라서 "조약의 체결에 관하여"라고 함이 좋을 듯함

▲ 민병로 위원장: 조약이라는 개념 자체가 정리되지 않은 상황에서의 문제, 조약이란 것은 상대국이 있는 것이므로 신속성 유연성이 요구되므로 법률로 정하는 것이 바람직한지 여부의 문제, 상대국의 조약 효력이 우리와 상이한 경우 호혜의 원리를 근거로 하는 것도 논의되고 있다는 점을 고려해야 됨

▲ 이부하 부위원장: 호혜의 원리는 적용하기에 한계가 있음. 상호주의 호혜주의는 조약상 적용되기 어려움이 있음

▲ 최용전 위원: 오히려 자국이익주의

(발표 및 토론 4) 이부하 위원_제3조 개정안

□ 영토조항의 헌법 개정안으로서 상세히 규정하자는 견해, 현행 유지설, 전면 개정안, 법률위임안, 삭제안을 종합적으로 검토한 후 영토조항은 법률위임의 형식으로 타당성을 논증함

▲ 최양전 위원: 지방자치법상 제주도는 특별자치도에 속함

▲ 이부하 부위원장: 한반도란 식민사관용어는 절대적으로 대한민국으로 변경해야 됨

▲ 민병로 위원장: 외국의 사례?

▲ 이부하 부위원장: 2종류 밖에 없다. 도서국가(島嶼國家), 연방국가에 한정됨. 우리의 경우에 영토조항은 실질적으로 필요 없음에도 현재로서는 남겨두는 것이 바람직 함

▲ 최용전 위원: 일본은 예외인지?

▲ 이부하 부위원장: 섬이 많은 나라의 경우

▲ 최양근 위원: 필리핀 7000여 개, 인도네시아 1만여 개와 달리 일본은…

▲ 최용전 위원: 190여개국 중 영토 언급이 전혀 없는 국가는 일본, 스페인, 태국 및 북한을 비롯한 61개국, 나머지 129개국은 영토조항을 헌법에 명기하고 있다. 상세한 규정을 둔 국가는 우리를 비롯한 필리핀 등 39개국 그리고 대부분의 연방국가와 일부 단일국가 중에서 영토의 구성단위를 열거함으로서 영토의 범위를 명확히 한 나라가 호주, 캐나다, 독일, 인도, 말레이시아, 러시아 등 37개국 등

▲ 민병로 위원장: 개헌특위에서는 영공까지 명기하고 있음. 무엇보다 주장에 대한 근거가 명확해야 함. 한반도는 어디까지가 한반도인가?

▲ 이부하 부위원장: 한반도를 제시하면 통일 후 백두산에 대해 중국이 영토권 주장할 여지가 있음

▲ 최양근 위원: 국제지리학자의 기준에 따르면…

▲ 이부하 부위원장: 역사적, 법학적으로 "한반도"가 어디까지인지 명확하게 제시할 수 없으므로…

▲ 최용전 위원: 영토법에 따르면 영토가 어디까지인지 규정되어 있지 않은가?

▲ 이부하 부위원장: 간도는 안 됨

▲ 민병로 위원장: 중요한 것은 법리적 논거를 명확히 밝힐 필요성이 있음

▲ 최양근 위원: 동북공정과 영토의 관계성으로 서북공정 동북공정 서남공정 베트남, 티베트, 고구려 만주 등 역사학자들도 중국영토 기준으로 고구려가 중국 변방이었다고 주장. 제3조 때문에 오히려 삭제되어야 함. 국제법적으로 북한땅이 우리땅이 아니다.

▲ 최용전 위원: 북한은 우리땅이다. 북한이탈주민은 어떻게 해결할 것인가? 그렇게 되면 북한이탈주민이 외국인이 될 수 있다. 법률체계가 흐트러질 수 있다.

▲ 민병로 위원장: 영토조항과 동북공정은 연관성이 있는 것은 아니다. 영해, 영공까지 추가하는 것이 설득력이 있다.

▲ 최양근 위원: 영공도 명기하는 쪽으로 가되 내용 보완하겠음

▲ 이부하 위원장: 헌법상 한반도의 범위 설정 어려움. 일본에서 반도라고 임의로 주장

▲ 최양근 위원: 식민사관의 표현에 따르면 조선반도라고도 함

▲ 이부하 위원장: 한반도 말고 다른 적당한 용어는 무엇인지?

▲ 최용전 위원: 안중근 의사의 "대한국인"이란 표현에 비추어 보았을 때 "대한국"이 적당한 용어라 할 수 있음. 아울러 1987 문서상 대한국제

▲ 민병로 위원장: 우리민족의 영역은 대한국과 그 부속도서를 포함하는 영토, 영해, 영공으로 표현해 보면 어떨지?

▲ 최양근 위원: 대한민국의 영역은 대한국의 영토와

▲ 민병로 위원장: 대한국은 간도까지 포함하는가? 용어상 식민사관의 문제가 있으므로 “대한국의 영토와”로 명기하는 것은…

▲ 최양근 위원: 삭제가 바람직함

▲ 민병로 위원장: 한반도를 대체할 수 있는 용어를 연구하는 것은 중요한 의미가 있음

(발표 및 토론 5) 최양근 위원_제4조 개정안

□ 2017년 촛불시민혁명을 통한 주권자의 힘이 증대로 주권자 뜻을 반영할 필요성과 자유민주적 기본질서에 대한 개념정립에 대하여 독일과 다른 경향 해소의 필요성을 제시하여 "자유롭고 평등한 민주적 기본질서" 또는 "평화적 공존통일", "자유롭고 평등한 민주적 기본질서"로 개정할 것을 논증함

▲ 이부하 부위원장: 개헌특위의 경우 자유민주적 기본질서인 민주적 기본질서로 가는 것이 다수설.. 민주적 기본질서와 평등은 조화롭지 않음. 평화적?

▲ 민병로 위원장: 평화공존통일이 무엇인지 논거가 분명하게 보완되어야 할 것임. 자유민주적 기본질서와 민주적 기본질서와 무엇이 다른지…

▲ 전지수 간사: 헌법적으로 자유민주적 기본질서와 민주적 기본질서의 차이가 무엇이라고 생각하시는지?

▲ 최양근 위원: 구 헌법학 교재에서 잘못 이식된 표현이 아닌지…

▲ 전지수 간사: 자유민주적 기본질서와 민주적 기본질서라는 헌법상 상이한 표현은 상호 별개의 충돌하는 개념이 아니라 상호 융합적으로 조응하는 개념으로 접근해야 될 것임

▲ 이부하 위원: 소수의견으로서 방어적 민주주의의 성격을 갖고 있는 "민주적 기본질서" 문구 삭제하는 것이 타당할 듯 함

□ 별첨 내용

- ○ 별첨01_민병로 위원장_전문 개정안
- ○ 별첨02_전지수 간사_전문 개정안
- ○ 별첨03_최용전 위원_제6조 개정안
- ○ 별첨04_이부하 위원_제3조 개정안
- ○ 별첨05_최양근 위원_제4조 개정안
- ○ 별첨06_회의 사진

❐ 한국헌법학회 헌법개정연구위원회

지방분권분과 회의결과

○ 분과 위원장 이기우 (인하대)
부위원장 김태진 (동아대)
간사위원 이경선 (서강대)
○ 위원 고인석 (부천대)
권영호 (제주대)
김기진 (명지전문대)
김기호 (한국법제발전연구소)
이국운 (한동대)
이준복 (서경대)
신용인 (제주대)
최용전 (대진대)

지방분권분과 1차 회의 기록

2018.1.6. 14:00~19:00 **국회 의원회관 제2간담회의실**

원칙적인 회의 방향과 가장 비중있게 견지해야할 관점 등을 논의함

■ 김기진 (명지전문대)
여러 좋은 아이디어들이 너무 많이 있지만, 그중에서도 '지방자치단체들의 국정 참가'를 조문으로 넣었으면 좋겠음. 지방정부의 국정참가에 대한 근거가 매우 필요함

■ 김태진 (동아대)
정략적 정파간의 이해가 상당히 큼. 큰 틀에서는 맞다 해놓고는 실질적으로는 각론에 가면은 서로 이해관계가 첨예함. 이를테면 자기들 주장하는 것을 바로 내세우기 뭐하니까, 중앙집권적

그런 전통성을 강조하면서, 어떤 지방자치단체의 비리 문제라든지, 지방에 뿌리를 두고 있는 토호 세력과의 유착 이런 것들이 심화될 수 있다 등등 이런 논리를 거론하면서 시기상조를 운운하고 있음

우리 학회가 이상적인 의견만을 제시하고 정치권에서 혹은 국민들이 받아주기만을 바라는 그런 정도로만 의견을 제시해서는 곤란하지 않겠는가 생각됨. 안을 낼 때 좀 전략적으로 접근할 필요. 전략적이어야 하다는 의미는 어떻게 보면 단계적으로 나아간다는 생각을 가져보자는 것임. 또 여야가 합의가 안 될 때는 절충안도 낼 수 있도록 해야 함

또 원칙적인 안은 제일 중요한 거는 마련되어 있고 하니까, 통일이라든지 통일시대가 오면 큰 틀에서 연방제 이런 게 현실화 될 텐데. 그런 상황을 염두에 두고 하면 좋겠음. 그런데 그런 거를 너무 앞서간다, 지금 시대에 안 맞다 이러는 생각들이 있음. 87년도부터 국민의 힘에 의해 이 체제를 유지해왔고 하니, 이제 더 새롭게 바꿔야 하는 의무감, 시대적 책무감을 생각해서, '안되면 그렇게라도 한다' 그랬으면 좋겠음

헌법 총강에도 지방자치의 선언적 규정이 들어가는 것이 필요함. 그리고 두 번째는 지금까지 논의된 것을 다 녹여가지고 117조 118조를 조금 내용을 보강해서 내는 방법, 그리고 이걸 근거로 해서 논의를 확산하면서 헌법 개정안만이 아니라 뒷받침되는 구조에 대해서도 향후에 그런 논의 활동을 이어가는 계기가 되면 좋겠음. 빠른 시간 내에 정리가 되면 좋겠다고 생각함

■ 이경선 (서강대 공공정책대학원 행정법무학과)

국회나 정부 차원의 입장은 있겠지만, 지방분권을 해야한다는 생각을 가진 이들이 더 많고 그런 사회적 요구가 엄청나다고 볼 수 있음. 지방의회 구성원, 지방자치단체 구성원, 지방의원이 되려고 하는 사람들, 지방 활동가들 등등 전국적으로 지방분권 요구 수위가 최고조 수위에 이르렀다고 할 것임

이런 상황을 가벼이 여기고 적당히 안을 제시하는 것은 매우 조심스러움. 헌법학회 차원에서는 지방분권을 요구하는 사람들의 욕구를 채워주는, 해소해주는 방향으로 조문 구조를 설계했으면 좋겠음. 우리 학회 학자들의 시선보다는 사회의 수요와 시선에 기준을 맞추자는 얘기임

그리고 헌법특위 자문위안과는 분명하게 차별화시켜서 제시가 되어야 할 것임. 다만, 조문의 양적인 측면에서는 117조 118조 등 외에 119조 120조 등등 조문을 늘려서 전체적으로 4, 5개 정도의 조문 수가 되도록 하는 정도면 어떨까 싶음. 더 필요하면 조 아래 항의 수를 늘리면 됨. 자치입법권 관련해서는 조례, 자치법규라는 용어를 표현을 바꾸고('자치법률'이라는 표현 등을 사용하면 좋을 듯), 규율의 범위는 다를지라도 법률과 대등성을 갖게 하는 수준으로 명시되었으면 좋겠음. 그리고 현재 지방자치단체에 의회를 둔다는 모호한 표현을 개정해서 지방자치단체와 지방의회를 개별적으로 두어 견제와 균형이 가능하도록 하는 것이 기본적으로 얘기될 수

있겠음
그리고 지방자치단체에서는 주민직접민주주의 원칙을 천명해서 행정이든 인사든 재정이든 사실상 주민들이 참여해서 거의 모든 의사결정이 이뤄지는 그런 방식으로 갈 수 있도록 조문을 명시했으면 좋겠음
다만, 지방분권의 사회적 요구를 대폭 수용해 주더라도, 지방분권을 원하는 자방관가나 지방의회 인사들의 요구는 자신들의 권한이 커지기를 바라는 욕구에 기반하고 있다는 점을 경계해야 할 것임. 이들의 요구와 의도를 뛰어넘어 주민들의 대대적이고 적극적인 지방참정권을 활성화 시키는 방향으로 조문 구조와 내용이 설계될 필요가 있겠음

■ 김성률 (금강대)

총강 부분에 지방자치 원칙을 넣고 필요한 부분이 있으면 헌법 각 조문마다 지방자치 취지를 삽입을 해서 넣는 방식도 있겠고, 행정부 파트에 감사원 뒤에 제5장으로 해서 넣을지 등 그런 방법들이 있는 데 이런 방법을 결정해야 할 것임
얼마나 구체적으로 규정할 건지 고민이 남음. 여러 가지 문제들이 있지만 자치단체장하고 교육감하고 대립하면 해결할 방법이 없음. 이런 권한 배분의 부분을 집어넣어서 권한 쟁의가 발생할 수 있는 상황을 줄여주는 방법도 한 번 고민해 볼 필요가 있겠음
행정부의 기능이 커지기 때문에 입법부가 통제를 못하는 것처럼, 입법권의 문제가 있는 데, 법률안과 조례의 위상 문제에 있어서는, 우리가 알고 있는 데로 하위에 있는 것으로 보지만, 판례는 조례를 확대해 주는 방향도 있음. 중앙정부가 못해주는 부분 흠결을 보충해주는 등 조례의 위상 문제가 중요한데 그것이 개헌안의 내용으로 들어갔으면 좋겠음
그리고 지방재정 어떻게 해줄 거냐, 중앙이 어느 정도까지 지방정부에 내려줄 것이냐 하는 문제. 그리고 인사권을 줄 것인지 하는 문제, 중앙경찰을 지방경찰로 주는 것 등등, 큰 틀에서 7가지 정도 담겨야 하는 것 아닌가 싶음. 규정으로 구체화된다면 이 정도의 내용은 담겨야 하는 것 아닌가 생각됨

■ 김기호 (한국법제발전연구소)

지방자치제도의 취지는 지방에 자치권을 부여하여 자율적으로 주민의 복지향상과 지역경제활동에 도움이 되기 위해 마련한 것이라고 생각함. 그러한 관점에서 총강에 주민자치를 명시하자는 것이 아닌가 싶음. 거기부터 출발해서 주민자치권이나 지방자치단체의 독립성이 주어진다고 봄
다만 지방분권국가를 명시하는 부분에 대해서는 현실적으로 볼 때 너무 앞서가는 것이라는 생각을 가지고 있음. 그래서 지방자치단체의 권한을 어디까지로 할 것인가 여부에 따라 구체적 논의 형태가 많이 달라질 것이라고 봄. 연방제국가 형태로 포커스를 맞춘다면 거기에 맞게 양

당제 등까지 논의되겠지만 자치권한의 강화에 맞춘다면 자치권 강화 및 재정권의 확대 수준으로 헌법에 규정하여야 옳은 것이 아닌가 생각함. 좀 더 구체적인 부분은 함께 스터디를 해 가면서 추가로 의견을 개진하겠음

■ **신용인 (제주대)**

기본적으로 전문에 지방분권을 넣는 것은 좋다고 생각하는데, 총강에 넣는 것은 조금 균형이 안 맞는 거 아닌가 싶음. '대한민국은 민주공화국이다'라고 해서 대한민국의 정체성을 선언해놓고는, 제1조2항에서 '대한민국의 모든 권력은 국민으로부터 나온다' 해놓고서 민주주의 요소를 얘기하고 있는데, 여기에 공화주의에 대해서는 없는 거 같음. 국민은 누구나 지배로부터의 자유를 누리며 국가는 이를 보장할 의무를 가진다는 취지를 넣던지 하면 좋겠음. 그러면서 지방자치나 분권의 취지 이런 거를 녹여내는 것이 바람직하지 않는가 생각됨

행정체제를 예를 들면 시도나 시군구를 명시하자 이런 입장들이 있는데, 이 부분에 대해서는 조금 의문을 다는 게. 기초자치단체로 시군구 형태가 과연 적합하기는 하는 거냐 하는 의문이 듬. 선진국을 보면 단위가 매우 작음. 따라서 명시는 곤란하다고 봄. 주민에게 가장 가까운 정부에 우선권을 준다던지 하는 보충성 원칙을 포괄적으로 규정해 두는 게 좋겠음

그리고 주민자치권을 명시한다고 하더라도 주민자치권의 내용을 어떻게 담아야 할지는 좀 더 면밀한 스터디가 필요하다고 봄. 차라리 주민 주권의 관점에서 생각을 해봤으면 좋겠음

그리고 지역대표상원 얘기도 나오고 있는데, 그와 관련해서 공감하는 입장으로 원칙적으로 지역대표상원을 뒀으면 좋겠음. 그런데 다만 선거로 획일적으로 이를 구성하게 하는 것은 좀 의문이 듬. 해외 사례를 보면 선거인단을 두고 뽑거나, 주정부의 수상이나 장관들이 상원이 되기도 함. 도지사나 시도의 간부들이 상원의원이 되는 게 파워풀하고, 국민 입장에서는 의원 수를 늘리는 것도 아닌 것이 되고, 따라서 국민 직선제에 너무 집착하지 않았으면 좋겠음

그리고 행정이나 재정 이런 거 세세하게 담아내기 어렵겠고, 그리고 헌법에서 지방 분립형이냐 통합형이냐를 규정할 필요가 없다고 봄. 자치형태에 대해서는 주민들이 선택할 수 있도록 해주면 좋겠음. 만약에 읍면단위를 두게 되면 읍면위원회가 구성될 수 있는데, 읍면이면 주민자치위원회가 있는데 이게 문제가 많음

그리고 자치입법권 관련해서는, 우리 헌법 37조2항에 보면은 법률로서 기본권 제한할 수 있도록 되어 있는데, 주민 권리 제한을 조례로도 할 수 있는 규정이 들어가야 할 것 같음. 그리고 조세법률주의, 조세법률조례주의 등, 국가법률 지방법률 등으로 해서 조례 이름을 아예 바꾼다던지 했으면 좋겠음

■ 이기우 (인하대)

매우 심도깊은 논의가 필요함. 자문위는 1박2일도 하고 그랬음. 생각하는 것 이상으로 우리 헌법학회가 내는 개헌안이 사회적으로 굉장히 여파, 영향력을 갖을 수도 있음. 오늘 위원님들 의견들 개괄적으로 들어보니 논의 편차가 조금 있다는 점을 확인함

생각해볼 문제는, 예컨대 소방도로 관련된 법안이 국회에서 통과가 안 되었을 때 지방정부는 어찌 해야 하는가, 또 예를 들어서 어느 지방이 기업을 유치하기 위해서 세금을 법인세를 환경규제를 완화해줄 필요가 있는데 그러지를 못하면 기업이 딴 곳으로 가게 됨. 이런 상황들이 참 많음. 국가가 지방의 문제를 해결할 능력이 과연 있느냐 고민이 됨. 지방마다 처한 상황이나 생각들이 많이 다름. 이런 문제를 지방이 스스로 해결할 수 있도록 지방의 다양성을 보장할 수 있느냐 하는 게 요건임. 유치원의 조기교육 이런 것 옳을 수도 있고 아닐 수도 있음. 소위 정답이 없는 시대를 살고 있는 것임. 중앙정부의 문제해결 능력이 너무나 떨어짐. 국가의 혁신동력이 나오지를 않고 있음. 이런 구체적인 문제를 염두하면서, 이런 문제의식에서 출발하면 어떨까 생각됨. 이런 문제를 해결하기 위해서 논의가 전개돼야 함

연방제냐 아니냐는 사실 아무런 문제가 안 된다고 봄. 연방제 구조냐 아니냐 여기 틀에 너무 억매일 필요는 없음. 베트남 등등 한국의 지방분권을 배우려는 나라들이 아주 많음. 우리가 이번에 개헌을 한다면 가장 최신 헌법이 되는 것임. 그런 사명감을 가지고 임하면 어떨까 함. 그래서 다음 회의를 출판단지에서 하면 좋겠다는 데에 동의하는 것도 사실 기존의 틀을 벗어날 필요가 있기 때문임

현재 대화 아카데미안, 서울시의회, 경기도의회, 시도지사협의회안 등 참 많은 개헌안이 나와 있음. 그 중에서도 최근에 가장 심도있게 논의한 곳이 국회 헌법개정자문위원회라고 하겠음. 치열하게 논의해서 1년 동안 종합한 것임. 그게 완전하지는 않지만 일단 국회 헌법개정자문위원회안을 두고 리뷰하면서 논의를 진행하면 좋겠음

국회에서는 1년 동안 진행했지만, 우리에게는 시간이 별로 없음. 미국 헌법개정안을 봤더니 4개월 만에 만들었음. 미국도 우리 주는 빠지겠다 등등 우여곡절을 겪으면서도 4개월 만에 안을 만든 사례가 있음. 우리 내부에서도 갈등이 많을 것임. 중요한 것은 가능하면 타협해서 절충안을 만들어 내는 것임. 집단지성을 통해서 아주 절묘한 안이 만들어졌으면 좋겠음(이하 생략)

지방분권분과 2차 회의 기록

2018.1.13.(토) 14:00~19:00 **파주 메디테리움**

이번 회의는 원론적 논의보다 구체적인 조문 중심으로 논의를 이어감

■ 쟁점 1. 헌법 총강 부분에 지방자치 취지를 넣을 것인가 말 것인가에 대한 논의

자문위안 : (신설) 제1조 "지방분권국가이다."

- ○ 총강에 굳이 적시해야 한다면, 국민이 주권을 행사하는 의미로서 공화의 개념을 살릴 필요가 있다는 의견
- ○ '지방분권'이란 표현은 권력 나누기식 표현이므로, 권력나눔 보다는 주민자치성을 강조하는 표현으로 바꿔서 명시함이 적절하다는 의견

■ 쟁점 2. 제117조: 주민자치권 등 명시 관련

자문위안 : 제117조 ① 주민은 그 지방 사무에 대해 자치권을 가진다. 주민은 자치권을 직접 또는 지방정부의 기관을 통하여 행사한다.

- ○ 지방정부라는 포괄개념을 활용할 것인지, 지방정부(집행부)와 지방의회 등으로 구분하여 쓸 것인지 논의 필요하다는 의견
- ○ 위 주민자치권을 주민자치의 장에 명시한다는 데에는 다수 합의
- ○ 주민자치권을 기본권 목록에 넣자는 소수의견

■ 쟁점 3. 지방정부의 종류의 구체적 명시 혹은 추상적 규정 여부

자문위안 : 제117조 ② 지방정부의 종류는 종전에 의하되, 이를 변경하고자 하는 경우에는 주민투표를 거쳐 법률로 정한다.

- ○ '지방정부의 종류'에 대한 광역-기초, 상하 단위, 읍면동 단위의 주민투표에 의한 변경시의 문제점 등 다양한 의견으로 추가 논의 검토 필요
- ○ '지방정부의 종류는 종전에 의하되'라는 표현은 법률 부칙 '경과규정' 형식으로나 활용되는 표현이지, 쉽고 현대적인 헌법을 바라는 국민 시각을 고려할 때, 적절한 새헌법 문장이 될 수 없다는 소수의견
- ○ "… 주민투표를 거쳐 법률로 정한다."라는 표현이 수식의 오류, 해석의 오류가 발생할 수 있다는 소수의견
- ○ "지방정부의 종류는 법률로 정한다."는 취지는 명시하되, 구체적인 문구는 계속 논의

■ 쟁점4. 정부간 사무배분과 수행에서의 '보충성의 원칙' 명시 관련

자문위안 : 제117조 ③ 정부간 사무배분과 수행은 보충성의 원칙에 따른다.

- ○ 보충성의 원칙을 명시해 두면 상징성이 있다는 의견. 나아가 상당히 의미있는 구속력을 발휘할 수 있다는 의견
- ○ 보충성의 원칙 취지를 명시하는 것은 좋으나, 온 국민이 법학원리를 학습해야 하는 것이 아니므로, 자문위안처럼 "… 보충성의 원칙에 따른다."는 학문적 개념을 즉자적으로 사용하는 것은 부적절하다는 소수의견
- ○ 지방자치, 자방분권을 뒷받침하는 보충성의 원칙은 당연 의미가 있으나, 이것이 중앙정부나 광역지방정부의 주민삶에 대한 방관 내지 소극행정의 헌법적 명분이 될 수 있으므로 이를 견제할 보완단서 규정을 달아야 한다는 소수의견
- ○ 보충성의 원칙 규정 명시에 대해서는 전체 합의

■ 쟁점 5. 국가의 배타적 입법권, 지방정부와의 경합적 입법권 등 입법권의 배분의 문제

자문위안 : 제118조 ① 외교, 국방, 국가치안 등 국가존립에 필요한 사무 및 금융, 국세, 통화 등 전국적 통일성을 요하거나 전국적 규모의 사업에 대해서는 중앙정부만 입법권을 가진다. ② 제1항에 해당하지 않는 사항에 대하여는 중앙정부와 지방정부가 각각 입법권을 갖는다.

- ○ 지방정부라는 표현과 지방의회라는 표현 다소 혼란스럽다는 의견
- ○ "입법권은 국민 또는 주민이 직접 행사하거나"라는 표현에 대한 논의. "입법권은 국회와 지방의회에 속한다." 등 표현 간략화 등 다양한 고민. 국가법인설 등
- ○ 전국적 통일성이 필요한 사안에 대한 입법권이 자치입법권을 침해할 여지. 목록 생략시 분쟁의 해결방안에 대한 고민
- ○ 경성헌법을 연성헌법으로 바꿔주는 논의도 필요하다는 의견
- ○ 목록의 내용을 두고 해석 논란이 다발하게 되므로 명시 반대 의견
- ○ 예시규정을 둘 경우, 국가와 지방의 사무의 경직성이 발생한다는 의견, 국가의 배타적 사무 명시, 경쟁적 입법권
- ○ 지방자치단체의 입법권 용어 자치법률?, 지방입법의 효력 수준 논의

■ 쟁점 6. 자치행정의 원칙 명시 관련

자문위안 : 제119조 ① 지방정부는 자기책임 하에 자치사무를 수행하고, 그 사무의 수행에 필요한 경비를 스스로 부담한다.

② 위임사무를 처리하는데 소요되는 비용은 위임하는 정부에서 부담한다.

③ 지방정부에게는 그 사무수행에 필요한 재원이 제1항의 취지에 부합하도록 보장되어야 한다.
④ 지방정부는 지방세의 종류와 세율 및 징수방법은 법률로 정할 수 있다.
⑤ 중앙정부와 지방정부간, 지방정부 상호 간 연대의 원칙에 따라 적정한 재정조정이 이루어지도록 지방정부 의견을 청취한 후 법률로 정한다.
⑥ 지방정부는 재정건전성의 원칙에 따라 수지균형을 이루도록 투명하게 재정을 운영하여야 한다.
⑦ 지방정부의 채무는 법률이 정하는 기준에 따라 관리되어야 한다.

- ○ 조문화 간결화 시도 필요 의견
- ○ 국세와 지방세의 분배 관련 논의 계속
- ○ 전권한성은 5항, 6항에 있음
- ○ 국가의 개념이 법률상 많은 혼란 있음, 국가안에 지방자치단체가 포함되는 경우도 있음

■ 쟁점 7. 지방정부 기관 조직 관련

자문위안 : 제120조 ① 지방정부에는 지방의회와 집행기관을 둔다. 다만, 지방정부의 법률로 주민총회를 입법기관으로 할 수 있다.

② 지방정부의 입법기관과 집행기관의 조직·인사·권한·선거, 기관구성과 운영에 관하여 필요한 사항은 해당 지방정부의 법률로 정한다.

- ○ 집행기관: 독임제와 합의제를 고려
- ○ 주민총회를 입법기관으로 한다=군자치와 읍·면·동자치를 고려
- ○ 선거 방식을 아예 빼버리거나, 명시하는 경우에도 '선거' 방식 보다는 '추첨'의 방식을 병기할 필요가 있다는 의견

■ 쟁점 8. 국회 양원제 관련(지역대표형 상원 신설)

- ○ 지역대표제? 주민대표제?
- ○ 제2국무회의는 대통령의 권한 강화가 될 수 있다는 의견
- ○ (독) 상원은 주정부의 대표자(도지사 일 수도 있다)로 구성할 수 있다는 의견 등
- ○ 중진 국회의원이 주로 도지사나 광역지자체장이 되는데 이들이 다시 상원에 진출한다고 해서 지방자치를 위해 노력할 것이라는 기대 회의적. 상원은 옥상옥, 지자체협의회가 추천한 이가 지역대표성을 갖고 현 국회에 주입되도록 하는 헌법규정을 고민하는 것이 차선
- ○ 독일의 상원은 해당 지자체에서 뽑으므로 기속위임
- ○ 국민직선으로 하면, 상원은 중앙집권 지향일 수 있다는 우려

■ **쟁점** 9.

자문위안 : 제40조 입법권은 국민 또는 주민이 직접 행사하거나 그 대표기관인 국회와 지방의회가 행사한다.

- ○ 제40조 입법권은 국회에 속한다. 국민주권과 충돌한다. (제헌헌법) 입법권은 국회가 행한다는 의견
- ○ 직접민주주의 차원에서 '국민 또는 주민이 직접 행사하거나 …'라고 표현된 것. 자문위안은 국민발안제 취지를 살리고자 한 것
- ○ 현실적으로 국민이 입법권을 행사할 수 있는가라는 의문
- ○ 국회 무용화 우려 등
- ○ 입법권은 국민 또는 주민에게 속하고 입법권은 직접 행사하거나, 그 대표기관인 국회와 지방의회가 행사한다라는 절충 표현 의견
- ○ 직접민주주의 가미 : 국민 또는 주민의 발안 및 투표, 국민발안의 개념? 캘리포니아 주 헌법 상의 국민발안제 initiative
- ○ 국민발안제 취지에 국민의결까지 포함할 것인지, 단지 법안제출만을 허용하는 것인지 명확할 필요 있다는 의견

■ **쟁점** 10. **특별자치제(제주 등) 명시 필요성 관련**

- ○ 특별자치제 명시 필요하다는 소수의견
- ○ 좀 더 추가적인 논의 계속

▣ 결론

1. 전문 또는 총강 부분에 지방분권국가 취지 - 삭제 의견이 다수임. 차후 최종 결론 내기로 함
2. 지방자치 장에 주민자치권 명시에 다수 동의. 주민자치권을 기본권 목록에 넣자는 소수의견 (고인석)
3. 보충성원칙 명시하되 일반인이 알아듣기 수월한 표현으로 명시하고, 상위단위정부 방관자화 되는 것을 방지하도록 하는 단서 규정을 둘 필요 – (이경선 안 제시)
4. 제118조 제1항, 제2항, 제3항
5. 규범충돌(제118조 제4항): 제3항에 국가법우선주의, 특별법우선원칙, 신법우선주의
6. 제119조 재정조항 – (최용전 각각 안 제시)
7. 제120조 지방정부 기관 – (신용인 안 제시)
8. 양원제 : 차후 논의 – (신용인 안 제시)
9. 제주 등 특별자치제 – (권영호 스페인과 이탈리아 사례 등 안 제시)

지방분권분과 3차 회의 기록

2018.2.5.(토) 14:00–19:00 **국회 의원회관 제2간담회의실**

지방분권 관련 조문들에 대한 구체적인 문안 중심으로 회의하고, 최종 절충적 결론을 내리기로 함

■ 논의취지

- ○ 대통령과 국회를 중심으로 한 중앙집권적 단일 통제 체계에서 탈피하여, 지방 저마다의 다양한 특색이 고려되고, 지역 주민들의 요구가 더욱 효율적으로 충족되며, 주민의 생활과 복리와 관련된 사안에 대하여 주민 스스로가 숙의하고 결정해 나아가는 진정한 주민자치, 주민주권을 실현할 수 있도록 헌법적 토대를 강화할 필요가 있음
- ○ 이를 위하여, 민주공화국 구현을 뒷받침하는 중요한 방법론으로서 '지방분권 지향'을 헌법 총강에 선언하고, 보충성의 원칙을 명시하여 중앙정부와 지방정부간의 사무 권한의 우선순위를 정하며, 주민총회 또는 지방의회 기구가 각 지역을 규율하는 법률을 제정할 수 있도록 함
- ○ 또한 지방정부로 하여금 지방세의 종류와 세율 및 징수방법을 법률로 정할 수 있도록 하고, 중앙정부와 지방정부간, 지방정부 상호간의 재정조정 제도를 두어 자치재정의 형평을 도모하게 하는 등 좀 더 발전적인 지방분권 시대를 열어가는 내용의 개헌안을 마련하고자 하였음
- ○ 현재 국회에서 헌법개정특별위원회와 자문위원회를 두고 개헌안을 마련하고 있고, 전국적으로 많은 시민단체와 사회단체는 물론이고 지방자치단체 협의체와 자발적 시민 모임 등에서도 전체 개헌안 또는 부분 개헌안 등을 활발히 제시하며 새로운 헌법 수립에 대한 열의를 보이고 있음. 그러한 가운데 헌법학을 직접 연구하고 있는 학자와 연구자들이 좀 더 다듬어진 개헌 의견을 제시하는 것은 지식인으로서의 소명임과 동시에 사회적 책무라 할 것임
- ○ 이에 현행 헌법과 국회 자문위안과 우리 헌법학회의 개헌안 조문 대비표를 작성하여, 새로운 헌법에 대한 풍부하고 창의적인 논의에 조력하고자 함

■ 분과위 논의경과

- ○ 한국헌법학회 헌법개정연구위원회 지방분권분과는 위와 같은 문제의식을 전제하여 2018. 1. 2.부터 논의를 시작하여, 1. 6(1차), 1. 13(2차), 1. 20(3차)에 걸쳐 분과회의를 개최하고, 수시의 온라인 점검회의를 거쳐 분과 차원의 지방자치 관련 개헌안 초안을 도출하고, 보고서를 작성하고 이를 다시 3차례 회람 검독한 후, 2. 8 위원회에 제출하기에 이름

○ 지방분권

현행 헌법	한국헌법학회 헌법개정연구위원회 지방분권분과 안	분과위원 개별 의견	국회 헌법개정특별위 2017 자문위 안	논거
(신설)	총강 제1조 제0항 대한민국은 지방분권을 지향한다.	김성률 - 분과안에 동의하지 아니함 반대 이유는 첫째, 민주공화국임을 표명한 이상, 지방분권은 방법론에 불과함 둘째, 이하 개별조항은 헌법이 아닌 지방자치법 사항으로 함이 적합해 보임 이경선 - 대한민국은 주민자치를 지향한다.	제1조 ③대한민국은 지방분권 국가이다.	<지방분권국가 선언> 지방분권을 대한민국의 국가특성으로 규정함으로써 집권적 국가적 경향을 청산하고 지방분권적 국가질서를 정립하도록 입법과 집행, 법령의 적용방향을 제시함 - 국가운영의 입법, 법해석, 법집행의 방향성 제시 - "대한민국은 지방자치조직을 근간으로 하는 분권국가이다."로 하는 의견제시도 있었음. 규범적인 의미보다는 상징성이 큰 규정임
제8장 지방자치	제8장 지방자치		제8장 지방자치	지방자치단체 대신에 지방정부로 개념전환: 공공주체 위상 제고
(신설)	제117조 제1항 주민은 그 지방사무에 관하여 자치권을 가진다. 주민은 자치권을 직접 또는 지방정부의 기관을 통하여 행사한다. 주민발안, 주민투표, 주민소환에 관하여 필요한 사항은 법률로 정한다.	김기호 - 지방자치에서 자치권은 주민에게 있고 지방자치단체의 모든 권한은 주민으로부터 나온다. 주민의 자치권은 직접 또는 지방자치단체에 의하여 행사한다. -지방자치단체와 지방의회는 주민의 권리행사를 보장할 의무를 가지며 주민투표, 주민소환, 주민청원, 조례제정과 개폐청구, 주민감사청구, 주민소송, 기타 주민권리에 관한 사항은 법률 또는 조례로 정한다. 이경선, 최용전 - 분과안 117조 제1항 제3문 "주민발안, 주민투표, 주민소환에 관하여 필요한 사항은 법률로 정한다."는 분과안 제41조에서 별도의 조문을 두는 경우, 삭제함이	제117조 ①주민은 그 지방 사무에 대해 자치권을 가진다. 주민은 자치권을 직접 또는 지방정부의 기관을 통하여 행사한다.	< 지방자치권 연원과 행사 > 지방자치가 주민자치에 기초함을 명백히 함 주민의 자치권 행사방법으로 직접 행사와 간접적 행사를 보장함 주민이 지방사무에 대해 최종적인 결정권을 가짐을 밝힘

현행 헌법	한국헌법학회 헌법개정연구위원회 지방분권분과 안	분과위원 개별 의견	국회 헌법개정특별위 2017 자문위 안	논거
		적절. 그렇지 않은 경우에는 현재 안으로 유지.		
제117조 ②지방자치단체의 종류는 법률로 정한다.	제2항 지방정부의 종류와 구역 및 특별자치정부에 관하여는 법률로 정한다. 다만 이를 변경하고자 하는 경우에는 주민투표를 거쳐야 한다.	김기호 - 지방자치단체의 종류와 관할은 법률로 정한다. 다만 지방자치단체의 종류와 관할구역을 변경할 때에는 주민투표를 거쳐야 한다. * 현행 지방자치단체를 유지하는 경우에는 부칙에 그 내용을 규정한다. "이 헌법 시행이전의 지방자치단체는 이 헌법에 의하여 법률로서 규정된 것으로 본다." 고인석 - 현행 지방자치법 입법례를 고려하여 '관할 구역'으로 표현함이 적절	②지방정부의 종류는 종전에 의하되, 이를 변경하고자 하는 경우에는 주민투표를 거쳐 법률로 정한다.	제117조제2항은 현행 지방정부의 종류를 헌법에 보장함. 지방정부의 종류는 현재 주민의 공동체단위를 존중하되, 변경하고자 할 때에는 주민의 동의 절차를 거쳐 법률로 정하도록 제도화 함 중앙정부가 지방자치의 근간을 이루는 정부의 종류를 자의적으로 변경 지방자치의 지속성과 안정성을 해하지 않도록 방어하기 위한 규정 - 지방정부의 종류를 형태로 바꾸자는 안과 특별지방정부를 규정하는 안이 제안되었음 외국 헌법도 대부분 지방정부의 종류를 헌법에서 규정하고 있음(예: 독일, 스페인, 이탈리아, 프랑스 등)
(신설)	제3항 정부와 지방정부간, 지방정부간의 역할과 사무 분배에 관하여는 보충성의 원칙에 따른다.	김기호 - 지방자치단체간 또는 국가사무배분은 보충성 원칙에 따라 법률로 정하며 합리적인 비용을 부담하여야 한다.	③정부간 사무배분과 수행은 보충성의 원칙에 따른다.	사무배분과 수행의 원칙을 명시 보충성의 원칙은 개인과 공동체, 공동체상호간의 역할배분의 원리로서 사무처리의 타당성과 효율성을 증대시키고 개인과 하위공동체의 자율과 책임을 보장함 - 독일, 스위스, 프랑스를 비롯한 유럽 국가들이 채택 - 하위공동체가 우선 사무를 처리하고 상위공동체는 하위공동체가 그 사무를 처리할 수 없는 경우에만 개입하도록 함 - 기초지방정부가 처리할 수 없는 사무만 광역지방정부가 처리하고, 광역정부도 처리할 수 없는 사무만 중앙정부가 처리하도록 함
제117조 ①지방자치단체는 주민의 복리에 관한 사무를 처리	제118조 제1항 외교, 국방 등 국가존립	김기호 - 주민과 지방자치단체는 법률을 위반하지 않는 범위내에서 관할구역내에서 효력을 가지	제118조 ①외교, 국방, 국가치안 등 국가존립에 필요한 사무 및 금융, 국세, 통화 등 전국적 통일	< 정부별 입법권의 범위 > 중앙-지방정부별 입법권의 범위를 정함 중앙정부의 전속적인 입법권

현행 헌법	한국헌법학회 헌법개정연구위원회 지방분권분과 안	분과위원 개별 의견	국회 헌법개정특별위 2017 자문위 안	논거
하고 재산을 관리하며, 법령의 범위안에서 자치에 관한 규정을 제정할 수 있다.	에 필요한 사항 및 전국적 통일성을 요하거나 전국적 규모의 사업에 대해서는 중앙정부가 입법권을 갖는다.	는 조례안을 지방의회에 제출할 수 있다. 지방자치단체장은 법률 또는 법령이나 조례가 위임한 범위 내에서 그 권한에 속하는 사무에 관하여 규칙을 제정할 수 있다. 〈신설〉 -지방자치단체는 민주성·자율성·책임성을 가지고 자치권을 행사할 권리가 있으며 국가는 이를 존중할 의무를 진다. 다만 정부는 국가존립에 관한 사항이나 국민에게 중대한 재정적 부담을 지우는 국가의 주요한 정책수행을 위하여 긴절한 필요가 있는 경우에 국회의 동의를 얻어 법률의 효력을 가지는 행정명령을 발할 수 있다. -국회는 지방자치단체에 발하는 정부의 행정명령에 대한 동의권을 가진다. -지방자치단체는 지방자치에 필요한 범위내에서 지방의회의 심의를 거쳐 국회에 법률안을 제출할 수 있다. -지방의회는 지방자치에 필요한 범위내에서 국회에 법률안을 제출할 수 있다. -정부는 국가정책의 주요한 사항에 관하여 지방자치단체의 의견을 정기적으로 듣고 이를 반영하여야 한다. 정부는 지방자치단체의 의견을 듣고 이를 국가정책에 반영하기 위하여 "(가칭)전국자치단체장 주요정책협의회"를 두	성을 요하거나 전국적 규모의 사업에 대해서는 중앙정부만 입법권을 가진다.	(배타적 입법권)을 한정적으로 열거함 중앙정부의 전속적 입법권은 국가존립, 전국적 규모이거나 전국적 통합성과 통일성이 필요한 사무로 지방정부의 입법이 허용되지 않고 중앙정부만 입법을 할 수 있는 영역임 중앙정부는 지방정부에 우선하여 입법권을 가지도록 하자는 제안도 있었음

현행 헌법	한국헌법학회 헌법개정연구위원회 지방분권분과 안	분과위원 개별 의견	국회 헌법개정특별위 2017 자문위 안	논거
		며 의장은 대통령이 된다. -"(가칭)전국지방차지단체장 주요정책협의회"의 위원은 총리, 행정각부장관, 전국지방자치단체장으로 구성한다. 그 밖의 조직과 직무범위, 기타 필요한 사항은 법률로 정한다.		
	제2항 제1항에 해당하지 않는 사항에 대하여는 중앙정부와 지방정부가 각각 입법권을 갖는다.	이경선 - 분과안 제2항은 '제1항에 해당하지 않는 ....이'라고 하여 분과안 제1항과 연계하고 있는데, 분과안 제3항에서 또다시 '제2항'을 언급하고 있음. 조항 문구는 다른 조항번호 연계언급을 가급적 피하고, 그 자체로 완결문제가 되도록 함이 좋음. 부득불 연계인용을 하더라도, 현재 분과안처럼 연속으로 연계인용하는 것은 부자연스러움. 분과안 제2항과 제3항 문구 조정 필요 최용전 - 제118조 제2항과 제3항을 통합하여 하나의 문장으로 만들어도 될 듯 "제1항에 해당하지 않는 사항에 대하여는 중앙정부와 지방정부가 각각 입법권을 갖는다. 지방정부가 제정한 법률은 해당구역에서 효력을 가진다." 김기호 -지방의회는 지방자치에 필요한 범위 내에서 법률안을 국회에 제출할 수 있다. -지방의회의원과 지방자치단체는 법률을 위반하	②제1항에 해당하지 않는 사항에 대하여는 중앙정부와 지방정부가 각각 입법권을 갖는다.	제118조제2항은 중앙정부의 입법사항 외에는 중앙정부와 지방정부가 입법권을 행사할 수 있도록 함 이에는 경합적 입법권과 병렬적 입법권이 있을 수 있음 독일, 스페인 등 외국헌법에서도 관련 규정 두고 있음 많은 국가에서 채택하는 지방정부의 배타적 입법권을 보장하는 대신에 모든 영역에서 중앙정부의 입법권을 인정하고 동시에 지방입법권도 인정하여 지방입법권을 점진적으로 확대하는 방법을 채택함 기존의 중앙정부의 입법조치를 그대로 유효한 것으로 인정함

현행 헌법	한국헌법학회 헌법개정연구위원회 지방분권분과 안	분과위원 개별 의견	국회 헌법개정특별위 2017 자문위 안	논거
		지 않는 범위 내에서 조례안을 제출할 수 있으며 조례는 관할구역 내에서 효력을 가진다.		
	제3항 지방정부는 제2항의 사항에 대하여 법률을 제정할 수 있다. 지방정부의 법률은 해당 구역에서 효력을 가진다.	신용인 - '…제2항의 사항에 대하여 …'를 '자치사무에 대하여'로 수정하는 것이 좋을 듯 고인석 - '지방정부는 제2항의 사항에 대하여 중앙정부의 입법권의 범위를 위반하지 않는 범위 내에서 법률을 제정할 수 있다.'로 하면 좋겠음	③지방정부는 그 관할구역에서 효력을 가지는 법률을 제정할 수 있다.	주민이 직접 또는 주민대표기관인 지방의회가 제정하는 입법형식을 법률로 함 지방정부의 입법기관인 지방의회가 제정한 지방법을 종래 조례라고 칭하였으나 학설이나 실무에서 조례를 행정입법으로 해석하는 경향이 있어 지방정부의 손발을 묶는 족쇄가 됨 o 스위스 등 외국의 경우 지방의회가 제정하는 자치입법을 형식적 의미의 법률로 보아 주민의 권리제한이나 의무부과, 벌칙 등도 가능한 것으로 보고 있으나 유독 우리나라에서는 행정입법으로 해석하여 법률의 위임이 없으면 권리제한이나 의무부과를 할 수 없도록 해석함 - 이로 인해 지방의 행위능력은 제한되고 무능력자가 되어 자치적인 정책수행이 불가능하게 됨 지방정부의 행위능력을 회복하기 위해서는 지방정부에게 법률제정권을 부여하여 주민의 권리제한, 의무부과, 벌칙제정 등을 할 수 있도록 함. 법률유보의 위헌성 관련 소모적인 법리 다툼을 해소할 수 있음 지방의 전속적 자치입법영역을 설정하기 위해 국가의 입법영역을 배제하는 극단적인 방법을 채택하지 않고 국가의 입법권을 우선 보장함. 다만 헌법과 법률로 정한 중앙정부의 사무 외에는 관할구역에 적용되는 자치입법권을 보장함 특히 조세법률주의는 '대표없는 과세없다'는 원칙을 실현하

현행 헌법	한국헌법학회 헌법개정연구위원회 지방분권분과 안	분과위원 개별 의견	국회 헌법개정특별위 2017 자문위 안	논거
				려는 것임. 이를 실현하기 위해서는 주민의 세금인 지방세는 주민이 직접 또는 그 대표기관인 지방의회가 부과할 수 있어야 함. 국회는 국민전체의 대표기관이지만 주민의 대표기관이라고 할 수는 없음. 자치입법을 법률로 볼 수 있는 경우에만 대표에 의한 과세의 원칙인 조세법률주의 실현가능 - 죄형법정주의도 주민에 대해 실현하기 위해서는 주민의 대표기관인 지방의회나 주민이 직접 그 지방의 법률을 제정할 수 있어야 함 - 기본권제한도 대표에 의한 민주적 정당성을 요하는데 의미가 있으므로 지방의회나 주민이 직접 주민의 기본권을 제한하여 주민의 복리를 실현할 수 있도록 해야 함.(예컨대, 탄산음료 자판기 설치제한, 어린이 놀이터 안전보장, 투자유치를 법인세 완화, 애완견안전의 무부과 등) - 외국에서는 지방정부에게 광범위한 법률제정권을 인정하고 있음
	제4항 중앙정부의 법률은 지방정부의 법률보다 우선하는 효력을 가진다. 다만, 지방정부는 지역의 특성을 반영하기 위하여 필요한 경우에는 자치조직, 지방세, 주민복리와 관련한 주택, 교육, 환경, 경찰, 소방 등에 대해서 중앙정부의 법률과 달리 정할 수 있다.	김기호 - 지방자치단체의 기관구성, 기능과 사무범위, 조직, 운영에 관한 사항은 조례로 정한다. 이경선, 최용전 - 분과안 제119조 제2항에 지방세 규정을 별도로 두고 있으므로, 현 조문 내에 '지방세' 언급은 생략함이 어떤지 이기우 - 규범충돌에 관한 규정이므로, 지방의 과세권 규정과는 별도로 '지방세' 표현 명시 필요	④중앙정부의 법률은 지방정부의 법률보다 우선하는 효력을 가진다. 다만, 지방정부는 지역특성을 반영하기 위하여 필요한 경우에는 행정관리, 지방세, 주민복리와 관련한 주택, 교육, 환경, 경찰, 소방 등에 대해서 중앙정부의 법률과 달리 정할 수 있다.	중앙정부와 지방정부의 법률이 충돌하는 경우에 효력관계를 규정함 중앙정부의 법률의 우위를 원칙적으로 보장하되, 지역적 특수성을 반영할 것이 요구되고 위험의 분산을 위하여 다양한 규율이 요구되는 때에는 예외적으로 지방의 법률로 달리 정할 수 있도록 함 - 중앙 및 지방정부라는 용어 대신 국회, 지방의회로 규정하자는 제안도 있었음 정부간 입법경쟁을 통하여 입법의 품질을 제고할 수 있고 아래로부터 혁신이 가능하도록

현행 헌법	한국헌법학회 헌법개정연구위원회 지방분권분과 안	분과위원 개별 의견	국회 헌법개정특별위 2017 자문위 안	논거
		이경선 - 법률의 적용순위와 정부간 사무처리 우선권 문제는 별개인 것 같지만 사실은 매우 복잡하게 얽혀있음. 또, 중앙정부든 지방정부든 거의 모든 역할과 배분된 사무는 법률에 근거하여 시행되고 있음. 따라서 현 분과안 제4항(중앙정부 법률 우선적용효)과 분과안 제117조 제3항 보충성의 원칙 규정 사이에 규범충돌, 중복표현 여지는 없는지?		할 수 있음 제주특별법에 이미 법률규정에 불구하고 달리정할 수 있도록 하는 조항 있음. 2006년 독일 기본법개정으로 지방정부의 변형입법권 인정
	제5항 지방정부는 당해 입법기관이 제정한 법률에 따른 자치사무를 수행하고, 중앙정부 또는 다른 지방정부에서 위임한 사무를 수행한다. 위임사무를 처리하는 데 소요되는 비용은 위임한 정부에서 부담한다.	김기호 - 위 제117조 제3항 개별의견	⑤중앙정부는 법률에서 직접 수행하도록 정한 사무를 제외하고는 지방정부에 위임하여 집행한다.	< 정부간 행정권 배분 > 중앙정부의 법률집행은 원칙적으로 지방정부에 위임하여 수행하도록 하되, 중앙정부가 직접 수행하는 것은 헌법과 법률에 규정이 있는 예외적인 경우에 한정함 이는 지방정부가 수행하는 것이 보다 지역실정에 부합되고 효율적이기 때문 국가가 특별지방행정기관을 설치해서 수행하는 경우에 지방행정과 중복될 수 있고, 종합행정이 어려워짐 중앙행정기구의 무분별한 팽창을 방지하고, 현장에서 책임있는 종합행정이 이루어지도록 함
			⑥지방정부는 당해 입법기관이 제정한 법률을 자치사무로 수행하고, 중앙정부 또는 다른 지방정부에서 위임한 사무를 수행한다.	지방정부는 자치사무와 위임사무를 수행함. 당해 지방의회가 제정한 법률을 지방정부가 고유한 자치사무로 집행함. 중앙정부와 상급 지방정부 사무도 지방정부가 위임받아 수행하도록 제도화 함 - 정부간 불변하는 '고유사무'란 존재하지 않으므로, "지방정부는 자기책임 하에 (부여된/

현행 헌법	한국헌법학회 헌법개정연구위원회 지방분권분과 안	분과위원 개별 의견	국회 헌법개정특별위 2017 자문위 안	논거
				자치)사무를 수행하고, 그 사무수행에 필요한 경비를 스스로 부담할 수 있도록 중앙정부는 적정한 조치를 취해야 한다."로 수정하자는 의견도 있었음
(신설)	제119조 제1항 지방정부의 재정 건전성과 자기 책임성은 보장된다.	김기호 -지방자치단체는 투명한 재정운영으로 재정건전성을 확보하여야 한다. 고인석 - 지방정부의 재정건전성과 자기책임성은 보장된다.(단어 붙여쓰기)	제119조 ①지방정부는 자기책임 하에 자치사무를 수행하고, 그 사무의 수행에 필요한 경비를 스스로 부담한다.	< 지방정부의 재정권 > 지방정부의 자기책임성을 규정함. 자기책임성에는 합목적성 판단에 대한 중앙정부나 다른 지방정부의 개입금지와 사무수행에 따른 재정부담책임을 수반함 지방정부의 자치사무는 스스로 그 비용을 부담하도록 함으로써 자기책임을 명백히 함 자기책임이라 함은 외부간섭을 받지 않고 스스로 합목적적이라고 생각하는 바에 따라서 그 업무를 처리하고, 그 결과에 대하여 스스로 책임지는 것을 의미함
	(제118조 제5항 후단에 위임사무비용 부담 원칙 관련 취지 반영)		②위임사무를 처리하는데 소요되는 비용은 위임하는 정부에서 부담한다.	위임사무비용은 위임하는 정부가 부담하도록 하여 비용전가를 금지함. 예컨대, 선심은 중앙정부가 베풀고 비용은 지방정부가 부담하는 도덕적 해이를 방지하고자 함
			③지방정부에게는 그 사무수행에 필요한 재원이 제1항의 취지에 부합하도록 보장되어야 한다.	지방정부가 자치사무를 자율적으로 집행하는데 필요한 재원이 보장되어야 함 지방자치의 보장은 지방자치의 물적기반인 재원의 보장을 포함 중앙정부에게 지방정부의 자주재원 보장을 위한 조치를 취하도록 하자는 의견도 있었음
	제2항 지방정부는 지방세의 종류와 세율 및 징수방법을 법률로 정한다.	김기호 - 지방자치단체는 지방세의 과세종목, 세율, 징수방법을 지역의 특성을 고려하여 조례로 정할 수 있다.	④지방정부는 지방세의 종류와 세율 및 징수방법은 법률로 정할 수 있다.	지방정부의 과세권을 보장한 규정 지방정부는 지방의 사무처리비용을 충당하기 위하여 필요한 비용을 지방세를 통하여 충당할 수 있도록 보장함 주민은 받는 급부에 상응하도록 지방세를 부담하게 되어 지방세는 지방정부의 서비스에

현행 헌법	한국헌법학회 헌법개정연구위원회 지방분권분과 안	분과위원 개별 의견	국회 헌법개정특별위 2017 자문위 안	논거
				대한 가격기능을 하게 됨(조세가격) 지방서비스보다 조세가 높아지면 조세저항이 일어나게 되므로 효율성을 높이기 위해 지방정부는 혁신과 절약이 강제됨 국회와 지방의회의 법률로 정하도록 하자는 견해도 있었음
(신설)	제3항 지방정부 상호간의 재정의 평등은 보장된다. 제4항 중앙정부와 지방정부간, 지방정부 상호간에 재정조정 제도를 시행한다.	김기호 -국가는 각 자방자치단체의 재정수지 건전성 유지를 위해 국가재정을 조정하여야 한다.	⑤중앙정부와 지방정부간, 지방정부 상호 간 연대의 원칙에 따라 적정한 재정조정이 이루어지도록 지방정부 의견을 청취한 후 법률로 정한다.	지역간 담세능력의 차이로 인해 지역간 발생될 수 있는 재정격차를 보완하기 위해 재정조정제도의 근거를 헌법에 보장함. 지방간 경쟁으로 인하여 발생하는 재정격차를 정부간의 연대에 의하여 극복함을 목적으로 함 - 현재 중앙정부 법률에 의해 지방교부세와 국고보조사업을 통하여 재정조정을 하고 있지만 중앙정부 주도로 매우 비효율적이고, 지방의 자율성을 저해하고 있음 - 이에 국가가 조정하는 수직적 재정조정 외에 지방정부간 상호연대의 원칙에 따라 수평적 재정조정제도까지 확장함. 스위스와 독일, 오스트리아 등에서 재정조정제도를 헌법에서 보장함
제118조 ① 지방자치단체에 의회를 둔다.	(제119조 제1항에 지방정부의 재정건전성 취지 반영)		⑥지방정부는 재정건전성의 원칙에 따라 수지균형을 이루도록 투명하게 재정을 운영하여야 한다. ⑦지방정부의 채무는 법률이 정하는 기준에 따라 관리되어야 한다.	제119조 제6항과 제119조 제7항은 지방재정운용원칙을 규정함 - 제119조 제6항에서 지방정부 재정운영상 수지균형을 통하여 재정건전성 유지의무를 부여함 - 제119조 제7항에서는 예외적인 상황에서 지출이 수입을 초과하여 부채가 발생하는 경우에 채무관리를 통하여 지방재정의 악화를 방지하고자 함 - 지방정부가 재정부담을 미래세대에 전가시키지 못하도록 방지함

현행 헌법	한국헌법학회 헌법개정연구위원회 지방분권분과 안	분과위원 개별 의견	국회 헌법개정특별위 2017 자문위 안	논거
	제120조 제1항 지방정부에는 지방의회 또는 주민총회 등 입법기관과 집행기관을 둔다.	김기호 - 지방의회는 지방자치단체 관할구역 안에 둔다.	제120조 ① 지방정부에는 지방의회와 집행기관을 둔다. 다만, 지방정부의 법률로 주민총회를 입법기관으로 할 수 있다.	< 지방정부의 기관 > 제120조 제1항에서 지방정부에 지방의회와 집행기관을 두되, 지방정부의 법률로 입법기관으로서 주민총회를 둘 수 있는 근거 마련 지방정부형태로 독임제 뿐만 아니라 합의제 등 다양한 형태의 집행기관구성이 집행기관으로 표시함
②지방의회의 조직·권한·의원선거와 지방자치단체장의 선임방법 기타 지방자치단체의 조직과 운영에 관한 사항은 법률로 정한다.	제2항 지방정부의 입법기관과 집행기관의 구성과 운영에 관한 사항은 지방정부의 법률로 정한다.	김기호 - 지방의회의 조직·권한·의원선거에 관한 사항은 조례로 정한다. -지방채의 한도와 범위는 조례로 정하며 지방채를 모집할 때에는 미리 지방의회의 의결을 받아야 한다. -조례위반행위에 대하여는 법률에 위임이 없는 한 조례로써 징역 또는 금고 1년 이상의 형을 부과해서는 아니 된다.	②지방정부의 입법기관과 집행기관의 조직·인사·권한·선거, 기관구성과 운영에 관하여 필요한 사항은 해당 지방정부의 법률로 정한다.	제120조 제2항에서는 지방정부에게 자치조직권을 부여함 지방정부의 입법기관인 지방의회와 집행기관의 조직·권한·의원선거와 집행기관의 선임방법, 지방정부의 기관구성과 운영에 관하여 지방정부의 법률로 도입할 수 있도록 함으로써 다양성과 아래로부터 혁신이 가능하도록 하였음

○ (제3장 국회) 입법권 행사 부분

현행 헌법	한국헌법학회 헌법개정연구위원회 지방분권분과 안	분과위원 개별 의견	국회 헌법개정특별위원회 2017 자문위안	논거
제40조 입법권은 국회에 속한다.	제40조 입법권은 헌법과 법률이 정하는 바에 따라 국민이 직접 행사하거나 지방의회와 국회를 통하여 행사한다.	이기우 위원장 - 헌법 제40조는 입법권은 국회에 속한다고 규정하고 있는데 이는 헌법 제1조 제2항과 모순되고, 우리 분과에서 제출한 국민발안제, 지방의회입법권 등과 일치하지 않으므로 분과안으로 의견을 내는 것이 바람직	제40조 입법권은 국민 또는 주민이 직접 행사하거나 그 대표기관인 국회와 지방의회가 행사한다.	< 입법권의 주체 > 제40조에서 입법권의 귀속주체를 국민 또는 주민으로 하고, 그 행사는 국민 또는 주민이 직접 행사하거나 대표기관인 국회 또는 지방의회에 위임하여 행사하도록 국민주권원리를 반영함. 지방의회에게 지방정부의 입법기관으로서의 위상을 부여함

○ (제3장 국회) 양원제 도입 관련

현행 헌법	한국헌법학회 헌법개정연구위원회 지방분권분과 안	분과위원 개별 의견	국회 헌법개정특별위원회 2017년 자문위 안	논거
제41조 ①국회는 국민의 보통·평등·직접·비밀선거에 의하여 선출된 국회의원으로 구성한다. ②국회의원의 수는 법률로 정하되, 200인 이상으로 한다. ③국회의원의 선거구와 비례대표제 기타 선거에 관한 사항은 법률로 정한다. 제42조 국회의원의 임기는 4년으로 한다.	< 양원제 도입 관련 분과 최종 의견 > 양원제의 도입과 관련하여서는, 단원제 국회의 문제점을 보완하는 차원에서 이를 적극 도입해보자는 찬성의견과, 대의기구의 과잉(옥상옥)이라는 반대의견이 있었으며, 현행 단원제 국회에서 지방분권시대에 부합하는 지역대표성을 살릴 수 있는 방향으로 절충점을 찾아보자는 의견 등 다양한 견해들이 전개되었음 다만, 지방분권분과는 지역대표형 등 지방자치라는 시대정신을 뒷받침하는 양원제에 대해 긍정적 접근이 필요하다고 보아지나, 이에 대해서는 좀 더 충분한 숙의 기간을 갖고, 생산적이고 효율적인 국회 규모와 운영 구조에 대해 충분한 검토와 국민이 공감할만한 공론화 과정을 거쳐 결정될 필요가 있다는 의견을 제시하기로 합의하였음	고인석 - 현재 양원제국가의 경우 상원의 구성을 미국 각주대표/ 주민직선 독일 각주대표/ 주정부임면 오스트리아 각주대표/ 주의회 간선 프랑스 지역대표/선거인단 간선 등으로 나라별 문화와 사회적 환경에 따라 다양하게 운영하고 있으나, 비례대표의 경우 정당을 보고 선거를 하는 결과 상원의원의 능력과 지역에 대한 애착심의 판단이 쉽지 않으므로 주민직선으로 하는 것이 타당할 것임	제41조 ①국회는 상원과 하원으로 구성한다. 상원은 역사적 문화적 지리적 동질성을 갖는 지역의 주민을 대표하고 하원은 국민을 대표한다. ②국회의원의 수는 상원의원은 50인 이하, 하원의원은 300인 이하로 한다. 하원의원수의 2분의 1 이상은 비례대표로 선출한다. ③지방자치 및 지역주민의 이해와 관련된 하원의 의결은 상원의 동의를 받아야 한다. ④그 밖의 하원의 의결에 대해서는 상원 재적의원 과반수의 의결로 재의를 요구할 수 있다. 하원은 재의결을 요구받은 의안에 대해서 하원재적의원 과반수의 찬성으로 재의결할 수 있다. ⑤하원이 헌법을 개정하고자 할 경우에는 상원 재적의원 3분의 2 이상의 찬성을 얻어야 한다. ⑥상원의 임기는 4년으로 하고 1차에 한하여 연임할 수 있다. ⑦상원의원은 국무위원, 정당의 당직을 겸할 수 없다. ⑧상원의원 선거는 지방선거와 동시에 실시한다.	< 지역대표형 상원 신설 > 제41조에서는 역사·문화·지리적 동질성 갖는 권역별 지역의 주민을 대표하는 상원을 신설 인구비례로 선출하는 하원의 지역간 편중을 해소하고, 수도권과 비수도권간, 대도시와 농촌지역간 정치적 비대칭성을 완화 지역대표형 상원은 단원제 국회의 극심한 대립갈등 교착상태를 완화하여 중앙-지방정부간 또는 지역간 갈등 해소에 기여하여 관 지역통합과 국민통합에 기여 통일대비 양원제를 미리 도입하여 운영함으로써 미래의 갈등비용 줄이고, 조속한 제도의 정착과 효율성을 도모할 수 있음 상하원간 입법경쟁을 통해 입법품질을 높일 수 있음. ※ 가변형 정당명부식 권역별비례대표제 제안 - 정당명부 중 유권자 선호후보 선택을 허용함으로써 민주성 책임성 제고 - 후보자의 유권자에 대한 충성과 책임 확보 지방선거 때 상원을 선출할 경우, 지역대표로서 활동할 것을 명확히 함 지역별 상원의원의 정수는 독일과 스위스처럼 인구규모를 반영하는 방안과 미국처럼 지역별 인구수에 관계없이 동수로 선출하는 방안이 있음 상원이 지역을 대표하되, 정치적 중립성 확보가 필요하다고 판단될 경우, 정당표방제 내지는 정당공천배제도 고려할 수 있음

○ 기본권 부분 국민발안, 국민투표, 국민소환 제도

현행 헌법	한국헌법학회 헌법개정연구위원회 지방분권분과 안	분과위원 개별 의견	국회 헌법개정특별위원회 2017 자문위안	논거
(신설)	제41조 제1항 모든 국민은 국민발안, 국민투표, 국민소환의 권리를 가진다. 이에 관하여 필요한 구체적인 절차는 법률로 정하되, 국민투표와 국민소환의 결과는 지체 없이 공개하여야 한다.	김기호 - 모든 국민은 법률이 정하는 바에 의하여 국민발안권, 국민소환권, 국민투표권을 가진다. 국민발안, 국민소환, 국민투표의 투표결과는 지체없이 공개하여야 한다. 고인석 - <제1안> 제41조 제1항 모든 국민은 국민발안, 국민투표, 국민소환의 권리를 가지며 그 절차는 법률로 정한다. ○ 아래의 모든 조문을 삭제하고 제41조에서 국민발안, 국민투표, 국민소환 기본사항만 정하고 법률위임규정을 둔다. <제2안> 제41조 제1항 모든 국민은 국민발안, 국민투표, 국민소환의 권리를 가지며 그 절차는 법률로 정한다. 제2항 국민발안투표와 국회가 의결한 법률안에 대한 국민투표의 결과는 지체 없이 공개한다. ⇒ 제2안으로는 본래의 제4항과 제6항은 제1항으로 통합함이 타당하다. 굳이 제2안으로 가려한다면 제1항의 "…그 절차는 법률로 정한다."의 의미는 제2항 국민발안, 제3항과 제5항 국민투표, 제7항 국민소환 등의 절차가 규정이 되어 있으므로, 세부절차의 위임규정으로 봄이 타당하다. 그러나 지방자치법에서 주민투표와 주민소환과 관련하여 제14조(주민투표)와 제20조(주민소환)에서 기본사항만 정하고	제41조 ①모든 국민은 국민발안, 국민투표의 권리를 가진다. ②모든 국민은 일정수 이상의 서명으로 선출직 공무원의 임기가 만료되기 전에 그 사유를 적시하여 소환할 것을 청구할 수 있다.	○ 신설 취지 - 국민주권 실현과 대의제의 한계를 보완하기 위해 기본권으로서 직접민주제 도입 - 기본권 장에 직접민주제(국민발안, 국민투표, 국민소환)를 일반조항으로 명시, 구체적인 내용은 해당 정치질서의 장에 배치 - 기본권 장에 소환의 대상이 선출직 국가공무원임을 명시하고, 소환 절차에 대해서는 소환대상에 따라 정치질서의 장에 명시 ○ 국민소환 대상 - 국민소환은 실질적으로 '선출직 국가공무원'을 대상으로 하는 것이나, 헌법에는 선출직 공무원으로 포괄적으로 명기 - 국민 소환의 실제 대상은 대통령과 국회의원 - 대통령에 대한 탄핵은 사법적 심판인데 반하여 국민소환은 정치적 심판이고, 국회의원 제명이 국회내부의 심판이라면 국회의원에 대한 소환은 국민에 의한 심판이라는 점에 차이 ※ 지자체장, 지자체의원 등은 '주민소환에 관한 법률'에 의거, 이미 소환 대상에 포함되어 있음 - 일부는 소환대상에 법관 및 탄핵대상 고위공무원을 포함하자는 주장

현행 헌법	한국헌법학회 헌법개정연구위원회 지방분권분과 안	분과위원 개별 의견	국회 헌법개정특별위원회 2017 자문위안	논거
		요건과 절차를 법률로 위임음을 볼 때, 헌법내에서 절차규정까지 정함으로써 좀 어색한 결과가 발생하고 있다.		
(신설)	제2항 국민은 국회의원선거권자 100분의 1 이상 서명으로 법률안을 발의할 수 있다. 국회는 국민이 발의한 법률안을 6개월 이내에 원안대로 의결하거나 대안이나 의견을 제시할 수 있다.	김기호 - 국민은 국회의원선거권자 100분의1이상 서명으로 법률안을 발의할 수 있다. 국회는 6개월이내 국민발의법률안을 원안대로 의결하거나 대안 또는 의견을 제시할 수 있다.	제○○조 ①국민은 국회의원선거권자 100분의 1 이상 서명으로 법률안과 국가주요 정책에 대해 발안할 수 있다. 국회는 국민이 발안한 법률안이나 국가 주요 정책에 대해 6개월 이내에 원안대로 의결하거나 대안이나 의견을 제시할 수 있다.	국회가 법안의 통과에 소극적인 선거법과 재벌, 검찰 등의 입법관련로비에 취약한 검찰개혁, 재벌개혁 법안의 효과적인 입법화를 위하여 대의제의 한계를 보완하기 위한 직접 민주주의 제도의 도입에 대한 국민적 요구가 비등하고 있음을 고려할 때 헌법에 국민발안제도의 헌법적 근거를 창설하는 것이 바람직함
(신설)	제3항 국회가 국민이 발의한 법률안을 원안대로 의결하지 않을 경우, 국민이 발의한 날로부터 6개월 이내에 그 안을 국민투표에 붙인다. 이 경우 국회의원선거권자 5분의 1 이상이 투표하여 투표자 과반수의 찬성을 얻으면 의결된다. 국회가 대안을 제시하는 경우, 원안과 대안을 모두 국민투표에 붙인다. 원안과 대인이 모두 국민투표에서 가결된 경우에는 찬성이 많은 안으로 확정되며, 찬성이 동수인 경우에는 원안대로 가결한다.	김기호 - 국회는 국민이 발의한 날로부터 6개월이내 국민발의법률안을 의결하지 않은 경우 지체 없이 국민투표에 붙여야 한다. 국민발의법률안 국민투표는 국회의원선거권자 5분의1이상 투표와 투표자 과반수 찬성으로 가결된다. 만약 국회가 대안을 제시한 경우엔 원안과 대안을 모두 국민투표에 붙여야 한다. 원안과 대안에 관한 국민투표는 국회의원선거권자 5분의1이상 투표와 투표자 다수 찬성안으로 가결한다. 투표자 찬성이 동수인 경우엔 원안이 가결된다. 고인석 - 제3항 후단: 원안과 대안이 모두 국민투표에서 가결된 경우에는 찬성이 많은 안으로 확정되며, 찬성이 동수인 경우에는 원안대로 가결한다.	②국회가 국민이 발안한 법률안이나 정책안을 원안대로 의결하지 않을 경우, 국민이 발안한 날로부터 6개월 이내에 그 안을 대상으로 국민투표를 실시하여야 한다. 국민투표에서 국회의원선거권자 4분의 1이상이 투 표하여 투표자 과반수의 찬성을 얻어야 한다. 국회가 대안을 제시하는 경우, 원안과 대안을 모두 국민투표에 회부한다. ③국민발안의 절차는 법률로 정한다.	
(신설)	제4항 국민은 국회의원선거권자 100분의 1 이상의 서명으로 국회가 의결한 법률안에 대하여 90일 이내에 국민투표에 붙일 것을 청구할 수 있다. 국민투표에서 국회의원선거권자 5	김기호 - 국민은 국회가 의결한 법률안에 대하여 90일이내 국회의원선거권자 100분의1이상의 서명으로 국민투표를 청구할 수 있다. 국회의결법률안 국민투표는 국회의원선거권자 5분의 1이상의 투표와 투표자	제○○조 ①국민은 국회의원선거권자 100분의 1 이상의 서명으로 국회가 의결한 법률안에 대해 90일 이내에 국민투표를 청구할 수 있다. 국민투표에서 국회의원선거	

현행 헌법	한국헌법학회 헌법개정연구위원회 지방분권분과 안	분과위원 개별 의견	국회 헌법개정특별위원회 2017 자문위안	논거
	분의 1 이상의 투표와 투표자 과반수의 찬성을 얻지 못하면 국회의 의결은 효력을 상실한다.	과반수찬성을 얻지 못하는 경우 법률안은 효력을 상실한다.	권자 4분의 1이상의 투표자와 투표자 과분수의 찬성을 얻지 못하면 국회의 의결은 효력을 상실한다. ②국민투표의 절차는 법률로 정한다.	
(신설)	대통령에 대한 국민소환제 관련	이기우 위원장 - 국회의원 소환 정도를 개정안으로 제출하고 대통령이나 그밖의 공무원은 탄핵제도가 있으므로 이번 개정안에서는 소환대상에서 제외하는 것이 어떨까함 고인석 - 국민소환제를 규정할 때 대통령과 각부장관의 국민소환을 한조문으로 함께 규정하면 좋겠음 김기호 - 국회에 의한 탄핵과 헌법재판소의 탄핵결정과정 등에서 볼 수 있듯이 정치적 이해관계에 따라 좌우될 우려를 배제할 수 없으므로 국민이 직접 참여하는 직접민주주의를 실현함으로 대의제의 문제를 보완할 필요가 있음. 또한 선거이후 발생하는 소통거부, 공약의 일방적 변경·취소 등 책임정치의 계속성 유지를 위한 대안으로서 필요성이 있음. 국회의원선거권자 1000만이상(대통령), 500만이상(국회의원 및 그 밖의 공직자)에 의해 소환되며 국민소환에 필요한 사항은 법률로 정하도록 함	제○○조 국회의원선거권자 100분의 2 이상은 대통령의 임기가 만료되기 전에 그 사유를 적시하여 소환할 것을 청구할 수 있다. 대통령의 소환은 국회의원선거권자 과반수 투표와 투표자 과반수의 찬성을 얻어야 한다. 소환이 결정되면 대통령은 파면된다. 대통령의 국민소환 절차는 법률로 정한다.	◦ 국민의 정치권에 대한 강한 불신과 정당의 위기가 일반화된 현실에서 직접민주주의를 통한 대의제를 보완하여 상시적 책임성을 확보하기 위해 필요함 ◦ 주민소환제의 경험에 비추어 볼 때 오·남용의 위험성은 과도한 우려임 ◦ 단계적·제한적 도입이나 임기개시 후 1년 내에는 소환하지 못하도록 하는 등 요건 엄격화를 통해 오·남용은 통제가 가능함
(신설)	제5항 국회의원선거권자 100분의 5 이상은 국회의원의 임기가 만료되기 전에 그 사유를 적시하여 소환할 것을 청구할 수 있다. 국회의원의 소환은 국회의원선거권자 5분의 1 이상의 투		제○○조 국회의원선거권자 100분의 1 이상은 국회의원의 임기가 만료되기 전에 그 사유를 적시하여 소환할 것을 청구할 수 있다. 국회의원의 소환은 국회의원선거	

현행 헌법	한국헌법학회 헌법개정연구위원회 지방분권분과 안	분과위원 개별 의견	국회 헌법개정특별위원회 2017 자문위안	논거
	표와 투표자 과반수의 찬성을 얻어야 한다. 소환이 결정되면 해당 국회의원은 파면된다.		권자 4분의 1 이상의 투표와 투표자 과반수의 찬성 및 법률이 정하는 일정 비율 이상의 지역에서 과반수의 찬성을 얻어야 한다. 소환이 결정되면 해당 국회의원은 파면된다. 국회의원의 국민소환 절차는 법률로 정한다.	
(신설)	- 주민발안과 주민소환	※ 주민발안, 주민소환에 대해 여기에 조항을 명시하고자 할 경우, 분과안 제117조 제1항 후단 삭제 필요함		

○ 대통령 국민투표회부권 부분

현행 헌법	한국헌법학회 헌법개정연구위원회 지방분권분과 안	분과위원 개별 의견	국회 헌법개정특별위원회 2017 자문위안	논거
제72조 대통령은 필요하다고 인정할 때에는 외교·국방·통일 기타 국가안위에 관한 중요정책을 국민투표에 붙일 수 있다.	삭제	이기우 위원장 - 대통령의 국민투표회부는 이른바 플레비시트로서 국회를 스킵하고 남용될 우려가 있으므로 삭제하는 것이 바람직함. 유신 헌법 이전에는 국민들이 국회결정에 대해 국민투표를 청구할 수 있도록 한 것을 대통령 발의로 바꾼 것임 김기호 - 국회 재결 요구권과 함께 국민투표부의권은 행정권의 수반으로서 입법부와 사법부에 대한 견제기능을 가지고 있을 뿐만 아니라 주요한 국가정책 수행 여부에 관한 국민의 신임을 묻는 취지를 가지고 있으며 국민의 신임을 얻지 못하는 경우 대통령에게 커다란 정치적 타격이 될 수 있으므로 남용을 우려하는 것은 과도한 것이라 하겠음. 따라서 이를 존치하는 것이 타당하다고 봄		

제24대 한국헌법학회 집행부가 정세균 국회의장(현 국무총리)을 예방하여 한국헌법학회 헌법개정연구위원회 헌법개정안 전달 [정세균 국회의장실; 2018년 3월 22일(목)] [고문현 한국헌법학회 회장, 정세균 국회의장(현 국무총리), 이찬희 한국헌법학회 부회장(서울지방변호사회 회장; 현 대한변호사협회 협회장) (왼쪽부터 시계방향으로)]

제24대 한국헌법학회 집행부가 정세균 국회의장(현 국무총리)을 예방하여 한국헌법학회 헌법개정연구위원회 헌법개정안 전달 [정세균 국회의장실; 2018년 3월 22일(목)]

제24대 한국헌법학회 집행부가 김성곤 국회 사무총장을 예방하여 한국헌법학회 헌법개정연구위원회 헌법개정안 전달 [박종범 재무이사(한반도통일지도자총연합 통일지도자아카데미 부원장), 헌법개정연구위원회 기본권분과 허종렬 위원장(서울교대), 김성곤 국회 사무총장, 고문현 회장(숭실대), 김태진 부회장(동아대)(왼쪽부터 시계방향으로)] [김성곤 국회 사무총장실; 2018년 3월 22일(목)]

더불어민주당 정성호 의원의 소개로 한국헌법학회 헌법개정연구위원회 헌법개정안 기자회견 [한국헌법학회 유태신 섭외이사(숭실대), 정 철 총무이사(국민대), 고문현 회장(숭실대), 김태진 부회장(동아대), 전지수 연구위원(한국외대), 성봉근 총무이사(서경대)(왼쪽부터 시계방향으로)] [국회정론관; 2018년 3월 22일(목)]

고문현 한국헌법학회 회장 동아일보 인터뷰
[2017년 12월 11일(월) A32면]

한국헌법학회 고문단회의[김학성 고문, 김영수 고문, 이명구 고문, 최용기 고문, 정재황 고문, 이찬희 한국헌법학회 부회장(서울지방변호사회 회장; 현 대한변호사협회 협회장), 권형준 고문, 이관희 고문, 고문현 한국헌법학회 회장, 정 철 한국헌법학회 총무이사(오른쪽부터 시계반대방향으로)] [종로 신라스테이호텔 VIP 참치; 2017년 12월 14일(목)]

한국헌법학회 헌법개정연구위원회 제1차 전원회의에서 발언하고 있는 창원대학교 최용기 명예교수
[숭실대학교 조만식기념관 530호; 2017년 12월 22일(금)]

한국헌법학회 헌법개정연구위원회 제1차 전원회의에서 발언하고 있는 홍익대학교 임종훈 교수
[숭실대학교 조만식기념관 530호; 2017년 12월 22일(금)]

한국헌법학회 헌법개정연구위원회 제1차 전원회의에서 발언하고 있는 서울지방변호사회 이찬희 회장 (현 대한변호사협회 협회장) [숭실대학교 조만식기념관 530호; 2017년 12월 22일(금)]

한국헌법학회 헌법개정연구위원회 제1차 전원회의에서 발언하고 있는 성균관대학교 법학전문대학원 배병호 교수 [숭실대학교 조만식기념관 530호; 2017년 12월 22일(금)]

한국헌법학회 헌법개정연구위원회 제1차 전원회의
[숭실대학교 조만식기념관 530호; 2017년 12월 22일(금)]

한국헌법학회 헌법개정연구위원회 제2차 전원회의 단체사진
[서울지방변호사회 변호사회관 5층 정의실; 2017년 12월 28일(목)]

한국헌법학회 헌법개정연구위원회 제2차 전원회의를 위해 이찬희 서울지방변호사회 회장(현 대한변호사협회 협회장) 예방 [이찬희 서울지방변호사회 회장실; 2017년 12월 28일(목)]

한국헌법학회 헌법개정연구위원회 제2차 전원회의에서 인사하고 있는 서울지방변호사회 이찬희 회장(현 대한변호사협회 협회장) [서울지방변호사회 변호사회관 5층 정의실; 2017년 12월 28일(목)]

한국헌법학회 헌법개정연구위원회 제2차 전원회의를 주재하고 있는 한국헌법학회 헌법개정연구위원회 임종훈 부위원장(홍익대학교) [서울지방변호사회 변호사회관 5층 정의실; 2017년 12월 28일(목)]

한국헌법학회 헌법개정연구위원회 제2차 전원회의를 주재하고 있는 한국헌법학회 헌법개정연구위원회 임종훈 부위원장(홍익대학교) [서울지방변호사회 변호사회관 5층 정의실; 2017년 12월 28일(목)]

한국헌법학회 헌법개정연구위원회 제2차 전원회의를 주재하고 있는 한국헌법학회 헌법개정연구위원회 임종훈 부위원장(홍익대학교) [서울지방변호사회 변호사회관 5층 정의실; 2017년 12월 28일(목)]

한국헌법학회 헌법개정연구위원회 제2차 전원회의에서 사회를 진행하고 있는 국민대학교 법과대학 정 철 교수(사무국장) [서울지방변호사회 변호사회관 5층 정의실; 2017년 12월 28일(목)]

한국헌법학회 헌법개정연구위원회 제2차 전원회의에서 발언하고 있는 전남대학교 법학전문대학원 민병로 교수(헌법전문 및 총강분과 위원장) [서울지방변호사회 변호사회관 5층 정의실; 2017년 12월 28일(목)]

한국헌법학회 헌법개정연구위원회 제2차 전원회의에서 발언하고 있는 국가인권위원회 이발래 박사(기본권분과 위원) [서울지방변호사회 변호사회관 5층 정의실; 2017년 12월 28일(목)]

한국헌법학회 헌법개정연구위원회 제2차 전원회의에서 발언하고 있는 강원대학교 법학전문대학원 김학성 교수(정부형태분과 위원장) [서울지방변호사회 변호사회관 5층 정의실; 2017년 12월 28일(목)]

한국헌법학회 헌법개정연구위원회 제2차 전원회의에서 발언하고 있는 홍익대학교 법과대학 음선필 교수(선거정당분과 부위원장) [서울지방변호사회 변호사회관 5층 정의실; 2017년 12월 28일(목)]

한국헌법학회 헌법개정연구위원회 제2차 전원회의에서 발언하고 있는 서강대학교 법학전문대학원 임지봉 교수(사법제도분과 위원장) [서울지방변호사회 변호사회관 5층 정의실; 2017년 12월 28일(목)]

한국헌법학회 헌법개정연구위원회 제2차 전원회의에서 발언하고 있는 동아대학교 법무대학원 김태진 교수(지방분권분과 부위원장) [서울지방변호사회 변호사회관 5층 정의실; 2017년 12월 28일(목)]

한국헌법학회 헌법개정연구위원회 제2차 전원회의에서 발언하고 있는 건국대학교 법학전문대학원 한상희 교수(재정경제분과 위원장) [서울지방변호사회 변호사회관 5층 정의실; 2017년 12월 28일(목)]

한국헌법학회 헌법개정연구위원회 제2차 전원회의
[서울지방변호사회 변호사회관 5층 정의실; 2017년 12월 28일(목)]

한국헌법학회 헌법개정연구위원회 제1차 분과위원장 회의
[서울역 지하2층 명가의 뜰; 2018년 1월 5일(금)]

한국헌법학회 헌법개정연구위원회 제1차 분과위원장 회의를 주재하고 있는 한국헌법학회 헌법개정연구위원회 임종훈 부위원장(홍익대학교) [서울역 지하2층 명가의 뜰; 2018년 1월 5일(금)]

한국헌법학회 헌법개정연구위원회 제2차 분과위원장 회의
[서초동 칠보빌딩 오세열법무사 회의실(504호); 2018년 1월 12일(금)]

한국헌법학회 헌법개정연구위원회 제6차 분과위원장 회의를 주재하고 있는 한국헌법학회 헌법개정연구위원회 김문현 위원장(이화여대) [서초동 칠보빌딩 오세열법무사 회의실(504호); 2018년 2월 9일(금)]

한국헌법학회 헌법개정연구위원회 제6차 분과위원장 회의를 주재하고 있는 한국헌법학회 헌법개정연구위원회 김문현 위원장(이화여대) [서초동 칠보빌딩 오세열법무사 회의실(504호); 2018년 2월 9일(금)]

한국헌법학회 헌법개정연구위원회 제7차 분과위원장 회의
[서초동 칠보빌딩 오세열법무사 회의실(504호); 2018년 2월 24일(토)]

한국헌법학회 헌법개정연구위원회 제7차 분과위원장 회의를 주재하고 있는 한국헌법학회 헌법개정연구위원회 김문현 위원장(이화여대) [서초동 칠보빌딩 오세열법무사 회의실(504호); 2018년 2월 24일(토)]

한국헌법학회 헌법개정연구위원회 제7차 분과위원장 회의를 주재하고 있는 한국헌법학회 헌법개정연구위원회 김문현 위원장(이화여대) [서초동 칠보빌딩 오세열법무사 회의실(504호); 2018년 2월 24일(토)]

한국헌법학회 헌법개정연구위원회 제7차 분과위원장 회의를 주재하고 있는 한국헌법학회 헌법개정연구위원회 김문현 위원장(이화여대) [서초동 칠보빌딩 오세열법무사 사무실(504호); 2018년 2월 24일(토)]

한국헌법학회 헌법개정연구위원회 제7차 분과위원장 회의에서 정부형태분과 개헌안을 발표하고 있는 김학성 정부형태분과 위원장(강원대학교) [서초동 칠보빌딩 오세열 법무사 사무실(504호); 2018년 2월 24일(토)]

한국헌법학회 헌법개정연구위원회 제7차 분과위원장 회의에서 지방분권분과 개헌안을 발표하고 있는 이기우 지방분권분과 위원장(인하대학교) [서초동 칠보빌딩 오세열 법무사 사무실(504호); 2018년 2월 24일(토)]

한국헌법학회 헌법개정연구위원회 제7차 분과위원장 회의에서 재정경제분과 개헌안을 발표하고 있는 한상희 재정경제분과 위원장(건국대학교) [서초동 칠보빌딩 오세열 법무사 사무실(504호); 2018년 2월 24일(토)]

한국헌법학회 헌법개정연구위원회 제7차 분과위원장 회의에서 선거정당분과 개헌안을 발표하고 있는 윤재만 선거정당분과 위원장(대구대학교) [서초동 칠보빌딩 오세열 법무사 사무실(504호); 2018년 2월 24일(토)]

한국헌법학회 헌법개정연구위원회 제8차 확대 분과위원장 회의
[서울교육대학교 인문관 306호; 2018년 3월 3일(토)]

한국헌법학회 헌법개정연구위원회 제8차 확대 분과위원장 회의
[서울교육대학교 인문관 306호; 2018년 3월 3일(토)]

한국헌법학회 헌법개정연구위원회 개헌연구안 학술대회 및 제3차 전원회의에서 방명록에 서명하고 있는 진신민(陳新民) 前 대만 대법관님 [한국헌법학회 김효연 총무간사(고려대 법학연구원), 김희정 총무간사(고려대 법학연구원), 진신민(陳新民) 前 대만 대법관님(오른쪽부터 시계반대방향으로)] [서울교육대학교 전산관 교육공학 1실; 2018년 3월 10일(토)]

한국헌법학회 헌법개정연구위원회 개헌연구안 학술대회 및 제3차 전원회의에서 기조연설을 하고 있는 진신민(陳新民) 前 대만 대법관님 [서울교육대학교 전산관 교육공학 1실; 2018년 3월 10일(토)]

한국헌법학회 헌법개정연구위원회 개헌연구안 학술대회 및 제3차 전원회의에서 기조연설을 하고 있는 진신민(陳新民) 前 대만 대법관님 [서울교육대학교 전산관 교육공학 1실; 2018년 3월 10일(토)]

한국헌법학회 헌법개정연구위원회 개헌연구안 학술대회 및 제3차 전원회의에서 기조연설을 하고 있는 진신민(陳新民) 前 대만 대법관님 [서울교육대학교 전산관 교육공학 1실; 2018년 3월 10일(토)]

한국헌법학회 헌법개정연구위원회 개헌연구안 학술대회 및 제3차 전원회의에서 지방분권분과 개헌안을 발표하고 있는 이기우 위원장(인하대) [서울교육대학교 전산관 교육공학 1실; 2018년 3월 10일(토)]

한국헌법학회 헌법개정연구위원회 개헌연구안 학술대회 및 제3차 전원회의에서 토론하고 있는 재정경제분과 김용섭 부위원장(전북대) [서울교육대학교 전산관 교육공학 1실; 2018년 3월 10일(토)]

한국헌법학회 헌법개정연구위원회 개헌연구안 학술대회 및 제3차 전원회의에서 정부형태분과 개헌안을 발표하고 있는 김학성 위원장(강원대) [서울교육대학교 전산관 교육공학 1실; 2018년 3월 10일(토)]

한국헌법학회 헌법개정연구위원회 개헌연구안 학술대회 및 제3차 전원회의에서 선거정당분과 개헌안을 발표하고 있는 윤재만 위원장(대구대) [서울교육대학교 전산관 교육공학 1실; 2018년 3월 10일(토)]

한국헌법학회 헌법개정연구위원회 개헌연구안 학술대회 및 제3차 전원회의에서 토론하고 있는 은승표 자문위원(영남대) [서울교육대학교 전산관 교육공학 1실; 2018년 3월 10일(토)]

한국헌법학회 헌법개정연구위원회 개헌연구안 학술대회 및 제3차 전원회의에서 토론하고 있는 정 철 사무국장(국민대) [서울교육대학교 전산관 교육공학 1실; 2018년 3월 10일(토)]

한국헌법학회 헌법개정연구위원회 개헌연구안 학술대회 및 제3차 전원회의에서 기본권분과 개헌안을 발표하고 있는 허종렬 위원장(서울교대) [서울교육대학교 전산관 교육공학 1실; 2018년 3월 10일(토)]

한국헌법학회 헌법개정연구위원회 개헌연구안 학술대회 및 제3차 전원회의에서 토론하고 있는 지방분권분과 김기진 위원(명지전문대) [서울교육대학교 전산관 교육공학 1실; 2018년 3월 10일(토)]

한국헌법학회 헌법개정연구위원회 개헌연구안 학술대회 및 제3차 전원회의에서 토론하고 있는 기본권분과 권순현 위원(신라대) [서울교육대학교 전산관 교육공학 1실; 2018년 3월 10일(토)]

한국헌법학회 헌법개정연구위원회 개헌연구안 학술대회 및 제3차 전원회의에서 토론하고 있는 사법제도분과 정광현 간사(한양대) [서울교육대학교 전산관 교육공학 1실; 2018년 3월 10일(토)]

한국헌법학회 헌법개정연구위원회 개헌연구안 학술대회 및 제3차 전원회의에서 토론하고 있는 지방분권분과 고인석 위원(부천대) [서울교육대학교 전산관 교육공학 1실; 2018년 3월 10일(토)]

한국헌법학회 헌법개정연구위원회 개헌연구안 학술대회 및 제3차 전원회의에서 토론하고 있는 사법제도분과 오승규 위원(한국지방세연구원) [서울교육대학교 전산관 교육공학 1실; 2018년 3월 10일(토)]

한국헌법학회 헌법개정연구위원회 개헌연구안 학술대회 및 제3차 전원회의에서 토론하고 있는 기본권분과 이상철 위원(육군사관학교) [서울교육대학교 전산관 교육공학 1실; 2018년 3월 10일(토)]

한국헌법학회 헌법개정연구위원회 개헌연구안 학술대회 및 제3차 전원회의에서 토론하고 있는 정부형태분과 김학성 위원장(강원대) [서울교육대학교 전산관 교육공학 1실; 2018년 3월 10일(토)]

한국헌법학회 헌법개정연구위원회 개헌연구안 학술대회 및 제3차 전원회의에서 토론하고 있는 기본권분과 허종렬 위원장(서울교대) [서울교육대학교 전산관 교육공학 1실; 2018년 3월 10일(토)]

한국헌법학회 헌법개정연구위원회 개헌연구안 학술대회 및 제3차 전원회의에서 토론하고 있는 지방분권분과 김태진 부위원장(동아대) [서울교육대학교 전산관 교육공학 1실; 2018년 3월 10일(토)]

한국헌법학회 헌법개정연구위원회 개헌연구안 학술대회 및 제3차 전원회의에서 토론하고 있는 헌법전문 및 총강분과 전수미 간사(숭실대 숭실평화통일연구원) [서울교육대학교 전산관 교육공학 1실; 2018년 3월 10일(토)]

第111회 한국헌법학회 정기학술대회 ["개헌 방향을 논하다! –환경권을 중심으로–" (국회의원회관 제2세미나실; 2017년 12월 13일(수))]에서 국민의례를 하고 있는 더불어민주당 강병원 의원, 환경부 안병옥 차관, 한국헌법학회 고문현 회장(오른쪽부터)

第111회 한국헌법학회 정기학술대회 ["개헌 방향을 논하다! –환경권을 중심으로–" (국회의원회관 제2세미나실; 2017년 12월 13일(수))]에서 인사말을 하고 있는 더불어민주당 강병원 의원 [더불어민주당 우원식 의원, 국민의당 이상돈 의원(앞줄 오른쪽부터)]

제111회 한국헌법학회 정기학술대회 ["개헌 방향을 논하다! -환경권을 중심으로-" (국회의원회관 제2세미나실; 2017년 12월 13일(수))]에서 축사하고 있는 국민의당 이상돈 의원 [환경공단 전병성 이사장, 국민의당 이상돈 의원, 더불어민주당 우원식 의원, 더불어민주당 강병원 의원, 환경부 안병옥 차관, 한국헌법학회 고문현 회장(왼쪽부터 시계방향으로)]

제111회 한국헌법학회 정기학술대회 ["개헌 방향을 논하다! -환경권을 중심으로-" (국회의원회관 제2세미나실; 2017년 12월 13일(수))]에서 축사하고 있는 환경부 안병옥 차관 [더불어민주당 강병원 의원, 환경부 안병옥 차관, 한국헌법학회 고문현 회장(왼쪽부터)]

제111회 한국헌법학회 정기학술대회 [“개헌 방향을 논하다! –환경권을 중심으로–” (국회의원회관 제2세미나실; 2017년 12월 13일(수))]에서 사회를 진행하고 있는 서울대학교 홍준형 교수 [국민대 김성배 교수, 중원대 오승규 교수, 서울대 홍준형 교수, 한국헌법학회 고문현 회장, 환경운동연합 염형철 사무총장(왼쪽부터)]

제111회 한국헌법학회 정기학술대회 [“개헌 방향을 논하다! –환경권을 중심으로–” (국회의원회관 제2세미나실; 2017년 12월 13일(수))]에서 주요참가자 기념사진 [한국헌법학회 고문현 회장, 영남대 박인수 교수, 경희대 박균성 교수, 환경공단 전병성 이사장, 국민의당 이상돈 의원, 더불어민주당 강병원 의원, 환경부 안병옥 차관, 성균관대 강현호 교수, 전남대 정 훈 교수, 경북대 박진완 교수, 국민대 김성배 교수, 건국대 최윤철 교수, 서울대 김태호 선임연구원(왼쪽부터)]

제112회 한국헌법학회 정기학술대회 ["내 삶을 바꾸는 개헌, 어떻게 할 것인가?"(국회의원회관 제2소회의실; 2018년 1월 26일(금)]에서 국민의례를 하고 있는 정의당 심상정 대표, 정세균 국회의장(현 국무총리), 더불어민주당 김진표 의원, 한국헌법학회 고문현 회장(왼쪽부터)

제113회 한국헌법학회 정기학술대회 ["제주특별자치도의 성과를 담은 분권국가 구현 –지방자치 관련 제10차 헌법개정안 의견 수렴–" (국회도서관 소회의실; 2018년 2월 1일(목)] [홍익대 임종훈 교수, 더불어민주당 강창일 의원, 한국헌법학회 고문현 회장(숭실대), 더불어민주당 정성호 의원, 동아대 김태진 교수, 성균관대 배병호 교수, 명지전문대 김기진 교수, 부천대 고인석 교수(앞줄 왼쪽 4번째부터); 국민대 정 철 교수, 서강대 김광수 교수, 대진대 최용전 교수, 서경대 성봉근 교수(뒷줄 왼쪽 3번째부터)]

제113회 한국헌법학회 정기학술대회 ["제주특별자치도의 성과를 담은 분권국가 구현 –지방자치 관련 제10차 헌법개정안 의견 수렴–" (국회도서관 소회의실; 2018년 2월 1일(목)]에서 한국헌법학회 고문현 회장과 제주특별자치도 원희룡 도지사 간의 업무협약식

제113회 한국헌법학회 정기학술대회 ["제주특별자치도의 성과를 담은 분권국가 구현 –지방자치 관련 제10차 헌법개정안 의견 수렴–" (국회도서관 소회의실; 2018년 2월 1일(목)]에서 한국헌법학회 고문현 회장과 제주특별자치도 원희룡 도지사 간의 업무협약식 [박종범 재무이사(한반도통일지도자총연합 통일지도자아카데미 부원장), 정 철 총무이사(국민대), 명지전문대 김기진 교수, 부천대 고인석 교수, 홍익대 임종훈 교수, 고문현 회장(숭실대), 원희룡 도지사, 성균관대 배병호 교수, 김태진 부회장(동아대), 서강대 김광수 교수, 최용전 부회장(대진대), 성봉근 총무이사(서경대)(왼쪽부터)]

제120회 한국헌법학회 정기학술대회 ["개헌을 통한 세종특별자치시의 행정수도화"(세종특별자치시청 세종실; 2018년 2월 26일(월)] [대전세종연구원 지남석 연구위원, 김남욱 부회장(송원대), 김태진 부회장(동아대), 성신여대 권용우 명예교수, 서울대 김안제 명예교수, 세종특별자치시 이춘희 시장, 고문현 회장(숭실대), 세종특별자치시의회 고준일 의장(앞에서부터 첫번째줄 왼쪽부터); 공주대(현 강원대) 윤수정 교수, 박진완 부회장(경북대), 미국 CCU 김형남 교수(앞에서부터 두번째줄(중간줄) 왼쪽부터); 한국법제연구원 최경호 연구위원, 금강대 김성률 교수, 정 철 총무이사(국민대)(앞에서부터 세번째줄 왼쪽부터)]

제120회 한국헌법학회 정기학술대회 ["개헌을 통한 세종특별자치시의 행정수도화"(세종특별자치시청 세종실; 2018년 2월 26일(월)]에서 개회사를 하고 있는 고문현 회장

제120회 한국헌법학회 정기학술대회 ["개헌을 통한 세종특별자치시의 행정수도화"(세종특별자치시청 세종실; 2018년 2월 26일(월)]에서 기조발제를 하고 있는 서울대학교 김안제 명예교수

第120회 한국헌법학회 정기학술대회에서 사회를 진행하고 있는 동아대학교 김태진 교수 ["개헌을 통한 세종특별자치시의 행정수도화"(세종특별자치시청 세종실; 2018년 2월 26일(월)] [대전세종연구원 지남석 연구위원, 공주대(현 강원대) 윤수정 교수, 금강대 김성률 교수, 송원대 김남욱 교수, 동아대 김태진 교수, 충북대학교 김보훈 전임연구원, 미국 UCC 김형남 교수, 국민대 정 철 교수, 한국법제연구원 최경호 연구위원(왼쪽부터)]

행정수도의 헌법적 지위확보를 위한 한국헌법학회-세종특별자치시 업무협약식 [세종특별자치시청 홍보실; 2018년 2월 26일(월)] [세종특별자치시 이춘희 시장, 한국헌법학회 고문현 회장(왼쪽부터)]

행정수도의 헌법적 지위확보를 위한 한국헌법학회-세종특별자치시 업무협약식 [세종특별자치시청 홍보실; 2018년 2월 26일(월)] [세종특별자치시 고기동 기획조정실장, 대전대 안성호 교수(현 한국행정연구원 원장), 세종특별자치시 이춘희 시장, 한국헌법학회 고문현 회장, 서울대 김안제 명예교수, 경북대 박진완 교수(왼쪽부터)]

제121회 한국헌법학회 정기학술대회 ["헌법전문과 민주이념"(국회입법조사처 대회의실; 2018년 2월 27일(화)]에서 사회를 진행하고 있는 이화여자대학교 김문현 명예교수 [전남대 민병로 교수, 전북대 송기춘 교수, 사회갈등연구소 박태순 소장, 법무법인 시민 김선수 대표변호사(현 대법관), 더불어민주당 김경협 의원, 이화여대 김문현 명예교수, 자유한국당(현 미래통합당) 김성태 의원, 국민의당 최경환 의원, 강원대 김학성 교수(왼쪽부터)]

第121회 한국헌법학회 정기학술대회 ["헌법전문과 민주이념"(국회입법조사처 대회의실; 2018년 2월 27일(화)]에 참석한 더불어민주당 김경협 의원, 이화여대 김문현 명예교수, 한국헌법학회 고문현 회장, 정세균 국회의장(현 국무총리), 정의당 심상정 대표, 고려대 최장집 명예교수, 경희대 정태호 교수, 연세대 김종철 교수, 숭실대 최양근 책임연구원(앞줄 왼쪽 4번째부터); 전남대 민병로 교수(뒷줄 오른쪽에서 3번째)

제24대 한국헌법학회 집행부가 문희상 국회의장을 예방하여 한국헌법학회 헌법개정연구위원회 헌법개정안을 설명하고 헌법개정의 필요성에 대한 공감대형성 [문희상 국회의장실; 2018년 8월 10일(금)] [조규상 부회장(재정경제연구원장), 김태진 부회장(동아대), 고문현 회장(숭실대), 문희상 국회의장, 조규범 부회장(국회입법조사처), 한상우 부회장(비즈인텔리 대표) (왼쪽부터 시계방향으로)]

제24대 한국헌법학회 집행부가 문희상 국회의장을 예방하여 한국헌법학회 헌법개정연구위원회 헌법개정안을 설명하고 헌법개정의 필요성에 대한 공감대형성 [문희상 국회의장실; 2018년 8월 10일(금)] [조규상 부회장(재정경제연구원장), 김태진 부회장(동아대), 고문현 회장(숭실대), 문희상 국회의장, 조규범 부회장(국회입법조사처), 한상우 부회장(비즈인텔리 대표) (왼쪽부터 시계방향으로)]

제24대 한국헌법학회 집행부가 문희상 국회의장을 예방하여 한국헌법학회 헌법개정연구위원회 헌법개정안을 설명하고 헌법개정의 필요성에 대한 공감대형성 [문희상 국회의장실; 2018년 8월 10일(금)]

제144회 한국헌법학회 정기학술대회 ["개헌의 헌법적 쟁점과 과제"(한국행정연구원 대강당; 2018년 12월 18일(화)] [부경대 장진숙 전임연구원, 숙명여대 이승은 겸임교수, 미국CCU 김형남 교수, 가천대 이재삼 교수, 서울교대 허종렬 교수, 한국행정연구원 안성호 원장, 민주평화통일자문회의 김덕룡 수석부의장, 서울대 김안제 명예교수, 한국헌법학회 고문현 회장, 동아대 김태진 겸임교수, 서경대 성봉근 교수(앞줄 왼쪽부터); 전북대 송기춘 교수, 경북대 주민호 전임연구원, 성균관대 김일환 교수, 국민대 정 철 교수, 제주대 권영호 교수, 인하대 이기우 교수, 서강대 이경선 겸임교수, 충남대 정주백 교수, 건국대 최윤철 교수, 한양대 정광현 교수(뒷줄 왼쪽부터)]

한국헌법학회 고문단회의에서 한국헌법학회 헌법개정연구위원회의 헌법개정안과 헌법개정 관련 활동 보고 [코리아나호텔 VIP참치; 2018년 12월 20일(목)] [장석권 고문, 고문현 회장, 권형준 고문, 이관희 고문, 김효전 고문, 조병윤 고문, 김영수 고문, 이명구 고문(왼쪽 앞부터 시계방향으로)]

한국헌법학회 고문단회의에서 한국헌법학회 헌법개정연구위원회의 헌법개정안과 헌법개정 관련 활동 보고 [코리아나호텔 VIP참치; 2018년 12월 20일(목)] [김효전 고문, 조병윤 고문, 김영수 고문, 이명구 고문, 장석권 고문, 고문현 회장, 권형준 고문, 이관희 고문(왼쪽 앞부터 시계방향으로)]

한국헌법학회 헌법개정연구위원회 기본권분과 제2차회의 [서울교육대학교 연구강의동 714호에서 회의를 마친 후 인근 커피숍; 2018년 1월 17일(수)] [신라대 권순현 교수, 숭실대 고문현 교수(한국헌법학회 회장), 고려대 권헌영 교수, 건국대 도경화 교수, 정보통신산업진흥원 김현철 책임연구원, 경북대 박진완 교수, 서경대 성봉근 교수, 서울교대 허종렬 교수(분과위원장), 육군사관학교 이상철 명예교수, 연세대 엄주희 연구교수(왼쪽 앞부터 시계방향으로)]

한국헌법학회 헌법개정연구위원회 개헌연구안 학술대회 및 제3차 전원회의 후 진신민(陳新民) 前 대만 대법관님 환영 만찬 [소공동 롯데호텔 도림; 2018년 3월 10일(토)] [서울지방변호사회 이찬희 회장(현 대한변호사협회 협회장), 경찰청 민갑룡 차장(前 제21대 경찰청장), 대만 타이베이 변호사회 유묘 고문(통역), 진신민 前 대법관님, 진신민 前 대법관님 사모님, 한국헌법학회 박종범 재무이사, 한국헌법학회 고문현 회장(왼쪽 앞부터 시계방향으로)]

한국헌법학회 헌법개정연구위원회를 성원해주신 정태화 위드켐 대표이사님의 진신민(陳新民) 前 대만 대법관님 초청 만찬 [프레지던트 호텔 한식당 잠보; 2018년 3월 11일(일)] [진신민 前 대법관님 사모님, 진신민 前 대법관님, 위드켐 정태화 대표이사님, 명지대학교 법과대학 선정원 교수, 대만 타이베이 변호사회 유묘 고문(통역), 한국헌법학회 고문현 회장, 법무법인 정률 전우정 변호사(왼쪽 앞부터 시계방향으로)]

제132회 한국헌법학회 정기학술대회 ["지속가능사회에서의 헌법과 경찰"(제주대학교 법학전문대학원 대강당; 2018년 5월 31일(목))]에서 개회사를 하고 있는 한국헌법학회 고문현 회장

제132회 한국헌법학회 정기학술대회 ["지속가능사회에서의 헌법과 경찰"(제주대학교 법학전문대학원 대강당; 2018년 5월 31일(목))]에서 축사를 하고 있는 더불어민주당 이인영 의원(현 통일부장관)

제132회 한국헌법학회 정기학술대회 [“지속가능사회에서의 헌법과 경찰”(제주대학교 법학전문대학원 대강당; 2018년 5월 31일(목))]에서 기조발제를 하고 있는 김은경 환경부장관

제132회 한국헌법학회 정기학술대회 [“지속가능사회에서의 헌법과 경찰”(제주대학교 법학전문대학원 대강당; 2018년 5월 31일(목))] 개회 직전 환담을 나누는 주요참석자 [한국헌법학회 고문현 회장, 더불어민주당 이인영 의원(현 통일부장관), 경찰청 허경렬 수사국장(전 경기남부지방경찰청장), 제주지방경찰청 이상정 청장, 환경부 맹학균 과장, 전 제주정보대 고창실 교수, 제주대 송석언 총장, 제주대 조은희 법과정책연구원장(왼쪽부터 시계방향으로)]

제132회 한국헌법학회 정기학술대회 ["지속가능사회에서의 헌법과 경찰"(제주대학교 법학전문대학원 대강당; 2018년 5월 31일(목))]에서 화이팅을 외치는 참가자들 [신안산대 김동련 교수, 경찰청 김성희 총경(기획조정담당관), 제주대 신용인 교수, 제주대 권영호 교수, 대진대 최용전 교수, 조선대 김명식 교수, 고려대 김희정 전임연구원, 숙명여대 이승은 겸임교수, 제주특별자치도의회 김광섭 전문위원, 환경부 맹학균 과장, 인하대 김인회 교수, 인하대 정상우 교수, 제주지방경찰청 이상정 청장, 전남대 허완중 교수, 경찰청 허경렬 수사국장(전 경기남부지방경찰청장), 지속가능발전기업협의회 홍현종 사무총장, 서강대 이경선 겸임교수, 전 한국법제연구원 김세진 연구위원, 더불어민주당 이인영 의원(현 통일부장관), 고문현 회장, 인하대 이기우 교수, 제주대 조은희 법과정책연구원장, 대구가톨릭대 장선희 교수, 신라대 권순현 교수, 동아대 김태진 겸임교수, 충북대 김보훈 전임연구원, 송원대 김남욱 교수, 충북대 김민우 전임연구원, 전남대 민병로 교수, 경찰청 이형세 경무관(수사구조개혁단장), 서강대 임지봉 교수(왼쪽부터)]

4. 한국헌법학회 헌법개정연구위원회 참여자 명단

강광문(서울대학교 법학전문대학원 교수)
고문현(숭실대 법학과 교수; 제20대 국회 헌법개정특별위원회 자문위원, 제24대 한국헌법학회 회장)
고인석(호서대학교 법경찰행정학과 교수)
권순현(신라대학교 인문사회과학대학 공무원법학과 교수)
권영호(제주대학교 법학전문대학원 교수; 제13대 한국입법정책학회 회장)
권헌영(고려대학교 정보보호대학원 교수; 제18대 사이버커뮤니케이션학회 회장)
기현석(명지대학교 법과대학 교수)
김기진(명지전문대학 경영사회학부 행정과 교수)
김기호(한국법제발전연구소 연구위원)
김남욱(송원대학교 금융세무경영학과 교수)
김래영(단국대학교 법과대학 교수)
김문현(이화여대 법학전문대학원 명예교수, 제2대 헌법재판연구원 원장; 제28대 한국공법학회 회장)
김민우(충북대학교 행정학과 강사)
김배원(부산대학교 법학전문대학원 교수; 제7대 한국비교공법학회 회장)
김성률(금강대학교 공공정책학부 교수)
김세진(前 법제연구원, 한국법령정보원 연구위원)
김용섭(전북대학교 법학전문대학원 교수; 제24대 한국국가법학회 회장)
김윤호(국회출입기자포럼 회장)
김진욱(헌법재판소 선임헌법연구관 국제심의관)
김태진(동아대학교 법무대학원 겸임교수)
김학성(강원대학교 법학전문대학원 명예교수; 제17대 한국헌법학회 회장)
김현철(정보통신산업진흥원 책임연구원)
김형남(미국 California Central University 교수)
김형성(성균관대학교 법학전문대학원 명예교수, 초대 국회입법조사처 처장; 제12대 한국헌법학회 회장)
김효연(고려대학교 법학연구원 전임연구원)
김희정(고려대학교 법학연구원 전임연구원)
도경화(건국대학교 컴퓨터공학부 교수)
명재진(충남대학교 법학전문대학원 교수)
문재태(한국양성평등교육진흥원 연구원)
민병로(전남대학교 법학전문대학원 원장)
박성용(서강대학교 공공정책대학원 행정법무학과 강사)

박종범(한반도통일지도자총연합 통일지도자아카데미 부원장)
박진영(경희대학교 법학전문대학원 교수)
박진완(경북대학교 법학전문대학원 교수; 초대 한국인권법학회 회장)
배병호(성균관대학교 법학전문대학원 교수; 제12대 한국입법학회 회장)
성봉근(서경대학교 공공인적자원학부 학부장)
성중탁(경북대학교 법학전문대학원 교수)
손인혁(연세대학교 법학전문대학원 교수)
신용인(제주대학교 법학전문대학원 교수)
심우민(경인교육대학교 사회과교육과 교수)
엄주희(연세대학교 보건대학원 연구교수)
여운국(법무법인 동인 변호사, 대한변호사협회 부협회장)
오승규(한국지방세연구원 연구위원)
오용만(숭실대학교 법과대학 초빙교수)
유태신(숭실대학교 법학연구소 연구원)
윤재만(대구대학교 인재법학부 명예교수; 제11대 한국비교공법학회 회장)
은숭표(前 영남대학교 법학전문대학원 교수; 초대 유럽헌법학회 회장)
음선필(홍익대학교 법과대학 교수; 제14대 한국입법학회 회장)
이경선(서강대학교 공공정책대학원 행정법무학과 겸임교수)
이관희(경찰대학교 법학과 명예교수; 제11대 한국헌법학회 회장)
이국운(한동대학교 법학과 교수)
이금옥(순천대학교 법학과 교수; 제21대 한국국가법학회 회장)
이기우(인하대학교 법학전문대학원 교수; 제12대 대한교육법학회 회장)
이발래(국가인권위원회 팀장; 제15대 한국입법정책학회 회장)
이부하(영남대학교 법학전문대학원 교수)
이상철(육군사관학교 명예교수)
이성환(법무법인 안세 대표변호사; 제10대 한국입법학회 회장)
이신화(신도중학교 행정실장)
이준복(서경대학교 공공인적자원학부 교수)
이찬희(대한변호사협회 협회장, 2017 제94대 서울지방변호사회 회장)
임종훈(홍익대학교 법과대학 초빙교수, 제2대 국회입법조사처 처장; 제8대, 제9대 한국입법학회 회장)
임지봉(서강대학교 법학전문대학원 교수; 제27대 한국헌법학회 회장)
장용근(홍익대학교 법과대학 교수)
장진숙(부경대학교 법학연구소 전임연구원)
전경운(경희대학교 법학전문대학원 교수; 제28대 한국환경법학회 회장)
전광석(연세대학교 법학전문대학원 교수, 제3대 헌법재판연구원 원장; 제19대 한국헌법학회 회장)
전수미(숭실대학교 숭실평화통일연구원 초빙교수, 변호사)

전지수(한국외국어대학교 국가리더전공 강사)
정 철(국민대학교 법과대학 법학부 교수)
정광현(한양대학교 법학전문대학원 교수)
정연주(성신여자대학교 법학과 교수)
정태호(경희대학교 법학전문대학원 교수)
정필운(한국교원대학교 사회교육과 교수)
조규범(국회입법조사처 총무담당관)
조규상(재정경영연구원 원장)
조원용(중앙선거관리위원회 선거연수원 교수)
조재현(동아대학교 법학전문대학원 교수)
조희문(한국외국어대학교 법학전문대학원 교수)
주덕규(한국해킹보안협회 전문위원)
지성우(성균관대학교 법학전문대학원 교수)
최양근(숭실대학교 법학연구소 책임연구원)
최용기(창원대학교 법학과 명예교수; 제9대 한국헌법학회 회장)
최용전(대진대학교 공공인재법학과 교수; 제16대 한국입법정책학회 회장)
최윤철(건국대학교 법학전문대학원 교수; 초대 한국입법정책학회 회장)
최혜선(한국형사정책연구원 연구원)
최희수(강원대학교 법학전문대학원 교수)
한상우(비즈인텔리 대표, 삼일회계법인 고문)
한상희(건국대학교 법학전문대학원 교수; 제11대 한국입법학회 회장)
허완중(전남대학교 법학전문대학원 교수)
허종렬(서울교대 사회교육과 교수; 제5대 대한교육법학회 회장, 초대와 제2대 한국법과인권교육학회 회장)
홍종현(경상대학교 법과대학 법학과 교수)

헌법개정연구

초판 발행 2020년 9월 30일

엮은이 사단법인 한국헌법학회 헌법개정연구위원회
펴낸이 안종만 · 안상준

편 집 우석진
기획/마케팅 정성혁
표지디자인 조아라
제 작 우인도 · 고철민

펴낸곳 (주) 박영사
서울특별시 종로구 새문안로3길 36, 1601
등록 1959. 3. 11. 제300-1959-1호(倫)
전 화 02)733-6771
f a x 02)736-4818
e-mail pys@pybook.co.kr
homepage www.pybook.co.kr
ISBN 979-11-303-3630-5 93360

정 가 30,000원